法律有關係

法律是什麼？
怎麼變？
如何影響我們生活？

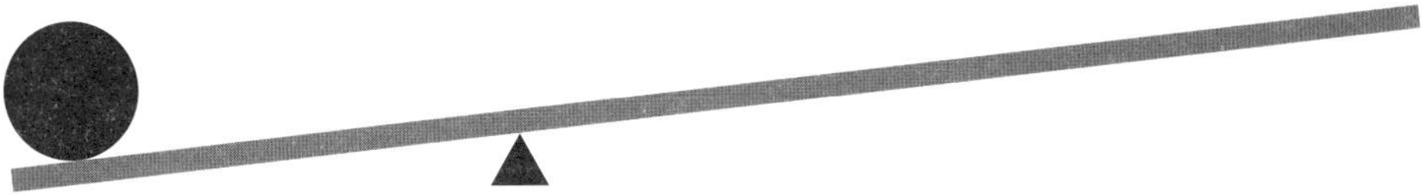

How Does Law Matter

王曉丹——主編

陳維曾、李柏翰、劉靜怡、王曉丹、莊士倫、林佳和、蔡博方、
許菁芳、簡士淳、沈伯洋、陳韻如、黃琴唐、陳柏良、郭書琴、
容邵武、林志潔、施慧玲、官曉薇——著

目錄

第二部 法律怎麼變？人與制度

第三單元 成為「法律人」

第四單元 穿梭於外來／在地、西方／東方、連續／斷裂光譜的法律

第三部　法律如何影響我們生活？被動與主動

導論
新時代、新秩序、新研究——辯證個體與集體的法律

王曉丹

這是一本台灣法律與社會研究的文獻地圖，由十八位作者就自己專長，各自提供特定議題近二十年來的知識成果。我們的目標不僅是讓青年學子與研究者可以按圖索驥進入學術對話，更希望讓人文社科讀者能夠理解並思考我們所身處的時代特徵、眼前的秩序狀態，以及無處不在的法律。

法律在我們的生活中扮演著不可或缺的角色。人們渴望秩序，但也受到欲望的驅使，試著打破秩序或者遊走於法律邊緣。法律不只是各種客觀條件的綜合產物，也深受主觀人性的影響，隨著時代的變化而不斷演變。法律到底意味著什麼？它是什麼，怎麼變，又如何影響著我們的生活？我們希望透過這本文獻地圖，探討這些問題，讓讀者對法律與社會秩序有更深入的理解。

法律並非只是外在於社會的條文或機構，而是和所有人息息相關，鑲嵌於政治、經濟、

文化和日常生活之中，同時也是人我群體與社會關係中不可或缺的一部分。如果仔細觀察每個法律現場，我們會發現法律實踐是個體欲望、集體爭論以及權力作用的反映。因此，為了更好地理解生活中的法律，解決糾紛中產生的困惑，朝向理想社會邁進，我們必須不斷探索：要成為怎樣的個體？成就何種集體？個體與集體的關係是什麼？如何藉由個體與集體的相互辯證創建法律？

新時代裡法律的關鍵角色

台灣政治與社會權力結構的變遷深刻地影響了法律在社會中的角色。在解嚴前，法律被用來管制人民，成為統治者的工具；解嚴後，法律轉變成為節制權力濫用的手段，以建構保障個人自由和權利的法治社會。法律的根基在於「自由主義」，在公法的領域，國家權力不可任意侵犯個人的自由等基本權利，法律應當對所有人平等適用，不能因為社會地位、財富、種族、性別等因素而差別對待。在私法的領域，契約法和物權相關法律認為，法律保護個人財產權利，就能夠促進自由市場經濟的發展，因而對經濟發展和社會進步發揮積極作用。

在新時代自由主義的發展之下，法律不僅僅是一個工具，更是治理的重要組成部分。

然而，民主化的治理同時也浮現了更多問題，社會衝突需要透過法律調解，並需要與其他治理手段進行調和，如經濟政策、犯罪學、社會工作和公共衛生等。此時，社會各界不再全盤接受社會相關機構的效用，過去被認為是理想的自由主義知識，如今卻飽受批評和抨擊。例如，社會各界開始反思和批判自由主義法律觀，質疑可以完全獨立於他人做出決定的個體之法律基本預設。具體而言，看似中立的法律規範卻帶有明顯的偏見，或是儘管女性獲得法律形式上的平等，實質上卻沒有達到經濟和社會上的平等，也未能實現免於性騷擾和性侵害的真正平等。當社會各界無法滿足於形式上的平等權利，就會轉而強調實質層次的經濟和社會權利，因此出現了如社會保險、社會政策、社會正義等相關法律，以建設一個更加理性和現代化的社會。

新時代的特色不僅僅是自由主義及其演變，還有全球化與科技發展，這也對法律的社會角色產生了深刻的影響。隨著全球經濟和貿易的發展超越國家疆界，在跨國商業與跨國協定下，超級權力的興起讓國家的權力變得更為有限。在這樣的背景下，國家的立法、執行和司法權力相對減弱，也因為全球化促成人與人之間更加緊密的互動，國家法需要在全球範圍內進行協調和統一，促進了法律體系的發展和創新。與此同時，隨著科技發展不斷進步，各種新興技術如生命科學、數位科技、人工智慧和網路安全等，挑戰了過去穩定的意義系統。在這樣的狀況下，法律系統需要不斷地進化和完善，以更好地適應這個不斷變化的時代。更重要的是，時代變遷與隨之而來的法律變化只是表象，想要在新時代中真正理解人性與法律，並追求共同價值與利益，就必須深入反思時代變遷下的秩序和其內在邏輯。

新秩序下法律的能與不能

法律就在我們身邊。從簡單買一杯咖啡的日常交易，到就業、納稅、租房和企業營運等更複雜的事務，都需要有法律規範和支持。在理想情況下，法律為國家提供了政府行使權力進行統治的指導方針，對個人則提供了保障生命財產和公平交易的法律支援。如果沒有法律，就可能回到霍布斯所描述的秩序，「所有人跟所有人的戰爭」。然而，在現實生活中，人們經常會有各種理由來逃避法律的約束。台灣法規雖涵蓋社會方方面面，還是到處可見非法或法律的無效：滿街的違建，坊間津津樂道逃稅避稅之法。人們走到警察局，來到法院，無不使出渾身解數表演。除了個人生活之外，機構日常即便需要依循法律，但是法律運作經常轉化為制式而瑣碎的流程，人們無法從中串連出共同的價值。

自解嚴以來，雖然民主自由的制度運行看似順暢，但由於缺乏共同利益的討論和系統建構，整體社會秩序時而處於混亂的道德是非之中，也無法提供人們一致的日常行為準則。

全球化意味著「個人化」，科技發展例如自媒體意味著「去中心化」，成為一人一把號、各吹各的調的狀況。許多時候，個體的日常生活中欠缺法律實效性，而集體的機構操作裡無法落實法律精神。如果集體生活缺乏公共意識形成的共同利益，以及對集體利益和方向的共識，很容易導致自私自利的個體和權力爭鬥的出現。甚至，有些人為了掩蓋私欲，可能會無視真相，只為了創造一個對自己有利的故事，進而忽略了社會正義和公平的意識。當有人質疑為什麼不能實話實說、相互溝通，或者為什麼經常互相防備時，每個人都只會說一句「不得已」。彷彿，只要涉及到內心的恐懼和善意，一切有損於公共利益的行為都可以得到道德上的寬恕和正當性。

社會運作還是應該要形成共識，而每到需要溝通的時候，我們經常驚覺不知該與誰對話，如何對話。當個體與集體無法互相對話與溝通，其結果就是各自運用資源，爭取自我最大利益。為了反思法律與價值共識，從「不得已」的自私無序到「有理想」的公共利益，社會運作需要透過專業法律人與社會尋求並討論公共利益的所在，才有助於在行動中實現法律關於自由與平等的目標。因此，為了達成個體與集體利益的最大交集，台灣需要更多的價值辯論、直面事實真相，才足以建構堅實的社會基礎，來支撐法律的有效性及完整性。在這豐富的法律人文地景上，需要更多的研究與實踐，而本書的文獻地圖就是在呈現研究者努力的軌跡，希望能啟發讀者的後續接力。

新研究：拆解它、理解它、面對它

我們通常把法律視為公平正義的象徵，認為法律是一種客觀中立的技術，可以帶領我們走向理想社會。然而，在這個新時代和新秩序的背景下，這些法律想像無異於脫離現實的幻想。當法律的基礎和作用受到深刻質疑時，我們需要一種新的法律研究視角，來幫助我們「拆解」那些脫離現實的法律想像，透過「理解」和「面對」，推動法學的發展和整體社會的文化反思。

本書主旨在為學生、學者和有興趣的社科讀者提供重新思考的概念和資源，將探索以下的議題。首先，我們必須「拆解」一般人對法律的認知，意識到法律理念實際上深受經濟發展、全球政治和科技創新的影響，這些深層背景成就了法律理念的現實性。因此，我們之前所認為的法律獨占、國家角色以及法律現代性，都可能是片斷而不全面的，需要在各自的碎片中拼湊出更完整的法律圖像（第一部分，法律是什麼）？其次，為了「理解」法律的內在邏輯，我們深入研究「法律人」在組織、經濟與文化中的建構過程，梳理「法律制度」在外來／在地、西方／東方、連續／斷裂之間的變與不變，從而掌握當下討論與改變法律的核心議題（第二部分，法律怎麼變）。再者，我們回到法律的公平正義目標，從法律怎麼說、我們怎麼聽當中，「面對」法律文件、法律語言與法意識有限的「說」的能力和「聽」

的能力，我們需要從社會的主體能動中展現法律改變社會的能量，這可見於家庭、性別與各種社會運動的案例（第三部分，法律如何影響我們生活）。

在本書的第一部分中，我們將探討「拆解」法律。法律並非從真空中產生，而是源於人類的權力欲望，以及社會發展的歷程。儘管我們認為法律的存在有助於經濟發展，但我們可能忽略了國家資本主義和憲政主義的互相影響，因此在台灣走向民主的過程中，法律面臨了比預期更曲折的道路（陳維曾，第一章，法律與經濟發展）。儘管我們相信法律可以節制權力的濫用，但在全球化和跨國勢力的影響下，法律治理顯得脆弱無力，因此，我們需要關注法律如何努力地維護其提供保障的承諾（李柏翰，第二章，全球治理與人權保障）。我們認為科技可以讓世界更自由、更平等，但事實上，科技也可以使社會權力運作更加微妙和複雜，甚至難以完全掌控，因此，我們不禁想問，法律是否能夠真正保障我們的安全和幸福（劉靜怡，第三章，法律、科技與政策）？

無論我們在經濟、政治和科技的脈絡中，如何努力讓法律實現公平正義的目標，法律作為一個具有強大象徵力的符號，仍然會讓我們眩惑，蒙蔽了我們認知的雙眼。於是，我們可能會誤以為社會秩序單獨依賴國家法律的支撐，而忘記法律多元形構來自於傳統信念、空間習性與和多元行動的交織（王曉丹、莊士倫，第四章，法律多元）。我們可能會把國家或法律想像成一隻巨獸，侵噬人的基本尊嚴，但卻忽略了背後的社會權力規訓、製作、異化、蒙蔽和欺罔（林佳和，第五章，法律社會學中的國家）。我們的想像總是深陷於一片迷霧的森林中，在現代性的急速火車中緊抓住法律，而看不見自我主體的力量與可能，也認不清前方道路的必然與偶然（蔡博方，第六章，法律與現代性）。

怎麼辦呢？本書第二部分的主要內容是「理解」法律。讓我們回到法律的物質面，也就是法律由法律人和法律制度構成，而在這個物質面所嘆詠的法律變遷詩篇，提供了解答的蛛絲馬跡。如果律師是人權鬥士，那麼在經濟謀生、全球移動和職業生態的背景下，律師如何在社會權力和行動之間取得平衡（許菁芳，第七章，律師與律師工作）？如果檢察官是守衛法律、捍衛正義的重要防線，那麼檢察官在上下一體的職業社會化過程中，如何堅持並實現正義的具體意義（簡士淳，第八章，打造理想檢察官）？如果在街頭的警察是法律維護社會秩序的第一線，那麼在具體的組織形構、文化意識及場域策略交織之下，警察執法如何能夠達成任務之外的法律象徵意義（沈伯洋，第九章，警察執法的法律社會學）？

專業的法律人受到法律制度客觀中立的訓練，但這個制度並非天外降臨，而是人為建構，且深受社會權力運作、歷史和文化的影響。回首過去，國家法律作為一個外來移植物，我們可以從比較制度、帝國殖民、全球化等角度，找到主體能動的可能性，把握法律變遷的合理方向（陳韻如，第十章，法律移植）。移植來的法律是否會水土不服，則取決於原本文化所蘊含的秩序思想，情理思辨與法律思辨如何交織，又展現出何種正義感（黃琴唐，

第十一章，情理法融貫）？法律的演變並非純粹人類理性規畫的結果，而是被納入歷史的過程中，制度發展有其內在邏輯，因此，要理解一個社會的行為和法律現象，必須考慮歷史制度的演變，以找到法律、行動者與制度的相互關連（陳柏良，第十二章，歷史制度論）。

在「理解」法律的迷霧之後，在本書第三部分，我們將探索「面對」法律的視角，藉由抓取法律的斷簡殘篇，編織出多種面對法律的姿態。我們可以從法院的法律文件出發，批判性地省思法律溝通了什麼、以何種方式回應我們的人性基本需求，進而找到在法律面前的了然（郭書琴，第十三章，社會中的法律文件）。又或者，我們可以拆解法律語言，直面法律如何將我們的聲音轉譯成噤聲與異聲，重新思考公平與正義，找到在法律面前的重新連結（容邵武，第十四章，法律語言）。此外，我們可以剖析人們的法意識，從認知出發，經由拆解社會主流文化圖式與法律性，在促發道德責任感的驅動下，找到突破法律霸權的能動性（王曉丹，第十五章，法意識的概念地圖）。

事實上，在台灣我們已經有不少社會權力與能動性相互交錯與競逐的故事。例如，面對法律中存在的父權影響和性別不平等問題，婦女運動倡議法律制度的改革，透過法律正當性象徵的力量，讓社會看到性別弱勢者的處境，並整合相關資源，參與整體性別環境的變革（林志潔，第十六章，女性主義法社會學）。隨著家庭結構的變遷，我們也面臨各種家庭形態中的不平等，例如在性別不平等、子女弱勢處境、老人照護責任等這些議題上，法律已逐漸從粗心的盲目者轉變為細心的能動者(施慧玲，第十七章，家庭法律社會學)。在台灣民主化的進程中，法院也逐漸扮演起保障權益的積極角色，許多案例顯示，法院正面回應社會運動的訴求，在具體化社會正義的司法論述之下，社會運動得到了開發議題和開展能動的力量(官曉薇，第十八章，法律動員)。

在新的時代，我們面臨了自由主義經濟、全球化、科技進步等複雜而且交互影響的挑戰。為了應對這些挑戰，我們需要面對新的混亂秩序並發展新的研究視角。在法律與社會研究領域，這意味著要拆解法律、理解法律、直面法律，並且從不同的角度發展適當的法與社會議題。在這個新時代，法律與社會研究已經逐漸專業化和國際化，這包括了法學與價值多元和人權敘事的結合，以及個人化與去中心化衝擊對法律挑戰的回應。新的研究方式意味著開發出新的研究視野，研究者們拒絕僅從現象描述直接導引出法律規則的修改，而是更加關注法律的繼受、文化、權力和主體問題，希望探索更多脈絡性、文化性與思想性的觀點。本書十八章即為十八個議題，拓展了研究範圍，從傳統的實證研究延伸出文化、歷史、哲學和人權等更多元的研究視角，這種多元化的研究更加關注當下的法律權利如何對個體和集體產生影響，以及是否能夠改變根深蒂固的社會不平等模式。

台灣法律與社會研究的步伐

英語世界的法律與社會研究已發展近五十年，起初強調運用社會科學知識來提升法律（廣義上理解為規範、制度和實踐）政策的效能，但近二十年來研究者開始關注法律和政治權力、組織生活，以及日常實踐之間的共構關係，特別是透過了解並描繪法律的歷史和文化特性。在台灣，法律與社會研究受西方的影響，同時也受到社會劇烈變遷的衝擊，因此發展出獨特的學術焦點。在解嚴初期，研究者對法律移植和權利保障抱持高度期待；之後，在法律制度和社會發展方面，研究者開始反思傳統文化和人權實踐，再加上台灣在全球化與科技進步的影響下，既有的法律規則受到挑戰，研究者對此進行回應與批判。

以下二個方向的努力促成了台灣法律與社會研究的發展。首先，法律史或法制史研究不再以條文為限，而是關注法律的實際運作，甚至擴展到法的意義建構。例如，王泰升開創台灣法律史研究，出版了法律與社會研究著作《去法院相告：日治台灣司法正義觀的轉型》；陳惠馨批判法律的社會實踐，具體呈現在《法律敘事、性別與婚姻》當中；黃源盛則是強調社會思想對法律實踐的影響，將傳統中國法制與當代法律進行比較。上述學者皆提出了重要貢獻，啟動了台灣的法律與社會研究，讓後進者能夠以台灣為主體出發，並從歷史與思想角度探討台灣法社會現象，對於後續研究產生深刻啟發。

其次，法律實證研究方法也提供法律與社會研究養分，從蘇永欽一九八五與一九九七年二次的司法意識研究，到陳惠馨二〇〇一至二〇〇五年、包括十一個不同學科子計畫的法律人法意識研究，顏厥安、陳昭如長達十多年的台灣法實證研究資料庫建置，再到張永健主辦了八次的法實證研究工作坊，這些都是透過實證及量化研究的方式理解法律與社會。上述二個方向的努力貢獻在於，從台灣經驗出發，研究對象涵蓋法律人、法律原則與法律相關行為的互動；藉由社會科學或實證研究的觀點、方法和數據，有助於產出法律或政策改善方案。

上述的學術積累再加上以下兩股學術資源的衝擊，促成了台灣法律與社會研究的新進展。一方面，研究者透過研讀西方法律社會學理論，尋找解讀台灣法社會現象的視角。例如，已故的林端熟悉韋伯法律社會學理論，除了出版《儒家倫理與法律文化：社會學觀點的探索》的歷史社會視角，也探討台灣司法與調解等法社會現象。另一方面，研究者學習英美法律與社會研究的學術方法與方法論，研讀相關期刊，包括：Law & Society Review、Law & Policy、Law & Social Inquiry、Law & History Review、Law & Critique、Studies in Law, Politics, & Society、Social and Legal Studies: An International Journal，以及Canadian Journal of Law and Society，參與以下研究機構的活動：American Bar Foundation、the Centre for Socio-Legal Studies at Oxford University、the Onati International Institute for the Sociology of Law，或定期參加美國的法律與社會學會（LSA）年會、亞洲法律與社會學會（ALSA）年會、歐洲的國際法社會學研究所（IISL）年會、英國的法社會學會（SLSA）年會，以及美國的法律、文化與人文學會（ASLCH）年會。不同地區法律與社會研究都成為研究者的養分，得以接軌西方學術，並且直面台灣的法社會現象。

問題意識與解題路徑

本書收錄了十八篇文章，每一篇均針對法律與社會研究的特定學術議題，提出相關的概念、論證與理論，除了解釋其演變與動態發展，重要的是，說明個別文獻的學術貢獻，並描繪文獻彼此之間的關連性。不同的文獻呈現學術貢獻的不同樣態，有些文獻是補充前人的研究成果，有些文獻以不同的方式深化前人的論證，有些文獻則直接挑戰過去文獻的前提假設。唯有呈現每個文獻的意義，以及文獻與文獻的對話關係，才得以協助後續的研究者在其理論與資料分析的導引下，提出下一步研究的問題意識。整體而言，文獻地圖的內容包括過去的研究爭論以及當下的研究熱點，這些都可以對後續研究者產生意義，協助他們開展與文獻對話的問題意識及解題路徑。

感謝官曉薇、蔡博方、李柏翰、許菁芳、陳柏良的協助，各自帶著豐富的中英文投稿與編輯經驗，我們一起製作的徵稿簡則指引了文章撰寫的方式，包括以下六點：

1 Definition：學術社群針對此概念／領域／理論是否有不同的分類或定義？這篇文章界定的討論範圍為何（包括對應的法社會現實）？

2 Scope and boundary：此一概念／領域／理論與其他概念／領域／理論之間有何關連與區別？（例如，法意識與法律動員、法律移植、法律現代性等，會有共同關心的議題，因此研究的範圍與界限或有重疊之處，但有時也需要說明之間的差異）。

3 Literature mapping：文獻是由那些問題意識所構成？請作者提出一個架構放置這些文獻（包括研究動機、研究問題與主軸論述）。

4 Controversies and debates：學術社群內部有何衝突與爭論？是否有相互之間的批判或反思？

5 Taiwan studies：與上述研究對話，台灣在地研究的進路與貢獻為何？

6 Future direction：未來研究者可以著力的地方？

為了達成上述目標，我們在二〇二一年十一月舉辦了為期二天的「法律與社會研究工作坊」，讓專業的評論者對著整場觀眾，與作者進行對話。在作者們修改完草稿之後，我們於二〇二二年五月到六月在政大舉辦三場座談會「法律與社會三大議題：法律與生活當下、歷史vs.理論、國家vs.公權力」，讓政大法社會學課程的同學事前閱讀初稿並提出書面問題，而每場四到五位講者在回答學生問題之後，也相互提問、進行討論。之後，我與出版社編輯請作者們依據座談會成果修改論文，並討論出全書結構，三大部分每部分二個單元總共六個單元。為了讓各篇文章方向架構可以有一致性，並前後連貫，當各章修正稿完成後，我們在二〇二二年七月安排了作者互讀文章的討論會議，作者們分別提出對於其他作者文章的內容修改意見，並針對整本書的目標與架構交換想法。在歷經草稿、初稿、修正稿與再修正稿之後，我與編輯德齡在二〇二二年八月分別與各篇作者線上給予修改建議，在對話後作者再進一步完成審查稿。作者們在二個多月後拿到雙向匿名審查結果，陸續依審查意見修改後交給編輯德齡定稿。德齡最後針對各篇文字提出修改建議，以便作者第六度修改文章，成為最後的出版稿。我們衷心感謝作者們的耐心配合，也在修改文章與對話過程中更加認識彼此，相互學習。

代結語

法律與社會的研究者採取跨領域的視角，因此可以在不同學科的養分下，設定創新的方法論、嶄新的研究議題與多元的分析架構。跨領域視角的研究者援引了政治學、歷史學、社會學、哲學、人類學等知識，因為不同學科的焦點與訓練，這些研究關注了法與社會的各種不同面向，開啟有別於主流法學的研究方式。本書各章涵蓋了過去法學未觸及的議題，以各種學術分析來理解法律與社會之間的差距，這些關於差距的研究補充了過去未曾細究的法律影響社會、社會影響法律的關係，同時也挑戰了社會各界對法律的各種預設與誤解。

學術永遠是一個累積的過程。關於法律與社會的文獻，英文的研究指南已經有很多，包括以下八本專書：Law and the Social Sciences（1986）、The Blackwell Companion to Law and Society（2004）、Theory and Method in Socio-Legal Research（2005）、Handbook on Law and Society（2015）、Routledge Handbook of Law and Society in Latin America（2019）、Routledge Handbook of Socio-legal Theory and Methods（2020）、Research Handbook on the Sociology of Law（2020）、Routledge Handbook of Law and Society（2021）。台灣法律與社會研究的規模與成熟度雖然不及英語學界，然而，本書所回顧的台灣研究借鑑了英美學界一九六〇年代之後的脈絡中的法（law in context）、一九八〇至一九九〇年代的文化轉向（cultural turn）、二〇〇〇年之後至今的全球法（global law）的研究貢獻，在與西方文獻對話中，研究者也已經發展了台灣法律與社會的論述。關於台灣法律與社會的文獻回顧之前已經出版了二篇期刊論文，包括王曉丹發表的〈初探台灣的法律與社會研究：議題與

觀點〉（二〇一〇），以及沈伯洋發表的〈法律社會學五十年回顧〉（二〇一八）。以此為基礎，本書進一步連結西方文獻與台灣文獻，提供給研究者與研究生更明確的問題意識與解題路徑。

本書強調研究的本質，並認為理性對話是關鍵。十八篇作者的寫作目的在於，啟發研究者閱讀與引用文獻，並在知識建構的過程中看見彼此、敞開對話。期盼這本法律與社會研究的文獻地圖，讓有興趣的讀者可以快速入門，亦希望對於研究者提供幫助。讀者不僅可以按圖索驥，理解生活裡關於法律的困頓與疑惑，也可以在短時間內掌握西方理論與本土研究的核心。

法律有關係

王曉丹　主編

陳維曾、李柏翰、劉靜怡、王曉丹、莊士倫、林佳和、蔡博方、許菁芳、簡士淳、沈伯洋、陳韻如、黃琴唐、陳柏良、郭書琴、容邵武、林志潔、施慧玲、官曉薇　著

第一部

法律是什麼？表面與深層

第一單元

時代變遷下的法律演化

李柏翰

法律並非憑空創造而來。法律是特定脈絡中的行動者，為回應特定時空背景之需求，相互協商後的產物，這也是本單元欲彰顯之視角。三篇文章各自探究法律和不同形式的規範，是如何與經濟、國際政治、科技發展等社會脈動相互影響，實質化行動者共構的治理欲望，並進而將脈絡中的權力動態內化且鑲嵌於法律之中。由此出發，我們得以思考、分析並批判「法律是或不是什麼」——包括且排除了誰，定義且略過了什麼、治理了誰且被誰治理著。

陳維曾的〈憲政與國家資本主義〉扣問威權國家資本主義與西方自由民主典範的憲政主義之間的關係為何？透過東亞國家的例子，引介「法律與經濟發展」的研究與論辯。中國崛起再度引發世界對亞洲成長模式的關注，而政體與經濟發展之間的交互作用，也進入了法律與社會研究的視野。在〈誰的全球，治理了誰〉中，李柏翰介紹不同學術領域如何定義並研究全球治理。有別於西發里亞秩序創建的國際法體系，全球治理納入複雜且多元的行動者與權力關係，以回應總體政治經濟的現象，而本章藉由全球衛生與人權保障等議題來說明「國際法與國際關係」研究之發展。劉靜怡在〈法律、科技與政策〉中勾勒過去數十年科技發展如何驅動法律變遷並衝擊法學研究，這些發展亦促使科技法學研究社群之形成。本章認為，為探索數位革命帶來之多層次的權力變遷，並提出規範上可行的具體策略，科技法學研究應該與「科學、科技與社會」有更多跨領域的互動和對話。

1

憲政與國家資本主義 衝突或相輔？*

陳維曾

國立新加坡大學法學院副教授，研究領域為法律與經濟發展、比較中國法、東亞法。

* 特別感謝台大法律研究所黃安遠在研究上的協助。

中國式的威權國家資本主義的崛起，喚起各界對於亞洲成長模式的重新注意。台灣、韓國、新加坡、日本都曾是（甚至仍是）國家資本主義的信奉者，相信國家在市場中的領導角色。這個治理策略更可追朔到亞洲諸國的法體系繼受來源國，也就是國家資本主義的原創者——德國。德國前聯邦憲法法院法官格里姆（Dieter Grimm）教授曾指出，德國在成為民主國家前的一百多年，雖在威權體制之下，人民卻已享有憲政法治與諸多基本人權。[1] 若我們暫時擱下現實政治中對於民主自由與威權之間的分歧，從法學角度而言，許多有趣問題值得討論：為什麼信奉國家資本主義的威權國家也會紛紛引入西方自由民主典範下的憲政主義（constitutionalism）？憲政主義與威權國家資本主義的結合模式為何？這種憲政主義是否真的會如同在德國或是台灣的發展一樣，漸漸朝向民主自由式的憲政主義轉型？本章嘗試用法律與經濟發展的角度來組構學界對於這個問題的探討。

東亞的國家資本主義與法律

法律與經濟發展，乃在關心法律在經濟發展過程中扮演的角色。概括來說，不外乎權利保護、法律與制度（institution）設計，以及爭端解決。哪些權利是對經濟發展而言絕對重要的，並可以激發市場參與者適當的誘因（例如財產權）？哪些權利可以鼓勵市場參與者合作，並擴大交易範圍以突破傳統人際網絡的受限（例如契約法）？哪些機制設立有助於溝通協調與監督不法（例如行政訴訟）？以及如何達成有效率的爭端解決（例如訴訟，仲裁或調解）？

對政策制定者而言，這些制度設計不只是法律移植的選擇，也是策略與成本效益的抉擇，亦是法律執行優先順序的衡量。例如，明晰的財產權的確是經濟發展的基石，但國家要花多少成本先釐清財產權的歸屬？是否要先重新分配當下不公或沒效率的財產權結構（例如土地問題）？應該多幫農民取得私人產權，還是交給已有實力的國有或私有企業多一些產權來帶動發展？就這些問題，光是比較台灣、南韓、印度、中國，就可以得到數種不同的法律發展模式。台灣與南韓在經濟起飛前所成功推動的土地改革，便沒有在印度或中國出現。又再例如，建立行政訴訟對於威權發展型國家也有好處，因為可引進第三人為主的監控機制（third-party mechanism），讓政府不須只依賴官僚或黨國體制的內部自主監督，而是更廣泛地透過權利被侵害的市民所提出的訴訟，來偵測國家機器哪裡出了問題。[2] 但另方

1 Dieter Grimm, *Levels of the Rule of Law: On the Possibility of Exporting a Western Achievement*, *in* Constitutionalism: Past, Present, and Future (2016).

2 Tom Ginsburg, *Administrative Law and the Judicial Control of Agents in Authoritarian Regimes*, *in* Rule by Law (Tom Ginsburg and Tamir Moustafa eds., 2008).

面，政府本身是行政訴訟的被告，所以行政訴訟制度的存在對政府也是個風險。[3] 這兩者之間的利害權衡，我們可從行政訴訟法制在台灣以及許多其他國家（例如中國）跌跌撞撞的發展中，明顯看出策略權衡之處。

有趣的是，法律與經濟發展除了分析正式的實定法，也重視非正式的法律體制。因為看重非正式法律體制，法律與經濟發展便需要採取一種功能性（functionalist）的分析方法，才能偵測何種非正式的制度其實可以發揮與正式法律制度一樣的功能，以至於成為一種替代性體制（substitute）或是功能性的同一體（functional equivalent）。就這個角度，法律與經濟發展的關心，其實與法律社會學、法經濟學、法律史學，或是法人類學與文化學，已經有相當的重疊，[4] 不需硬性區分，其差異往往可能是學門關心重點的慣性，或是學者與研究社群本身的興趣所決定而已。

法律與經濟發展的研究，不僅包括私法，也包括公法，因為兩領域都與經濟發展相關。這也提供了研究者相當廣的空間去發展科際整合研究。例如，私法上的財產權或契約法提供了市場運行的基本法律規則，但公法的概念如法治（rule of law）與憲政主義（constitutionalism）也是探討的範圍。戰後國際間對於發展中國家的法律援助，許多是針對這些公法上的關心點，就被歸為是法律與經濟發展的肇始。但這一波運動在一九七〇年代以失敗告終。許多法律制度在理論上似乎完美，在亞洲等國也大致得以運作發揮成長的效果，到了拉丁美洲國家卻完全荒腔走板。在後來的數年間，學界自我檢討，認知到這是採取法條主義，忽略法律與政治經濟社會的實際互動的結果。[5] 一九〇年代以降，新制度經濟學當道，加上國際合作與援助間有大量需求，法律與經濟發展的討論又捲土重來，重視制度發展且也深受此際新自由主義經濟學的影響。近年來，中國經濟崛起的現實，以及其與當代普遍接受的法律制度之間諸多衝突的現況，又帶動另一波討論與激盪，探討是否有中國模式的存在。[6] 這一波的討論至今未休，卻已激盪出更多元的看法。[7] 但無論如何，這都提醒研究者要注意地方脈絡（context）對法律運作的重要性，以及如何從功能性的角度，思考正式與非正式的法律制度（institutions）與社會規範（social norms）。

---

3 Kevin J. O'Brien and Lianjiang Li, Rightful Resistance in Rural China (Cambridge: Cambridge University Press, 2006).

4 沈伯洋，法律社會學五十年回顧，月旦法學雜誌，二七九期，頁一九四，二〇一八年八月。

5 David M. Trubek, *Law and Development 50 Years On*, Univ. of Wisconsin Legal Studies Research Paper No. 1212 (2012). Available at SSRN: https://ssrn.com/abstract=2161899.

6 Weitseng Chen (ed.), The Beijing Consensus? How China has Changed Western Ideas of Law and Economic Development (Cambridge: Cambridge University Press, 2017).

7 例如紐約大學法學院阿帕姆（Frank Upham）教授，從法律與經濟發展史的觀點，質疑是否私有產權真的有助於經濟發展。Frank Upham, The Great Property Fallacy: Theory, Reality, and Growth in Developing Countries (Cambridge: Cambridge University Press, 2018).

作為本書研究彙編的一部分，本章一方面回顧台灣學界的對應發展，一方面引薦國際學界相關的文獻，以供有興趣者日後研究之用。因為範疇廣泛，本章將嘗試集中於文獻較少探討的公法領域，選擇憲政主義與經濟發展這一個角度，來重新組合文獻的問題意識與論點。如此也觸及了相當廣泛的法領域，例如憲法、土地法、公司法、證券法、銀行法、反壟斷法等等，以建立與法律與發展的連結，供研究者進一步發展。

早期台灣關於法律與經濟發展的討論

在二戰後經濟重建、社會重整，以及社會主義批判法律為資本主義服務的背景下，資深法學者如韓忠謨或林紀東等，論及法律與經濟，大多一方面在哲學層次上辯護並強調法律對於經濟生活的不可或缺，二方面在經驗層次上強調法律對於經濟生活的定紛止爭的功能，[8] 除此之外，並無太多進一步討論。但值得一提的是，此際的討論多重視法律的工具性，認為人可以透過理性，用法律處理經濟行為，例如戰爭時期物資缺乏之際，可以制定統制經濟的法律。[9] 這一種在法學緒論中的討論隨著學說發展也漸漸深化，例如在王海南等五位學者所著的法學入門之中，近一步在財產權（交易的客體），契約法（交易行為）與競爭法（交易秩序）的脈絡下討論法律的功能，其中也可以清楚看到一九九〇年代以降，新制度經濟學與法律經濟學的影子。[10]之後，法律社會學也有零星觸及經濟發展的討論，例如陳聰富強調法律與當下社會價值的契合，是法律能有效推動社會變遷工具的必要條件，這裡的社會變遷廣義上也包括了經濟生活。[11]衍生而言，台灣透過法律帶動經濟成長，其成功關鍵不僅是法律內容本身，更重要的是法律符合了全民渴望追求經濟富強的社會價值。

在此一階段，台灣法學界對台灣本身法律與發展經驗討論的稀少，與國際間對台灣在法律與發展模式的關切成了明顯對比。例如，台灣在一九五〇年代近乎土地革命的成功土地改革，引起國際學界廣泛重視，至今仍有討論；[12]但以傳統台灣法學的角度，土地法是邊緣中的邊緣，因而造成在國際討論中的缺席，雖遺憾但不意外。

另外一個脈絡是一九七〇年代開始的經濟法討論。例如，廖義男在競爭法的背景下，

---

8 韓忠謨，法學緒論，一九六二年；林紀東，法學緒論，台北：五南，一九七八年；鄭玉波，法學緒論，台北：三民，一九五六年。

9 林紀東，同註8，頁一八九。

10 李太正、王海南、法治斌、陳連順、黃源盛、顏厥安、王照宇、徐崑明合著，法學入門，台北：元照出版，頁一〇四，一九九九年。

11 陳聰富，法律作為社會變遷工具的社會基礎，法令月刊，四十八卷四期，頁一八～三一，一九九七年四月。

12 James Lin, *Martyrs of Development: Taiwanese Agrarian Development and the Republic of Vietnam, 1959–1975*, 33 Cross-Currents: E. Asian History and Culture Rev. (e-journal), 53–83 (2019).

談國家、市場與企業之間的關係，如何透過競爭法維持市場秩序，增進企業本身甚至包括社會全體的經濟利益。[13]國家為了實現特定經濟政策，透過「經濟輔助」影響企業的經濟活動，也成為公法學討論的主題。其他尚有公共徵用、締約強制、經濟監督、經濟指導與管理等相關概念。[14]這個角度後來也被芝加哥大學法學院金斯堡（Tom Ginsburg）強調是理解東亞憲法秩序與國家角色的關鍵。[15]

這種對國家與市場間聯繫的公法討論，亦呈現了歐陸德國傳統下對於強勢國家的期待，以及希望透過法規範來確保強勢國家不致為惡，進而發揮其正面力量。這種德國法傳統，相當契合地融入了當下台灣國家資本主義的發展脈絡，同時也未割裂日治時期殖民政府在台灣社會所推動的經濟法制措施；例如經濟警察所扮演的經濟監督的角色。[16]這與英美法下的「有限政府」（limited government），以及對政府不信賴的傳統，有相當的差異。話雖如此，東亞威權發展型國家介入市場以及控制經濟與社會的程度，仍超越了神聖羅馬帝國與德意志帝國以降的德國強勢國家。原因在於，德國歷史中地方諸侯以及教會都扮演了與中央王權相競爭與抗衡的角色，導致王權必須自我節制，尊重法治，這種制衡在東亞的近代國家發展歷史中並不存在。

還有一些討論東亞法治的實證研究，雖未言及法律與經濟發展，其關注焦點卻與法律與經濟發展的關懷相同。例如，法律與經濟發展相當關心土地所有權的功能，但同時也透過亞洲的實證經驗，強調政治經濟力量的影響，挑戰傳統制度經濟學理論對於土地所有權實際形成過程過度簡單化與理想化的描述。[17] 台灣法律史研究中對於台灣土地財產權發展的探討，同樣可以見到對於土地產權的關懷。[18]

經濟商業組織的實際運作對於相關法律概念的影響與發展，也是法律與經濟發展研究的另一個焦點。從此一角度，台灣學界對於公司法各式組織概念的實證研究，即和法律與

---

13 廖義男，從經濟法觀點論企業之法律問題，臺大法學論叢，四卷二期，頁一二一～一四五，一九七五年四月。

14 廖義男，從法學上論經濟輔助之概念，臺大法學論叢，六卷二期，頁二五一～二六五，一九七七年六月；廖義男，經濟法之概念與內容體系，載：企業與經濟法，頁一～四七，一九八〇年四月；廖義男，經濟法之發展與展望，月旦法學雜誌，一〇〇期，頁一一四～一二四，二〇〇三年九月。

15 Tom Ginsburg, *Does Law Matter for Economic Development? - Evidence from East Asia*, 34 Law Soc. Rev. 829 (2000).

16 Weitseng Chen, *Adaptive Authoritarian Policing: A Journey from China and Japan to Taiwan*, *in* Regime Type and Beyond: The Transformation of Police in Asia (Weitseng Chen and Hualing Fu eds, 2023).

17 Frank Upham, *Lessons from Chinese Growth: Rethinking the Role of Property Rights in Development*, *in* The Beijing Consensus? (Weitseng Chen ed, 2017); Weitseng Chen, *Arbitrage for Property Rights: How Foreign Investors Create Substitutes for Property Institutions in China*, Wash. Int'l L. J. 24(1), 47-97 (2015).

18 曾文亮，土地調查事業與家產制度改造，第二屆臺灣商業傳統暨黃富三教授榮退國際學術研討會第一次工作坊，中央研究院台灣史研究所，二〇〇九年五月；曾文亮，全新的「舊慣」：總督府法院對臺灣人家族習慣的改造（一八九八～一九四三），臺灣史研究，十七期，二〇一〇年三月；王泰升，台灣的繼受歐陸民法：從經由日中兩國到自主採擇，法令月刊，六十八卷四期，頁一～二〇，二〇一七年四月。

經濟發展呼應。[19]此外，對於特定商業制度之經濟功能的研究，也是一例。陳宛妤探討公設質鋪的角色變化，發現有別於清代以盈利為主的官當，公設質鋪在日治時期為國家經濟社會政策執行單位，成為扶持經商人的政策工具。[20]王泰升關於典當的研究探討國家如何進入市場，藉由規定法定利息介入民間的典當交易，並將經濟問題司法化，由法院來判斷個別交易是否合乎「舊慣」，藉此決定該交易的合法性。[21]這其實呼應了法律與經濟理論中討論微型金融機構（microfinancing）的角色，[22]且台灣可提供更細緻的分析。筆者在比較台灣、巴西與墨西哥的典當制度研究中，也指出台灣對於典當演變出國家與市場混合制的監管制度，與巴西（純國家制）或墨西哥（純市場制）有顯著的差異，善用法律且具有監管優勢。[23]

以上這些歷史角度的分析提示了法律工具主義（instrumentalism）與功能性（functionalist）分析的不同。工具主義脫離法律概念自始產生的脈絡，單純認為法律是一種工具，好比手機的應用程式，不管何時何地，下載了，便能順利執行該功能。王曉丹指出這種態度是法條主義的產物，[24]而這個取向，有時可讓法律移植成功，有時卻徹底失敗。蘇永欽亦指出，儒家的工具主義很容易與經濟發展的工具主義契合，但在非經濟領域卻有衝突。[25]無論如何，這個很可能導致法律移植失敗的概率，已足以讓投身法律與經濟發展的學者宣告這是失敗的方法論。[26]代之而起的是採取功能性的分析。[27]功能性的分析需要對法律形成過程動態討論，探討法律在這個演進過程中如何了反應了特定社會經濟政治的價值與條件，形成具有

19 參見陳宛妤、王泰升，台灣日治時期資本主義財產法制的確立（一八九八～一九〇五），經濟論文叢刊，四十八卷三期，頁三四三～三八〇，二〇二〇年九月；曾文亮，台灣漢人祭祀公業問題的歷史考察：殖民統治、法律繼受與民間習慣之間，載：王泰升、劉恆妏主編，以台灣為主體的法律史研究，頁五五～九〇，二〇〇七年五月。

20 陳宛妤，法律繼受與傳統融資活動：以合會與當舖在台灣的法律發展軌跡為中心，國立台灣大學法律學研究所碩士論文，二〇〇五年；洪士峰，國家與典當：戰後臺灣公營當舖的發展系譜，思與言，五十七卷一期，頁一～五三，二〇一九年三月。

21 王泰升，西方憲政主義進入台灣社會的歷史過程及省思，載：廖福特主編，憲法解釋之理論與實務（第八輯），二〇一四年七月。

22 Robert D. Cooter and Hans-Bernd Schaefer, Solomon's Knot: How Law Can End the Poverty of Nations (Princeton: Princeton University Press, 2011).

23 Weitseng Chen and Mariana Mota Prado, *State-owned Enterprises, Finance and Development: A Comparative Study of Pawnshops in Brazil, Mexico and Taiwan*, conference paper for Yale Law School (2022).

24 王曉丹，法意識與法文化研究方法論——從概念到實踐，從專家到常民，載：黃源盛主編，法文化研究：繼受與後繼受時代的基礎法學，頁六九～九八，二〇一一年五月。

25 蘇永欽，韋伯理論在儒家社會的適用——談臺灣法律文化與經濟發展間的關係，政大法學評論，四十七期，頁二六七～二八四，一九九三年六月。

26 David M. Trubek & Marc Galanter, *Scholars in Self-Estrangement: Some Reflections on the Crisis in Law and Development Studies in the United States*, 1974 Wis. L. Rev. 1062 (1974).

27 Michael Trebilcock & Mariana Mota Prado, Advanced Introduction to Law and Development (Cheltenham: Edward Elgar Pub, 2014); Michael Trebilcock, *Between Universalism and Relativism: Reflections on the Evolution of Law and Development Studies*, 66 University of Toronto L. J. 330 (2016).

本地特色的法律概念與法律解釋。缺少社會脈絡，靜態的法律條文就未必會發揮其原本設定的功能。

從此一角度就可理解，台灣的歐陸法系傳統遇到一九七〇年代以降大幅影響世界的美國法傳統時，所產生的諸多扞格激盪。蘇永欽指出，兩個法系對於國家角色的期待有根本的差異。歐陸法系協助讓國家從人民的最大威脅轉換成最大的保障，於是對大政府不致有根本懷疑。反之，英美法系認為國家就是侵害基本人權的來源，對大政府有根本的不信任。[28]倪致仁（Neil Chisholm）研究韓國與台灣對於司法獨立概念的理解，也從英美法與歐陸法系衝突的脈絡來解釋兩國內部對於司法改革的對峙。在歐陸法傳統下，司法獨立是透過司法官組成的官僚體制隔絕來自政治力（例如皇帝）的干預（bureaucratic accountability），所以司法官的訓練升遷考核等等，是透過官僚制度來完成，但從英美法傳統看來，此種由行政體系保證的司法獨立，卻好比向鬼拿藥單。在英美法概念下，司法獨立是透過民主問責性來保障（democratic accountability），若干地方的法官甚至是民主選舉產生，目的就是隔絕來自國家行政部門的干預。這兩種不同的司法獨立觀念，是在不同的政治脈絡下產生，各自在德國與美國運行妥當。但當被移植到台灣與南韓後，便很容易招致來自根據對立的法律傳統且脫離脈絡式的批評。[29]類似地，比較法學的先驅達馬斯卡（Mirjan Damaska），提出回應型政府（the reactive state）與積極型政府（the activist state）兩個理念型，來描述歐洲大陸與英美國家對於國家、個人、權利與正義等概念上完全相反的理解。這種對於基本概念的解構可以用來解釋，今日多已混合了兩個法系制度的亞洲國家所面臨的許多政治理念的分歧。[30]

回到台灣的研究發展可以發現，解嚴前後是台灣學界關於法律與經濟發展討論的斷裂點。解嚴後，法學界多急切探討法治如何不彰、守法意識低落，以及法治建設如何之急迫。反之，不見討論台灣當下不甚滿意的法治，是如何成就台灣的經濟奇蹟？或是如何促成了成功的民主化？偏偏這些問題是國際學界甚感興趣，且台灣經驗也能對學理提供莫大貢獻的領域。這一台灣法律研究的斷裂或空缺，主要肇因解嚴後學界的核心關懷，是從評價國民黨的法治改革中來汲取改革的動力與方向，也普遍認為威權主義下的法治稱不上法治（rule

---

28 蘇永欽，同註25。

29 Neil Chisholm, *The Faces of Judicial Independence: Democratic versus Bureaucratic Accountability in Judicial Selection, Training, and Promotion in South Korea and Taiwan*, 62 American Journal of Comparative Law 4 (2014)。另外，透過惠特曼（James Whitman）對隱私權這個概念發展的研究也可看出歐陸與英美法的差異。歐陸法下人民信任國家，隱私權的敵人是私人企業，於是願意讓國家掌握人民基本資料，卻不會容許私人企業如此。但美國人不信任國家，卻信任市場，所以任由私人企業掌握隱私資訊（Amazon、Facebook、Google），因為隱私權的威脅來自國家。於是造成了歐洲人與美國人相互覺得對方的不夠尊重隱私權的諷刺現象。James Whitman, *The Two Western Cultures of Privacy: Dignity Versus Liberty*, 113 Yale L.J. 1152 (2003-2004).

30 Mirjan Damaska, The Faces of Justice and State Authority: A comparative approach to the legal process, Chapter III (London: Yale University Press, 1986).

of law），而是依法統治（rule by law）或至多是法律下的治理（rule under law）。這一轉向也代表學界對於法治開始採取了更實質廣泛的定義，不再只用法律程序或是法條條文的存在來斷言法治存在與否，更包括了民主價值與基本人權的保障。[31]但不討論不代表不存在。例如，就是立基於法律對經濟發展貢獻之信念，台大法律系方於一九九〇年開設財經法組。[32]

鑑於戒嚴之後的這個研究轉向，以下嘗試將解嚴後台灣學界對於民主憲法轉型的關懷，結合法律與經濟發展研究，填補一塊研究空窗。

威權體制是否可以藉由推動憲政來促進經濟發展？

當代威權國家經常從民主國家借鑒制度設計，導致了許多混合型體制。這種混合制的特點是，政治社會透過定期選舉實現了部分民主化，但公民社會沒有完全自由化；或者反過來，公民社會部分自由化，但政治社會沒有民主化。[33]雖然這種政體已經成為國際間的多數，但他們通常與腐敗、貧困和裙帶資本主義聯繫在一起，[34]少數例外是亞洲的幾個威權國家資本主義的政體，包括日本、台灣，韓國、香港與新加坡等，這些國家在發展初期就決定接受憲政和法治，大部分在後期也往更自由民主的政治制度過渡。[35]

目前，我們對憲政主義與威權國家的結合尚未有大量系統地了解，但已證明憲政主義

的存在並不侷限於歷史悠久的民主國家或某些地理區域。[36] 近年來，關於威權下的法治和憲

31 學界用thin version of the rule of law對比於thick version of the rule of law來描述這兩者的差異。相同見解，參見Michael Trebilcock & Ronald J. Daniels, Rule of Law Reform and Development: Charting the Fragile Path of Progress (Cheltenham: Edward Elgar Pub, 2008); Randall Peerenboom, China's Long March Towards Rule of Law (Cambridge: Cambridge University Press, 2002).

32 王泰升，國立臺灣大學法律學院院史（一九二八～二〇〇〇）：臺大法學教育回顧，台北：國立台灣大學法學院，頁一〇二，二〇〇二年七月。

33 此論點可參見Terry Lynn Karl, *Imposing Consent? Electoralism vs. Democratization in El Salvador*, *in* Paul Drake and Eduardo Silva (eds.), Elections in Latin America (San Diego: University of California, 1986)與Guillermo A. O'Donnell, Laurence Whitehead, and Philippe C. Schmitter, Transition from Authoritarian Rule: Prospects for Democracy (Baltimore: Johns Hopkins University, 1986)。混合政體不包括一黨制國家，如中國和越南，因為沒有定期舉行多黨選舉。

34 Larry Jay Diamond, *Thinking About Hybrid Regimes*, Journal of Democracy 13(2), 21-35 (2002); Juan J. Linz, Totalitarian and Authoritarian Regimes, 60 (Boulder: Lynne Rienner Publishers, 2000); Terry Lynn Karl, *The Hybrid Regimes of Central America*, Journal of Democracy 6, 72–86 (1995).

35 有學者將這種法治發展軌跡稱為「東亞模式」，但這也引起了對於東亞經驗是否可以被視為「模式」的辯論。關於東亞模式，參見Randall Peerenboom and Weitseng Chen, *Development of Rule of Law: A Comparison of Taiwan and China*, *in* Political Change in China: Comparisons with Taiwan (Bruce Gilley & Larry Diamond eds., 2008)；關於東亞模式的辯論，參見Michael W. Dowdle and Mariana Mota Prado, *Dialogus de Beijing Consensus*, *in* The Beijing Consensus? How China Has Changed Western Ideas of Law and Economic Development (Weitseng Chen ed., 2017).

36 David S. Law, *Constitutions*, *in* The Oxford Handbook of Empirical Legal Research (Peter Cane and Herbert M.

法的文獻增多，[37]但很少見到從法律與經濟發展的角度來理解。準此，本章以下組合多個面向的文獻，提出可進一步研究的參考架構。

首先，許多研究主題可以擺在「民主與經濟發展之關連」這個主題下來理解。憲法以及憲政主義（constitutionalism）決定了政體的治理結構，但它是否也決定了一個國家的經濟表現，仍有爭議。這呼應了政治學家關於民主和發展的類似辯論。支持民主的論點認為，民主可以提高經濟決策的品質，因為更透明、也有更好的程序和公眾參與、權利保護，以及制衡既得利益機構的機制。[38]定期選舉就是一種懲罰機制，任何濫用權力對社會福利造成損害的政治人物都將受到懲罰。印度的知名經濟學者沈恩（Amartya Kumar Sen）便指出，任何一個新聞相對自由的民主國家都沒有發生過嚴重飢荒；在英國專制統治下的印度，隨著多黨民主和新聞自由的建立，歷史上不斷出現的飢荒突然消失了。[39]所以，威權制度也許可使經濟起飛，但是否足以持續支持更進一步的發展，此派見解多持質疑態度。[40]

與此相反，支持威權主義有助經濟發展的學者主張，威權主義就是東亞經濟奇蹟的原因。[41]從法律與發展的角度，法律成為東亞國家引導市場的有效工具，而憲政主義也創造了

Kritzer eds., 2010).

37 Weitseng Chen & Hualing Fu (eds), Authoritarian Legality in Asia: Formation, Development and Transition (Cambridge:

Cambridge University Press, 2021); Mary Gallagher, Authoritarian Legality in China: Law, Workers, and the State (Cambridge: Cambridge University Press, 2016); Mark Tushnet, *Authoritarian Constitutionalism*, 100 Cornell L. Rev. 391, 425, 445 (2015); Tom Ginsburg and Alberto Simpser (eds.), Constitutions in Authoritarian Regimes (Cambridge: Cambridge University Press, 2013); David E. Landau, *Abusive Constitutionalism*, 47 U.C. Davis L. Rev. 189 (2013); David S. Law and Mila Versteeg, *Sham Constitutions*, California L. Rev. 101(4), 863 (2013).

38 Robert J. Barro, *Government Spending in a Simple Model of Endogenous Growth*, Journal Of Political Economy 98(5), S103-S125 (1990); Ronald Findlay, *The New Political Economy: Its explanatory power for the LDCs*, Economics and Politics 2(2), 193-221 (1990); Mancur Jr. Olson, *Autocracy, Democracy and Prosperity*, *in* Strategy and Choice 131-57 (Richard J. Zeckhauser ed., 1991); Adam Przeworski, *The State and the Economy under Capitalism*, *in* Fundamentals of Pure and Applied Economics, 40 (1990).

39 Amartya Kumar Sen, *Democracy as a Universal Value*, Journal Of Democracy 10(3), 3-17 (1999).

40 Adam Przeworski *et al*, *What Makes Democracies Endure?*, 7 Journal Of Democracy 39 (1996); Robert Bates and Anne O. Krueger, *Generalizations Arising from the Country Studies*, *in* Political and Economic Interactions in Economic Reform Policy: Evidence from Eight Countries, 444-72 (1993); John K. M. Ohnesorge, *Developing Development Theory: Law and Development Orthodoxies and The Northeast Asian Experience*, U. Pa. J. Int'l Econ. L. 28(2), 219 (2008).

41 Chalmers Johnson, MITI and the Japanese Miracle: The Growth of Industrial Policy, 1925-1975 (Stanford: Stanford University Press, 1982); Chalmers Johnson, *Political Institutions and Economic Performance*, *in* The Political Economy of New Asian Industrialism (Frederic C. Deyo ed., 1987); Robert Wade, Governing the Market: Economic Theory and the Role of Government in East Asian Industrialization (Princeton: Princeton University Press, 1990); Peter Evans, *State Structures, Government-Business Relations, and Economic Transformation*, *in* Business and the State in Developing Countries (Sylvia Maxfield and Ben Ross Schneider eds., 1992); Vaman Rao, *Democracy and Economic Development*, studies in comparative international development 19 (1984); Stephan Haggard, Pathways from

一個法律框架，在賦予專制國家權力的同時，也制約了專制國家。因此，國家將強大到足以執行對經濟至關重要的財產和契約權利，但又不會強大到會任意沒收這些權利，從而得以建立一個追求經濟增長的制度平台。不僅韓國、新加坡、台灣和日本能證明這種憲法框架的有效性，香港在一九九七年回歸之前也存在著一個隱性的國家和私人企業的聯盟；在回歸後的基本法框架下，更進一步轉向與東亞鄰國類似的干預主義做法。[42]

第三種觀點認為，經濟發展與威權專制或民主制度之間不存在任何直接的因果關係。[43]相反地，實用主義才是關鍵。成功的關鍵既不是政體的性質，也不是憲法框架，而是反映國家優劣勢的各種外在因素（如資源、人口規模和地理位置）、歷史基礎（如殖民遺產、文化和種族）和實用主義政策（如對科學、教育、醫療保健的投資，還有穩定的選舉制度）。另外，國家發展的歷史起點，對於憲政的鞏固和經濟增長，以及後續中產階級、國際合作和公民社會的發展都很重要。[44]為了說明這一觀點，紐約大學阿帕姆（Frank Upham）提出一個頗具爭議性的論點，認為如果在中國經濟轉型之初就有一個精心設計的保護性產權制度，中國的經濟增長可能反而受到阻礙。因為中國改革的起點是一個無效率的國有土地產權制度，完整保護產權制度反而會限制國家靈活重新分配有限資源的能力，[45]且財產權的分配是一個政治過程，[46]經濟增長需要建設性地破壞既得利益與過時的所有權結構。[47]

再進一步則是詢問「憲政主義與經濟發展的關連」。若憲政主義的不存在，意味著混亂的政府體制與不受拘束的政府行為，那麼缺乏憲政主義顯然與經濟表現不佳有關。實證研究便指出，世界上最貧窮的十個國家都沒有憲政的實踐。[48] 但若一個國家完全拒絕憲政主義，卻有另一套能維持國家秩序的替代品，則接下來的討論，會近似於前述威權主義與經濟發展的爭論。亦即，若透過這種替代制度順利調配經濟資源，擁抱務實主義，則經濟可能起飛，甚至持續許久；但可能在某個階段面臨是否能夠持續的挑戰，因為許多替代制度

THE PERIPHERY: THE POLITICS OF GROWTH IN THE NEWLY INDUSTRIALIZING COUNTRIES (Ithaca: Cornell University Press, 1990).

42 Eric C. Ip, *The Constitution of Economic Liberty in Hong Kong*, CONST. POLIT. ECON 26, 307 (2015); Michael Davis, *Constitutionalism in Hong Kong: Politics versus Economics*, U. PENN. JOURNAL OF INTERNATIONAL LAW 18(1), 157 (2014).

43 Adam Przeworski and Fernando Limongi, *Political Regimes and Economic Growth*, THE JOURNAL OF ECONOMIC PERSPECTIVES 7(3), 51-69 (1993).

44 Law, *supra* note 36; Trebilcock & Prado, *supra* note 27. FRANCIS FUKUYAMA, THE ORIGINS OF POLITICAL ORDER: FROM PREHUMAN TIMES TO THE FRENCH REVOLUTION (NY: Farrar, Straus and Giroux Publishing, 2011).

45 Frank K. Upham, *Reflection on the Rule of Law in China,* NATIONAL TAIWAN UNIVERSITY LAW REVIEW 6(1), 251 (2011).

46 David W. Kennedy, *Some Caution about Property Rights as A Recipe for Economic Development*, ACCOUNTING, ECONOMICS AND LAW 1(1) (2011).

47 Upham, *supra* note 17.

48 Arun Thiruvengadam and Gedion Hessebon, *Constitutionalism and Impoverishment: A Complex Dynamic*, *in* THE OXFORD HANDBOOK OF COMPARATIVE CONSTITUTIONAL LAW (Michel Rosenfeld and András Sajó eds., 2012).

都有疊床架屋，暫時忽略核心問題，延緩而非解決問題發生，或是交易成本過高的特質。[49]

最模糊也最有趣的是中間類型，也就是那些接受憲政主義的威權發展型國家。這些東亞威權型發展國家的成功經濟發展，在國際間引發不少辯論。不過，接受立憲主義，也不保證會有經濟增長，畢竟，影響經濟發展的變數不只是憲政主義而已。準此而論，這類型國家的經濟發展與其接受憲政主義的態度，可能接近前述的民主與威權辯論中的第三類型，也就是務實的政策才是關鍵。也就是說，在這些國家中，憲政主義可能已經與民主及威權主義都有所脫鉤，本身被當作一個務實的政策，就如同市場經濟或是網路科技一樣，法治與憲政主義被當作一種政治創新，任何政體都可使用。但這種發展意味著法學界開始對憲政主義有多元的理解，憲政主義不再是只有源自西方的、以自由主義與個人主義為主的憲政主義。對國家而言，這意味著多元選擇的存在。這也是研究亞洲混合型威權政權下的憲政主義的價值所在。

不過，威權主義憲法究竟是什麼？事實上，威權主義憲法的內容可能與民主憲法非常相似。[50]這並不奇怪，因為民主憲法是威權主義者借用憲法的一個主要來源。例如，台灣的憲法是以德國的威瑪憲法為藍本；[51]日本的一九四六年憲法[52]、韓國的一九四八年憲法[53]和菲律賓的一九三五和一九七三年憲法[54]，則以美國影響為主。此外，民主派和專制派有時會在政權更迭後共用同一部憲法。[55]金斯堡對亞洲憲法的實證研究也指出，沒有發現有所謂「亞洲價值觀」的證據。[56]

於是，關鍵在於要了解威權統治者用憲法語言表達的真意到底為何？研究策略上，則

---

49 Chen, *supra* note 17.

50 Zachary Elkins, Tom Ginsburg, and James Melton, *The Content of Authoritarian Constitutions*, *in* Constitutions in Authoritarian Regimes (Comparative Constitutional Law and Policy), 141-164 (Tom Ginsburg and A. Simpser eds., 2013).

51 Tay-sheng Wang, *Translation, Codification, and Transplantation of Foreign Laws in Taiwan*, 25 Wash. Int'l L.J. 307 (2016).

52 Shojiro Sakaguchi, *Major Constitutional Developments in Japan in the First Decade of the Twenty-First Century*, *in* Constitutionalism in Asia in the Early Twenty-First Century (Albert Chen ed., 2014); Keigo Komamura, *Constitution and Narrative in the Age of Crisis in Japanese Politics*, Wash. Int. L. J. 26 (2017).

53 Hakjoon Kim, *The Influence of the American Constitution on South Korean Constitutional Development Since 1948*, Asian Perspective 16(2), 25-42 (1992); Hanjoo Lee, *The Major Influences of the U.S. Constitutional Law Doctrines on the Interpretation and Application of the Constitution of the Republic of Korea*, Dissertation (Golden Gate University School of Law) (2007).

54 Wen-Chen Chang et al, Constitutionalism in Asia: Cases and Materials (Oxford: Hart Publishing, 2014), at 55.

55 Elkins *et al*, *supra* note 50, at 141-146.

56 Tom Ginsburg, *East Asian Constitutionalism in Comparative Perspective*, *in* Constitutionalism in Asia in the Early Twenty-First Century (Albert Chen ed., 2014).

是要關注未明文的或非正式的憲法，[57]揭開實際憲法的運作與真正發揮的功能。[58]這也就是呼應法律與經濟發展的功能取向研究，例如，揭示獨裁者如何重新配置法律機構的功能以滿足政權的需要。另一種研究取向是尋找執政者面對憲法的行為模式，區分以憲法之名鞏固獨裁專制的行為模式，與真正運作民主的行為模式之間的差異。[59]此外，透過這些方法可能會發現，相同憲法機構卻發揮完全相反的功能，或是不同憲法機構卻發揮相同的功能。

鑑於東亞的威權發展型國家的經驗，威權國家的確可以透過憲政主義，調整自己在國內及國際間的政權正當性，也透過威權主義、民主主義與憲政主義的混合，創造一個有利的制度環境。雖然國家維持強大的職能領導市場，但同時透過憲法承諾行政權不會強大到任意侵犯人民的權利，給與投資者足夠的信心，不用擔心財產權被侵犯，否則司法審查可以介入。憲政主義也要求國家行為必須有法律授權，否則國家行為喪失正當性。雖然面對若干爭議，國家不時仍能透過政治力強行過關，但也將面對如此行動對正當性的傷害，而這種傷害也會造成後果，例如投資的減少或外資的撤離。在這個架構上，憲政的行使得以逐漸加強。異議者也可能認為體制內的改革或有希望，儘管遠非完美，但仍比獨裁政體為佳，故願意透過既定的遊戲規則參與政治。好比威權主義下的選舉，若異議者覺得未來有勝選希望，便會繼續參與選舉，政治競爭與權力分配也得以制度化。於是便會出現一種能夠自我執行（self-enforcing）的憲政體制。[60]長期下來，自由改革得以推進，更進一步支持了經濟發展。

威權發展型國家與憲政主義如何互動？

在威權發展型國家的思考中，憲政主義可以增強政治和經濟上的穩定性，而此種穩定就是經濟發展的必要條件。延續此一思考，可以討論哪種類型的憲法設計（如總統制或議會制）可以讓政體持續更長時間，[61] 並提供足以需要的政治穩定？[62] 或是，哪種憲法設計可

57 英文文獻是用constitution，所謂的小c憲法；相對於一個國家正式實定的Constitution，所謂大C憲法。

58 Law and Versteeg, *supra* note 37, at 871.

59 Ginsburg, *supra* note 56, at 143.

60 Tom Ginsburg, *From Signal to Legality: Meiji Japan and Authoritarian Constitutionalism*, *in* Authoritarian Legality in Asia: Formation, Development and Transition, 205-224 (Weitseng Chen & Hualing Fu eds., 2020).

61 Law, *supra* note 36, at 378; Matthew Soberg Shugart & John M. Carey, Presidents and Assemblies: Constitutional Design and Electoral Dynamics (Cambridge: Cambridge University Press, 1992); Jon Elster, *Constitutionalism in Eastern Europe: An Introduction*, University of Chicago Law Review 58 (1991).

62 Law, *supra* note 36, at 378; Donald Lutz, Principles of Constitutional Design (Cambridge: Cambridge University Press, 2006).

以掩蓋分裂的社會和政體，[63] 或是避免戰爭的出現？[64] 又或者，哪種設計可以讓政府支出降低，以利公共政策的管理與穩定，[65] 或是更易預防和緩解發展中國家發生的自然災害，[66] 或是追求整體的經濟繁榮？[67] 在此基礎上，以經濟與政治穩定的角度而言，混合威權主義的發展型國家的確比同處於發展中的民主國家，表現得更好。

值得注意的是，與北韓等極權主義政權有很大不同，這類政權的維持不能只靠權力的任意使用。[68] 於此，憲政主義便是能將權力鬥爭和政治競爭予以制度化的便利工具，否則政權穩定性就會遭到破壞。例如，中國國民黨遷至台灣後允許的台灣地方選舉，創造了一定程度的政治競爭，從而加強了國民黨的合法性。[69] 而選舉的公正性，也透過具公信力的公教人員參與以及制度的設計（例如現場開票），逐漸地得以確保。[70]

此外，政治事務和某些政策的憲法化也可以為威權發展型政體服務，將敏感問題交給司法機構決定，威權政府即可免除做決定的責任。[71] 林子儀、郭銘松與陳慧雯對台灣大法官會議的研究指出，戒嚴時期的大法官會議在諸多解釋上是為政府的政治決定提供憲法上的正當性。[72] 另一方面，透過憲法法院以憲法形式執行政策，可使政策制定和執行不受政治變化的影響。新加坡便是一例，政府對於收受國家投資的企業（government-linked companies）所應進行的審計和監督程序予以詳細的憲法化，因此，儘管這些企業與國家密切關連，但都

63 Law, *supra* note 36, at 378; Sujit Choudhry, *Bridging Comparative Politics and Comparative Constitutional Law: Constitutional Design for Divided Societies*, *in* S. Choudhry (ed.), Constitutional Design for Divided Societies: Integration or Accommodation? (Oxford: Oxford University Press, 2008); Donald L. Horowitz, *Conciliatory Institutions and Constitutional Processes in Post-conflict States*, 49 Wm. & Mary L. Rev. 1213 (2008).

64 Law, *supra* note 36, at 378; Dan Reiter and Allan C. Stam, Democracies at War (Princeton: Princeton University Press, 2002).

65 Law, *supra* note 36, at 378; Torsten Persson & Guido Tabellini, The Economic Effects of Constitutions (Cambridge: MIT Press, 2005).

66 Thunghong Lin, *Governing Natural Disasters: State Capacity, Democracy, and Human Vulnerability*, Social Forces 93(3), 1267-1300 (2015).

67 Law, *supra* note 36, at 378; Przeworski and Limongi, *supra* note 43, at 51-69.

68 Jason Brownlee, Authoritarianism in an Age of Democratization (Cambridge: Cambridge University Press, 2007); Ellen Lust, *Competitive Clientelism in the Middle East,* 20 Journal of Democracy 122 (2009).

69 Shelley Rigger, Politics in Taiwan: Voting for Democracy (London: Routledge, 1999); Bruce J. Dickson, *The Kuomintang before Democratization: Organizational Change and the Role of Elections*, *in* Taiwan's Electoral Politics and Democratic Transition: Riding the Third Wave (Hung-Mao Tien ed., 1996).

70 Yen-Tu Su, *Angels Are in the Details: Voting System, Poll Workers, and Election Administration Integrity in Taiwan*, *in* Authoritarian Legality in Asia (Weitseng Chen & Hualing Fu eds., 2020).

71 Law, *supra* note 36 at 385-86; Tom Ginsburg, Judicial Review in New Democracies: Constitutional Courts in Asian Cases (Cambridge: Cambridge University Press, 2003); Ran Hirschl, Towards Juristocracy: The Origins and Consequences of the New Constitutionalism (Cambridge: Harvard University Press, 2004).

72 Tzu-Ti Lin, Ming-Sung Kuo and Hui-Wen Chen, *Seventy Years On: The Taiwan Constitutional Court and Judicial Activism in a Changing Constitutional Landscape*, 48 Hong Kong L.J. 995 (2018).

以市場為導向而聞名，並具有全球競爭力。[73]

除了經濟和政治穩定，國家對於憲政主義的承諾也可能直接促進經濟增長。若存在可以信賴的憲政與法律制度，則國家的償債信用會提高，便能讓主權借款的成本降低。[74]企業在發行海外證券時，也會因為本國法律制度的水準而影響投資人風險因素的判斷，決定其債券或股票的價格。以新加坡為例，為了向潛在的外國投資者保證其財產和契約權利不會受到侵犯，它有意識地保留英國樞密院司法委員會作為其最終上訴法院，直到一九九四年為止。[75]

憲法化可能促進經濟增長的另一個角度是關於財產權。鑑於財產權是關於經濟發展最重要的法律制度之一，大多數國家皆將它憲法化成為一種憲法權利。除非有合理公共利益，否則國家不能透過立法剝奪人民財產，且要符合比例原則。在威權發展型國家，憲法也是如此規定，一方面是具有象徵性的宣示意義；二方面可能是威權國家在起草憲法時並未意識到憲法約束的影響，或甚至像日本與韓國，根本無空間置喙美國所協助起草的憲法內容。但實際運作當然無法完全落實。在台灣，徵用土地補償金的不公會是相當普遍的問題；[76]在韓國，過度詮釋的「公共利益」被用來規避嚴格的土地徵用程序，至今仍是問題。[77]同樣地，日本政府也不時試圖繞過憲法的財產權保護，其中最著名的例子就是一九六六年成田機場的抵抗，組成分子包括當地居民、學運分子、平民武裝分子、左翼政黨，為日本持續最久的社會抗議活動。

但從另外一個角度而言，這些土地糾紛反映了憲法在這威權國家資本主義中的作用。也就是，即便在威權體制下，憲法仍確實發生約束作用，影響了國家的行為模式，使其不能完全無視憲法的存在，否則不但出現爭端，也會削弱政權正當性。行為模式變化最突出的例子可能是新加坡。英國殖民主義的傳統讓憲政主義很早就在新加坡扎根，合憲性與合法性是國家正當性的重要來源，[78] 於是，在面對這個城市國家裡有限的土地資源時，新加坡

73 Dan Puchniak & Luh Luh Lan, *Independent Directors in Singapore: Puzzling Compliance Requiring Explanation*, American Journal of Comparative Law 62(2), 267 (2017).

74 Douglass North & Barry Weingast, *Constitutions and Commitment*, Journal of Economic History 49(4) (1989); Law, *supra* note 36, at 386; David S. Law, *Globalization and the Future of Constitutional Rights*, Northwestern University L. Rev. 102, 1277 (2008).

75 Kevin Tan, *As Efficient as The Best Businesses: Singapore's Judicial System*, *in* Asian Courts in Context (Jiunn-rong Yeh and Wen-Chen Chang eds., 2014).

76 Yun-Chien Chang, *Eminent Domain Law in Taiwan: New Law, Old Practice?*, *in* Eminent Domain: A Comparative Perspective, 93-117 (Iljoong Kim *et al* eds., 2017).

77 Kisang Jung, *Overall Due Process in Takings in Korea*, *in* Eminent Domain: A Comparative Perspective, 230-251 (Iljoong Kim *et al* eds., 2017).

78 Tushnet, *supra* note 37, at 445.

選擇不把財產權作為一項憲法權利，這樣國家在進行靈活的城市規畫時才不會有違憲的疑慮。[79]

另外，威權發展型國家不會讓產業政策受到憲法約束。例如，在大陸法系國家，行政法上的行政指導制度使國家能夠與私營部門互動並對其進行指導，[80] 這賦予國家干預和引導市場的空間，因為行政指導被視為合法的國家行政行為。金融壓制（financial repression）制度也很常見，國家透過銀行向國有企業或是需要扶持企業提供廉價信貸，並限制銀行給予其他私營公司或個人信貸。在憲法框架中，國家不會讓金融壓制下的歧視性措施受到任何競爭法的限制，也不會受到來自以歧視為由的司法審查；甚至當國家可能需要透過撤銷特許來重新分配經濟資源時，也不會受到信賴保護原則的限制。

在公司法領域，威權發展型國家通常會壓制工會、少數股東與消費者，並選擇向管理團隊和控股股東提供更多保護。這種國家行為模式導致了勞動法、消費者保護法、公司股東訴訟和破產法成效不彰，而這些國家也存在許多家族控制的企業。在韓國，這些企業通常從行政特許、產業政策或內部信息中獲益，[81] 此外集團內部的關連交易也相當普遍，例如貸款擔保、交叉持股，或是為了侵占小股東而用低於市場價格的來轉讓資產的法律行為等。[82] 但由於諸多因素，例如本來就存在的歧視性立法、對不確定的法律概念的解釋、選擇性執法，甚至執法者的漠視等，這些行為並沒有被認為違憲或非法。而且，歷任韓國總統都曾為了經濟發展的理由特赦犯罪坐監的高階企業主管，卻普遍獲得民眾的支持。

上述的國家行為模式需要修改關於憲政主義論述中的某些制度，以弱化制約國家的憲法機制，好讓國家能夠領導市場，有效懲罰失序者。最明顯的例子就是司法審查的削弱。司法機構往往透過不干涉政治以確保其專業空間，政治文化也會避免讓司法審查建構在對政治部門的對抗與不信任的前提上，而是讓司法機構與行政部門合作，共同發現並用司法手段解決社會問題，日本與新加坡常見這類例子。[83] 這類亞洲憲法法院多是針對社會和政治

---

79 Hang Wu Tang, Kelvin F. K. Low and Sook Yee Tan, Tan Sook Yee's Principles of Singapore Land Law (Singapore: LexisNexis, 2009); Yun-Chien Chang, Weitseng Chen, Ying-Chieh Wu, Property and Trust Law in Taiwan (Netherlands, Kluwer Law International B.V, 2017).

80 Tom Ginsburg, *The Politics of Legal Reform in Korea*, *in* Legal Reform in Korea (Tom Ginsburg ed., 2004) at 3；陳維曾，法律與經濟奇蹟的締造——戰後台灣經濟發展與經貿法律體系互動之考察，台北：元照出版，二〇〇〇年六月。

81 Curtis J. Milhaupt, *Nonprofit Organizations as Investor Protection: Economic Theory and Evidence from East Asia*, Yale Journal of International Law 29, 175-176 (2004).

82 Ginsburg, *supra* note 80, at 8.

83 Li-ann Thio, *We are felling our way forward, step by step*, *in* Constitutionalism in Asia in the Early Twenty-First Century (Albert Chen ed., 2014); Upham, *supra* note 45, at 251.

需求做出反應，而與司法積極主義有相當距離。[84]

有時，當司法越界審查高度政治性議題時，來自政治部門的懲罰可能隨之而來。例如，韓國前總統朴正熙曾反對法院撤銷一項有違憲爭議的法案，法院不從；隨後他便透過修憲完成原本目的，並拒絕提名續任所有曾投票支持該決定的法官。[85]同樣地，當台灣憲法法院宣布調查陳水扁總統槍擊案的真相調查委員會部分違憲，反對派在立法院通過削減法院的預算以及大法官差旅和研究經費的決定。[86]行政部門也會故意漠視憲法法庭的決定，讓司法的最高性受到挑戰。[87]

此外，法院可能根據案件性質的不同而採取雙重標準。例如，日本最高法院會保護經濟自由，但卻不願意推翻有關侵犯言論自由或良心自由的行政決定。[88]在台灣，監察院也會區分經濟和商業性質的案件以及涉及政治權利和行政程序的案件；前一種類型的彈劾案會得到公正的裁決，而涉及後者的案件基本上會被容忍。[89]行政程序上，政府在私營企業與國有企業之間、本地與外國企業之間，也可能存在類似的雙軌制安排。[90]在立法方面，當既有法律和制度對政府的制約過大，為了快速改革，國家經常會透過特別法繞過現有的法律和制度。[91]

策略性的模糊與立法矛盾，也是威權政體常用來擴大權力或是規避責任的機制。針對相同問題，當存在多重的立法和司法解釋，甚至彼此之間可能相互矛盾時，反而讓國家可

84 Jiunn-Rong Yeh and Wen-Chen Chang, *The Emergence of East Asian Constitutionalism*, 59 AM. J. COMP. L. 805 (2011); John Haley, *Constitutional Adjudication in Japan: History and Social Context, Legislative Structures, and Judicial Values*, WASH. U. L. REV. 88, 1467 (2011); DAE-KUO YOON, LAW AND POLITICAL AUTHORITY IN SOUTH KOREA, 147 (London: Routledge, 2011).

85 Ginsburg, *supra* note 80, at 4.

86 Weitseng Chen and Jimmy Chia-Hsin Hsu, *Horizontal Accountability in a Polarised New Democracy: The Case of Post-Democratisation Taiwan*, AUSTRALIAN JOURNAL OF ASIAN LAW 15(2), 1-19 (2015).

87 Lin *et al*, *supra* note 72.

88 Yasuo Hasebe, *Constitutional Borrowing and Political Theory*, INT'L J. CONST. L. 1, 224 (2003); Frank K. Upham, *Political Lackeys or Faithful Public Servants? Two Views of the Japanese Judiciary*, 30 LAW SOC. INQ. 421, 447 (2005); Mark J. Ramseyer and Eric B. Rasmusen, *Why Are Japanese Judges So Conservative in Politically Charged Cases?*, 95 AM. POL. SCI. REV. 331 (2001); David S. Law, *Why Has Judicial Review Failed in Japan?*, WASH. U. L. REV. 88(6), 1425 (2011).

89 Weitseng Chen, *Twins of Opposites—Why China Will Not Follow Taiwan's Model of Rule of Law Transition toward Democracy*, AMERICAN JOURNAL OF COMPARATIVE LAW 66(3) (2018).

90 Hualing Fu, *China's Striking Anti-corruption Adventure: A Political Journey Towards the Rule of Law?*, *in* THE BEIJING CONSENSUS? HOW CHINA HAS CHANGED WESTERN IDEAS OF LAW AND ECONOMIC DEVELOPMENT (Weitseng Chen ed., 2017); Benjamin Liebman, *Authoritarian Justice in China: Is There a "Chinese Model"?*, *in* THE BEIJING CONSENSUS? (Weitseng Chen ed., 2017); Chen, *supra* note 89.

91 Mariana Mato Prado, *Institutional Bypass: An Alternative for Development Reform* (2011), available at https://papers.ssrn.com/sol3/papers.cfm?abstract_id=1815442；陳維曾，同註80。

以挑選能適用於當下案件的最適合法源，以確保合法性和合憲性。例如，在日本，批評者認為最高法院是選擇性地借用美國憲法學說來發展其司法解釋，以使政府行為合憲化。[92] 在香港，呼籲採用美國司法任命制度的是親北京的議員，因為如此便可對司法被提名人從事更廣的背景審查。[93]

這些威權發展型國家也經常存在與自由民主國家制度相對應的功能替代體；這些替代體可以容許國家有更彈性的控制，卻能發揮該有的市場功能。例如，在日本頒布正式的知識產權法之前，知識產權保護和爭端解決程序是透過行業協會完成，這些協會授予其成員類似智慧財產權所產生的壟斷性權利。[94] 在中國，當法律禁止若干土地產權轉讓時，企業和個人會從產權法轉向公司法，透過轉讓擁有這些土地公司的股份，來轉讓有爭議的土地。[95] 公司治理的部分，來自公司法仍不夠健全國家的公司，會透過在海外上市適用外國準據法與證券交易公司的交易規則，來提供投資者足夠保障，由外國法與市場規則來替代國內公司法無法提供的規範功能。[96] 此外，為了遏制腐敗和政治干預，透過各種形式成立的工作小組、獨立委員會、黨機關或非營利組織，來取代或補充行政或司法機構的功能，也都是類似的功能性替代機制。研究者若能偵測並確認這些功能上的替代性組織，對於理解威權發展型國家的運作甚有幫助。這也可印證，即使威權發展型國家與一般民主自由國家仍有重大差異，若干趨同的效果仍可能在法律與經濟發展的領域出現。[97]

最重要的關鍵是，如何防止國家機器被特定利益團體壟斷？新加坡是個有趣的例子，雖然政府可能不時地干預市場，[98] 但它設計了一個確保與政府有關連的公司（government-linked companies）仍能以競爭方式運作的制度框架。[99] 新加坡的淡馬錫主權基金讓政府在市場中發

---

92 Yasuhiro Okudaira, *Kenpo-sosho no kiseki to riron* [*The Trajectory of Constitutional Adjudication and Constitutional Adjudication Doctrines*], *in* Kenpo-Sosho [Constitutional Adjudication] (special issue of *Hogaku* Seminar, 1983).

93 Waikeung Tam, Legal Mobilization under Authoritarianism: The Case of Post-colonial Hong Kong (Cambridge: Cambridge University Press, 2013).

94 Toshiko Takenaka, *Does a Cultural Barrier to Intellectual Property Trade Exist? The Japanese Example*, 29 N.Y.U. J. Int'l L. & Pol. 153 (1996).

95 Chen, *supra* note 16, at 47-49.

96 John C. Coffee Jr., *Racing towards the Top? The Impact of Cross-Listings and Stock Market Competition on International Corporate Governance*, Columbia Law Review 102(7), 1757-1831 (2002); Curtis J. Milhaupt and Katharina Pistor, Law and Capitalism: What Corporate Crises Reveal about Legal Systems and Economic Development around The World (Chicago: University of Chicago Press, 2008); Weitseng Chen, *Institutional Arbitrage: China's Economic Power Projection and International Capital Markets*, Columbia J. of Asian Law 26(2), 347-72 (2013).

97 Milhaupt, *supra* note 81, at 200-201.

98 Milhaupt and Pistor, *supra* note 96.

99 Cheng-Han Tan, *The Beijing Consensus and Possible Lessons from the 'Singapore Model'*, *in* The Beijing Consensus? (Weitseng Chen ed., 2017); Cheng-Han Tan, Dan W. Puchniak and Umakanth Varottil, *State-Owned Enterprises in Singapore: Historical Insights into a Potential Model for Reform*, Columbia J. of Asian Law 28(2) (2015).

揮作用，但也大力防止貪腐與過度干預，以免傷害盈利能力。[100] 政府和這些公司之間的互動也被憲法化，使其憲法成為世界上唯一詳細規定總統對這些公司的監督權和審計程序的憲法。憲政和法制有助於發展型國家將權力制度化，約束官員和黨員幹部，使國家免受特定利益集團的壓力，關於發展型國家資本主義的研究都普遍指出了這種國家自主性的重要。[101]

東亞經驗是否是特例？

其實，大部分借用自由主義憲法的威權國家，不但不能保證經濟發展的成功，相反地，它可能會強化國家的掠奪性並造成落後的經濟。[102] 一個例子是一九六五到一九八六年期間馬可仕總統領導的菲律賓。循著韓國的朴正熙（一九六三～一九七九）與台灣的蔣介石（一九五〇～一九七五）前例，馬可仕頒布戒嚴法，集中官僚權力，誓言實施土地和產權改革，並建立類似的國家與私人企業的聯盟。然而，作為一個有魅力的律師，馬可仕的承諾只存在於他鼓舞人心的演講和出色的外交技巧，而且只為了他自己的家族、親信和贊助人的利益而服務，[103] 最終導致了普遍的腐敗、貧困和經濟的崩潰。又例如，東亞模式也不可能適用於一九七〇年代軍事統治下的諸多拉丁美洲國家，因為那些軍事強人除了藉由威權體制進行掠奪與權力遊戲，並沒有像東亞的威權統治者那般致力於經濟發展。

那麼為什麼前述的這種憲法框架只有在東亞這幾個國家有效？要回答這個問題，必須進入更深一層的內在文化與外在時空環境的探討。

第一個因素跟這幾個東亞國家的政治文化與哲學有關。這些國家雖然沒有對於統治者外在的問責制約（accountability），但部分統治者卻有一種在文化上已經內化的自我問責要求。與許多發展中國家相比，這幾個東亞威權發展型國家的政治領導人痴迷於國家的現代化和建設，對他們來說，雖然法治和憲政主義大多意味發展經濟與穩定社會的工具，[104] 但他們確實也對某些公眾需求甚至批評甚為敏感，並因此對選民在就業、公共建設和社會福利方面的要求做出反應。準此，似乎存在某種形式的政治問責性，只是與西方自由民主國家所謂

100 Puchniak & Lan, *supra* note 73.

101 Wade, *supra* note 41; Peter Evans, Embedded Autonomy: States and Industrial Transformation (Princeton: Princeton University Press, 2015).

102 Daron Acemoglu and James A. Robinson, Why Nations Fail: The Origins of Power, Prosperity, and Poverty (Sydney: Currency Press, 2012).

103 Paul Hutchcroft, *Reflections on a Reverse Image: South Korea Under Park Chung Hee and the Philippines Under Ferdinand Marcos*, *in* The Park Chung Hee Era: The Transformation of South Korea (Byung-Kook Kim and Ezra F. Vogel eds., 2011).

104 Kevin E. Davis and Michael J. Trebilcock, *The Relationship between Law and Development: Optimists versus Skeptics*, 56 Am. J. Comp. L. 895 (2008).

的問責制相比，亞洲威權國家的問責概念類似但又不同。這不是一種自下而上，也不是重視程序正義的問責性，相反地，是一種自上而下的、重視實質表現的問責制。[105]研究指出，當被問及如何定義民主，多數西方民主國家的受訪人著重在程序的參與和正義，但東亞國家的人民則是關注於政府是否有好的治理績效。[106]事實上，好的治理績效未必需要透過民主來完成，而這其實呈現的是許多亞洲人對於政權正當性來源的觀點。耶魯大學的羅斯—艾克曼（Susan Rose-Ackerman）透過對東歐國家的研究，也提出政策問責制（policy accountability）的觀念，要求國家有能力且有效率地執行公共建設項目，使用專業人員和訓練有素的公務員，保證公共服務的高效率，[107]與前述亞洲人所重視的績效性問責制（performance accountability））有類似之處。

這種自上而下的績效問責也與儒家傳統對於統治者正當性的淵源相呼應。儒家傳統中，統治者要為人民服務，但並非向人民負責，統治者是向「天道」負責。[108]若皇帝不能提供人民福祉，後果將是天然災害和革命，而這也標誌著喪失了政權正當性。這種問責的壓力，以及來自仁政思想的規範要求，也類似於以政府績效為核心的問責制。[109]同樣近似的是「福報」的想法，這也可能在官員處理刑事案件時加諸了一種要「慎刑」的隱性義務。[110]

績效問責制反應了普通公眾所認為的以績效為中心的政權正當性，而不是把合法性是政權正當性的主要組成部分；相反地，如果國家的任何違法行為能夠明顯提高整個國家的經濟和社會績效，這種違法行為就可以被正當化。與個人主義、自由主義為中心的傳統憲政主義相比，此種社群主義（communitarianism）政治哲學被轉化為憲法學者所謂的「社群主義式的憲政主義」（communitarian constitutionalism）。[111] 憲法不僅是一種限制政府的工具，法院不應是被困在與行政部門的制衡關係中，而是透過闡明行政部門可能遵守的明確規則和原則來

---

105 Francis Fukuyama, Political Order and Political Decay: From the Industrial Revolution to the Globalisation of Democracy (New York: Farrar, Straus and Giroux 2015).

106 Min-Hua Huang, *Cognitive Involvement and Democratic Understanding*, *in* Routledge Handbook of Democratization in East Asia, 219-313 (Tun-jen Cheng and Yun-han Chu eds., 2017).

107 Susan Rose-Ackerman, *Regulation and Public Law in Comparative Perspective*, 60 U. Toronto L. J. 519, 523 (2010).

108 Wejen Chang, In Search of the Way: Legal Philosophy of the Classic Chinese Thinkers (Edinburgh: Edinburgh University Press, 2016); Fukuyama, *supra* note 105; Scott Cook, *The Debate over Coercive Rulership and the "Human Way" in Light of Recently Excavated Warring States Texts*, Harvard Journal of Asiatic Studies 64(2), 399-440 (2004).

109 Ngoc Son Bui, Confucian Constitutionalism in East Asia (London: Routledge, 2016); Chang, *supra* note 108; Fukuyama, *supra* note 105.

110 陳愛娥，中國法律思想中的人權理念——著眼於其對臺灣社會法律意識的可能影響，政大法學評論，六十二期，頁一～二四，一九九九年十二月。

111 Li-ann Thio, *Constitutionalism in Illiberal Polities*, *in* The Oxford Handbook of Comparative Constitutional Law (Michel Rosenfeld & András Sajó eds., 2012).

發揮支持作用。[112] 就維護公共行政和政策的品質而言，這種合憲控制應該來自議會和行政部門內部，而非法院。[113]

此外，儒家文化配合大陸法系下法律專業人員的角色，讓威權發展型國家可以更容易地確保法律界不至於對其政權構成挑戰。例如在韓國，儒家傳統可合理化甚至制度化法律專業的內部階級制度。[114] 過往，律師、法官和檢察官都被稱為「司法官員」，因為他們都在同一個機構——司法研究與培訓機構——接受培訓，資歷的深淺與在司法訓練所的級別是晉升與互動時的重要因素，而類似的現象也存在於台灣。[115] 這又對應到大陸法系下的法官角色多限制在法律詮釋的框架，威權統治者可以用聲望、社會地位，以及司法專業人員的稀缺所產生的特權，來收編或安撫他們。德扎雷（Yves Dezalay）和加思（Bryant Garth）對韓國法官研究指出，法官階級越高（如高等法院法官），事實上所能掌控的權力越小，因為他們被期望專注於法條理論分析而不是政策審查。[116]

第二個因素是東亞國家的殖民歷史經驗。關於亞洲殖民地法律史的研究正在興起，但與其他法律領域相比仍屬有限。儘管如此，還是有幾個與經濟發展有關的要點值得強調。首先，殖民遺留可能會影響政府結構，以及利益集團的聲音如何被代表和引導進政治進程之中。遷台的國民黨決定堅持有限但有競爭性的選舉制度，一個主要原因在於日本殖民政府曾實施過這種選舉，[117] 這種選舉即使有缺陷和侷限性，但也為威權政體注入了競爭動力，而這在其他威權政權中同樣得到了證明。[118] 英國在其前殖民地的選舉制度中留下的功能代表選制則產生了不同效果：在香港，這種制度確保商業團體的意見比某些階層的選民更容易進入政治決策體系。[119]

殖民傳統也可能決定了國家在發展初期的能力。例如，與法國在越南的殖民政府相比，

---

112 Tan, *supra* note 75.

113 Sek Keong Chan, *Judicial review: from angst to empathy*, Singapore Academy of Law Journal 22, 469, 480 (2010).

114 Jae Won Kim, *Legal Profession and Legal Culture during Korea's Transition to Democracy and a Market Economy*, *in* Raising the Bar: The Emerging Legal Profession in East Asia (William P. Alford ed., 2007).

115 王泰升，臺灣司法官社群文化中的中國因素——從清末民國時代中國追溯起，政大法學評論，一四二期，頁一～四六，二〇一五年九月；劉恆妏，司法官僚法學——百年來台灣法學教育之變遷，司法改革雜誌，六十四期，頁二三～二八，二〇〇七年九月。

116 Yves Dezalay and Bryant Garth, *International Strategies and Local Transformations: Preliminary Observations of the Position of Law in the Field of State Power in Asia*, *in* Raising the Bar: The Emerging Legal Profession in East Asia (William Alford ed., 2007).

117 Tun-jen Cheng & Gang Lin, *Competitive Elections and the Transformation of the Hegemonic Party: Experience in Taiwan and Recent Development in China, in* Political Change in China: Comparisons with Taiwan (Gilley and Diamond eds., 2008) at 169.

118 Jan Teorell, Determinants of Democratization: Explaining Regime Change in the World 1972-2006 (Cambridge: Cambridge University Press, 2010).

119 Ip, *supra* note 42.

日本人在公務員培訓、治安系統和基礎設施方面投資巨大，這為後來韓國和台灣的經濟發展設定了一個有利的起點。[120]另一個例子則是與法律和制度的移植有關。赫屈克羅夫（Paul Hutchcroft）認為，與菲律賓相比，韓國因為其戰前與日本、戰後與美國的關係，故能夠在美國的自由市場意識形態和日本的重商主義模式之間取得平衡，並將實用主義設置在適當的決策位置；但菲律賓的政治菁英普遍缺乏這種額外的參考座標，因此菲律賓無力控制家族與財閥政治，最後反而是大家族與財閥在美式自由市場環境下抓住經濟機會，擄掠了國家。[121]

殖民經驗也可能影響到法律意識與憲政經驗。日治時期，由於日本的明治憲法適用於台灣，本土菁英早在一九二〇年代就開始用憲法詞彙討論政治問題，並引用憲法來挑戰殖民政府的政策；[122]而殖民政府在適用內地延長主義的過程中，也出現了複雜的法律推理、談判和遊說活動。[123]憲政主義的移植是一個緩慢而漸進的憲法學習和概念適應過程，而殖民時期的這種憲政實踐儘管有限，卻是這樣過程的一部分。[124]

東亞的威權憲政體制是否必定會轉型？

許多學說認為，威權與不自由的憲政主義只是過渡性的，當發展到一個階段，需要進一步的憲政改革來使最初的法律改革有效時，就會發生連鎖效應。例如，一旦財產權保護的理念被法律採納，就需要有法院和法律專業人士來執行法律，於是就必須接受一定程度的司法獨立；這又使得更多法律規則被產出，並成為愈來愈多的利益相關者必須遵守的遊戲規則，但為了讓遊戲規則被尊重，國家自己也不能任意修改規則，如此便進一步約束了國家權力的任意性。久而久之，這便在政治體系中產生溢出效應。這種連鎖效果，可以稱之為「木馬效應」；而這也反應了經濟發展、憲政主義、威權主義與政權正當性之間的內在張力與互動。[125]

然而，這種推斷不僅在理論上有問題，也不符合現實。關於民主的比較研究表明，影

120 Atul Kohli, *Where do high growth political economies come from? The Japanese lineage of Korea's "developmental state"*, World Development 22 (1994); Carter Eckert, Offspring of Empire: The Koch'ang Kims and the Colonial Origins of Korean Capitalism, 1876-1945 (Seattle: University of Washington Press, 1991); Wang, *supra* note 51.

121 Hutchcroft, *supra* note 103.

122 林文凱，業憑契管？清代臺灣土地業主權與訴訟文化的分析，臺灣史研究，十八期，頁一～五二，二〇一一年六月。

123 王泰升，同註21；王泰升，臺灣法律現代化的歷程：從「內地延長」到「自主繼受」，台北：台大出版中心，二〇一五年八月；林文凱，同前註；曾文亮，同註18。

124 Michael W. Dowdle, *Of Parliaments, Pragmatism, and the Dynamics of Constitutional Development: The Curious Case of China*, N.Y.U. J. of Int. Law and Politics 35(1) (2002).

125 Matthew C. Stephenson, *A Trojan Horse Behind Chinese Walls? Problems and Prospects of US-Sponsored 'Rule of Law' Reform Projects in the People's Republic of China*, 18 UCLA Pac. Basin L. J. 64 (2000); Chen, *supra* note 16.

響威權政權演變的因素絕對不限於法律，而且就算演變發生，也存在多樣的軌跡。[126]例如國際因素，特別是來自美國的影響力，便在亞洲扮演重要角色，但結果多是好壞參半。[127]冷戰的國際反共意識，事實上加強了台灣與南韓的威權統治。全球化的經濟也是變數之一。譚偉強（Waikeung Tam）便認為，香港經濟現代化的成功，推延了中產階級追求自由民主改革的意識。[128]國家規模大小也決定了律師在法律與政治改革中可扮演的角色。南韓與台灣重要的憲政與法律改革多發生在民主化之後，而非之前，人權律師在民主化前的南韓是少數中的少數，發揮的功用極其有限。[129]

事實上，一些威權發展型政府內的菁英和政府官員，可能會歡迎某些程度的木馬效應，因為它可以用來對抗或掃除那些來自保守利益集團的阻礙。無論如何，木馬效應的線性發展只是反應了對於法治或憲政改革的需求，至於是否會有對應的供給，則是另一個問題。威權國家總是可以建立防火牆來隔離法律改革可能產生的政治溢出效應，[130]國家也可以透過對於司法機構與專業人員的操控，來尋求在改革與穩定之間的均衡。或許也有可能透過重新定義既存的憲政概念，來解消自由主義式的憲政概念與既存政治現實之間的衝突，例如社群式憲政主義、引導式民主、家長式民主、亞洲價值觀或民主集中制等等。[131]簡言之，威權型政權是可以持久的，甚至可能演變到更威權的形式。[132]任何用線性發展來預測此類政權未來演變的學說，都值得嚴格的檢驗。[133]

近年來，伴隨著民主國家表現的衰退和威權主義擴散，法學界關於威權主義的討論越來越多。事實上，憲政主義與當代法律已不是民主國家獨有的特色，而像科技創新一樣，成為一種政治上的創新工具，可以為任何類型的國家與政體所用，甚至發揮不錯的效果。

---

126 Fukuyama, *supra* note 44.

127 Jacques deLisle, *International Pressures and Domestic Pushback*, *in* Political Change in China: Comparisons with Taiwan (Gilley and Diamond eds., 2008).

128 Tam, *supra* note 93, at 150.

129 Patricia Goedde, *Lawyers for a Democratic Society* (Minbyeon): *The Evolution of Its Legal Mobilization Process since 1988*, *in* South Korean Social Movements: From Democracy to Civil Society (Gi-Wook Shin and Paul Y. Chang eds., 2011).

130 Stephenson, *supra* note 125; Chen, *supra* note 16.

131 Sarah Biddulph, *Democratic Centralism and Administration in China*, *in* Socialist Law in Socialist East Asia (Hualing Fu et al. eds., 2018); Ginsburg, *supra* note 56; Thio, *supra* note 83; Davis, *supra* note 42, at 157.

132 Andrew J. Nathan, *Authoritarian Impermanence*, Journal of Democracy 20(3), 37 (2009); Larry Diamond, *The Democratic Rollback*, Foreign Affairs 87, 36 (2008); Steven Levitsky and Lucan Way, *The Myth of Democratic Recession*, 26 Journal of Democracy 45 (2015); Minxin Pei, *The Chinese Political Order: Resilience or Decay?*, 21 Modern China Studies 1 (2014).

133 Jie Chen and Chunlong Lu, *Democratization and the Middle Class in China: The Middle Class's Attitudes Toward Democracy*, Political Research Quarterly 64, 705–19 (2011); Andrew J. Nathan, *The Puzzle of the Chinese Middle Class*, Journal of Democracy 27(2), 5 (2016).

基本上，這是民主國家與威權國家在國家能力表現上的競爭，而競爭結果將會反過來重新定義我們所熟悉的法律概念。台灣與東亞的經驗足以對許多法律與經濟發展的理論提出質疑、補充，甚至建構出新的理論，法學研究者若不能參與這個對話，將是莫大的可惜。本章將國內外文獻重新排列組合，為這個尚欠缺足夠研究的領域找出一個可用的分析架構，期盼研究者未來進一步發展。

2

誰的全球、治理了誰

人權、善治與全球衛生政治*

李柏翰

國立台灣大學全球衛生學程助理教授，研究領域為酷兒理論、國際人權法與政治、健康社會學。

* 特別感謝我的研究助理蘇崇閔先生協助蒐集並整理文獻。

美中半導體競爭威脅全球貿易治理？新冠肺炎（COVID-19）衝擊全球衛生治理？俄國侵略烏克蘭戰爭破壞全球安全治理？這些二〇一〇年以降占據媒體版面的國際新聞，都假設特定領域全球治理（global governance）之存在。那全球治理又是什麼？不同於上對下的政府（government），治理（governance）這個概念廣泛地指稱公私部門涉入共同事務的管理，透過協商彼此分歧的觀點與利益，建立合作模式的動態過程，包括法律或非正式的制度安排。社會學的視野與方法論介入這個現象時，更關切幾乎同時發生的社會運動之跨國串聯，而國際社會中也有越多越多新的行動者參與在全球事務當中。

國家與不同層次多元的非國家行動者（non-state actors）共構了網絡型的治理結構，一來形成新的生成規範方式，進一步影響國家行為，對國際關係中的國家中心主義（state-centrism）及其創造之西發里亞秩序（Westphalian order）構成挑戰。[1] 除了傳統國際法法源外，大部分新的規範秩序係透過軟法、行政制度安排與全球目標等構成，其中非國家行動者扮演了推波助瀾的角色，也成為重要的治理對象。因此，全球治理的需求亦催生並形塑出國際社會中「複數的法律共存」之特殊法律社會學現實，擴充了國際法的定義與治理範圍，而此法律及非法律匯流與競合的現象，則被國際法學者克拉伯斯（Jan Klabbers）和皮帕瑞恩（Touko Piiparinen）稱作規範多元主義（normative pluralism）。[2]

在此脈絡中，本章先梳理「國際法與國際關係」交織理論與研究方法之發展，兩者間的對話聚焦於對霸權和國際合作之關懷，並分別觀察國際法中的規範系統與操作系統，為全球治理開創了新的研究議程。接著介紹「國際法之社會學」與「國際政治社會學」等當前較具批判性之研究取徑，[3] 最後以全球衛生為例，以國際法與國際關係交織論為分析視角，呈現不同領域法律中的規範與操作系統如何同時保有各自的自發性並發揮相互補充的能動性，讓「以人權基礎作為方法」等善治理念得以在全球衛生治理中被潛移默化地發展並且實踐。

---

1 Charlotte Ku, International Law, International Relations, and Global Governance (London: Routledge, 2012).

2 這裡的「非法律」(non-legal) 指涉的是無關法律的事實，或非出於法律系統產物之規範，而不是指與法律有關之「違法」(illegal) 評價。參見Jan Klabbers & Touko Piiparinen, *Normative Pluralism: An Exploration, in* Normative Pluralism and International Law Exploring Global Governance, 13-34 (Jan Klabbers & Touko Piiparinen eds., 2013).

3 原文為「sociology of international law」及「international political sociology」，前者係「關於國際法之社會學研究與相關理論」，而後者包含「國際性的政治社會學」，以及關於國際政治的社會學」兩層意思，因此除非依上下文脈絡，「國際法社會學」是較通順的講法，本章在翻譯上採用「國際法之社會學」與「國際政治社會學」以避免中文斷句影響可能引發之誤解。感謝審查人之提醒。

國際社會的秩序／失序：法律從非唯一判準

若要為西發里亞典範之國際秩序尋找參照的文本，一九五四年高汀的小說《蒼蠅王》及小說改編的電影肯定是最佳寓言。故事背景是二戰期間英國被德國猛烈轟炸時，許多兒童被送出境。其中一架飛機墜毀在太平洋島嶼上。在沒有成人引導下，一群困在荒島上的兒童試圖再現學校中的等級秩序（hierarchy），建立起脆弱的互惠體系。後來為了個人生存利益，兒童間發生衝突，小社會逐漸失序變成無政府狀態（anarchy），暴力與宰制因此發生。過程中，有人渴望合作，認為真正的生存取決於眾人共識或至少共同接受某一套行事準則。[4]

《蒼蠅王》闡釋了最原始的社會狀態，如聯合國建立前，武力使用尚未被完全禁絕時的國際關係。在欠缺道德約束下，現代主權國家被假定為唯一合法行動者，因意識到彼此緊密連結，建立起具準則的國際「社會」，賦予常年互動實踐之法的信念（opinio juris），成為國際治理基礎，在競爭中尋求集體安全，建立國際法律規則。因此，歷史上有明確法規維持國際秩序社會的時期反而是例外狀況，因為絕大部分國際交往其實維持「無法即無限制」之任意（permissive）狀態。全球治理的現象，象徵國家能力不足以應對某些議題（並不等同於國家主權不再重要），非國家行動者影響力漸增，以補充國家及其建構國際社會無法獨立完成的功能。

全球治理研究常年來由國際關係學者主宰，在台灣也不例外。全球治理論辯之濫觴源於冷戰結束後，政治與經濟自由主義席捲各國，全球貿易整合加速，其融合國際關係理論中現實主義對霸權崛起與權力制衡的分析、自由制度主義對國際組織正當性及發展之研究、社會建構論對國際事務社會化的解釋。[5] 換言之，全球化成了建構全球治理論述的巨觀脈絡。[6] 另一方面，方興未艾的反全球化浪潮中興起的全球公民社會（global civil society）抗爭運動，基於世界範圍中的連帶性建構出「全球公民身分」等概念，而各國新興政治與知識菁英階級，也成了社會學家介入全球治理研究的重點。

同時，國際法學者觀察到國際規範的發展開始呈現多元樣貌，幾乎不再藉由過去熟知的國際法法源（如條約、習慣、一般法律原則）形成，而透過軟法（soft law）建立制度安排、制定全球目標（如永續發展目標），因此開始關注國家與非國家行動者在其中扮演的角色，以及新形態之規範如何影響它們的行為。[7] 透過軟法建立制度與制定目標或難擺脫國家主權

4 Cynthia Weber, International Relations Theory: A Critical Introduction, 4th Edition (London: Routledge, 2013).

5 張亞中，全球治理：主體與權力的解析，問題與研究，四十卷四期，頁一～二四，二〇〇一年七月。

6 James Rosenau, *Toward an Ontology for Global Governance*, *in* Approaches to Global Governance Theory (Martin Hewson & Timothy J. Sinclair eds., 1999).

7 比如 Alexandra R. Harrington, International Law and Global Governance Treaty Regimes and Sustainable

的限制，但寬泛的軟法制度通常能較快回應社會倡議，有時國際組織亦會邀請非政府組織（NGOs）參與諮詢，協助草擬相關規定，而這些都是過去以「硬法」為基礎之制度所難以達成的。

全球治理是跨國行動者針對需要全球關注（如反恐）、或本質上不限於國界（如氣候變遷）等問題不斷磨合磋商，以管理自身與其他利害關係人之行為的過程。全球治理不只是國際法意義下的國際組織，由國家基於共同目的締結條約而建立的代理機構，其涉及許多國家、國際組織、私部門行動者（如企業、慈善機構、公民社會組織）之參與，以回應冷戰後快速全球化所帶來的政治、經濟、社會與文化變遷，故亦包括定義並應對全球問題，在全球範圍內制定規則與決議等過程。

這些新現象誘發了國際法或國際關係研究中分析範疇之轉向——同時包含國際的、比較的（不限於國家行為之觀察）及跨國的（不以國家為唯一分析對象）。因此，本章呼應夏洛特．庫（Charlotte Ku）、魏斯（Thomas Weiss）及迪爾（Paul Diehl）等國際法與國際政治學者之建議，全球治理研究須同時考察國際法與國際關係理論之發展，以兩者對話為研究旨趣。[8]

全球化與全球公民作為「全球治理」的前提

由近代國際史觀之，二戰結束後，布列敦森林體系加速全球經貿整合。一九六〇年代，第三世界國家發起不結盟運動，以對抗美蘇對立所維持的恐怖平衡。國際關係學界的新自由制度主義派學者認為，國際社會中的無政府狀態並非完全混亂或缺乏秩序，即便缺乏超國家的權威制定或執行法律，各類行動者仍受制於權力政治，亦受到不成文的實踐與習慣（如儘量避免戰爭、尊重共同利益結盟者），及成文的制度與建制（如締結條約、建立國際組織）等制約。[9] 二戰後，挑戰權威的公民社會在各國蓬勃發展，全球治理作為新的分析範疇，用來描述沒有政府之治理（governance without government）中多元行動者及複雜治理網絡等特色。[10]

DEVELOPMENT GOALS IMPLEMENTATION (London: Routledge, 2021).

8 參見 CHARLOTTE KU & THOMAS G. WEISS EDS. TOWARD UNDERSTANDING GLOBAL GOVERNANCE: THE INTERNATIONAL LAW AND INTERNATIONAL RELATIONS TOOLBOX (New York: Academic Council on the United Nations System, 1998); PAUL F. DIEHL & CHARLOTTE KU, THE DYNAMICS OF INTERNATIONAL LAW (Cambridge: Cambridge University Press, 2010).

9 ROBERT O. KEOHANE, AFTER HEGEMONY: COOPERATION AND DISCORD IN THE WORLD POLITICAL ECONOMY (Princeton: Princeton University Press, 1984).

10 JAMES N. ROSENAU & ERNST-OTTO CZEMPIEL EDS., GOVERNANCE WITHOUT GOVERNMENT: ORDER AND CHANGE IN WORLD POLITICS

二十世紀末的反全球化浪潮濫觴於一九九九年十二月西雅圖的反世界貿易組織（WTO）及反全球化的群眾示威，眾人反思全球化對不同社會及社會中弱勢群體之傷害。既有國際與國內制度之失能使許多人的權利甚至生計受到影響，被認為是政治菁英與技術官僚主導的國際組織之缺失。從西雅圖反WTO示威開始，反全球化運動遍地開花，世界各地勞工階級、農民、原住民團體、邊緣化群體的反抗行動相互串聯，形成另類全球化（alter-globalisation）的現象。為對抗新自由主義式經濟邏輯所衍生之國際治理模式，「全球」亦成為著重多元代表性、實踐跨國民主的符碼，以制衡國際社會中經濟與文化資本較高的國家掌握議題設定與詮釋之權力。[11]

相互連帶的全球社會，成為全球治理的前提，所有成員擁有對等且公平的參與資格，在特定事務上都承認類似風險之存在，願意分別付出成本，採取共同行動並以此分配責任。為平衡國家間失衡的權力關係，在如聯合國場域中，非霸權國家的制衡與協商權力也不小，其結盟或不結盟都能對霸權國家主導的議程（或推動它們自己的議程）有不小影響力，如二〇一五年九月聯合國永續發展會議上通過《二〇三〇永續發展議程》中「不遺落任何人」之號召，即在彰顯此倫理原則。

雖然全球治理缺乏明確定義，魏斯及威金森（Rorden Wilkinson）卻認為，概念含糊反而有空間促進國際關係與其他學科之間的對話，並將全球化、世界秩序與失序界定為一個跨領域的研究課題，有助理解國際規則談判、議程制定、權力競逐、定義利害關係人、結盟與分裂，並得以批判性地分析全球場域中行動者的經濟、社會和象徵資本累積與交換等問題。[12] 全球治理研究者因此主張，「治理」概念比統治、政府更廣闊而更能解釋全球政治中的新圖像——即參與國際事務中所有類型的行動者，彼此決策是相互依賴且互動的，致使某種秩序生成，以解決被定義為應該共同面對並承擔的問題。

舉例來說，單一國家國內的問題是否為全球治理的事務，如二〇二一年新疆棉花引發之強制勞動等人權爭議？本體論而言，若將全球治理定義為「治理具有全球意義之事務」，那麼單一國家國內問題須先產生全球意義（global relevance），否則根據國際法的不干涉內政原則，國際社會難有作為，而通常會使該問題在國際組織中被討論、議決，使其成為一個全球問題。若將全球治理視為「對全球各種事務之治理」，那所有事情本質上都是全球社會

(Cambridge: Cambridge University Press, 1992)。亦參見Helen Milner, *The Assumption of Anarchy in International Relations Theory: A Critique*, *in* Neorealism and Neoliberalism: The Contemporary Debate, 143-169 (David Baldwin ed., 1993).

11 包括二〇〇〇年歐洲各大城市之反世界銀行、國際貨幣基金組織、歐盟的遊行，同年在清邁也出現反亞洲開發銀行、在墨爾本的反世界經濟論壇、在首爾的反歐亞高峰會等示威抗議。

12 Thomas G. Weiss & Rorden Wilkinson, Rethinking Global Governance (Cambridge: Polity Press, 2019).

連帶下之產物，發生在世界上的所有事情理應有被治理的依據。至於實踐上則大多仰賴國家代理此一治理權威，但當國家無能或不願回應該問題時，其他行動者就可能有了介入之正當性，如九〇年代關於人道干預合法性之論辯。

全球治理研究與傳統國際關係研究最大的不同之處在於，後者關注以國家為中心之權力（power）關係與權力平衡，而前者亦關注權威（authority）之來源、正當性及各類型代理人，因此將治理者與被治理者之間複雜的社會關係納入分析中。[13] 冷戰後積極倡議全球治理相關研究，大抵出於兩大原因。其一，經濟與文化全球化迅速，暫且不論其正面效果，對人類社會造成許多負面影響已被認為應該糾正，而貧富差距擴大與文化帝國主義使倡議者相信，約束市場行動以符合正義原則至關重要。再者，國家出於自身利益，不願無償提供全球公共財，如傳染病資訊、區域安全網、文化遺產保護等，所以提供誘因、威嚇或賞罰機制，亦成了治理建制的重點。[14]

對全球治理之需求係出於國家有限的能力不足以應付全球化所產生的某些問題，而須在多層次中尋求跨部門、跨疆界、跨行動者的解決辦法。以二〇〇一年第六十三屆世界衛生大會通過之《衛生人員國際招聘全球行為守則》（Global Code of Practice on the International Recruitment of Health Personnel）為例，即是世界衛生組織（WHO）為解決發展中國家醫護人員短缺和分配不均，而發展之國際政策框架。醫事人力是少數被認為需要全球協商並跨國治理的職業，可見醫療體系與衛生服務在全球範圍有其特殊性，不能任由勞動市場決定，人力資源之公平分配成為需要保護的公共財。

在全球衛生領域中很常見像這種透過國際組織決議文形式，提供各級政府、醫療機構和公民社會參考的自願性規則，該規則雖強調倫理與規範上的意義與國際共識，但因不是條約而保留了遵循上的彈性。行為守則初稿於二〇〇八年完成，奠基於當年三月在烏干達舉行的全球衛生人力資源論壇，以及七月在日本舉行的八國集團高峰會等，來自衛生與經濟部門的意見。該行為守則提出移出與移入國之權利義務，以及衛生人員作為專業工作者及遷徙勞動者等雙重身分的權利，強調國際合作（如雙邊協定、招聘資訊交流）與國內建置法律框架的重要性，透過定期報告敦促自評，進行意見交換但不制裁的監督方式。

---

13 David A. Lake, Rightful Rules: *Authority, Order, and the Foundations of Global Governance*, 54 Int. Stud. Q. 3, 587-613 (2010).

14 Nevzat Soguk & Paul James, *Global political and legal governance: A critical overview*, *in* Globalization and Politics. Vol. 1: Global Political and Legal Governance, xxv-xlvii (Nevzat Soguk & Paul James eds., 2014).

全球治理研究在台灣：霸權宰制或國際合作

作為全球事務參與者的台灣各級政府、公民團體、學者與個人，又是如何看待全球治理的呢？在台灣，全球治理研究者亦大多為國際關係學者，基於挑戰過去以國家及主權行為為主要考察對象的侷限，不少國關學者採納其他社會科學發展之理論來支持其對國家中心主義之批判，亦不乏其他社會科學研究者直接參與全球治理論辯的戰場。台灣學者問題意識與研究關懷主要呈現出四大主題：阻礙全球治理之霸權、公民社會跨國串連、亟需跨國合作建制之議題，以及台灣在全球治理建制中之定位。[15]

首先，霸權之存在其實本質上違反了全球治理的理念，為現實主義中權力政治壓制全球民主，其中美國在全球政治經濟秩序中之主導地位不容忽略。比如有研究以伊拉克戰爭為例，美國「再度」象徵性宣示霸權地位，透過不尋求甚至不在乎聯合國與其他國家認可，挑戰當代全球安全治理。[16]

台灣學者亦高度關注中國崛起及其對亞洲區域政治的影響。近年來，中國特色國際參與模式及中美對抗成為研究重心，習近平自二〇一三年啟動一帶一路及新型國際關係等政策，企圖繞過或超越既有國際經貿制度安排，刻意與西方發展的援助模式做出區隔，以中國為中心發展新形態的合作模式，[17] 此政治過程亦突顯中國欲取代現代國際體系之國家主權觀所提出之「全球天下觀」。[18]惟中國欲建立適合中國發展、國家主導的全球化，本質上與超國家的全球治理之追求仍大相逕庭，此現象與台灣的主體性、安全與對外關係密切有關。相關研究包括透過分析國家安全報告，從全球安全治理建制中探索台灣的新角色，自各類型非國家行動者的角度，重新定義台海局勢安全。[19]

第二大主題為最跨學科的公民社會之跨國串連研究，學者關切治理目標、不同行動者

---

15 本研究以「全球治理」為關鍵詞於華藝線上圖書館（限台灣）及Google Scholar（限繁體中文）上進行系統性蒐集相關文獻，交叉比對搜尋結果，前者共得一百二十六筆資料，後者則有一千三百六十筆資料。第一階段先將重複資料剔除，第二階段再篩選掉學位論文及非法律或社會科學文獻。透過文章摘要先定義出四大主題，再篩選掉不具實證資料等「灰色文獻」。本章目的並非系統性綜述（systematic review）且受限於篇幅，討論時並未保留所有文獻，僅係透過這個方式來描繪出全球治理在台灣的圖像，因此資料選擇及呈現上隱含作者對相關議題之評價與詮釋，合先敘明。

16 陳文生，九一一後美國之霸權治理策略：以伊拉克為例，政治科學論叢，二十三期，頁一六九～二〇〇，二〇〇五年三月。

17 張雅君，中國非洲戰略爭議探析：全球治理vs.南南合作，遠景基金會季刊，九卷四期，頁一～五一，二〇〇八年十月；邱昭憲，中國參與全球多邊治理的競合戰略：「亞洲基礎設施投資銀行」規則與制度化的運作，遠景基金會季刊，十八卷二期，頁一～四三，二〇一七年四月；李明，一帶一路與全球治理，全球政治評論，六十八期，頁三一～五〇，二〇一九年十一月。

18 陳欣之，全球天下觀：由平面到球型的國際秩序面貌，政治學報，六十期，頁一～二〇，二〇一五年十二月。

19 黃秋龍，全球治理中的安全建制與國家社會關係新圖像，國家與社會，一期，頁八一～一二四，二〇〇六年十二月。

間的歧見與共識及責任分配。比如有學者討論全球公民社會崛起始於各國治理危機，故主張全球公民行動須以在地行動為實踐場域，始能確實反饋到治理層次。[20] 除了非國家行動者率先發起遵守自願性規範，跨國社會運動對國際議程也造成影響，如世界社會論壇（World Social Forum）、Global Health 50/50、亞太地區國家人權機構建立的亞太論壇（Asia Pacific Forum）等，都與國際組織來往密切，協助撰擬全球及區域性報告，可見以國際建制理論分析全球治理網絡中，公民社會之主動介入。[21] 亦有視全球治理體系為「結構性複合體」（structural complex），包含多元的組織代理人與網絡，強調台韓新港四地公民社會團體在地緣政治中的重要性。[22]

然而，跨國權力民主化的討論皆預設公民社會構成之公共領域是世俗的（secular），[23] 並以此種公共性作為理性行動及後國族政治格局的倫理基礎，卻可能忽略公民之間的異質性——比如當代宗教圖像中慈善理念與援助動員，亦可能作為全球公民社會的模式，回應杭亭頓（Samuel Huntington）以降預設的文明衝突論，並提供全球和平行動方案。[24] 針對自願性全球標準發展（如氣候債券倡議組織）之觀察，亦挑戰了公私領域之區隔，強調治理係相關行動者（如政府、跨國公司、勞工、消費者、第三部門）動態的互動關係，而非權力協商的最後產物。[25]

第三大主題為提出各種亟需跨國合作與建制之議題，梳理制度發展、批判現行機制之限制所產生治理效率不彰等問題，或呼籲國際、跨國或兩岸合作之討論，如跨國犯罪防治（電信詐欺、毒品犯罪、跨境洗錢、性別暴力等）。二〇〇〇年以降，關於網路治理全球標準一致化與否、資料經濟管理等問題之論辯亦大幅增加。[26] 不少學者關注危機管理（如天然災害預警與救災行動協調），[27] 研究者亦因此觀察到全球治理的複雜性與多變性，比如國家主權之間的空隙所產生之規範不穩定與實踐不一致等現象，在在構成當代全球治理的內在

20 顧忠華，二十一世紀非營利與非政府組織的全球化，新世紀智庫論壇，十一期，頁一七～二四，二〇〇〇年九月。

21 鍾京佑，全球治理與公民社會：台灣非政府組織參與國際社會的觀點，政治科學論叢，十八期，頁二三～五二，二〇〇三年六月。亦參見鍾京佑，全球治理與國際建制：行為主體與行為模式，國際關係學報，二十一期，頁一一三～一三九，二〇〇六年一月。

22 戴伯芬，亞洲四小龍公民社會組織的國際化網絡初探，城市學學刊，二卷一期，頁一～二九，二〇一一年三月。

23 如呂建德，全球化、社會公民權與民主：一個初步的思考，台灣政治學刊，七卷二期，頁一八九～二三八，二〇〇三年十二月。

24 魏澤民、林志昶，全球治理：公民社會與宗教發展圖像，遠景基金會季刊，六卷一期，頁一七五～二〇二，二〇〇五年一月。

25 林竣達，從私權威觀點看自願性全球標準的發展，問題與研究，六十卷三期，頁七一～一一四，二〇二一年九月。

26 如左正東，全球網路治理中的知識與權力，問題與研究，四十四卷五期，頁一〇三～一四二，二〇〇五年十月。

27 如王俊元、詹中原，全球危機管理中減災合作的挑戰與契機：印度洋海嘯預警系統經驗之分析，遠景基金會季刊，十一卷三期，頁一～五八，二〇一〇年七月；王文岳、楊昊，全球化下的災害治理：以東日本大地震國際救災協力為例，問題與研究，五十二卷二期，頁一四五～一八〇，二〇一三年六月。

限制——包括金融、環境、公共衛生等領域。[28]

台灣的國際關係與國際法研究社群尤其關注全球環境治理及氣候變遷機制的發展與限制，如《聯合國氣候變遷框架公約》（UN Framework Convention on Climate Change）及各屆締約國大會與雙邊會談——所涉問題諸如氣候變遷機制中不同行動者的互動、民主化程度對環境治理之貢獻與限制、強權在環境事務上的張力、相關制度之外溢效應與責任分配。[29] 相關研究也延伸至海洋事務、漁業管理及能源治理等議題。[30] 關於台灣與國際或多邊制度互動，最特別的當屬探索台灣在區域太空賽局及全球太空安全治理體系中之自我定位與策略。[31]

最後一大主題為台灣在全球治理建制中定位之分析，大都以理性選擇理論（rational choice theory）為主要方法，關注全球治理體系納入或排除不同行動者等相關現象，假設行動者的行動是基於一致信念且多半為利害權衡的結果。比如有論者認為，除了政治實體間的權力關係，分析兩岸事務亦應考慮多層次的水平互動及非典型權力因素；[32] 或以實證方式建立全球公共政策對國內政策之影響指標。[33] 文化研究學者則引入傅柯的「治理性」（governmentality）概念，批判台灣參與建構全球規訓體系及其排斥效應，探討區域與生命政治之交集。[34] 惟相關研究對非國家行動者的社會關係著墨較少，大多將國際法律工具視為制度設計理所當然的一部分，而未檢視治理權源和正當性，以及不同行動者間互為主體的狀態對趨動或影響決策之非理性因素。

28 分別參見辛翠玲，二〇〇八年之後全球金融治理機制的重整：規範、制度與結構，問題與研究，五十八卷四期，頁一～二八，二〇一九年十二月；譚偉恩、郭映庭，多邊主義合作的空洞化：論全球暖化治理中「裂解模式」的興起，國際關係學報，四十五期，頁一～二八，二〇一八年六月；李柏翰，當國際法遇上公共衛生：全球衛生規範之偶然性及其不滿，法學叢刊，六十六卷一期，頁七一～九〇，二〇二一年一月。

29 比如分別參見譚偉恩，合而少「做」，治而欠「理」：從COP23看國際合作的盲點與全球治理之迷思，全球政治評論，六十一期，頁九～一五，二〇一八年一月；薛健吾，民主程度和發展程度對各國二氧化碳排放治理的影響，臺灣民主季刊，十六卷二期，頁六五～一一七，二〇一九年六月；譚偉恩、洪銘德，氣候大國左右全球暖化治理成敗：解析美中印三國之戰略互動，戰略安全研析，一一九期，頁四六～五六，二〇一五年三月；曹俊漢，全球治理與氣候變遷：評估哥本哈根會議（COP15）決策機制的衝擊與對策，歐美研究，四十三卷一期，頁八九～一四八，二〇一三年三月。

30 如林文謙，全球環境治理與國內政治之互動：以ICCAT削減台灣大目鮪配額案為例，政治科學論叢，五十卷，頁一四一～一八〇，二〇一一年十二月。

31 廖立文，試論台灣在新國際太空賽局與全球太空複合治理體系中的定位與挑戰，台灣國際研究季刊，十四卷二期，頁一四九～一七二，二〇一八年六月。

32 袁鶴齡、沈燦宏，從全球治理的權力類型探究兩岸合作的可能模式，中國大陸研究，五十五卷二期，頁七五～一〇三，二〇一二年六月。

33 許耿銘，全球治理對國家公共政策影響指標之建構，公共行政學報，二十九期，頁一～二八，二〇〇八年十二月。

34 如何春蕤，從反對人口販賣到全面社會規訓：台灣兒少NGO的牧世大業，台灣社會研究季刊，五十九期，頁一～四二，二〇〇五年九月；陳淑卿，跨界與全球治理：跨越／閱《橘子回歸線》，中外文學，四十卷四期，頁七五～一一九，二〇一一年十二月。

從社會學的批判視角觀察國際法與國際政治

針對全球治理現象，法律學者主要關注全球化對國際法制之形塑，以及新建立的規範與制度如何對國內社會產生「上對下」之影響。社會學者的介入則大多著重於公民社會對跨國治理網絡「下對上」的參與。針對此研究取向，郁瑞麟及周繼祥曾針對國際關係主流理論（新現實主義、新自由主義、建構主義）解釋上的侷限，提出建立新的本體論之必要性，以了解多元行動者之生成與互動、行動者自身的認同變化與行動選擇，以及個人、各種社會及政治組織與國際社會三者共構之複雜關係，[35] 與前述之國際法及國際關係的交織觀點不謀而合。[36]

國際法與國際關係交織論在分析建立全球制度之國際法事件（event）時，將國際法制度分成操作（operating system）與規範（normative system）兩套系統，關注兩套系統間之不一致性及不同行動者介入之處。在一九九〇年代處理前南斯拉夫與盧安達問題的兩個國際特別法庭及二〇〇二年國際刑事法院（International Criminal Court）建立之前，一九四八年通過之《聯合國防止及懲治滅絕種族罪公約》宛如宣示性規定，既無普遍管轄權之規定，亦幾乎從未在國際法院（International Court of Justice）中被援引過。當規範內涵出現「被實現」的迫切需求且外在政治環境發生劇烈變化（如國內社會積極倡議），才有可能觸發操作系統的回應。[37]

受法律社會學與批判理論的影響，國內外都有學者企圖重新詮釋超越並包含國界的全球網絡關係。[38] 這波浪潮中有兩個新的研究取徑被提出——國際法之社會學及國際政治社會學。它們的知識論、理論偏好與研究議程，皆與原本的國際關係研究取徑不同。國際法之社會學及國際政治社會學理論家認為，國際關係研究取徑大多側重經驗現象描述，而無論是上對下或下對上的視角皆簡化了行動者的類型，亦隱含許多錯誤假設，而無法完整描述全球治理之動態，諸如國際／國內、政治／非政治、合法（legal）／不合法（illegal）、法律／非法律（non-legal）[39] 及治理者／被治理者等二元概念，遮蔽了參與者及其參與組織間、不同

---

35 郁瑞麟、周繼祥，國際關係研究中全球治理的概念及理論之跨領域探討，問題與研究，五十四卷一期，頁六五～九四，二〇一五年三月。

36 Beth A. Simmons, *International Law and International Relations: Scholarship at the Intersection of Principles and Politics*, 95 Proceedings of the ASIL Annual Meeting 1, 271-279 (2001).

37 Paul F. Diehl, Charlotte Ku & Daniel Zamora, *The Dynamics of International Law: The Interaction of Normative and Operating Systems*, 57 Int. Organ 1, 43-75 (2003)

38 參見Tugba Basaran et al. eds. International Political Sociology: Transversal Lines (London: Routledge, 2016).

39 須澄清此處之非法律（non-legal）與傅柯的反法律（anti-law）並不一樣。「反法律」指涉並非透過正式法律程序及內容所實施之規訓方式，但國際政治社會學理論家的「非法律」則是在談如何將某些事情或特定主體，界定成毋須法律治理的對象，比如經濟社會權利常被認為就算寫進法律，但仍非直接課予國家義務的「純粹政策目標」，又如性／別少數群體因為不在任何人權公約中，因此其權利主體尚未法律化的情況。參見李柏翰，全球性／別平權

參與者之間及不同組織之間不對等的知識與權力關係。

兩派研究者皆關注所謂主流、正統敘事之建構過程，視全球秩序為包括各種大大小小縱向與橫向的社會關係，無法僅以傳統的「巨觀／中觀／微觀」層次分析、一刀切的方式來理解。國際法與國際關係交織論雖承認多元的行動者、行動場域，以及約束行動者行為之不同層次的規範，並以此來解釋國際法發展及其遭遇之結構性與制度性的阻礙，但仍很大程度受限於治理者／被治理者的二元論，而前者掌握了法／非法界限的權力。[40] 國際政治社會學者認為此預設忽略了全球治理範疇中行動者間之互為主體性（inter-subjectivity），[41] 國際法之社會學研究者則批判其間接加強了國家意志作為判斷治理存否之權威地位。[42]

「國際政治社會學」與「國際法之社會學」兩者間最大差別，在於看見多元社會關係的視角。就英文來看，國際法之社會學（sociology of international law）較為直觀，以法律社會學的研究方法分析具國際意義的事件，受布迪厄（Pierre Bourdieu）的場域理論（field theory）及符號互動論學者如布魯默（Herbert Blumer）與高夫曼（Erving Goffman）等人影響甚深，關注行動者互動時所認知及展演之規範內容。透過社會學方法拆解被認為具有普遍意義之敘事（如和平、人權、永續發展）如何忽略行動者意志之複雜性與能動性。國際法之社會學者傾向將行動者及其涉及所有社會關係視為具有連續性的「表演現場」，對權力著墨較少，而關切規範之生成、確認及展演性。[43]

國際政治社會學（international political sociology）受後結構主義哲學家如德勒茲（Gilles Deleuze）及拉圖（Bruno Latour）等人影響甚深，在詮釋多元交錯的社會關係時，著重其斷裂性及行動者的不一致性，關注行動者之主體化及行動者彼此間之互為主體性。國際政治社會學亦受布迪厄場域理論影響，將各類資本積累及轉換之討論延伸應用至超國家場域中，進而探究特定事件如何被「問題化」變成全球議題、涉及什麼權力關係之變化、如何形成知識並建構出專家權威等，因此常批判性地指出全球治理中隱含的霸權知識，動員超越主權的規範性語彙（如發展／減貧、全球正義、區域安全）對特定國家、群體形成的意識形態

運動與國際人權法：突破文義解釋的界限，台灣國際法季刊，十四卷二期，頁三九～六九，二〇一七年六月。

40 Ku, Charlotte & Paul F. Diehl, *Filling in the Gaps: Extrasystemic Mechanisms for Addressing Imbalances Between the International Legal Operating System and the Normative System*, 12 Glob. Gov. 2, 161-183 (2006).

41 Didier Bigo & R. B. J. Walker, *International, Political, Sociology*, 1 Int. Political Sociol., 1, 5 (2007).

42 Moshe Hirsch, *The Sociology of International Law: Invitation to Study International Rules in Their Social Context*, 55 Univ. Tor. Law J. 4, 891-939 (2005).

43 Moshe Hirsch & Andrew Lang, *Introduction*, *in* Research Handbook on the Sociology of International Law, 1-18 (Moshe Hirsch & Andrew Lang eds., 2018).

與政治壓迫。[44]

以衛生安全為例，國際政治社會學研究者關注傳染病乃至病原體人類宿主（感染者）如何被建構成國安或人類安全威脅，在這個政治與社會過程中，形塑「安全」論述本身即有意識地使特定議題取得更高的政策關注和資源，創造政治上的急迫性、敏感性與機密性（如使用「防疫視同作戰」等戰爭隱喻）。疫情「安全化」須動員想像中的共同體（無論是特定社區／社群、全體社會、區域或國際組織），透過建構「不安全」的文化與社會敘事，並援用與「抗戰」有關的共同記憶，如眾多歐美領袖在疫情初期將COVID-19比擬為二戰或將疫情政治中的對手視為冷戰中的敵方。若將全球傳染病防治視為一個場域，主要行動者的慣習、資本與權力關係，皆會影響治理手段與效率。

世紀扣問：如何治理全球化後的衛生事務？

以全球衛生治理為例，跨國旅行的發展使公共衛生經歷無法逆轉的全球化，人類健康面臨的許多挑戰已超越單一國家的應對能力。衛生事務全球化的背景下，國際法作為構建全球衛生治理的功能受到前所未有的關注，跨國衛生問題之介入實踐亦發生數次典範移轉——從仰賴國界檢疫制度的「國際衛生」到以全人類為主體之「全球衛生」，有將其視為安全的基礎（如WHO憲章前言之規定），亦有視其為一種安全的態樣（如衛生安全）。[45] 全球衛生治理可視為對傳統國家衛生合作中權力失衡、以國家為本位的管理技術不合時宜且效率不彰之批判回應。[46]

針對全球衛生治理的概念，李凱莉（Kelley Lee）及卡姆拉特—史考特（Adam Kamradt-Scott）歸納出三種主要詮釋：（一）各國政府與公衛決策者為因應全球化造成難以控管之傳染病傳播，追求各國公衛政策一致化，以降低溝通與執行成本之「全球化與衛生治理」（globalisation and health governance）；（二）追求將聯合國正在發展的全球治理應用於衛生事務決策，強調民主代表性等程序原則，更廣泛接納非國家行動者意見之「全球治理與衛生」（global governance and health）；（三）倡議建立超越國家利益之全球範圍衛生體系，因此納入人權、共同體、社會連帶性、全球公共財等規範價值，強調超越效率與安全等考量之「對全球衛生之治理」

44 Ole Jacob Sending, *Global governance*, *in* Routledge Handbook of International Political Sociology, 175-184 (Xavier Guillaume & Pınar Bilgin eds., 2017).

45 Stefan Elbe, Pandemics, Pills, and Politics: Governing Global Health Security (Baltimore: Johns Hopkins University Press, 2018); Allyn L. Taylor, *Governing the Globalization of Public Health*, 32 J. Law Med. Ethics 3, 500-508 (2004).

46 譚偉恩則認為，針對病毒跨境傳染之衛生治理（就算未及全球範圍），比當代所討論的全球治理發展更早，也經常被用來當作其他領域中設計治理機制之參考對象。參見譚偉恩，病毒跨境傳染下的全球衛生治理：以二〇二〇年COVID-19之疫情擴散為例，全球政治評論，七十期，頁五五～八六，二〇二〇年五月。

（governance for global health）。[47]

針對全球衛生治理的機制，拉科夫（Andrew Lakoff）認為二戰後有兩種全球衛生建制交疊發展：一是衛生安全建制（health security regime），透過國家既有的衛生基礎建設自我保護，針對新興傳染病建立早期偵測通報機制。此建制關注潛在疾病，仰賴多種防堵疫病技術及各國政府自願合作，以避免病毒穿越國界。二為生醫人道建制（biomedical humanitarian regime），仰賴非國家行動者人飢己飢，不分國界向受苦者提供協助。兩者看似分別運作，實際上相互補充。人道工作援助缺乏基礎建設的社會，代價是使被援助國「自願」接受國際組織（如聯合國兒童基金會、聯合國愛滋病規畫署）監測其人口與發展，使其在獲得援助時，同時監控並抑制會危及已開發國家的新興傳染病。[48]

針對全球衛生治理的倫理部分，冷戰後，隨著九〇年代全球愛滋病去汙名運動，人權論述滲透到全球衛生倡議行動中。[49]惟「以人權基礎作為方法」（human rights-based approach）之全球衛生治理仍受到相當大的阻礙。自經濟社會文化權利委員會於二〇〇〇年發布第十四號一般性意見以來，健康權的指標與評估方法迅速發展，但在制定全球目標時，有影響力的行動者（如全球北方發展援助工作者）之議程可能存在偏見，而與中低收入國家在人權義務方面之優先事項相互矛盾。全球衛生領域中的知識菁英甚少留意不同社會發展進程之差異，而一體適用的全球標準（如各種全球發展目標或公衛指標）亦被認為是潛在的文化帝國主義。[50]

國家作為國際法唯一的權威來源，在制定全球衛生相關規則時並不一定會優先考慮人權。[51] 對健康不平等之關注（規範系統）不一定會促使各國採取行動（操作系統），具有合法權源者並非最適當的全球衛生治理者，因此經常與深具影響力的非國家行動者——如全球基金（Global Fund to Fight AIDS, Tuberculosis and Malaria）、全球疫苗免疫聯盟（Global Alliance for Vaccines and Immunisation）產生目標與策略上之齟齬。然而，這些龐大的非國家行動者亦有以捐贈者為中心（donor-centric），以及因成本效益要求所衍伸之制度性問題，其確實與國家中心

---

47 Kelley Lee & Adam Kamradt-Scott, *The Multiple Meanings of Global Health Governance: A Call for Conceptual Clarity*, Glob. Health 10, 28-38 (2014).

48 此協作的治理框架中，「衛生即發展」和「衛生即安全」是最常被使用之論述。參見Andrew Lakoff, Unprepared: Global Health in a Time of Emergency (Berkeley: University of California Press, 2017).

49 Chris Beyrer, *Introduction: Human Rights and the Health of Populations*, *in* Public Health and Human Rights: Evidence-Based Approaches (Chris Beyrer & H. F. Pizer eds., 2007).

50 Objiofor Aginam, Global Health Governance: International Law and Public Health in a Divided World (Toronto: University of Toronto Press, 2005); Tim Brown & Morag Bell, *Imperial or Postcolonial Governance? Dissecting the Genealogy of a Global Public Health Strategy*, 67 Soc. Sci. Med. 10, 1571-1579 (2008).

51 David Held & Anthony McGrew, *Introduction*, *in* Governing Globalization: Power, Authority and Global Governance, 10-11 (Anthony McGrew & David Held eds., 2002).

的治理模式產生矛盾，但是否有助於提升善治，亦不無疑慮。[52]

全球衛生政治與「善治」原則：人權的角色

各種全球治理研究取徑皆有其特色與優點，關注權力動態或權威之正當性，並對既存制度提出有力的批判，卻較少提出「善治」等規範性概念如何能介入之建議。若重新思考公共衛生治理之所以有部分成為全球治理的一部分，全球衛生治理理論上應是追求國家和其他利害關係人需要共同承擔全人類健康之責任，而這也象徵國際法本體論轉型之趨勢——從無政府狀態中的國際社會到世界一體的全球憲政秩序，這也正當化了人權規範滲入所有領域的現象，並成為善治理念之組成成分之一。[53]

聯合國人權委員會早在其第二〇〇〇／六四號決議中，闡述善治原則包括決策透明、法治、政治責任、可問責性、公民參與及回應多元需求，並認為只有透過恪遵人權規範及標準，始能實現善治。此規範本身並未催生出可供應用之操作型制度，而係擴散至國際法中不同領域，藉由該法領域中既有之操作系統各自詮釋善治之意涵。全球衛生治理網絡中，形成針對不同領域有影響力的行動者各自的監督與問責機制，而國際人權法所提供之問責網絡因此深入全球衛生機構中，以要求受特定衛生政策影響之利害關係人及群體，參與政策過程之代表性。[54]

以食安為例，食源性疾病防治涉及種植和交易食品的環境，需要國家與非國家行動者透過《國際植物保護公約》等措施協作，而透過聯合國糧食及農業組織、國際食品法典委員會（Codex Alimentarius Commission）與經濟社會文化權利委員會三者間相互援引的過程，糧食權成為人權原則（規範系統）與食安監控（操作系統）交互作用之處，[55]惟相關制度之有效性與效率則成為難以檢視、有待發展的研究問題。

國際人權制度能補充全球衛生治理的不僅其規範系統，亦及於它的操作系統。以傳染病防治為例，由COVID-19大流行應對過程可見當今傳染病預警工作仍以WHO會員國為基礎之《國際衛生條例》（International Health Regulations, IHR 2005）為主，深受西發里亞體系之結

---

52 Chelsea Clinton & Devi Sridhar, Governing Global Health: Who Runs the World and Why? (Oxford: Oxford University Press, 2017).

53 Nora Y. Ng & Jennifer Prah Ruger, *Global Health Governance at a Crossroads*, 3 Glob. Health Gov. 2, 1-37 (2011); Thomas N. Hale, *Transparency, Accountability, and Global Governance*, 14 Glob. Gov.1, 73-94 (2008).

54 Eric A. Friedman & Lawrence O. Gostin, *Imagining Global Health with Justice: In Defense of the Right to Health*, 23 Health Care Anal. 4, 308-329 (2015).

55 WHO, Foodborne Disease Outbreaks: Guidelines for Investigation and Control (Geneva: WHO, 2008)。亦參見經濟社會文化權利委員會一九九九年關於糧食權第十二號一般性意見及二〇〇〇年關於健康權第十四號一般性意見。

構因素與強權政治所制約。[56]《國際衛生條例》雖承認防疫措施人權影響評估之重要性，但本身欠缺監督機制，有賴各人權公約委員會介入檢視各國防疫措施。疫情期間，國家照常需要進行人權報告，其中NGOs所提平行與影子報告至關重要，台灣於二〇二二年五月完成之「兩公約第三次國家報告國際審查會議」就是一個例子。

國際人權法操作系統的介入，深化全球衛生行動者對人權之共同責任，並「法律化」全球衛生工作，提升相關行動者健康人權損害之可裁判性（justiciability），成為可透過司法機構審視的問題。[57]藉由人權公約委員會所產生之拘束力，或許難以對抗特定國家於國際間之政治實力與經濟利益衝突，惟對法律而言，最重要的是信念之生成與價值之確認。就執法而言（若類比於國內法律系統之想像）國際法看似很蒼白，但若就理念而言，國際法的規範性卻很強大——檢視美國的反恐措施、中國回應人權爭議的方式、俄國入侵烏克蘭戰爭，可發現這些「違法」國家，極力反駁（認為自始並未違法）、主張自己作為是合法之例外或企圖正當化其不法行為（尋找新的例外），反而確認或重申了既有法理之正當性（而非直接否認之）。

善治原則應適用於全球衛生治理的三種詮釋上。就「全球化與衛生治理」而言，《國際衛生條例》企圖將人權保障納入一致化傳染病防治體系中即一實例。「全球治理與衛生」更直接將民主及多元代表性等程序原則套用在衛生事務之決策上，比如WHO《全面心理健康行動計畫》（Comprehensive Mental Health Action Plan）中要求精神障礙者及其家人同儕參與心理衛生政策過程，及台灣《原住民族健康法》草案對公衛工作者文化能力的要求，要求政府促進本土與國際原住民族及少數民族健康正義運動之串聯。[58] 就「對全球衛生之治理」而言，則是知識論的轉變，將所有衛生議題預設為本質上全球性的議題，比如在台灣發生的非傳染病盛行狀況與全球產業鏈、醫學知識傳播皆有關，沒有人能獨善其身或自掃門前雪，擴大了可課責的範圍。

---

56 Po-Han Lee & Ying-Chao Kao, *Health Apartheid during Covid-19: A Decolonial Critique of Racial Politics between Taiwan and the WHO*, 5 Int. J. Taiwan Stud. 2, 375-402 (2022)。亦參見David P. Fidler, SARS, Governance, and the Globalization of Disease (London: Palgrave Macmillan, 2004).

57 當然亦有其他理論可供選擇——如艾莉斯・楊（Iris Young）的「社會連結」（social connection）或拉格（Jennifer Prah Ruger）的「能力取向」（capabilities）作為全球健康正義及其責任分配之倫理基礎。參見Iris Marion Young, *Responsibility and Global Justice: A Social Connection Model*, 23 Soc. Philos. Policy. 1, 102-130 (2006); Jennifer Prah Ruger, *Normative Foundations of Global Health Law*, 96 Georget. Law J. 2, 423-443 (2008)。惟本章選擇人權作為理論框架，因其於國際法中相關機制已十分完備，而得以直接援引作為例子。

58 參見衛生福利部二〇一八年七月十八日預告之「原住民族健康法草案總說明」及後來台灣原住民醫學學會於二〇二〇年十月二十二日提出的「原住民族健康法民間共識版」，而行政院終於在二〇二三年三月二十三日通過衛福部擬具的「原住民族健康法」草案，將在部內成立原住民族健康科。關於ＷＨＯ《全面心理健康行動計畫》，見李柏翰，不只是健康照護：全民心理健康及其政策意涵，月旦醫事法報告，六十一期，二〇二一年十一月。

* * * * *

當今世界已不如《蒼蠅王》的景象。二戰後許多新國家、國際組織、典型與非典型的非國家行動者（前者如交戰團體、叛軍、革命家等，後者如企業、慈善家、專家社群等）如雨後春筍般出現。新的行動者相互競爭全球化之發展方向，國際多邊主義與反全球化之全球公民社會成為全球治理研究的大前提。國際法係指國家依其實踐，創設並遵守之國與國間的規則，因此以國家意志及主權行為為基礎。若一國從頭到尾皆未參與相關規則之協商與決定，是否應受該規則之約束？若強迫它們接受約束，是否構成帝國主義？這也與國際法學界長年辯論之強行法（jus cogens）或全球法（如禁止人口販賣、禁止種族滅絕、尊重民族自決、促進永續發展）是否存在等問題有關。

又若有此類型法律規範，它們與自然法間的關係為何？它們如何被「發現」並證明存在，而非淪為另一種價值帝國主義？它們是否為現代國際法的一部分，又或是獨立存在的法律體系；若為後者，與現代國際法的關係又如何？這些問題都尚無定論。在面對這些難題時，本章先介紹各派學說的視角與分析方法，再進一步描述台灣學界的關懷，主要旨趣係以各項主題為案例，游移在霸權宰制與跨國合作之間的全球秩序。相較國際學界，台灣研究者似乎「不得不」給予中美關係高比例的關注，這當然與台灣自身的國際處境有關，這似乎也影響了學者對國際法規範效力與效率之保留態度。[59]

惟藉由人權與全球衛生間互動之討論，我更希望強調全球衛生治理如何透過國際人權法的規範和操作系統，凝聚相關行動者關於「善治」的倫理共識並建立行動準則。對二〇〇九年開始主動國內法化各項國際人權公約的台灣而言，此超國界現象鞏固了人權立國的正當性，也賦予台灣在全球衛生治理中運用人權外交策略，成為台灣法律社會現實之內在與外在——不僅僅出於建立所謂民主防線的戰略考量，更在回應國內各項人權倡議的跨國連結。台灣積極遵守國際人權規範，並藉此強化台灣在全球衛生政治中協商的籌碼，不只是為了成為向歐美靠攏的乖寶寶，也迫使擁有人權善治等信念的其他行動者與台灣互為主體，進而參與正式或非正式的治理安排。

59 蔡奉真，當前國際組織間之合作能否應對新興傳染病之威脅？從非洲豬瘟談全球衛生治理，全球政治評論，六十六期，頁一～六，二〇一九年四月。亦參見Tsung-Ling Lee, *Global Health in a Turbulent Time: A Commentary*, 15 Asian J. WTO Int. Health Law Policy 1, 27-60 (2020).

3

法律、科技與政策

科技法學研究路徑的回顧與反省

劉靜怡

國立台灣大學國家發展研究所專任教授、中央研究院法律學研究所合聘研究員、中央研究院資訊科技創新中心合聘研究員，研究領域為憲法、資訊法與資訊政策、科技法與科技政策、新聞法與傳播法、人權法、基礎法學。

在過去三十年中，各種「科技」的發展，或許可以說是對法學研究衝擊最大的社會變遷驅動力。其中，數位科技——包括網路、資訊、通訊、資料科學以及人工智慧的發展在內——應該是所有新興科技中，無論從經濟發展、政府運作或社會日常生活的面向來看，其影響都屬最為顯著的科技形態。[1]在數位科技普及的過程中，美國的網路法律研究先驅雷席格（Lawrence Lessig）在二十多年前就已經嘗試透過其經典著作《網路空間的程式碼與其他法律》（*Code and Other Laws of Cyberspace*）一書，提出「法律、（社會）規範、市場和程式碼（架構）」——亦即 law, norms, market, code (or architecture)——同時構成網路時代規範力量（管制者）的論述，[2]不僅為網路法律的研究開創了一條堪稱嶄新的路徑，也可以說是最近幾十年來關於數位科技法律議題研究的經典理論。

換句話說，在這個用來理解網路社會規範架構與規範問題的理論架構下，「科技」及其應用本身，不僅是受規範的對象，也可能是內建於規範體系之中的管制力量或工具，亦即科技本身也可以是管制力量或工具。雷席格所提出的網路規範理論，對於之後的網路法律研究和網路政策討論，可謂影響甚深，[3]甚至可以用來理解當今由人工智慧科技和演算法發展所驅動的規範研究：在科技法學這個領域中所從事的規範性研究，或許不應該僅僅是針對科技如何使用以及其使用所產生的法律爭議進行研究，而是應該同時將科技當成規範的一部分進行研究。[4]同時，由於科技法律相關議題不斷湧現，過去二、三十年來，國際法律社群的共同現象是，各國法學教育中陸續增加了關於「科技法律」或「科際整合」取向的課程，同時各國法學院也不斷出現科技法研究或科技社會研究取向的研究中心。這些科技法律與政策相關課程與研究中心的出現，對於各國科技法律與科技政策的走向，應該或多或少產生一定的影響。[5] 附帶一提的是，在過去二、三十年，雖然生醫科技領域也有長足的進

---

1 關於過去三十年來數位科技如何對經濟、政治和社會等層面造成可謂最顯著的影響，可以參見如 MANUEL CASTELL, THE RISE OF THE NETWORK SOCIETY (Hoboken: Wiley-Blackwell, 2010).

2 *See generally* LAWRENCE LESSIG, CODE AND OTHER LAWS OF CYBERSPACE (New York: Basic Books, 1999).

3 *See, e.g.,* Reed Hunt, *BOOK REVIEW: The Future of the Net - Comments on Lawrence Lessig's Code and Other Laws of Cyberspace and The Future of Ideas,* 68 BROOKLYN L. REV. 289 (2002).

4 *See, e.g.,* Håkan Hydén, *Sociology of Digital Law and Artificial Intelligence, in* RESEARCH HANDBOOK ON THE SOCIOLOGY OF LAW 357, 357-58 (Jiří Přibáň ed., 2020).

5 以作者比較熟悉的美國法學院為例，美國東岸的哈佛大學法學院網路法律研究中心，即 Berkman Klein Center for Internet and Society（https://cyber.harvard.edu/）和耶魯大學法學院的資訊社會研究計畫，即 Information Society Project（https://law.yale.edu/isp/），都是在網路普及初期即已率先成立、培養出不少美國資訊法學領域頂尖研究者的研究中心，也對網路相關的政策議題產生程度不一的影響，例如一九九八年左右的伯克曼網際網路與社會研究中心（Berkman Center），即是率先協助美國聯邦政府為網際網路資源分配權力的釋出事務建立起 The Internet Corporation for Assigned Names and Nummers（ICANN）此一組織及其運作雛形的重要推手。此外，在網路科技大興之後陸續出現的研究中心，如美國西岸的史丹佛法學院的網路與社會研究中心，即 The Center for Internet and Society（http://cyberlaw.stanford.edu）和柏克萊大學法學院的法律與科技研究中心，即 Berkeley Center for Law and Technology（https://www.law.berkeley.edu/research/bclt/），也都是過去二十多年來相當受到矚目的科技法學研究中心。

展，但是，其經濟、政治與社會影響的普遍程度，畢竟不如數位科技來得顯著，而且，生醫科技在這段期間內的進展，其實也得力於數位科技甚多，[6]因此本章不擬特別針對生醫科技相關法律發展路徑進行檢視。

換言之，國際法學研究社群順勢形成「科技法學研究」領域，已將近三十年。此一研究領域累積至今，到底循著怎樣的研究路徑累積出哪些研究成果？對於科技面、政策面，甚至其他學科的發展，又做出何等回饋？目前或許已經到了值得做個回顧的時點。限於本章篇幅與作者的學術訓練背景，接下來將以數位科技或資訊科技的發展為核心，而且主要是以美國法學界的科技法學發展內涵作為關照與分析的起點，藉以探索我們究竟可以如何建構對科技法學研究的理解，同時也將觸角伸向對於台灣科技法學研究的觀察。並且本於上述分析，探討在過去二、三十年來的科技法學研究發展過程中，是否對某些值得探討甚至重視的研究對象或研究取向有所忽略，並且提出對科技法學研究的初步觀察與展望。

科技與法學的相遇

法律研究社群對於科技所抱持的態度，大致上是認為科技的進步往往會促成過去難以想像或不可能成真的行為實現，如此將挑戰以現實為基礎，而將規範的概念與原則予以類型化的法律傳統，並使得類型化的邊界趨向模糊，甚至會導致既有管制機關在管制能力上的弱化或落伍。在此一理解下，如果將科技法律（technology law）當成一個研究領域，那麼，或許可以將其定義為「研究新興科技如何影響既有法律制度」以及「法律制度應否以及如何回應新興科技」的學問。究其實際，這大致上也是過去二、三十年來國際法學界的共同研究取向之一。

換言之，截至目前為止，科技法律的研究比較傾向採取「科技例外主義」（exceptionalism）立場，去分析其所面對的研究對象，也就是說，從某個特定法律領域的既有規範架構出發，針對某項新興科技，例如：生殖科技、網際網路、人工智慧或機器學習甚至無人機等等，先歸納出其特性，接著分析這些特性在社會應用上可能帶來的爭議，並且整理出現行法律

6　關於生醫科技的發展得力於數位科技之助的例子，不勝枚舉，前有人類基因圖譜定序重大突破所需的電腦計算資源，See, e.g., Alex Cabral, *The Computer Science behind DNA Sequencing*, *available online at* https://sitn.hms.harvard.edu/flash/2019/the-computer-science-behind-dna-sequencing/ (visited Oct. 25, 2021)；最近則有基因重組科技、精準醫療和醫療人工智慧等之發展趨勢，都與數位科技的研發與合作具有緊密關係，*see generally*, Walter Isaacson, The Code Breaker: Jennifer Doudna, Gene Editing, and the Future of the Human Race (New York: Simon & Schuster, 2021); Max Tegmark, Life 3.0: Being Human in the Age of Artificial Intelligence (New York: Knopf, 2017); Eric Topol, Deep Medicine: How Artificial Intelligence Can Make Health Care Human Again (New York: Basic Books, 2019).

或規範的不足之處，進而尋求解決之道。甚至，從修法或立法的層次，提出如何針對新興科技所帶來的規範困境，予以特別處理的政策建議或管制方案。[7]

不過，不難想像的是，這樣的研究取向雖然大致上可以有效回應個別法律議題的解決需求，但是，卻難免會落入過於零散而不夠周全的困境，往往無從深入且全面地檢視法律制度與科技之間的複雜關係。除此之外，另一個可能會遭到忽略的重點是，即使是不同的科技，在本質上也會有相同或重複的特性，所以，不同的科技引發的法律爭議，可能具有類似性或重複性。就此而言，表面上是針對不同科技的法律意涵進行研究的研究者，或者是不同法律領域的研究角度出發從事科技法律研究的研究者，只要能正確掌握不同科技間的共同特性，其實不見得必須反覆處理幾乎相同的問題，或者對於法學界的同儕甚至自己事實上已經處理過幾乎相同問題的現象毫無警覺。[8] 而這種現象其實經常出現在過去二、三十年來的科技法學界。正因為如此，雖然表面看來科技法律論著發表數量極為驚人，但是就法學研究資源的配置與法學理論的進展而言，或許仍有檢討空間。[9]

因此，本章作者認為，在科技法學的領域裡，如何避免經常重複討論本質相同或類似的問題，以便能夠藉此加速開拓出科技法學研究的真正嶄新議題，進一步有助於形塑法律制度的演進與發展，此一問題應該獲得一定程度的重視，而這也是過去科技法學研究領域比較忽略之處。再者，如果能夠因此更加精準地確定眼前的爭議是屬於何種類型與層次的問題，應該也有助於法學研究者本身以及政策決定者採取更有效率的方法，去評估嘗試用來解決眼前爭議的相應科技法學研究成果或管制模式是否可能或可行。

當然，不可否認的是，從歷史經驗進行檢視不難發現，科技法學的研究方向往往有意識地、或目的導向強烈地嘗試影響法律制度的演進路徑，然而，此一嘗試不見得保證成功，相對地，事實上會受到諸多因素的限制。例如，新興科技本身的優缺點如何，實則具有不確定性，要真正理解特定新興科技的正面和負面影響，恐怕需要經過相當時間，甚或需要在累積了相當程度的社會實踐或社會應用之後，才能有效地釐清其優缺點，進而根據其優缺點擘畫出規範上的因應之道。[10]再者，源自於法律的既有架構、法律程序和制度面向的種

7 所謂「科技例外主義」，大致上是指特定新興科技及其使用，為法律制度帶來了特殊或例外狀態，而此種狀態往往衍生出新的法律規範或法律制度，甚至就管制機關而言，產生了額外的管制需求。關於這方面的討論，在美國法學界至少已經討論了二十多年，*see, e.g.*, Lawrence Lessig, *The Law of the Horse: What Cyberlaw Might Teach*, 113 Harv. L. Rev. 501 (1999); Ryan Calo, *Robotics and the Lessons of Cyberlaw*, 103 Calif. L. Rev. 513 (2015); Paul Ohm & Blake Reid, *Regulating Software When Everything Has Software*, 84 Geo. Wash. L. Rev. 1672 (2016); Andrew Tutt, *An FDA for Algorithms*, 69 Admin. L. Rev. 83 (2017).

8 *See, e.g.*, Meg Leta Jones, *Does Technology Drive Law? The Dilemma of Technological Exceptionalism in Cyberlaw*, 2018 J.L. Tech. & Pol'y 249, 251.

9 類似的檢討可見Jack M. Balkin, *The Path of Robotics Law*, 6 Calif. L. Rev. Cir. 45, 46–47 (2015).

10 *See, e.g.*, Brishen Rogers, *The Law and Political Economy of Workplace Technological Change*, 55 Harv. C.R.-C.L. L.

種限制，甚至孕生科技法律爭議的社會政治經濟脈絡，也都可能會阻礙管制者改變法律和政策現狀。[11] 平心而論，上述面向的留意和探討，對於理解科技與法律的關係應該具有一定程度以上的幫助。然而可惜的是，此一部分的研究相較之下，似乎是國內科技法學研究比較忽略而欠缺的一環。

同時值得一提的是，由於科技發展往往相當快速，不免對社會現狀帶來相當大的挑戰，而且科技發展也可能會對包括法律在內的倫理或社會規範造成相當程度的衝擊。於是，對於管制者來說，其所肩負的管制責任，往往必須在社會對特定科技產生路徑依賴（path dependence）、遭到鎖定（lock-in）並且達到穩定狀態之前，做出適當的反應，否則日後將遭遇相當嚴峻的管制困境。諸如此類的管制難度升高問題，對管制者而言，既是挑戰，也是壓力。[12] 當然，管制者在面對科技法律爭議所帶來的這類困境時，並非只能處於被動回應的立場，也可以扮演對科技發展可能帶來的法律制度興革模式，提前主動予以回應的角色，甚至藉此一角色扮演形塑科技發展的方向。[13] 針對管制者如何對科技發展所帶來的挑戰和壓力做出回應，以及管制者的回應所造成的影響進行研究，固然不見得是科技法學研究過去最明顯的主流，然而，本章認為，這應該是整個科技法學研究的版圖中不可或缺的一塊，尤其是就科技法學的政策意涵研究，應有其深入探索的價值，[14] 或許可成為科技法學研究未來的補漏重點。

科技法律爭議的形塑

就科技法學的研究而言，以怎樣的架構去理解和形塑科學技術發展所帶來的法律爭議，可能是分析科技法學研究路徑時最根本的工作。承接上述之科技與法學如何相遇，以及相遇之後所衍生的現象，本章認為大致可以歸納出以下幾個科技法學研究者經常關照的面向：應否規範以及如何規範科技的使用者與使用方式，以及科技所促成的行為或結果。而在這些面向的研究與關照上，其研究主軸至少包括針對科技所引發的法律解釋適用爭議，以及科技事務管制者（管制機關）[15] 有關的體制或制度爭議兩個部分。

Rev. 531 (2020).

11 *See, e.g.*, Julie E. Cohen, Between Truth and Power: The Legal Constructions of Informational Capitalism 33 (Oxford: Oxford University Press, 2019).

12 *See, e.g.*, Meg Leta Jones, *Does Technology Drive Law? The Dilemma of Technological Exceptionalism in Cyberlaw*, 2018 J.L. Tech. & Pol'y 249, 256.

13 *See, e.g.*, Rebecca Crootof & BJ Ard, *Structing Techlaw*, 34 Harv. J. L. & Tech. 348 (2021). *See also* Lyria Bennett Moses, *Why Have a Theory of Law and Technological Change?*, 8 Minn. J. L. Sci. & Tech. 589 (2007).

14 關於科技法學研究者針對科技事務管制機關所做的研究與倡議，*see, e.g.*, Oren Bracha & Frank Pasquale, *Federal Search Commission? Access, Fairness, and Accountability in the Law of Search*, 93 Cornell L. Rev. 1149 (2008).

15 此處所謂科技事務管制者，乃是採取廣義立場，同時包括法院、行政機關與立法機關在內。

舉例來說，當科技促使某些設施或平台出現時，往往會使法律的解釋適用出現新面貌，進而成為科技法學研究者新的關切方向。比如當網路科技、大數據和個人化健康管理系統或軟體服務等互相結合之後，既有法律是否足以充分保護個人資訊自主權？[16] 針對這類問題，過去幾十年來的科技法學研究，多數是將研究焦點放在處理既有法律制度所能發揮的管制功能不夠充分而產生的「無法可管」或「規範不足」[17] 的問題，像是在通訊科技和人工智慧科技的加持下，無人機逐漸成真後所出現的各種國內法與國際法爭議，即是典型實例。[18] 這類問題及其相關研究，也可以說是網路法律或數位科技研究領域最明顯的法律爭議和研究取徑。[19]

相對地，由於不同的法律具有不同的規範目的，以致產生重疊或競合現象，甚至出現下位階規範與上位階規範的管制意旨彼此間產生衝突、卻未曾成為立法之初的討論重點，最終不僅成為法院必須發揮其定紛止爭功能的審理對象，也成為科技法學研究領域眾所矚目的焦點，這也是過去幾十年的科技法學研究領域不斷重複出現的現象。舉例而言，資訊法制領域最有名的實例之一《數位千禧年著作權法》（Digital Millennium Copyright Act, DMCA）在美國國會立法通過時，是以管制能夠破解數位內容並助長盜版的「工具」為目的。然而，之後卻因為有駭客等級的軟體開發者將破解程式上傳到網路，並且在後續訴訟中主張受美國憲法增修條文第一條的言論自由保障，[20] 導致DMCA這個原本希望能夠在網路時代發揮保護著作權功能的管制規定，反而因為程式碼受憲法言論自由保障而出現違憲疑慮，引發眾多關切。類似的現象，在我國大法官釋字六〇三號所涉及的強制全民按捺指紋方得換發國民身分證爭議，以及憲法法庭晚近於一一一年憲判字第一三號中所審理之健保資料庫違憲案，都可以列為這類典型案件。

在釋字六〇三號解釋中，《戶籍法》強制全民按捺指紋以換取國民身分證的規定，表面

---

16 *See, e.g.*, SHARONA HOFFMAN, ELECTRONIC HEALTH RECORDS AND MEDICAL BIG DATA: LAW AND POLICY (Cambridge: Cambridge University Press, 2016); BIG DATA, HEALTH LAW, AND BIOETHICS (I. Glenn Cohen, Holly Fernandez Lynch & Effy Vayena eds., 2018).

17 *See, e.g.*, SHOSHANA ZUBOFF, THE AGE OF SURVEILLANCE CAPITALISM: THE FIGHT FOR A HUMAN FUTURE AT THE NEW FRONTIER OF POWER 104 (New York: Public Affairs, 2019). *See also* Deven R. Desai & Gerard N. Magliocca, *Patents, Meet Napster: 3D Printing and the Digitization of Things*, 102 GEO. L.J. 1691, 1701 (2014); Lucas S. Osborn, *Regulating Three-Dimensional Printing: The Converging Worlds of Bits and Atoms*, 51 SAN DIEGO L. REV. 553, 577-79 (2014).

18 *See, e.g.*, MICHAEL J. BOYLE, THE DRONE AGE: HOW DRONE TECHNOLOGY WILL CHANGE WAR AND PEACE (Oxford: Oxford University Press, 2020); DRONES AND THE FUTURE OF ARMED CONFLICTS: ETHICAL, LEGAL, AND STRATEGIC IMPLICATIONS (David Cortright, Rachel Fairhurst & Kristen Wall eds. 2015); EYES IN THE SKY: PRIVACY AND COMMERCE IN THE AGE OF DRONE (Mathew Feeney, ed. 2021).

19 *See, e.g.*, JULIE E. COHEN, BETWEEN TRUTH AND POWER: THE LEGAL CONSTRUCTIONS OF INFORMATIONAL CAPITALISM 2 (Oxford: Oxford University Press, 2019).

20 *See, e.g.*, Universal City Studios, Inc. v. Corley, 273 F.3d 429 (2d Cir. 2001).

上的立法理由固然是與預防犯罪和強化治安有關，然而，當初的立法者顯然欠缺受憲法保護之資訊隱私權的意識，以至於《戶籍法》第八條規定牴觸憲法違憲而不自知，引發後續的多年爭議，使得大法官最終必須介入才得以塵埃落定。至於在二一一年憲判字第一三號健保資料庫違憲案中，其主要爭議同樣起於立法者在制定《全民健保法》、行政機關在執行健保資料庫的建置與處理利用等事務時，未能充分掌握健保資料蒐集處理利用需要明確法律授權的憲法原則，而且太過忽略健保資料目的之外的利用，對於資料當事人資訊自主控制權侵害程度，以至於和全民健保資料庫相關的法律同樣走上遭判違憲的道路。不可否認地，以上兩案都曾經長期占據我國科技法學研究者的目光。

雖然上述爭議在表面上都涉及新興科技的運用，不過嚴格說來，對於科技法學研究者而言，這類爭議絕大部分不能算是全新的法學研究挑戰。相對地，仔細觀察這類爭議的各個面向或環節，不難發現其呈現出的是傳統或主流法學研究過去即曾經遭遇的典型法律爭議，只是因為新興科技的出現，使得過去未曾產生的規範不足與規範競合問題湧現，也使科技法律爭議和科技法學研究因此增添了過往未有的風貌。而諸如此類的新風貌，有衍生出產生制定新法的需求者，也有因為科技法學研究的介入而使得法學論述的豐富性大增者，無論是何種結果，都不得不說是對未來的科技管制面貌，產生了相當程度的影響。

更進一步言之，當我們檢視過往至今的科技法學研究內涵與發展路徑時，不難發現其在處理因為科技而衍生的法律解釋適用爭議時，經常遭遇的就是現行法律涵蓋不足或者涵蓋過廣的問題。就這個層次的探討而言，科技法學研究的探究重點，應該在於不斷地針對既有法律或規範是否能夠達成其原始目的進行檢視與評估，而這類針對規範目的與規範手段進行分析的研究，既有助於提高法律制度的品質，也有助於提升法學研究本身的精緻度與貢獻度。以近年來人工智慧法律領域相當受到青睞的自駕車規範問題為例，其所涉及的研究，除了一般的民事責任與刑事責任爭議，關於此一主題的法律解釋適用及其研究觸角，也同時包含例如消費者保護、個人資料保護、資訊安全等面向的法律爭議。就此而言，也代表了上述規範對於自駕車使用者的權益保護，其實應該有「涵蓋不足」的缺陷。

相對地，不論是基於促進科技創新或謹慎運用有限立法資源的理由，甚至有時候可能是立法者為了避免違憲爭議出現，會對規範科技的立法採取相對謹慎甚或保守的模式，限縮法規的適用範圍，都會因而留下一些本應納管卻未納管的規範對象。對於科技法學研究者而言，如何分析和評價立法者這類行為模式，以及這類行為模式具有哪些社會或政治意涵，雖然可能已經超出傳統法學研究所設定的核心任務範圍，但就研究科技法律與科技政策兩者互動關係的角度切入，或許是具有深厚意義的科技立法學研究議題。

其次，以特定科技為規範對象的法律，也經常是科技法學研究鎖定的對象，不過，研究者在面對這種類型的法律時，往往會發現這類法律經常遭遇涵蓋不足的困境，而此一特色，等於為科技法學研究者開拓了無窮無盡的議題選擇空間。同樣以美國的資訊法律研究為例，美國資料保護法制的特色是以不同部門的需求和不同類型的個人資料為保護對象，這種立法體制最明顯的缺憾就是，透過消費者網路瀏覽紀錄與應用軟體取得個人資料者，居然成為不受規範的對象。[21] 再以美國通訊監察法制為例，其《儲存通訊記錄法》（Stored Communications Act）[22] 將執法機關對業者伺服器中保存的用戶電子郵件的調取程序，大致分為一百八十天以內的電子郵件必須適用法官保留原則，一百八十天之前的則不須適用法官保留原則。此一區分其實是源自於早年儲存空間有限的現實，所以多數人會下載電子郵件後便刪除留存於業者伺服器的檔案。然而，隨著伺服器建置成本降低，上述區分顯然讓一百八十天前電子郵件的隱私保障出現涵蓋不足或保護不足的風險。出於類似的原因，隨著私人通訊的管道與方法大增，早已不乏論者主張現行通訊監察法制涵蓋不足而應該予以強化。[23]

這類規範涵蓋範圍不足的現象，對於科技法學研究來說，等於是提供了另一種研究方向：究諸實際，不管是基於任何理由而針對特定科技、或使用特定科技的個人及其行為予以規範。只要是管制範圍涵蓋不足的法律，對於被管制者而言，就像提供了各種規避現行管制的誘因，有時這類誘因非常明顯而強烈，所以往往會促使受管制者透過各種管道與方法，去尋求不受規範的結果，甚至還會因為受管制者極力尋求不受規範的空間，因而促成可以規避現有管制的技術創新。[24]

相對於涵蓋不足，面對科技所帶來的規範爭議，法律也會出現涵蓋過廣的現象，此一現象自然也是科技法學研究不能忽略的研究對象。舉例而言，無論是科技發展的結果導致立法之初所設想的損害已經逐漸消弭，或是科技發展的結果導致受管制的活動領域出現了新的參與者，或是因為社會認知隨著科技改變或時間經過，因而不再認為特定科技所造成的問題嚴重到需要管制的地步，甚至執法成本因為科技改變等因素而降低，都可能出現涵蓋過廣的問題。諸如此類的涵蓋過廣問題，對於科技法學研究來說，毋寧是開拓出一個相當值得深掘的研究領域：在科技法律時代中，研究法律規範正當性的變遷及該等變遷所帶來的影響、針對法律遵循和法律執行進行實證研究或成本效益分析、研究社會大眾對於規範必要性的認知形成與認知變遷等等。

21 *See, e.g.,* Clark D. Asay, *Consumer Information Privacy and the Problem(s) of Third-Party Disclosures*, 11 Nw. J. Tech. & Intell. Prop. 321, 340 (2013).

22 18 U.S.C. § 270 (2010).

23 *See generally* Orin Kerr, *An Equilibrium-Adjustment Theory of the Fourth Amendment*, 125 Harv. L. Rev. 476, 487, 526-29 (2011).

24 *See, e.g.,* Dan L. Burk, *Perverse Innovation*, 58 Wm. & Mary L. Rev. 1 (2016).

而在某些脈絡下，科技發展也可能牽動立法目的出現變遷。諸如此類的情形，無論是過去幾十年美國的侵權行為法、產品責任法和契約法的立法目的演變過程，[25]都足以佐證；晚近關於反托拉斯法規範目的之反省，[26]關於演算法所引發的公平性爭議的內涵辯論，[27]也在在顯露出科技發展帶動立法目的變遷遞移的現象。將科技法學的研究視野擴及評估並考察法規的應然面與實然面，並且針對涉及立法目的演變的議題進行研究，或針對法規的歷史發展層面或社會變遷面向進行考察，雖然不是傳統法學研究習以為常的路徑，但是，本章作者認為，上述路徑對於建構科技法學的完整面貌而言，具有高度輔助價值，而且應可期待其做出難以取代的貢獻。

綜合以上所述，本章認為，科技法學研究的研究主軸，實不應忽略關於管制者（管制機關）的制度性研究，而此等制度性研究，則是科技政策制定和執行時不可或缺的基礎。換言之，應該由怎樣的「法律行動者」（legal actors）基於怎樣的權力（power）或權威（authority），獲得怎樣的職能（competence）授權，才有足夠的正當性（legitimacy）去有效地處理科技法律所涉及的種種管制事務，在不同管制機關的管轄競合時應該如何處理，以及何時需要新的管制機關……等等，都屬於此處所謂制度性研究的範疇。以美國管制機關發展史為例，一八○○年代晚期，由於美國的鐵路產業經常出現不公平的市場競爭行為，當時國會想要進行費率管制，卻欠缺經濟專業，也欠缺持續管制鐵路此等跨州產業以便設定正確價格的能力，相對地，若是將這些破壞市場競爭的行為交由法院以逐案審查的方式處理，則不符效率與及時性的要求。因此，當時的美國最終選擇以立法授權的手段建立一個新的管制機關，也就是聯邦貿易委員會（Interstate Commerce Committee, ICC），專責處理上述管制事務。[28] 隨著時代的遞移，當前最受科技法學研究者關注的制度性議題，恐怕非網路管制政策的制定與執行莫屬，而其中最受論者詬病之處，則是關於網路相關事務的管制，是分屬數個不同的機關負責，結果往往是讓受管制者無所適從。[29]

再者，如前所述，科技發展的結果可能導致原先的管制措施失去實質意義與正當性，

25 *See, e.g.*, James A. Henderson, Jr. & Theodore Eisenberg, *The Quiet Revolution in Products Liability: An Empirical Study of Legal Change*, 37 UCLA L. Rev. 479 (1990).

26 *See, e.g.* Lina M. Khan, *Amazon's Antitrust Paradox*, 126 Yale L.J. 710 (2016).

27 *See, e.g.*, Frank Pasquale, *The Second Wave of Algorithmic Accountability*, L. & Pol. Econ. Project (Nov. 25, 2019), *available online at* https://lpeblog.org/2019/11/25/the-second-wave-of-algorithmic-accountability/ [https://perma.cc/W6KH-E4JK] (last visited Oct. 25, 2021).

28 *See, e.g.*, Robert L. Rabin, *Federal Regulation in Historical Perspective*, 38 Stan. L. Rev. 1189, 1194-1199 (1986).

29 *See, e.g.*, David G. Post, In Search of Jefferson's Moose: Notes on the State of Cyberspace 128–29 (Oxford: Oxford University Press, 2009). *See also* A. Michael Froomkin, *Habermas@Discourse.net: Toward a Critical Theory of Cyberspace*, 116 Harv. L. Rev. 749, 856 (2003).

甚至可能會間接促成制度爭議的出現，[30] 而科技法學研究對這類議題的因應，也值得注意。同時，由於逐漸意識到科技創新可能帶有負面外部性，科技法學界不再將其研究重心只放在「如何處理市場失靈」，而是逐漸將關注分散到「如何控管風險」[31] 的研究上。連帶地，隨著科技法學關於風險控管的研究成果逐漸出現並成為政策制定的參考，傳統上重視市場效率且由行政機關直接管制的模式，就不再是唯一的選擇。換言之，管制機關因此逐漸朝向重視效率以外的因素，也就是重視更為廣泛的社會問題，由產業、非政府機構、民間部門所共組的多元管制模式，也逐漸成為具有替代效果或補強效果的選擇。[32] 相較於前述關於法規解釋適用的爭議，可以透過各種不同的法規解釋適用方法甚或類推適用、修法甚或制定新法的方法，解決規範性的問題。當科技法學研究是遭遇涉及管制機關權能的體制面問題時，其解決則有賴更深人地探究不同管制機關各自的優勢與不足，以及探討不同管制機關如何才能達成致力於在法律制度中共同合作，以解決科技法律爭議的目標。

演算法社會的來臨及其研究

大約從十年前開始，由於巨量資料或大數據（big data）的興起，[33] 人工智慧（artificial intelligence，以下簡稱AI）和機器學習（machine learning，以下簡稱ML）再度成為資訊科學領域的重要研究趨勢，AI和ML對於法律的理論和實踐會產生怎樣的影響，幾乎同時受到國際法學界的矚目。[34] 而且，AI和ML在技術和應用層面的快速進展，也在短時間內促成不少國際組織和各國政府不斷提出與AI和ML有關的政策白皮書和政策指引等文件。[35] 在法學研究社群中，不管

---

30 *See* Roger Brownsword, Eloise Scotford & Ka-ren Yeung, *Law, Regulation, and Technology: The Field, Frame, and Focal Questions*, *in* The Oxford Handbook of Law, Regulation and Technology 3, 7, 9 (Roger Brownsword, Eloise Scotford & Karen Yeung eds., 2017).

31 *Id.* at 9.

32 *Id.*

33 關於巨量資料或大數據的興起趨勢，*see generally* Viktor Mayer-Schönberger & Kenneth Cuckier, Big Data: A Revolution That Will Transform How We Live, Work and Think (New York: Harper Business, 2013). See also Viktor Mayer-Schönberger & Thomas Range, Reinventing Capitalism in the Age of Big Data (New York: Basic Books, 2018).

34 *See, e.g.,* Harry Surden, *Artificial Intelligence and Law: An Over-view*, 35 Ga. ST. U. L. Rev. 1305 (2019); Ryan Abbott, The Reasonable Robot: Artificial Intelligence and the Law (Cambridge: Cambridge University Press, 2020); Regulating Artificial Intelligence (Thomas Wischmeyer & Timo Rademacher, eds., 2020).

35 關於國際組織與各國政府針對人工智慧與機器學習所發布的白皮書和各種指引，*see, e.g.,* The Global Partnership of Artificial Intelligence, https://www.gpai.ai/ (last visited Oct. 20 2021); European Commission, Proposal for a Regulation of the European Parliament and of the Council on European Data Governance (Data Governance Act), 2020/0340 (COD) (Nov. 25, 2020); European Commission, White Paper on Artificial Intelligence—A European Approach to Excellence and Trust, COM(2020) 65, *available online at* https://ec.europa.eu/info/sites/default/files/commission-white-paper-artificial-intelligence-feb2020_en.pdf (Feb. 19, 2020) (last visited Jul. 16, 2021) (“EU White

是行政法[36]、智慧財產法[37]、刑事法律與刑事政策[38]、民事法[39]、人權法[40]、醫療或生醫相關法令[41]、金融法[42]和其他管制法規[43]領域，都出現了相當明顯的研究熱潮。甚至，「資料科學與法律」（Data Science and Law）的研究取向也順勢而起，[44]即使台灣也不例外，AI和ML的相關法律議題儼然將是迫在眉睫的學術任務。[45]

Paper"); European Commission, Proposal for a Regulation of the European Parliament and of the Council Laying Down Harmonized Rules on Artificial Intelligence and Amending Certain Union Legislative Acts (COM/2021/206 final), available online at https://eur-lex.europa.eu/legal-content/EN/TXT/?uri=CELEX%3A52021PC0206 (last visited Jul. 27, 2021). European Commission, Ethics Guidelines for Trustworthy AI (2019), *available online at* https://www.aepd.es/sites/default/files/2019-12/ai-ethics-guidelines.pdf (last visited July 15, 2021); OECD, Principles on Artificial Intelligence (*Recommendation of the Council on Artificial Intelligence*), OECD/LEGAL/0449 (May 21, 2019); The Institute of Electronical and Electronics Engineers, Ethically Aligned Design (2019, Ver. 2); ＡＩネットワーク社会推進会議，AI利活用ガイドライン（二〇一九年八月九日），https://www.soumu.go.jp/main_content/000637097.pdf (latest review: Jul. 16, 2021)（日文），英文版請參https://www.soumu.go.jp/main_content/000637844.pdf (last visited Jul. 16, 2021); Personal Data Protection Commission of Singapore, Model Artificial Intelligence Governance Framework (2020)；美國政府所發布的總統行政命令一三八五九及一三九六〇，其原文分別可見：https://www.hsdl.org/?abstract&did=821398 & https://www.federalregister.gov/documents/2020/12/08/2020-27065/promoting-the-use-of-trustworthy-artificial-intelligence-in-the-federal-government (last visited Jul. 28, 2021).

36 *See, e.g.*, Cary Coglianese & David Lehr, *Transparency and Algorithmic Governance*, 71 ADMIN. L. REV. 1, 31 (2019); Citron Danielle K. & Ryan Calo, *The Automated Administrative State: A Crisis of Legitimacy*, 70 EMORY L. J. 797,

827-30 (2021); David Freeman Engstrom & Daniel E. Ho, *Algorithmic Accountability in the Administrative State*, 37 Yale J. on Reg. 800, 815-23 (2020).

37 *See generally* Emna Chikhaoui & Saghir Mehar, *Artificial Intelligence (AI) Collides with Patent Law*, 23 J. Legal, Ethical & Reg. Issues 1 (2020); Tabrez Y. Ebrahim, *Artificial Intelligence Inventions & Patent Disclosure*, 125 Penn St. L. Rev. 147 (2020); Zack Naqvi, *Artificial Intelligence, Copyright, and Copyright Infringement*, 24 Marq. Intell. Prop. L. Rev. 15 (2020).

38 *See, e.g.*, Aziz Z. Huq, *Racial Equity in Algorithmic Criminal Justice*, 68 Duke L. J. 1043 (2018).

39 *See generally* Woodrow Barfield & Ugo Pagallo, Advanced Introduction to Law and Artificial Intelligence 60-76, 93-107 (Cheltenham: Edward Elgar Pub, 2020). *See also* Yavar Bathaee, *The Artificial Intelligence Black Box and the Failure of Intent and Causation*, 31 Harv. J. L. & Tech. 889 (2018).

40 *See generally* Kristian P. Humble & Dilara Altun, *Artificial Intelligence and the Threat to Human Rights*, 24 J. Internet L. 1 (2020).

41 *See generally* Julia Powles & Hal Hodson, *Google DeepMind and Healthcare in an Age of Algorithms*, 7 Health & Tech. 351 (2017).

42 *See, e.g.*, Tom C.W. Lin, *Artificial Intelligence, Finance, and the Law*, 88 Fordham L. Rev. 531 (2019).

43 例如自動武器的運用及其管制，也是相當值得重視的管制議題，*see, e.g.*, Rebecca Crootof, *War Torts: Accountability for Autonomous Weapons*, 164 U. Pa. L. Rev. 1347 (2016); Elizabeth Fuzaylova, *War Torts, Autonomous Weapon Systems, and Liability: Why A Limited Strict Liability Tort Regime Should Be Implemented*, 40 Cardozo L. Rev. 1327 (2019).

44 *See, e.g.*, Vanessa Mak, Eric Tjong Tjin Tai & Anna Berlee, *Introduction, in* Research Handbook in Data Science and Law (Vanessa Mak, Eric Tjong Tjin Tai & Anna Berlee eds., 2018).

45 以AI和ML在行政決策領域的運用研究為例，目前國內相關中文文獻的相關討論，可參見：楊岳平，人工智慧時代下的金融監理議題——以理財機器人監理為例，李建良（編），人工智慧與法律規範研究1：法律思維與制度的智

世界各國政府甚至國際組織都競相提出關於AI的倫理指引和規範架構，連律師專業團體都通過決議，敦促法院和律師應該設法解決在法律實踐中使用AI而衍生的新興道德和法律爭議。[46] 換言之，即使政策界、實務界和學術界都已經將AI和ML視為重點探究對象，但無可否認的是，其實我們仍處於摸索階段，仍有許多問題還沒有得到充分的解答。例如，什麼時候可以在戰爭中使用AI，才是合乎倫理要求的作戰模式？[47] 我們是否在不知不覺中將性別、種族、地域等既有偏見放進演算法中？[48] 到底誰才擁有AI創造藝術的著作權？[49] AI機器人造成侵權行為的後果，應該由誰承擔？[50] 以上種種問題，都是演算法社會帶給科技法學研究者的大哉問。

然而，正因為演算法社會帶來的人工智慧法律爭議層出不窮，本章認為，科技法學研究社群或許應該先回答以下的問題：究竟如何適切有效地研究AI和ML相關的法律和倫理等規範問題？或者，除了傳統的法律爭議研究取向之外，我們的研究視角，是否不該自限於法律爭議取向的AI和ML研究？舉例言之，我們應該如何開拓或深耕AI和ML的法律社會學研究，或者AI和ML的科技與社會研究？甚至，我們是否應該以及如何讓AI和ML研究的成果，能夠連結法學教育，並且成為法學教育實質內容的一部分，都是可以深入討論的方向。

以美國法學界近年來和AI有關的學術研究來說，可以說是與AI相關課程的發展頗具有一致性。例如，美國西岸的史丹佛法學院（Stanford Law School）、紐約大學法學院（NYU School of Law）與美國行政法聯席會議（Administrative Conference of the United States）三者之間的合作成果，在二〇二〇年初針對美國聯邦行政機構中的人工智慧運用現狀進行調查與分析，出版了一份以「演算法政府」為主題的研究報告；[51] 在東岸的哈佛法學院（Harvard law School），除了伯克曼網際網路與社會研究中心（Berkman Center）早已投入AI相關的研究外，[52] 衛生法律政策、

慧轉型，頁四六七～五〇〇，二〇二〇年；同編書，鄭瑞健，人工智慧時代下的證券監理——以智能合約在區塊鏈技術的應用出發，頁五〇一～五二二，二〇二〇年；李榮耕，初探刑事程序法的人工智慧應用，劉靜怡（編），人工智慧相關法律議題芻議，頁一一七～一四八，二〇一八年。

46 例如，二〇一九年，美國律師協會（American Bar Association, ABA）在其年會上通過了一項決議，即以此為重點，*see, e.g.*, Nicolas Economou, *Artificial Intelligence and the Law: The ABA's Important and Timely Contribution*, Am. Bar Ass'n (Aug. 26, 2019), *available online at* https://www.americanbar.org/groups/business_law/publications/commit-tee_newsletters/legal_analytics/2019/201908/ai_law/ (last visited Oct. 25, 2021).

47 *See, e.g.*, Rebecca Crootof, *War Torts: Accountability for Autonomous Weapons*, 164 U. Pa. L. Rev. 1347 (2016).

48 *See, e.g.*, Vivian D. Wesson, *Why Facial Recognition Technology Is Flawed*, N.Y. St. B. J., August 2020, at 20.

49 *See, e.g.*, Shlomit Yanisky-Ravid, *Generating Rembrandt: Artificial Intelligence, Copyright, and Accountability in the 3A Era—The Human-like Authors Are Already Here—A New Model*, 2017 Mich. St. L. Rev. 659, 707-18 (2017).

50 *See, e.g.*, Gary E. Marchant & Rachel A. Lindor, *The Coming Collision Be-tween Autonomous Vehicles and the Liability System*, 52 Santa Clara L. Rev. 1321, 1326–39 (2012).

51 *See generally* David Freeman Engstrom et al., Government by Algorithm: Artificial Intelligence in Federal Administrative Agencies: Report Submitted to the Administrative Conference of the United States (2020).

52 *See* Berkman Klein Center, BKC, Policy Practice: Artificial Intelligence, *available online at* https://cyber.harvard.edu/

生物科技與生命倫理中心（Petrie-Flom Center for Health Law Policy, Biotechnology, and Bioethics）也啟動了一個名為「精準醫療、人工智慧與法律」（Precision Medicine, Artificial Intelligence, and the Law）的計畫。[53] 目前美國法學院在發展AI和ML相關研究與教學上所投注的心力與資源，顯然是認知到AI和ML未來可能在許多領域和行業中都會造成影響，這和上世紀九〇年代中期隨著網際網路普及而使得「網路法」的相關研究與教學大幅增加，幾乎如出一轍。

有鑑於AI和ML對法律理論和法律實踐的潛在重要性，法學研究與法學教育選擇接軌AI領域，幾乎是必然的趨勢，不過，此一接軌如何才能達到真正具有知識生產過程與知識生產結果的實質交流，恐怕更值得關切。尤其，如何在能夠全面宏觀綜覽AI和ML潛在影響的同時，也能在處理特定主題時更深入地分析AI和ML如何影響法律爭議所呈現的面貌和法律制度的走向。例如，在聚焦於AI和侵權責任的研究或教學中，除了考量產品責任相關法制的相應走向，如何分析上述法制發展路徑與產業研發製造走向、社會生活發展趨勢的互動關係，或許也同樣值得注意。

本章認為，要達成上述目標，並且使人工智慧時代的科技法學研究能夠真正發揮健全科技決策的功能，關鍵在於更多更深入的跨學科合作，以及不同領域知識（domain knowledge）之間能否建立實質的溝通關係甚至夥伴關係。換言之，要因應AI和ML可能帶來的社會挑戰，或許能儘量提早在其研發階段就由法學研究者和AI和ML研發人員共同研擬對策，亦即形成專業知識與能力的充分溝通與合作模式，消弭AI和ML技術研發者與法學研究者之間的隔閡。雙方理解彼此的用語和知識，使AI和ML相關議題的研究真正掌握問題核心、共同提出解決問題的方法，進而妥適地運用在各種實務領域，包括AI和ML產品研發過程和政策擬定面向，如此才有助於降低不同部門之間的溝通成本，並且在AI和ML的發展上更迅速精準地掌握、分析潛藏的爭議。這將是法學研究者可以為AI和ML的發展建構強韌社會基礎的貢獻之處，也唯有如此，才算是有落地意義的跨領域跨科際法學研究。

在數位科技時代中，科技法學的研究之所以必要，是因為其被賦予「協助解決法律爭議」的任務，如前所述，這大致上就是過去二、三十年的主要科技法學路徑。然而，正如同網際網路所帶來的社會衝擊和管制挑戰，AI和ML的科技法學研究至今並未形成任何單一的管制領域，在可見的未來似乎也不可能，[54]所以，我們對於AI和ML科技法學研究的路徑摸

---

programs/bkc-policy-practice-artificial-intelligence (last visited Oct. 31, 2021).

53 *See generally* The Petrie-Flom Center, *The Project on Precision Medicine, Artificial Intelligence, and the Law (PMAIL)*, *available online at* https://petrieflom.law.harvard.edu/re-search/precision-medicine-artificial-intelligence-and-law (last visited Oct. 31, 2021).

54 *See, e.g.*, Woodrow Barfield & Ugo Pagallo, Research Handbook on the Law of Artificial Intelligence xxv (Cheltenham: Edward Elgar Pub, 2018).

索和面貌形塑，很可能既必須借助於傳統法學研究的方式，也必須尋思如何建立起一個可資遵循的架構。例如，借重雷席格前述「程式碼亦為規範」的觀點，建立一個AI和ML科技法學研究的取向或架構，對於「演算法社會」這個演算法無所不在，而且直接間接發揮規範功能的AI和ML科技法學研究對象而言，不失為可行的方案，甚至可能具備促成研究典範變遷的潛力。換言之，聚焦於AI和ML的科技法學研究，如何有意識且有意義地避開前述之網路法律研究路途上眾多研究者曾經走過的「冤枉路」，或是進一步積極地檢討省視過去網路法律研究領域曾經忽略但不該忽略的研究主題、研究路徑和研究方法，重新界定哪些研究主題、研究路徑和研究方法，在當今由AI和ML所驅動的科技法學研究領域中應該與可以扮演的角色。例如，是否能夠將上述的反省與界定所得，充分適用到目前人工智慧法制中備受重視的「資料治理」（data governance）研究領域，實有其值得思考並踐行的正面價值。

從科技與社會的視角展望科技法學研究

就台灣科技法學的發展史而言，二〇〇〇年前後科技法律、科際整合研究系所紛紛出現，或許可以說是台灣法學教育和法學研究的重要里程碑之一，而這些系所的設置初衷，則與當時主事者所認知的科技研究與科技產業快速發展趨勢，所以進而主張應該提升相應的法律規範能力和法學研究能量有關。[55]不可否認地，二十年來，台灣的科技法學研究領域儼然成形，然而，就研究內容與研究取向而言，大致上不僅採取接近上述「科技例外主義」的立場，認為科技可以受到法律的規範，也認為科技可以引領法律的變遷。因此，台灣的科技法學研究，絕大多數關注的是科技的「應用」所衍生的法律爭議或管制課題，也就是前述的（廣義）法律解釋適用問題，對於涉及科技爭議的體制性或組織性問題，雖非完全不予以關心，但相對而言，的確比較缺少深入的嚴肅研究。甚至可以說台灣的科技法學研究，大致上比較側重科技的「技術」面向，對於科技的「科學」面向——包括支撐科技發展的科學知識生產活動應該如何規範，科學研究和科技研發過程的資源分配與權力互動關係——則相對少有觸及，甚至相對無感。

若我們承認雷席格二十多年前提出的「程式碼」或「科技」本身已經成為規範重要一環的主張有其道理，或許就該認知到，正如同網路科技特有的「程式碼」早已經發揮了決定

55 以中央研究院成立甫屆十年的法律學研究所為例，其「科技發展與法律規範研究組群」，即闡明其宗旨如下：「隨著科技研究與科技產業的快速發展，法律相應規範的必要亦日感迫切（例如可否複製人、應否發行國民卡）。此等因應科技發達而新生的法律，或可暫以『科技法』稱之。其內涵有略具規模者，如環境（保護）法、智慧財產權（保護）法；有尚在萌芽階段者，如資訊法（資訊科技與法律）、基因法（基因科技與法律）……。」

我們網路生活樣貌的功能，[56]「演算法」也正在無聲無息地決定我們的社會生活甚至權益走向，[57]那麼，將科學知識生產與科技研發活動當成科學專業社群的專屬權限，甚至決定上述活動成果的應用走向，或許並不是合乎民主社會課責基本原則的做法。就此而言，台灣的科技法學研究，相對而言比較缺乏的是超越傳統法律論證框架的努力，也就是嘗試針對市場力量與商業化趨勢對科學知識生產活動和科技研發活動的影響，以及因此而產生的進一步的社會影響，深入進行探索並嚴謹評估之後，才提出規範性的建議。或許，這個面向的關切，是未來可以進一步考量並嘗試的研究取向。

不難想像，要達成諸如此類的研究目標，必須有實質的跨學科領域對話甚至合作。尤其，隨著資訊作為驅動力的大數據知識生產形態和演算法治理形態成為重要的經濟力量，科技法學的研究任務，不僅必須在法律解釋適用和管制機關解析的傳統面向上，找出更多且更深入的法律與政策研究議題。同時，似乎再也難以自外於分析數位革命所帶來的權力變遷和社會影響，也難以自外於理解數位科技對民主憲政制度和個人自主權的衝擊，並據以提出規範上的可行建議和策略。

56 *See generally* Lawrence Lessig, *Commons, in* Norms and the Law 89 (John N. Drobak ed., 2006).

57 *See generally* Frank Pasquale, The Black Box Society: The Secret Algorithms that Control Money and Information (Cambridge: Harvard University Press, 2015).

第二單元

法律究竟是構成還是眩惑社會？

蔡博方

本單元對於我們習以為常的「法律」提出不同的論述，邀請讀者思考：法律在普遍認為的「提供規範、維持秩序」之外，也同時產生什麼作用？換言之，本單元三篇文章都嘗試將法律「陌生化」（de-familiarize），使其脫離我們平時熟悉的法律概念，創造重新理解的可能。

王曉丹與莊士倫指出，提到「法治」，一般人可能抱持「單一法律觀」的想像，然而，法律實際作用卻是「法律多元論」（legal pluralism）的狀態。多元的規範不僅交錯座落於不同的時空，也交織形成了特定社會場域。這是一種「陌生化」嘗試。林佳和則帶領讀者反思一個常見問題：法律受到國家將其工具化，卻讓國家自身成為批評者所指的代罪羔羊。日常生活中各種對於「不正義之法」、「作為幫凶之法」等的批評，讓人們以為，法律背後的「國家機器」是問題之源；然而，林佳和提醒我們：「問題與出路不在國家，而在社會權力關係。」於此，法律再次「陌生化」。蔡博方嘗試鬆綁「法律與現代」之結，讓讀者思考：人作為主體是原因或是結果？法律跟著社會走向現代是必然還是偶然？當如此思考時，我們也正遠離「現代社會與現代法律」彼此不可或缺的想法。「眩惑」一詞，原指因視線昏花而看不清，引申為因感受到迷亂而失去主張。本單元希望引領讀者思考，個人與社會權力在法律下的關係，法律對於社會產生的「構成」作用與對於個人產生的「眩惑」作用為何？藉由理解社會權力中的多元互動，個體可否眼清目明地洞察法律的來龍去脈，而不被「眩惑」？

4

法律多元的場域共構與時空交織*

王曉丹

國立政治大學法學院特聘教授，研究領域為法意識／法文化、女性主義法理學、人權法律民族誌、法律動員與社會轉型。

莊士倫

國立政治大學法律學系博士候選人，研究領域為法律社會學與現代性。

＊ 本章改寫自王曉丹，理解法律多元——行動者視角的分析框架，月旦法學雜誌，320期，頁70-89，2022年1月。本章在此舊文的基礎上，刪除了部分章節，新增了部分章節，並進行了文章名、論點與文字的大幅修訂。

今天我們都習慣說台灣是個「法治」國家，這用語既帶有支配性，也容易造成誤導。「法治」所說的法，往往直接被連結到國家制定／生產的法律，但是這種單一的法律觀並不符合社會真實。台灣從傳統到現代，從原－漢交錯到國際殖民競逐再到多元共同體，經歷了西方繼受法與不同族群既有傳統法磨合交融之過程，實質上早已是法律多元的狀態。但是長期以來國家法獨占人們對法律的想像，使得人們缺乏法律多元的現實意識。

法律多元論（legal pluralism）最開始的定義為，一個時空同時存在二個以上的有效法律體系。此處所謂法律體系，並不像現代法治教育告訴我們的，僅指以國家或政府支配力量為後盾的規則系統（常被稱為實證法、實定法或國家法），而是更廣泛地指稱所有現實上發揮規範引導作用的準則、原則、信念與價值體系。為了理解同一個時空中的法律多元，必須分析各個法律系統的歷史與社會發展，及其在當代的延續與斷裂。

台灣已有許多文獻從過去國家法與民間法（或習慣法）的關係切入，討論國家法與其他規範體系之間的相互滲透與相互建構，但在當代全球人權演化發展、思想變化迅速、政經詭譎多變的新狀況下，各種不同場域規範秩序的多元已成常態，而我們仍欠缺一套分析架構，來解釋多元規範秩序在層次、內容與連結上的持續演變。換言之，法律多元究竟是那幾「元」，彼此作用產生何種關係，還有待理論的描繪；而這也是台灣基礎法學與英語世界學術文獻，對於法律多元的法社會研究提出的三個問題：第一，在法律多元中所指的各

「元」法律的特徵為何？各自有何延續與斷裂？第二，各元法律彼此之間有何種互動，是否相互影響？第三，法律多元在當代社會，以何種模式融合、混同或互斥，共構出什麼樣的社會關係？

國家法獨占有什麼問題？

法律多元論的提出，一開始是為了對抗法律中心論（legal centralism）[1]，強調除了國家法或實證法之外，社會還存在著民間法或習慣法，而國家法與民間法在社會功能上具有拮抗或合作的關係。[2]迄今為止，法律中心論在台灣社會仍是一種具有相當影響力的法律想像模

1 John Griffiths, *What is Legal Pluralism?* 18 J. Leg. Plur. 1-55(1986).

2 所謂國家法或實證法，也可以稱作專家法。這與（台灣主要繼受的）歐陸法系發展脈絡有關。十九世紀時由歷史法學派分化出來的羅馬法學派與日耳曼法學派之爭，可以說就是專家法律與民族習慣法之爭。當時擁護羅馬法學派的法社會學開創者韋伯（Max Weber），強調專業法律才能適合理性化的現代社會，這種法律觀後來長期主導人們對「法律」的認知。而另一位被視為法社會學開創者的艾理希（Eugen Ehrlich），則是支持日耳曼法學派的自由法運動代表人物，他提倡「社會生活中活生生的法律」，反對理性專業法律壟斷之觀點，其實可以算作法律多元論的鼻祖。關於兩種法社會學與歷史法學派的淵源流變，請參林端，韋伯論中國傳統法律——韋伯比較社會學的批判，台北：三民，頁一五三～一九二，二〇〇四年十一月。

式（尤其在法律圈），它反映了當代社會非常習慣將所有問題轉述為國家法律問題，以致常民在紛爭協商過程中原本充盈的能量往往在專業法律話語出現後頓時冷卻壓抑，變成謙恭待宰的法律仰慕者。而當法律理想與社會現實出現斷裂時，又很容易出現「我們的社會不夠法治」之類論述，這種論述儼然成為擁護法律專業的基礎，舉凡司法機關、法律職業者乃至官僚，都拿法律作為理由，甚至堡壘，彷彿訴求國家法本身就建立正當性，造就出國家法獨占的現象。[3]

多元的法社會規範系統中卻有國家法獨占的現象，於是，法律多元論在還原社會規範系統多元且多源的實然面貌之時，便對法律中心論提出二個重要的批判。第一個批判是，國家法的獨占正當性不足：從常民的日常生活觀之，人們實際遵循或運用的規範紛雜多元，國家法能夠成為規範秩序的中心，並非單純如同代議政體構想者所說的人民意志之體現，而是以壟斷性武力作為實效後盾的基礎。這也浮現出國家法正當性（legitimacy）[4]的問題：如果規制的說服力與正當性不足，或者說，被規制者持有不同於規制者的信念體系，暴力強制的成分就會顯得更不合理。那麼，法律中心論的正當性何在？

法律要能夠具有可行性的基礎在於法律的社會權威，可以被個人及群體所接受，認同法律有權統治、自己應該遵守。也就是說，法律系統必須根植於社會的最大共識，而法律中心論的法律獨占觀點，忽略了構成共識的各種不同社會權威，也讓人們在多元規範間的意識難題隱而不顯，更讓關於正義的感知困境顯得微不足道。我們不禁想問：當國家法律獨占整體社會法秩序或規範系統的發言權，社會中不同的準則、原則、信念與價值被推擠至邊緣時，原本國家法致力的自由平等目標，在社會層次是否漸行漸遠？

第二個批判是，法律中心論隱含了社會進化的信念，預設某一種法律體系比另一種法律體系優越，帶有貶低既有社會規範的意思。川島武宜便採取此立場，他指出日本前現代的法意識為「庇護─從屬關係為基調的家長制支配」，此種家長制的恩惠與義務由單方決定，上下之間相互受益與共生，實際上構成日本的社會秩序。[5] 他認為這樣的法意識是一種前現代的產物，居上位者所給予的便利只是一種單方恩惠，隨時都可以任意撤回，而居下位者所提供的勞務並不具有明確的範圍與數量。川島武宜批判此種支配關係，因而提倡啟蒙的必要性，以現代法改正傳統的缺陷。

3 王曉丹，初探台灣法律與社會研究——議題與觀點，政大法學評論，一一七期，頁六三～一〇八，二〇一〇年十月。法律獨占是現象描繪，法律中心論是意識形態，此處交替使用兩詞係為行文順暢。

4 啟蒙時期英國社會理論家洛克提出，政治正當性來自群眾或明示或暗示的同意（consent）：「除非得到被治者的同意，否則該政府不具正當性。」德國政治哲學家史騰貝爾格（Dolf Sternberger）說：「正當性是得以施行的政府權力的基礎，是在政府有意識到其管治權力的同時，被管治者也對該權力有某種承認。」

5 川島武宜，王志安等譯，現代化與法，北京：中國政法大學出版社，頁一〇三～一三一，一九九四年十月。

此種「現代必然優於傳統」的進化史觀，與歐洲啟蒙所引領出來的西方現代性的文明歷程息息相關，而這個可以稱之為單一現代性的文明，其擴散與進化想像是全球性的。台灣的法律文化在繼受西方法之後，也一併承接此一進化史觀的單一視角，忽略了現實社會中複雜的傳統規範，導致國家法系統在實行上無法落實。例如，王伯琦在一九五六年出版的專書《近代法律思潮與中國固有文化》中批判繼受中國法律的戰後台灣，國家法與民間法的規範價值與規範內涵相互滲透且相互建構，造成了極為複雜混亂的局面，個人失去依附與遵循的明確指引，從而陷入困境。王伯琦認為問題的癥結在於，中國固有法律文化與西方法律思潮大相逕庭，西方法律思潮中，法律與道德的關係歷經三個階段的分離與整合，近三百年來不論如何發展均以個人主義為前提；反觀中國法律始終未與道德分離，欠缺西方法律與道德分離後的個人主義。[6] 這些單一價值的進化史觀帶有「法律東方主義」的殖民優越性，將東方視為「缺乏」，而必須向西方學習法律，甚至主張全盤西化的殖民式觀點。[7] 上述法律中心論、進化史觀、單一現代性及法律東方主義相扣連的一整套信念框架，都是將現代優於傳統的單一價值體系運用在複雜多元的社會，無異於刻舟求劍，在現實社會複雜系統中採用國家法獨占的簡單粗暴的方法，終究無法達到法律的目的。

從法律傳統解釋多元法律現實

單一價值體系既然刻舟求劍，無法解決現實糾紛，我們必須採用二元或多元的價值系統，重新檢視法律多元的社會現實。我們可以觀察到，民間法在當代雖受貶抑，但是在許多情況下還是仰賴其維持社會秩序，國家法經常只扮演次要的角色。針對此情況，以下四位理論家分別從法律傳統提出了傳統法延續的解釋，並以此描繪當代的多元法律現實。

千葉正士除了將法律分為官方法與非官方法，還加上了第三個層次——非官方法的法律原理。非官方法的法律原理類似傅利曼（Lawrence M. Friedman）所強調的法律文化，其構成一國法律實際運作的精神和原理，是分析法律現實運作必不可少的向度。[8] 千葉正士所謂的非官方法法律原理就像是一個統合法律秩序整體的法律文化，他提出日本人的「變形蟲思維方式」為其貫通古今不變的特徵，瀰散在日本現代性的法律體制之中，使得日本人能夠在維護傳統的限度內採取彈性行動，以適應環境變化。[9] 這意味著，非官方法的法律原理既

---

6 王伯琦，近代法律思潮與中國固有文化，北京：清華大學出版社，頁三三～四七，二〇〇五（一九五六）年。

7 Teemu Ruskola, Legal Orientalism (Cambridge: Harvard University Press, 2013).

8 Lawrence M. Friedman, The Legal System: A Social Science Perspective (New York: Russell Sage Foundation, 1975).

9 千葉正士，強世功等譯，法律多元：從日本法律文化邁向一般理論（Masaji Chiba. 1989. *Legal Pluralism: Toward*

在原則上支持官方法，也為偏離官方法的靈活舉措提供正當化論述。千葉正士認為日本人非官方法的法律原理，也就是「變形蟲思維方式」，具有概念的不確定性，既超越了官方法的規制卻又不藐視它的權威；其作用多樣且矛盾，可能積極地支持或補充官方法，也可能消極地修正或破壞官方法，更重要的是，非官方法的法律原理能調停官方法和非官方法之間的競爭與衝突。[10] 千葉正士指出，非洲的後殖民社會也有類似的狀況，也就是傳統到現代的描述並不足以分析當代法律的情境。他認為，戰後國家法律與社會的發展並非是從傳統走向現代的法律現代化路徑，非洲人隨當事人社會身分而轉動的、靈活的權利觀，正是一種用來與西方法構成複合體的「功能補充物」。

林端提出的分析架構類似千葉正士的非官方法法律原理，他將之稱為「固有法的法律觀」，以此描繪固有法的法律原理如何統合國家法的現實運作，以及國家法與固有法之間競爭與對抗的「長期社會變遷過程」。具體而言，受儒家文化影響的地方，國家法與民間法存在一個法律運作「連續體」的關係，不是因為二種法律體系的價值、概念與實踐類似，而是因為二者都受到儒家倫理制約，因此二者之間具有統合的一致性，禮先法後地成就一個層次分明的「連續體」，從法律整體功能來說，不斷接力、持續地解決紛爭。[11] 這個「連續體」的形成也得力於日本統治時期的間接法律繼受。日本的法律文化同樣受到儒家倫理制約，國家制定法與民間法是共生且各行其事的法律運作「連續體」，因此在日本統治台灣期間，既有以台灣舊慣習為核心的民間法，也有一般台灣民間實際運作的法律，這樣的情況一直延續到戰後，並無太大改變。[12]林端指出，此種「連續體」一直到解嚴之後的九〇年代才漸漸出現裂痕，這也是許多社會論述提出法治乖張評論的原因，林端認為此變遷「是一個新的法律觀念慢慢生根，而舊的法律觀念慢慢消退的過程」。

史學者張偉仁注意到，多元法律彼此之間的關係究竟是合作或競爭，實際上深受人們對權威與規範的觀點影響，而此種觀點也延續到今天，成為統合現實法律運作的基礎。根據張偉仁對傳統中國法律思想的研究，傳統觀念中對規範的想像本來就不是單一的，傳統中國早就已經發展出某種法律多元的模式，除了實定法之外，還有權威性更高的自然法，以及其他社會規範；傳統中國法律多元的秩序乃由不同種類、層次的規範協同運作而成，此時，實定法被想像為粗陋而充滿缺陷，因此必須訴諸禮樂等高權威性的規範補正，也需

a General Theory through Japanese Legal Culture），北京：中國政法大學出版社，頁九二～九四，一九九七年十二月。

10 同前註，頁一〇二～一〇六。

11 林端，儒家倫理與法律文化：社會學觀點的探索，北京：中國政法大學出版社，二〇〇二（一九九四）年。

12 同前註，頁三一九～三二六。

要家訓、鄉約、行規輔助補充，實定法的權威性有時甚至比家規還低。[13]正因為有其他權威性更高的規範，而實定法與其他社會規範的關係既合作又競爭，且不斷變化，這些都影響著人們是否遵守法律、以及如何體驗法律。張偉仁指出，現行法制的運作仍然受到傳統觀點的影響，當代延續過去對權威與規範的想像，人們的態度與行為仍然保留著傳統中國專制體制的特色——不是完全屈從傾慕聖賢，就是揭竿而起拒斥統治者——從未想過參與制度設計或權力運作。[14]張偉仁所描繪的這種一般民眾對於法律的二元極端態度，欠缺積極對話與溝通，多少阻礙了國家法與民間法二者間的融合與重新建構。

史學者黃宗智則從傳統中國的國家與社會二元合一之秩序模式出發，提出半官半民的「第三領域」統合理論。他指出，在中國的法秩序傳統中，並未發展出現代西方的國家與社會二元對立形態，解決糾紛主要是由介於民間與高度政府機構化之間的「第三領域」來進行。此一模式奠基於中華法系具備了西方所沒有的龐大社會-民間非正式糾紛處理傳統（調解），之所以會出現這樣的傳統，是因為傳統中國長期採取中央集權，為了避免太多層級的遞衍及封建的分權，加上農耕社會的稅收遠少於工業社會，政府因而趨向簡約、非正式和半正式形態的治理機構。這種半官半民的第三領域，可以理解為一種國家的社會化與社會的國家化之共趨結果，在中華法系傳播的東亞地區——尤其是韓國與日本——都產生了明顯的影響。不過，這種第三領域要能運作順暢，相當依賴傳統熟人社會的人際道德網絡，在人際關係漸趨陌生的現代社會，必須在不同程度上依賴政府權威，於是便形成了眾多半正式管道。黃宗智認為這是一種非正式─半正式─正式的連續體。[15]

然而，不管是日本還是中國，這些舊時代的法律傳統（包括上述四位學者所說的：日本的「變形蟲思維方式」、中國的儒家思想、傳統法律權威的多元共存、還有半官半民的「第三領域」），雖然可以部分解釋當代多元的法律現實，但其目的都只是要維持國家暴力與國家統治，與現代國家法公平正義的目標不同。因此，前面四位學者的論述，無法全面性地涵蓋當代多元法律混合的社會現實。

場域的多元規範與糾紛解決的多重機制

隨著國家法的演進，許多組織、社群、團體、次群體（例如醫院、軍隊、行政院、貿易商、

13 張偉仁，傳統觀念與現行法制——「為什麼要學中國法制史？」一解，臺大法學論叢，十七卷一期，頁一～六四，一九八七年十二月。

14 同前註。

15 黃宗智，國家與社會的二元合一：中國歷史回顧與前瞻，桂林：廣西師範大學出版社，頁二二〇～二三一，二〇二二年四月。

科技廠、大學、小學、菜市場、量販店等）已經發展出由國家法授權進而建構的內部規範體系，這些內部規範體系的形成，即是因應不同場域的多元法律規範。由於法人類學的進展，法律多元論的研究不只關注整體社會的法律體系，更以糾紛為研究對象，關注糾紛的發展與解決機制，從而描繪在每個場域中所展現的多元規範秩序。

梅里（Sally Engle Merry）界定了從「古典法律多元論」到「新法律多元論」的進展。「古典法律多元論」以國家法與民間法作為二元的分析架構，探討國家法如何滲透入民間法，而民間法如何抵抗、協商與反向影響的社會過程。「新法律多元論」則主張所有社會都存在多元規範秩序（plural normative orders），各自的符號與象徵系統影響著社會多重糾紛解決機制，形成一種動態的關係。對「新法律多元論」而言，國家社會不再如「古典法律多元論」以國家社會為分析單位，而是擴大到特定的社會場域，例如研究各種組織、社群、團體、次群體等場域內國家法與民間法規範之間的相互建構，或者研究同一事件可能出現的多重糾紛解決機制彼此之間的關連性。[16]

麥考利（Stewart Macaulay）討論場域的私有秩序（private ordering）或者私有治理（private government）的概念，他不僅分析個別場域內的組織法規運作，更將焦點放在場域彼此間以及場域所在的整體社會，子規範與子規範以及子規範與母規範的多元規範系統的運作，從中考察個別場域的非正式規範所構成的秩序之半自主運作。[17] 摩爾（Sally Falk Moore）提出半自主社會場域（semiautonomous social field）的概念，她指出場域會自行發展出各自的法律實效性與有效性，但也不是完全自主運作，而是會受到國家法律與民間法律的滲透，形成其獨有的法律體系。[18] 根據摩爾的研究，為了維持行業間的信任關係，紐約服裝業者不會依照契約相關法規來處理遲延貨物，而是依循非正式規則與懲罰機制來處理同行之間的糾紛；工會代表雖然可以使用勞動法規對抗資本家，但是他們往往將法律權利當成一個有用的資本，以此作為與資本家交換的「禮物」，在這樣的相互餽贈的原理中，獲得比上法院「更好的地位」。[19] 總之，這些研究都顯示，國家法律不一定能有效處理社會糾紛，人們在特定的社會場域中會發展一套解決糾紛的模式，這些多元法律規範甚至內化為人們心中的責任體系，經常比國家法更具影響力。

16 Sally Engle Merry, *Legal Pluralism*, 22 LAW SOC. REV. 869-96 (1988).

17 Stewart Macaulay, *Non-contractual Relations in Business: A Preliminary Study*, *in* STEWART MACAULAY: SELECTED WORKS 361-77 (David Campbell eds., Springer: Cham, 1963).

18 摩爾提出的半自主社會場域具有生產規則的能力，也具備引導或強制人們遵從的手段，更重要的是，半自主社會場域雖受到外在法律系統的介入，但卻不受其主宰，也就是通常都會出現抵抗，並具備一定的自主性。參閱 Sally Falk Moore, *Law and Social Change: The Semi-Autonomous Social Field as an Appropriate Subject of Study*, 7 LAW SOC. REV. 719-46 (1973).

19 SALLY FALK MOORE, LAW AS PROCESS: AN ANTHROPOLOGICAL APPROACH (Hamburg: LIT Verlag Münster, 2000).

這類半自主場域中的行動者為了解決衝突糾紛、尋求場域共利，會靈活地在各種規範資源間進行認取、挪用與組合，並與其他場域進行斡旋及協調，而這其實就是一種規範的磋商策略行動。半自主場域正是社會學所界定的，介於國家結構（巨觀）與個別行動者（微觀）間的中層領域，這種場域能讓我們比較清楚觀察到由上而下的結構力量與由下而上的能動力量，是如何進行匯聚交錯。

法人類學家於一九七〇年代發現西方社會已具有法律多元的特色，學者透過個案研究指出，為了維持社會關係，人們會選擇多重的方式處理糾紛，國家法律往往並非人們解決糾紛的唯一機制。[20] 在非西方社會，因為法律殖民的歷史成因，其糾紛解決機制的多重性比西方社會更為顯著，糾紛發生時人們會利用最熟悉或者最有利的管道，爭取希望的結果。此種多重糾紛解決機制彼此之間會產生何種關連性，並沒有一定的規律，而是鑲嵌在歷史與文化發展的路徑之中。馮班達—貝克曼（Keebet von Benda-Beckmann）研究印尼後殖民社會，她注意到當地「阿達特」（Adat）的法律文化將在地階層制度化，而各種國家機構的運作（包括國家法院、伊斯蘭法院、市政府、村落議會、村辦公室、宗教事務辦公室，以及其他次村落階層）各自與阿達特構成多重法律場域。[21] 她提出「法律論壇選購」（forum shopping）的概念，重新看待人們在不同機制間的選擇行為，將之視為人們穿梭的主體能動性；這看似使得糾紛解決的機制欠缺清楚或明確的面貌，然而實際的狀況卻是，個體基於當下政治利益所做的選擇，決定了糾紛過程、爭議調解與法律論辯。[22]

法律場域經過一定時間的發展，不同的糾紛解決機制之間勢必會相互影響，最後人們決定如何使用這些不同的解決機制，表面上取決於個體利益，但是個體利益的界定往往深受主體對事件的感知，及其宇宙觀、世界觀影響。恩格爾（David M. Engel & Jaruwan Engel）研究泰國北部的侵權案件，他們發現即使佛教組織傳統的糾紛解決機制已經消退，人們也逐漸熟悉人權語彙或法律概念，但是上法院主張權利的比例未增反退；這顯示出，真正主導人們法律論壇選擇的並不是現代法律是否完善，而是傳統宗教留下的世界觀，在泰北，傳統佛教的業力說或因果說（karma）仍具有決定性的力量。[23] 這個研究將法律多元的討論導向了法律場域背後的社會文化發展，指出人們對規範的想像經常深陷於文化中的宇宙觀思維，也就是說，法律多元的樣貌取決於人們的自我形塑與人我關係。

---

20 高丙中、章邵增，以法律多元為基礎的民族誌研究，中國社會科學，二〇〇五年第五期，頁一三二～一四〇，二〇〇五年。

21 Keebet von Benda-Beckmann, *Forum Shopping and Shopping Forums: Dispute Processing in a Minangkabau Village in West Sumatra*, 13 J. Leg. Plur. 117-159 (1981).

22 同前註。

23 David M. Engal & Jaruwan S. Engal, Tort, Custom, and Karma: Globalization and Legal Consciousness in Thailand (Stanford, CA: Stanford University Press, 2010).

多重法律時空的交織

許多法律場域會互相交錯（例如，針對同一議題的國際人權場域、國內立法場域、司法場域、處遇機構場域等），在這些相互交錯的法律場域中，因為不同場域有各自的社會權力關係，每個場域會在權力關係下發展賦予意義的方式，定義出正當性、權威性以及合理性的具體內涵，各自創造出特定的人─物關係的「法律時空」。「法律時空」的概念轉變了看待法律的方式，從抽象的法律，轉變為具象的、由人─物關係構成的法律結構。在一個衝突案件中，不同的當事者可能站在不同的位置，各自找尋與建構具有合理性的法律時空，最後呈現出的可能是一個交織的法律時空。當糾紛雙方所想像的規範具有不同的時空，自然會各自展現出不同的範疇、權威與對應現實，這已成為當代糾紛的常態，而這也可以部分解釋當代社會為何會進入難以對話、溝通的處境。

關於法律時空的概念，迪．蘇薩．桑托斯（Boaventura de Sousa Santos）在〈法律作為誤讀的地圖〉（Law: A Map of Misreading）這篇文章提出「法律象徵製圖學」（symbolic cartography of law）的理論，也就是法律的生產（或形成）就像製作地圖，會因為比例尺、投影法以及符號邏輯的不同，而繪製出不同的地圖，法律也是如此。[24] 換句話說，每一個場域的法律有其內在的製圖邏輯，同一事件經常可以隱含不同繪製邏輯的法律地圖，隨著規範對象與規範行為的比例尺大小，以及英雄故事型或理念發展型的不同，形成多重的「法律時空」（time-spaces of law）。每一個地圖都象徵與投射不同的地域空間以及時間範圍，在社會權力的競逐中建構法律的合法正當性與有效性，因此並沒有所謂的正讀或誤讀。[25]

當衝突個案當事人各自投射出不同的法律時空，就是桑托斯所提出的「交織法律性」（interlegality）。[26] 國際法、國家法與地方法等各自投射出權威與合法正當性，創造出不同的法律時空，這些時空會互相影響且彼此交織。法律時空的研究透過田野民族誌整理出不同類型的交織方式，並探察其背後的社會權力結構關係，從中得以深入描繪當代規範現實的複雜度。

王曉丹以全球─在地的象徵權力對「交織法律性」的複雜度進行研究，她以《人口販運防制法》為例指出，台灣的法律發展已非傳統中國法與西方法的二元選擇，歷經上百年的融合過程，兩者已經交織於許多社會關係之中，無法再做非此即彼的區分。雖然國際上主

---

24 Boaventura de Sousa Santos, *Law: A Map of Misreading. Toward a Postmodern Conception of Law*, 14 J. L.& Soc. 279-302 (1987).

25 Ibid.

26 Boaventura de Sousa Santos, Toward a New Legal Common Sence: Law, Globalization, and Emancipation (Cambridge: Cambridge University Press, 2002).

導的法律形態已從殖民法演變到全球人權法，但無論在意識形態和政治上，新的國際法律秩序仍如理論所界定的，是帝國殖民秩序的延伸。因而，在國內法場域，即使法律在複雜的社會權力網絡中進行多重生產（即多重法律製圖），但也展示了當代人權法生產歷程的多重角力與溝通特性，衍生出人權的法律移位與代表性之倫理議題。[27]

進一步而言，在各種多重法律時空的法律形成或製圖過程中，誰掌握了製圖權，誰就掌握了話語權。因此，值得注意的是象徵權力的出現與鞏固，特別是台灣在全球國際秩序上的特殊處境，在跨國與跨地域的多重法律製圖中，應該特別注意夾帶殖民與資本擴張力量的法律象徵製圖權力。王曉丹指出，《人口販運防制法》所使用的人權修辭，表面上看起來是一個全人類平等的主體圖像，事實上，在這套人權話語中，防制網絡建構出單一、均質的抽象被害者主體，再生產了法律的壓制性。不論是「被害人」的「意願」、「脆弱性」、「個案處境」、「結構地位」都有不同的差異，但在法律菁英的理論角力中常有遭到同質化的操作傾向，例如性工作者就必然視之為結構的被剝削者，不須去探究其意願與工作權，或者被害人因為還能自由通訊或外出，就認定其意願並未受到限制。無論國際或國內法的討論協商，總是容易聚焦在這類概念的形式爭辯，卻忽略全球經濟結構的不平等對於移工剝削及人口販運的重要影響。[28]事實上，不僅是人權，所有帶著全球普世宣稱的概念或元素，諸如智慧財產權、反洗錢，都可能是某種同質化的替代修辭，而同質化與普遍化之所以成立，往往植基在全球化論述邏輯背後所依賴的政治經濟現實力量。在當代占據政治經濟強勢地位的國家，必然是全球化的巨大得利者，能夠在全球化運行邏輯中更快速、更輕易攫取資源與利益，這也促使其有強烈的動機，將自身的文化邏輯與主體模式推擴至全世界，以便全球依循同一套理路與信念運作，鞏固有益於強勢國家的治理結構。

原住民族的法律多元

原住民傳統中沒有國家概念，也沒有現代法律的形式，作為一個以游耕狩獵及山林親密生態為主軸的文明，其秩序模式跟西方現代文明有頗大差異。無論在台灣歷史上的任何階段（荷治、清領、日治或中華民國），原住民都是透過土地遭到強占與威權壓迫的方式，被單方納入外來的政治與法律實體中。即使今日宣稱原住民是中華民國的憲政成員，也從未詢問他們是否同意加入此一憲政主權。因此，國家法的獨占對原住民來說明顯欠缺正當

27 王曉丹，法律繼受與法律多重製圖：人口販運法制的案例，中研院法學期刊，十五期，頁七七～一三七，二〇一四年九月。

28 王曉丹，法律的壓制性與創造性：人權與人口販運法制的被害者主體，政大法學評論，一三七期，頁一三一～九八，二〇一四年六月。

性，每當國家法律系統要論述原住民的行為效果時，對原住民來說，就是將中華民國主權的集體象徵暴力與文化霸權再次施展於其上。

多年來的原住民運動與社會文化學界之研究成果，已經讓法律界開始反省現代法律對原住民文化主體性的凌駕侵犯，法學者們也陸續在法釋義學層面透過文化解釋的方式，將法條中對原住民文化過於窄化的概念予以放寬解釋，或者將原住民與其傳統文化相符但違反國家法律的行為，詮釋為法意識的不可期待性，也就是合法行為。[29] 此種從原住民文化解釋或抗辯方式修正部門法的釋義，確實為解決當前的原住民族文化與法律衝突指出一些方向。然而，文化解釋或抗辯其實預設著一個未被明言也未被挑戰的前提：中華民國法律體系對原住民族具有最終的支配正當性。事實上，這已經涉及主權層面的扣問，卻是中華民國法律人尚未正視的糾結。

從原住民族傳統法來說，它雖然享有適度的社會權威，但是長期以來受到國家法體制的貶抑。[30] 王泰升便批判性地指出，原住民法律傳統是根基於運用在地資源自給自足之部落生活方式，在規範內涵上與現代資本主義民法差距甚大，但這個差距從來不被中華民國的民事法所看見，戰後中華民國政府的《臺灣民事習慣調查報告》，也完全欠缺關於原住民族習慣的記載，法院從不曾以習慣法或事實上習慣之名，承認原住民族習慣法。[31] 另外，根據法人類學的研究，不少殖民政府是為了讓國家法的運作更具合理性，避免過度貶抑原住民傳統秩序不利於統治，才致力於研究原住民族習慣法，並且將研究成果納入國家法的體制之中。[32] 因此，即使西方有原住民族習慣的記載，並將之國家法化，也還是無法扭轉原住民族法律傳統的弱勢地位。這股將習慣法納入國家法體制的法律現代性之發展方向，在使法律更地方化的同時，有可能進一步強化了國家法的優勢，甚至造成國家法強制性地在殖民社會製造「合作」勞動力，以便帶領殖民社會走向「文明」，也就是產生鞏固資本主義與殖

29 許恒達，持有獵槍、獵捕保育類野生動物與原住民慣習間的衝突及解套：評宜蘭地方法院一〇四年度原訴字第一號刑事判決，臺灣原住民族法學，一卷二期，頁四九～六〇，二〇一七年四月；王皇玉，文化衝突與台灣原住民犯罪困境之探討，臺大法學論叢，三十六卷三期，頁二五五～三〇四，二〇〇七年九月。

30 BRONISLAW MALINOWSKI, CRIME AND CUSTOM IN SAVAGE SOCIETY (New York: Harcourt, Brace & Co, 1926); Leopold Pospisil, *Modern and Traditional Administration of Justice in New Guinea*, 13 J. LEG. PLUR. 93-116 (1981).

31 王泰升，台灣法律史上的原住民族：作為特殊的人群、地域與法文化，臺大法學論叢，四十四卷四期，頁一六八〇～一六八一，二〇一五年十二月。

32 KARL N. LLEWELLYN & E. ADAMSON HOEBEL, THE CHEYENNE WAY: CONFLICT AND CASE LAW IN PRIMITIVE JURISPRUDENCE (Norman, OK: University of Oklahoma Press, 1941); Philip H. Gulliver, *Negotiations as a Mode of Dispute Settlement: Towards a General Model*, 7 LAW SOC. REV. 667-91 (1972)。日治時期民政長官後藤新平主導的「臨時臺灣舊慣調查會」原本的目的就是要因應地方習慣予以立法，期間出版了《臺灣私法》、《清國行政法》、《調查經濟資料報告》、《番族慣習調查報告書》等。詳情請參閱臺灣慣習研究會，臺灣慣習記事，台北：古亭書屋，一九六九年。

民現代性的效果。[33]

吳豪人則從法律體系背後的所有權概念指出，西方現代法以市民法之權利為基礎，核心為私有財產制，而原住民族傳統慣習為總有或合有，二者完全不同；對台灣而言，從殖民統治時期延續至今的行政權獨大，此種「治理」模式的歷史包袱，造成原住民族「權利的形式化、空洞化、戲仿化、去實務化」。[34]而進一步的問題便是，要如何矯正原住民族在歷史上受到的不正義，協助原住民在面對土地、身分與傳統生活的衝突時，能夠結合其傳統智慧與現代法律，來爭取更符合公平的族群利益。

以台東卡大地布部落在知本光電開發案的諮商同意權紛爭為例，部落的原初訴求是希望回歸部落自主的地位，讓部落可以用符合部落主體性的傳統方式，來決定先祖傳承下來的土地該如何利用。然而，踐行諮商同意權的場域雖然是由部落、廠商與地方政府共同組成，但現行法律制度使得代表政府的原民會對此一過程仍有主宰性，諮商同意權的踐行反而侵害了部落的自主性；一旦這些訴求進入國家司法場域，部落文化主體性總是快速地被各種現代法律元素所轉譯與拆解。諸如，部落的整體意志轉變成現代個體的民主投票機制，接著衍生出委託投票、代行召開會議等現代式爭議；[35]部落的傳統地域被拆解為現代戶籍系統的技術認定問題；部落作為在這塊土地上比中華民國政府更早開始進行資源享占利用活動之真實集體，卻被西方現代法律概念拉進「是否為公法人而有訴訟適格」的論辯中。

加拿大法學者尼可斯（Joshua Nichols）思考問題的癥結與解決之道，他指出，法政體制對原住民來說是一種支配性力量，當原住民拒絕臣服關於領土的剝奪時，隨之而來的便是壟斷性行政與司法的強制。問題在於，拓殖國家與原民族群間的衝突，往往被侷限在西發里亞國家系統的概念叢結之中，這使得原住民族群陷入「含括–排除」的弔詭境地——若非含括在新民族國家之內，就是被排除在外。解決之道即為，在多重法律製圖時，納入平等夥伴、去除單邊片面性與取得同意等概念，重點在於相互和解（mutual reconciliation）不能靠單邊片面之主張達成，而是必須重新面對過去壓迫的歷史記憶（recollection），從自由平等之商議開始邁向轉型正義。[36]

33 Jean Comaroff & John Comaroff, *Christianity and Colonialism in South Africa*, 13 Am. Ethnol. 1-22 (1986).

34 吳豪人，「野蠻」的復權：臺灣原住民族的轉型正義與現代法秩序的自我救贖，台北：春山出版，頁六一～六五，二〇一九年五月。

35 黃居正認為，國家法制中有關原住民部落的集體同意權，應該充分尊重原住民階級社會傳統下對於部落總體意志的表現方式，如具備頭目身分者被視為擁有特別的「敘述資格」與「知識」。藉由不斷確認「傳統的」、「正統的」文化解釋，家族與全體家團成員間之社群共感和集體意識得以獲得強化，成為維繫社群自我認同之途徑。這與主流社會政治體制採取之「多數決」共議程序迥然不同。見黃居正，台灣原住民族集體同意權之規範與實踐，臺灣民主季刊，十二卷三期，頁七一～七五，二〇一五年九月。

36 Joshua Nichols, A Reconciliation Without Recollection?: An Investigation of the Foundations of Aboriginal Law in Canada 337 (Toronto: University of Toronto Press, 2020).

在資本主義發展與國家法獨占的社會歷史中，原住民族法律傳統被高度壓抑與破壞，我們尋求扭轉過去強權國家法律之歷史時，應致力於在法律制定與實踐中建構具有能動性的主體，以達到更符合正義的族群利益。蔡志偉認為，主權協商模式仍顯得太過基進而不易推進，對主權國家憲政衝擊較小的或許是主權之下的分權模式，亦即在憲法的中央與地方分權架構下，給予原住民族實質自決權的自治政府地位；但此種分權不能是均質化下的垂直分權，必須是像夥伴關係的一種水平分權，即原住民必須具有身分與文化主體性地位。[37] 另一方面，王曉丹的研究指出，原住民行動者必須採取彈性靈活的多重策略來建構具有能動性的主體，運用國家法律元素進行法律動員，例如，更加精巧地使用法院來收斂結束內部的道德爭議，同時在現有法律體制下發展新的管轄概念，以普遍性的話語修辭來轉譯原住民文化，也採取人權象徵符號，來尋求有利的批判性資源。[38] 但是在這些法律動員與多重法律製圖的過程中，也須時時警覺國家法律隱含的同化收編力量，保持文化主體性的警覺。原住民族傳統法與現代法間呈現的高度張力，其實是前述台灣主流社會中民間法與國家法消長交錯的強化版，讓我們得以更清晰地看到多重法律時空交織中的族群權力關係。

＊　＊　＊　＊　＊

法律多元論的視角抵禦了長久以來的法律中心論與單一進化史觀，使得法律與社會研究能夠探索國家法律的合法正當性（社會權威），以及國家法律與其他規範交織的整體秩序樣貌。本章法律多元的分析，標示出法律在不同維度上的異質交錯：時間維度的古今延續、場域維度的多元共構，以及空間維度的多重交織。

本章第一節分析法律獨占的問題（一元）。第二節討論「傳統與現代」二元的法律，研究者以法律傳統解釋當代二元混合的法律現實（二元）。第三節將焦點從規範制度轉移到糾紛現場，法人類學家在糾紛解決的研究中，考察「場域」受到多元規範影響下的整體秩序狀態，以及對個體而言，解決糾紛的多重機制（多元）。第四節轉變看待法律的方式，從抽象的法律，轉為具象的、由人─物關係構成的「法律時空」，而針對同一類型的事件，多重社會權力的「法律時空」交織，建構了社會現實。第五節描繪原住民族法律在現實權力關係中的一元、二元、多元與多重時空交織。

法律多元論讓我們得以看見整體法律秩序的內在矛盾、動力與發展。同時，研究者也

37 蔡志偉，民族法主體之建立：臺灣原住民族自治之視角，臺灣原住民族法學，一卷一期，頁八一～八六，二〇一六年七月。

38 王曉丹，建構多重而韌性主體：原住民族自治的法律動員，出版中。

能藉著法律多元的各種分析方式，持續在中層場域探索分析法律的交織與共構面貌，並往上建立宏觀結構與往下進行微觀行動的連結。除了更細緻描繪多重法律製圖的實景，也有助於深化我們在交織法律性中進行批判性行動的能力。

5

國家除魅？法律社會學中的國家

林佳和

國立政治大學法學院副教授，研究領域為憲法學與國家學、勞動法學、法律社會學、國家理論。

在社會學的傳統中，「國家」身影從未消失，事實上隨時見其蹤跡，只是經常某種隱晦卻又突兀的存在。或說常被那麼理所當然地提出作為答案：一切，至少許多，都是「國家造就的」，法律社會學的探索範疇以法律作為觀察客體，也不例外。

從理論視野出發，在傳統的國家社會學之外，隨著國家不同時代的發展軌跡與面貌，法律體系跟著變遷，身處法規範性與法事實的辯證關係中，法律常淪為批判國家的代罪羔羊，新自由主義意識形態指涉新的國家想像，「法律工具」又首當其衝。將國家除魅化，那個法律社會學知識體系知名的「反思的法」研究進路，在「國家」這個指涉上試圖取代法律社會學寶座的法律政治學，可以提供吾人思索「法律社會學中的國家」之路徑。

掌握不同的工具，更清晰地看出理論與實證、規範性與實證性、國家與社會、法學與社會學，那些望似千絲萬縷，實則不脫時代侷限性、反映靜態與動態社會權力關係的原初，不再輕易地通往「就是國家幹的」之最安全結論。法律社會學，應能在知識上更往前邁進一步。

國家，是所有冷酷的怪物中，最冷酷的那一個

尼采，查拉圖斯特拉如是說

法律社會學中的國家或國家社會學

從社會學的發展伊始，「國家」其實從未缺席。韋伯（Max Weber）無疑是其中代表，他可稱之為國家社會學的研究進路，所謂國家的意義、國家壟斷物理暴力的特性、國家的理性與正當性、當代經濟與行政之運行規則、官僚體制的法律上控制、傳統的或魅力的統治形式，或是韋伯知名的統治社會學（Herrschaftssoziologie）：社會作為觀察客體，但直指理性的國家機構、現代政黨與國會之社會學，乃至於理性的國家、當代政治體系及其行動者，從社會學角度考察其形成程序等。[1] 國家社會學，作為社會學的傳統之一，然而，討論「社會學與國家」這組問題，還有其他的面向。「社會學中的國家」，或本書主題「法律社會學中的國家」，特別以「法律」作為中介機制：在不同的議題中，國家究竟扮演何等角色？無疑耐人尋味。

在社會學的傳統中，「國家」身影從未消失，事實上隨時見其蹤跡，只是經常是某種隱晦卻又突兀的存在；法蘭克福學派的霍克海默（Max Horkheimer）曾說：在眾多答案選項中，

1 韋伯在其著作《經濟與社會》之中，以這些作為其觀察分析對象。參見：*Weber*, Wirtschaft und Gesellschaft. Soziologie der rationalen Staatsgewalt und der modernen politischen Parteien und Parlamente, 2015.

社會學家總選擇最安全的那一個。最安全？某個傾向的成因解讀為：意識形態的、資本主義階級宰制的、文化的，或說「國家的」，常被那麼理所當然地提出作為答案：一切，至少許多，都是「國家造就的」，一切歸諸國家所致？這應該就是霍克海默所暗示的、社會學者「最安全」的事物解答。紀登斯（Antony Giddens）影響深遠的《解釋性的社會學》（*Interpretative Soziologie*）一書，[2] 其實沒有創立什麼不同的社會學新典範，而毋寧是曝露社會學研究與分析事實上從未匿蹤過的「規範性詮釋觀點」：社會學，包括法律社會學，並非如經常宣稱地那般，從社會行為與體制的分析，梳理出「人在社會中」之軌跡，而沒有規範性內涵。不，社會學分析事實上無從避免，卻未必需要太多心力去論證這個規範性前提。國家，在這個觀察下，常扮演核心的主客體。

在許多法學、法律社會學的討論中，「國家」摭拾皆是。例如：探討憲法法院如何以基本權為工具，面對所謂的「抗多數決困境」，在直接挑戰諸如立法行為之際，德國知名女性主義法律政治學者茅斯（Ingeborg Maus），以「典型父權式國家特徵」之詞，批評德國聯邦憲法法院所謂的「基本權問題上之積極主義」（Aktivismus in Grundrechtsfragen）。她認為，深受公法宗師，尤其是施密特（Carl Schmitt），所影響之戰後德國公法學界，當然也包括同路人之聯邦憲法法院大法官，「故意掠過民主法治國之需求探索，改讓由上而下的、由專業專家官僚所推出之『已定義之權利』（definierte Rechte）」，將之直接作為憲法之內容。[3] 茅斯眼中，大法官操作抽象的憲法規範，形同毫無節制，任意破壞權力分立，傷害民主。她的「雖未蓋棺、但先論定」，稱之為「父權國家象徵」。父權的、國家的，在此左右，作為探討憲法法院實踐的貫穿主軸。

另一個常見的例子：警察與社會運動。眾所周知，即便是正當的社會抗議行動，也經常無從避免警察干預與法律追訴，形成奇特怪異的循環。在觀察者的口中，因恐怖主義的威脅，許多國家滋生嚴重的安全焦慮，「危險的市民」成為國家機器，特別是藉由警察力量必須嚴加看管的對象，但其觸角卻經常悄悄伸至社會抗議者的身旁，淪為另一種形式的「社會恐怖分子」，在此「全球警察國家」（der globale Polizeistaat）的時代。[4] 當代，社會成員呈現對於「安全」的焦慮，極端與激進主義運動的猖獗，恐怖攻擊作為其行動選擇，國家必須轉變為新興的「安全警察國家」。警察，就是國家的代名詞，吾人，均無從逃脫轉變中的國家。

談及政治，說到警察，義大利哲學家阿岡本（Giorgio Agamben）說：政治最核心之謎，不在主權，而在政府，不在上帝，而在天使，不在君主，而在部長，不在法律，而在警察；

2 *Giddens*, Interpretative Soziologie: eine kritische Einführung, 1984.

3 *Maus*, Über Volkssouveränität. Elemente einer Demokratietheorie, 2011, S. 218f.

4 *Darnstädt*, Der globale Polizeistaat. Terrorangst, Sicherheitswahn und das Ende unserer Freiheiten, 2009, S. 163.

或者更準確地說，在於形成與鞏固政治的這雙頭統治機器之上。[5] 警察，國家暴力，向來都不是用以保障人民，使之得以自由行使權利，不是說他們永遠不會這麼做，而是要強調，就所有衍生的衝突與爭議而言，鞏固與衝撞統治秩序與體制的「暴力」，不論來自包括警察在內的何種國家機器形式，還是源於人民，或許前者叫作「鞏固」法，後者則被稱以「產生」法，兩者事實上呈現永遠難解的緊張關係，這才是真正的爭執與問題所在。人民雖然產生法，但國家的利益在於鞏固法，在阿岡本眼中，國家派出來鞏固統治秩序的主角，是警察，但關鍵仍然是國家。

拉回國內研究成果豐碩的移工問題，亦可處處見聞「國家」的身影。例如，在台灣的移工，「事實上」均居住於雇主直屬之處所中，學者便認為：「屈從在雇主全時全地、制度性的生活控管權力之下。一般而言，從屬性的特徵無論本國或外國勞工都存在。但移工之雇主的管控已經超越了經濟生產關係中效率與管理的層面，而承擔了國家移民體制裡，須始終明確掌握移工行蹤的任務，形成私人化的國境管理權力、過度向雇主傾斜的勞雇關係並惡化勞動條件。」[6] 這段原汁重現的學者批評相當到位，「國家移民體制」成為核心的框架，「國家賦予私人國境管理權力」看似精闢，實則我們並不非常清楚，究竟國家，何時與如何建構並行使出如此之「體制與權力」？

在社會學討論中，我們往往通向一個慣常的結論：一切都是國家幹的，而它主要的工具，毋寧就是法律，或奉之為指向之其他「國家機器」，例如警察。既使在不同的研究中，有著深厚的分析與探索，但「國家」，往往是那個最後必然的答案，有些還會理所當然地連動至「資本主義統治階級」，卻常常忘記：在民主體制內，如果還能相信權力分立、國會創設法律、行政依法行政、司法獨立等等，至少還能起著某些相當作用，「國家」從來無法那麼輕易地作為任何結構性問題的答案。不論是前述的任何問題：憲法法院操持「憲法基本權的抽象工具」，用以對抗自身之多數決困境，直接面對具有最強烈民主正當性的立法權，如何藉由司法權之高漲，創設此「民主時代」的異數？在極度強調安全的當代，警察權之（再）興起，甚至牽制傳統民主國家引以為傲的社會運動，警察如何成為當代政治之謎？卻又未必如左派所言般「露出資本主義國家醜陋原形」？究竟主宰之國家是什麼？談到台灣移工管制，國家又如何與雇主聯手，創造出識者口中的「國家移民體制」、「私人之國境管理權力」？

透過法律社會學的觀察視野，不妨把國家除魅化，不必再自限自溺於好似理所當然、

5　*Agamben*, Herrschaft und Herrlichkeit, 2010.

6　楊雅雯，跨越國境的勞動平權？——論勞動權利之平等保護面對「暫時性跨國移工制度」之侷限，中研院法學期刊，頁二二七～二四三，二〇二一年三月。

事實上常常什麼也沒描繪清楚的「國家結論」、「結論國家」，而改以更細膩的社會權力關係去分析它。就算在左派的傳統中，葛蘭西（Antonio Gramsci）所說的「市民社會」，所謂「擴大了的國家」（erweiterter Staat），奧祕在國家，但重點還是要透過精準的市民社會分析，而非「形式主義下的國家」。

在政治社會學的討論中，所謂社會權力關係常被分為兩者，一是「結構性的權力關係」（Machtverhältnisse），這是一種社會結構形成建構之後，客觀存在於該領域內的、不同主體相互間之關係，亦即為社會行動者進行社會行動的基本框架；另一則是所謂的「結構與行動辨證影響下的權力關係」（Kräfteverhältnisse），是指在前述的結構權力關係下，基於行動者行動的辨證式影響結構，所交互形成的另一層社會權力關係，兩者在細緻的分析上必須加以區別。[7] 在「法律社會學中的國家」這組命題下，專業言說所看到的，國家，經常作為這兩個形式與面向之社會權力關係的代名詞，它被彰顯又隱晦地存在著，不論作為靜態結構下的「背景」，抑或動態發展上的「走向」。其實，不僅社會學，法律社會學也是人人「國家長國家短」，「法律」常被「國家地」包裝理解為純然的工具，弔詭的是，法律人之訓練又偏偏著重於「脫鉤的」規範性，形成有趣的對比。

緊密又分離之法的規範性與法事實

首先，映入眼簾的，法律人最熟悉規範性內涵的法體系，事實上從未失落對於「現實」的關照，所謂「法事實研究」（Rechtstatsachenforschung）——即便不談最早犯罪學領域的先驅，也早就在各個法律次領域中受到關注，[8]只是，當用到法律社會學的分析，識者意圖穿透出那位「站在規範性內容背後的主宰」時，「國家」就常變成首選。

以探討「國家」作為核心的憲法學來說，繆勒（Friedrich Müller）就認為，要處理憲法文義／條文與社會現實之間的關係，就必須區別所謂的「規範條文」（Normtext）與「規範」（Norm）的不同。「規範」包括兩個部分，一為「規範指向」（Normprogramm），它是一種規範性意涵上的標準，其中清楚地明列構成要件與法律效果，透過對於規範條文所有語言資訊上的處理與整合——換言之，透過「解釋」——法律的適用者可以得出此「規範指向」。「規範」的另一部分稱為「規範領域」（Normbereich），則是透過對於事實的觀察、檢視與評價，所得

7 *Rolshausen*, Macht und Herrschaft, 1997, S. 102ff.

8 請參見法律社會學者勒爾（Klaus F. Röhl）的經典作Das Dilemma der Rechtstatsachenforschung, 1974。關於法學與社會學不可分割的緊密關係，特別是有關法學上對於社會事實之認識、描述或評價定性問題，早已是法律社會學討論的出發點，關於此問題的一般性討論，請參閱*Opp*, Soziologie im Recht, 1973, S. 16ff.

出之對於許多事實變數的經驗分析。「規範領域」必須取決於「規範指向」，也就是說，「規範指向」必須找尋出建立「實踐規範性」（praktische Normativität）所需要的「規範領域」。換言之，「規範領域」是「規範指向」所找尋出來的、作為自己描述對象之社會現實。是以，只有在「規範指向」的基礎上，方有可能進行符合法學方式的「規範領域」之描述與分析，而成為整體法規範具體化的組成部分之一。9

繆勒的說法提出一個重要的基本問題：「社會現實」當然是憲法規範性所應涵及的範圍，兩者不能超脫彼此而分離：吾人既不能誤認憲法規範性是一回事，社會事實只是冷眼旁觀的另一層次，亦不能誤會憲法規範性當然可以左右或主宰社會現實，或甚至等於社會現實。假如容許補充繆勒之說法，更精確地說，應該是「規範領域」與「規範指向」的辯證式關係的理解。法律來自於社會現實，以對之的一定評價為基礎，建立自己體系的規範性，或套用繆勒的概念：也建構自己的規範指向，然後在一「相互考察」的結構中理出規範領域，但此規範指向本身保持一定的開放性，容許規範領域再「反思」回來的可能性，10 否則就只有碰到臨界點時之修法問題。到此，我們可清楚地看到，即使在當代的公法學方法論中，亦已看到「規範性與事實」的複雜關係，而早早捨棄「規範性的單向描述方式」。繆勒的詮釋正好告訴我們其核心：切勿遺忘規範性對社會現實的「篩檢作用」，也莫忽略社會現實對規範性的「反思作用」，這在法律社會學處理「國家」這個議題上，不論其角色、功能、體制框架，不但明顯，而且有著獨特的面貌：國家，不僅本身意涵特定的規範指向——顯然非常黑格爾的描述方式，也同時作為規範領域，特別是後者，當然是理論的法律社會學出場的時刻，國家，可以被精準分析與參透，不必當作最安全的包裝。

項莊舞劍：批判國家還是法律沛公

哈伯瑪斯（Jürgen Habermas）的名言：「現代的法已經脫離理性的理性法（rationales Vernunfts-recht）的世界，從馬克思到魯曼，社會都不再是由法來理解，而是法由社會來理解。」[11] 維托赫特（Rudolf Wiethölter）在其一九六七年著名的「對法律的不愉快（Unbehagen am Recht）——黑森邦廣播電台法律二十一講」中，說過一段令人印象深刻的話：「……我們講課的目的在於，描述今天法律所身處的死寂般的孤立，並且協助法律克服這樣的孤立。更具體地說，法律

9 *Müller*, Juristische Methodik, 2004, S. 266ff.

10 如何將法事實融入法釋義學體系中的問題，亦屬於法學方法論方面的標準討論範圍之一，vgl. nur *Bydlinski*, FS Hans Floretta, 1983, S. 3ff.; *Alexy*, Theorie der juristischen Argumentation. Die Theorie des rationalen Diskurses als Theorie der juristischen Begründung, 1983, S. 285ff.

11 *Habermas*, KJ, 1989, S. 138ff.(143).

已逐漸衰竭，它不再是政治社會所帶來的貢獻，也不再能對政治社會發揮什麼功能，更不是一個為人所重視的文化現象。今天，吾人對法律的理解已經無法藉著法律的自我認識中導出，因為法律根本不知道自己是什麼。我們的法律是無意識的，沒有人能逼迫法律重新思考自己，因為它自己便拒絕自我思考。讓我們再進一步地說：『法律』這個病人，需要醫生，必須進醫院，從它目前的處境看來，沒有自我治療的可能，毫無自然痊癒的希望。對法律的期待與現實的落差越來越大。在『法律』這個文化領域中，挑戰與回應，永遠不符比例的失卻平衡……」[12] 這個過去令人耳熟能詳的批評，千夫所指的是「法」，其實毋寧項莊舞劍，真正的沛公是「國家」。

一九六〇年代甫始，那種對於法律體系之指控與不滿，說穿了，可觀察約莫同時所謂新自由主義理論下的「國家失靈」（Staatsversagen）說法：不論古典自由主義學派或是凱因斯學派，其共同假設的「國家作為社會集體利益的中立管理者」，在新自由主義者眼中其實並不存在，至少從歐美民主國家的經驗看來，處處充斥國家介入經濟過程導致之負面效果。不論是何種研究進路的新自由主義理論——將國家視為創造自己利益的「掠奪理論」（Predator Theory）、芝加哥學派之國家成為利益團體俘虜的「規制掠奪理論」（Regulatory Capture Theory），亦或布坎南（James M. Buchanan）等人之「尋租理論」（Rent-Seeking Theory），[13] 對於國家的看法皆是共通的，當代國家推行的是一「錯誤的政治」（falsche Politik）[14]：國家不再中立，並非為了社會的集體富足與利益而行為，國家已成為社會利益團體的服務者，國家的官僚系統只是追求更多的權力與金錢，或至少，國家已無真正維持市場機制的能力，無法實踐一個真正的國家或社會之整體利益。在新自由主義者的觀察中，國家失靈的結果，只有使個人自由、市場的分配效率及開放社會中，所有成員的富足與幸福遭到致命威脅。[15] 也就是說，至少在特定脈絡下，所謂對於法律的批判，無疑直指國家；法律作為法律社會學的客體，常只是國家的代罪羔羊。

反之，也應該要批評法律，國家又何嘗不只是個代罪羔羊？封．阿寧（Herbert von Arnim）曾主張，當代國家最主要的任務是「改善經濟理性」，亦即政治程序應以促進經濟理性為目的，因此他主張建立一新的「憲法政策」，讓「經濟上對的事物，能夠更輕易地在政治程序中貫徹」。[16] 封．阿寧的法政策主張引起不少法律經濟分析學者的贊同，所謂「效率作為法

---

12 *Wiethölter*, Rechtswissenschaft, 1968, S. 26f.

13 相關討論請參 *Schui/Blankenburg*, Neoliberalismus: Theorie, Gegner, Praxis, 2002, S. 134ff.。

14 *Amin*, Die Zukunft des Weltsystems. Herausforderung der Globalisierung, 1997, S. 54f.

15 *Reitzig/Brandl*, Klages/Strutynski(Hrsg.), Kapitalismus am Ende des zwanzigsten Jahrhunderts, 1997, S. 62.

16 *von Arnim*, Demokratie ohne Volk: Plädoyer gegen Staatsversagen, Machtmissbrauch und Politikverdrossenheit, 1993, S. 140f., 145.

原則」（Effizienz als Rechtsprinzip），[17] 一時甚囂塵上。此時，一味以「資本主義國家」作為一切邪惡所在，其實解不開什麼祕密，如果確實認真看待法律經濟分析之「經濟論述」的話。

國家發展軌跡與不同形式之法律化

法律社會學中經常探索的所謂法之演化，在不同歷史與國家發展階段中，也是一常見的「意圖化繁為簡」嘗試，過度簡化之結果。只看到「國家身影」，常忘懷社會本身之複雜性。

當然，歷來的討論無疑自我深化了這種處理方式。依司密提斯（Spiros Simitis）的說法，所謂的法律化，是指國家對於經濟社會發展過程中之國家角色的嶄新理解，以契約法領域為例，只要契約的社會導引功能無法實現，國家便會進行干預，亦即在一「經濟社會長期發展方向的明確目標與想像中」，國家進一步形成契約法上的個別規範，也就是「一整體取向下的國家ＸＸ政策」，這便是法律化之所以產生的原因。法律化的主要形式包括：實定法（或稱制定法〔Gesetzesrecht〕、Vergesetzlichung）、司法判決（或稱法官法〔Richterrecht〕、Verrichterlichung）、當事人自主性契約形成等，而法律化即為藉由這些不同的「法律形式」，透過「法律上框架條件與界限的明訂」，國家實現其特定之經濟與社會政策上的「秩序觀」。[18]

由司密提斯的說法可以得知，法律化並不等於「實定法化」，以實定法實現國家的勞動秩序觀僅是法律化的一種選擇形式。在此理解基礎上，「去法律化」（Entrechtlichung），邏輯上就並非等同「去實定法化」，僅限於國家廢除形式上的法律規範。正確的理解毋寧是：去實定法，廢除國家的管制法律，只是去法律化的一種形式。不論如何安排與放置國家，「法律化」，國家始終如影隨形。

這個法律社會學上知名的「法之演化」（Evolution des Rechts），同樣述說著國家的不同發展面貌。在整個國民國家的發展過程中，國家對於作為其最重要之社會操控媒介的法律，就其發展軌跡來看，正好搭配不同時代階段的國家形式（市民階級法治國、民主法治國、社會福利國），[19] 呈現的並非必然是線性、單向，反而經常是交叉呈現辯證運用形式化、實質化與程序化（Formalisierung, Materialisierung und Prozeduralisierung des Rechts）之不同法律方式及手

17 *Eidenmüller*, Effizienz als Rechtsprinzip. Möglichkeiten und Grenzen der ökonomischen Analyse des Rechts, 4 Aufl., 2015.

18 *Simitis*, Kübler (Hrsg.). Verrechtlichung von Wirtschaft, Arbeit und sozialer Solidarität, S. 74, 88, 92.

19 福格特特別強調此國家學的面向：*Voigt*, Abschied vom Recht? 1983, S. 31ff.; *Seifert*, Verrechtlichte Politik, in: *dersl.*, Kampf um Verfassungspositionen, 1974, S. 6f.

段。[20] 正如同魯曼（Niklas Luhmann）和福格特（Rüdiger Voigt）等人所指出的，法之演化事實上是取決於社會的演化，反之亦然：法律面對當代的社會變遷，必須找尋出自我順應結構改變的「學習方式」，進而發展演化，激發出不同的法律形式以因應社會之需求。[21] 資本主義國家最早的法律形式，也就是私法上以契約當事人地位對等為基礎的形式法權利保障，當時所處之環境是一國家與社會絕然區分對立的兩獨立領域，為了保持相互的聯繫、乃至自主與獨立，國家必須自限於建立形式的法律規則，提供社會領域中的行動者使用，此即現代私法秩序之開始，亦即理論上一般所稱之自由主義模式（liberales Modell）。[22]

隨著國家與經濟領域界限的貫穿，同時伴隨資本主義體制的社會危害與不安，形式化之私法秩序有了嶄新的面貌：整合並加入統治權的行使，最明顯的即為依法行政下的經濟行政領域，一定程度管控經濟行為及過程之故，法律漸走向實質化的方向，亦即納入統治權對整體社會關係發展與走向的考慮，國家變成以貫徹某些特定的目的、而非建立一套形式上的行為規則，作為其形成法律內容的主要考量。[23] 法律修正其傳統思維模式，考慮了不同社會勢力貫徹權利機會之差異，特別在許多社會生活領域中，國家透過法律做出傾向保護社會弱者的價值決定。它考慮法律規範的社會後果，在法規範的形成上做清楚的社會控制，雖然同時維持傳統的私法形式，但對之調整、修正與再形成，且同時以法律作為合理的社會利益衝突之均衡媒介，不再秉持契約是唯一合理保證之機制的觀念。現代福利國與社會國的法律形式，亦即一般所稱之社會或社會國模式（Sozialmodell oder sozialstaatliches Modell）[24]，無疑就是國家為因應社會的需求，以實質化作為其規範性質的最主要適例。

程序化則是介於形式化與實質化之間的一種法律形式，它並非法律價值中立條件下的形式化，留任相關當事人以自主的社會力量去主動形成，程序化毋寧說是一「實質化下的形式化」。法律基於某些特別考量——當事人集體性利益代表組織的發展成熟、國家不宜或不易直接對某些社會關係的形成做實質決定等——建立程序所需之基礎要件，而且是帶有國家實質價值在內的內涵，因為國家已掌握所謂「可能性的條件」，雖然並未直接做出特定的社會保障選項，但卻在設定可能之選項後，藉由程序之條件，將社會關係的具體內容留任當事人自主形成，此即為程序化。許多觀察國家運用法律形式之過程，均發現雖然在不同的歷史階段中，不同的法律形式的確可能成為各該階段的主要面貌，然而，至少在當代

---

20 *Habermas*, Faktizität und Geltung. Beiträge zur Diskurstheorie des Rechts und des demokratischen Rechtsstaats, 1994, S. 468ff.; *Teubner*, Kübler (Hrsg.), Verrechtlichung von Wirtschaft, Arbeit und sozialer Solidarität, 1985, S. 300f.; *dersl.*, ARSP 1982, S. 13ff.

21 *Voigt*, Regulatives Recht im Wohlfahrtsstaat, S. 26f.; *Luhmann*, Das Recht der Gesellschaft, 1995, S. 239ff.

22 *Kübler*, FS Ludwig Raiser, 1974, S. 699ff.

23 *Kübler*, FS Ernst Steindorff, 1990, S. 692.

24 *Habermas*, Faktizität und Geltung, S. 472, 488.

的國家形態中，國家毋寧是交替運用這三種不同的形式，而無一所謂必然的走向。

這是一個重要的例子：即便在法之演化的探討中，「國家之聲不絕於耳」，但包括形式化、實質化、程序化的交錯呈現，國家從不那麼靜態地作為背景或身為不二的主宰，而毋寧作為許多權力關係的代名詞或聚合體。如果用社會學系統理論的角度觀察，更可以直接將「國家」從運用語彙中消失，代之以繁複的社會分析，包括系統理論向來逃避的權力關係面向。

新自由主義指涉的國家與私法社會

新自由主義，至少就一九八〇年代之後，從此作為新興的「背景與面貌」，迅速開展出理解國家的不同方向，成為許多社會科學分析的最愛；當然，法律社會學也很難置身度外。舉一介於法律社會學與法理論之例：新自由主義脈絡下的私法社會理論，來自奧地利民法學者比德林斯基（Franz Bydlinski），比德林斯基的觀察對象亦是二次世界大戰結束後的西歐社會——與著作《通往奴役之路》的奧地利學術同僚海耶克（Friedrich von Hayek）相同——面對他所謂的「國家與社會中有害個人自由的負面發展」，特別舉出並論證它的核心問題。

在比德林斯基看來，問題的關鍵在於二十世紀初所發展起來之「國家主義的法實證主義或法律模式」(etatistischer Rechtspositivismus oder Rechtsmodell)：國家總是本於許多所謂社會集體性的目標，建立了許多排除或限制私法契約自由的法規範，正因如此，它造成了當代社會極權主義的傾向。請注意，這是典型的法律社會學觀察進路。在國家法制的發展過程中，形成比德林斯基所謂的「倫理規範」(ethische Normen)，這些規範在正當性的論成上總是援引一些原本非屬國家、來自社會私人領域、形式上穩定的、理性上良善的法律原則，進而形成建立在這些原則之上的法律適用規則，然後自成規範體系。比德林斯基認為，這樣的法域恐怕與私法的本質並不相符。因為私法先於國家，它並非國家立法高權下的產物，而是來自於超越國家的、人民自動自發所形成的社會狀態及發展。在內涵上，私法就是一非國家主義的、直接由社會理性行為所建立起來之法律要素。[25]

是以，他繼續主張，首先必須承認公法與私法的均勢與對等關係，各自區分自己的價值內涵與適用範圍，放棄公法的宰制，不再正當化所有法律形式的國家干預；再者，建立一套新的所謂「私法社會」的論述：一個理想的私法社會，其整體社會的公共性問題，不一定必須藉由國家機關集中式的形成或干預，而應該思索透過許多的、彼此獨立而不相歸

25 *Bydlinski*, Das Privatrecht im Rechtssystem einer Privatrechtsgesellschaft, 1994, S. 17f., 19f., 59.

屬制約的、非集中式的過程，加以解決及克服。[26] 比德林斯基的核心主張無非是透過市場的自由，可能實現符合公益需求與狀態的結果，而他所舉之作為當代「國家主義法律模式下之道德規範」，一個不符合私法本質、卻來自於「社會道德與良善正當性基礎」之特別私法。私法社會理論所強調的，無異社會或國家公益，是可能透過非集中式的、個人自由交換決定過程之模式加以實現，而不必然必須透過政治公共機制。

必須說，私法社會理論代表的是某種規範性的、但顯然夾雜法律社會學角度的要素，反抗的是「國家圖騰」所代表之所謂法律管制與規範的集中，這無疑是個新的典範，也是理論的法律社會學之重要一步。在此，「國家」成為一應該被對抗、被稀釋的代名詞，其實邏輯類似過度強調「國家應為一切不幸負責」之論調，有趣的是，左右派的差距在「痛斥國家」的最大公約數下，左派往往要求「國家再來」（再管制）、右派則多主張「國家別再來」（解除或鬆動管制），關鍵仍然在於「國家所隱含之其他社會關係」，包含其意識形態與利益對峙，不在抽象的國家本身。

國家除魅化、反思的法與法政治學

談到法律社會學中的國家，不免讓人聯想到「非常日耳曼式的」法律政治學（Rechtspolitologie），亦即以政治學、乃至社會學之研究方法，以「法律」為觀察對象的典型進路，在此，「國家」仍然是核心的觀察框架與對象，雖然處理的方式截然不同。一般認為，威瑪時代的海勒（Hermann Heller）與柯希海默（Otto Kirchheimer）是先驅，然而，提到德國法律政治學的發展，仍不得不提學者福格特的奠基。[27] 這裡無法一一詳列德國法律政治學的發展軌跡，而比較想將論述集中在此研究進路之基本思維方式上。

福格特及與其類似的一些法律政治學研究者，多半是依循系統理論的進路為其理論基

26 *Bydlinski*, Das Privatrecht im Rechtssystem einer Privatrechtsgesellschaft, S. 62ff.。就此點而言，法律社會學者居卜勒（Friedrich Kübler）所主張之私法社會亦極為類似，他認為，對於法律的理解，重點不在於一和諧之市民社會的理性共識，而是將之視為不同利益及思考之團體互相爭鬥妥協後的產物：*Bydlinski*, FS Ludwig Raiser, S. 719f.

27 在德國的學院中，福格特算是比較倡導這門法學類別的學者，他是錫根（Siegen）高等綜合學院的政治學教授，在那裡長期主持名為「歷史更迭與規範變遷」（Historische Mobilität und Normenwandel）的研究及出版計畫。幾年來所寫及編的幾本書，可看出經營法律政治學此一知識類別的努力方向：Verrechtlichung. Analysen zu Funktion und Wirkung von Parlamentarisierung, Bürokratisierung und Justizialisierung sozialer, politischer und ökonomischer Prozesse, 1980; Recht als Instrument der Politik, 1986; Abschied vom Recht? 1983; Grenzen des Rechts, 1985; *dersl./Görlitz*, Grenzen des Rechts, 1987; *dersl./Görlitz*, Rechtspolitologische Forschungskonzepte, 1988; *dersl./Görlitz*, Rechtspolitologie und Rechtspolitik, 1989; *dersl./Raiser*, Durchsetzung und Wirkung von Rechtsentscheidungen, 1990; Politik und Recht. Beiträge zur Rechtspolitologie, 1993; Des Staates neue Kleider. Entwicklungslinien moderner Staatlichkeit, 1996等。此外，他還編了從一九八七年開始發行的法律政治學年鑑（Jahresschrift für Rechtspolitologie），可說是德國最戮力於經營法律政治學的學者。

礎，即便在其論述中不使用系統理論的制式語言，其思考模式，或至少對社會現象及發展軌跡的分析歸類，無疑是系統理論的標準答案。簡單地說，他們以為在現代發達社會各功能系統這種同時但又彼此區隔運作中，已不存在過去那般以法（特別是帶制裁手段的強行壓制性的法律）為手段，而得全面主宰引導社會各系統運行的中心部門，也就是國家——在此，國家被某種程度的負面表述著。這樣的發展特別可在社會國福利國模型下的社會觀察中看得出來，一些在法領域所顯現之問題現象及趨勢走向，如法律化／官僚化／國家化／司法化、法引導操控的有效性及效率的減低（如肇因於法本身論述釋義體系的獨立化發展，使司法得之而恣意為脫離社會運作的扭曲決定），實體內容模式的法規範類型的式微，相對於只建立遊戲規則的程序型法規範的日盛等等。當然，研究的對象既是具有公共性質的政治，亦即國家的正式政治，其範疇自然較一般的法律社會學為之濃縮。總而言之，這些與系統理論觀察毫無二致的論理，正是德國的法律政治學者所倡導的：要建立以政治學為基礎的法律社會學，也所以，再自然也不過的，必須上溯當代社會學理論發展的主流思潮。[28]

是以，在法律政治學引為其主要觀察與研究對象之課題中，包括：司法系統的政治面向、法的實證化及工具化（法作為掌控引導社會各系統運作之工具）、法政策的學術論證及包裝問題、生活世界的法律化、法規制管制的界限、法系統之自我再製（Autopoiesis）及程序理性的問題等，如此之理論進路，希望分析並理解：為何法律變成今日如此面貌、它是否得以適當扮演一定程度調控社會行為之角色、法律相對於社會所產生之功能性與反功能性等，特別是眾家所提出的「反思的法」（reflexives Recht）之向度。福格特提出所謂「合作性國家」（kooperativer Staat）的概念，他認為，當代國家的任務應是作為社會不同團體及力量間之中介者，負責組織並建立共識與互信，激勵不同社會行動者的積極投入，但是仍須對於未來之形成設定好「政治上的重點目標」；也就是以此建構「複雜而多元中心的行為系統」，社會行動者再在此系統中自主形成其社會關係。[29]

福格特認為這是一種所謂「自主之法」（autonomes Recht）的概念：法律應脫離以法律之自我理性，去威權式地形成法律內容之傳統思維，而要將重點放在「社會相關當事人理性之合致」——就法律領域而言，私法秩序毋寧是最佳的社會組織原則，容讓私人以契約自由形成自主的社會關係。[30] 在此模式下，法律必須設定一框架規範（稱之為社會憲法〔Sozialverfassung〕），同時訂定有結構性的要件，讓社會當事人在此範圍內進行民主之自我規制程序，

---

28 關於此部分的「法律政治學之自我認知」，福格特在如下之著作中說得特別清楚：dazu *Voigt*, Recht – Spielball der Politik? S. 83ff.

29 *Voigt*, Des Staates neue Kleider, S. 129; *dersl.*, Der kooperative Staat, passim.

30 *Voigt*, Regulatives Recht im Wohlfahrtsstaat, S. 30f.

實際做成實體決定之權限，由國家部門轉交給統合主義理解下的當事人團體，例如半國家或準國家團體、團體協約當事人（工會與企業）、縣市鄉鎮當事人團體等，而在此理想模式中，「公共性」仍是其最大的特徵。[31] 換言之，在福格特的此類「法律程序內之自我調控」中，法律的功能在於穩定及整合，也就是所謂之「文化上的框架調控」，法律僅規範價值、主要目標、標準，其他則留任社會勢力自主形成。[32]

同樣出自系統理論的維爾克（Helmut Willke）從探討社會各次級系統的聯繫出發，也碰到同樣的問題。他提出所謂「教諭式國家」（präzeptoraler Staat）的概念，亦即一最小的、但卻積極的國家：國家必須明確地規定與提供社會調控管制之任務，然後靈活運用包括金錢、權力與知識等不同媒介，以「非階層式、溝通網絡、非中心權威式、社會系統自我拘束、多面向的拘束關係」，取代傳統管制形式下「階層式、命令強制、中心權威式、社會系統外來拘束、單一面向的控制關係」。[33]

維爾克繼續發展他所主張之「框架調控」，套到法律的管制形式來說，亦即放棄過去干預主義的法律理解，因為這只是某一功能系統的自我邏輯而已，無法再以此直接式的、嚴格因果式的導引，而應該採取間接之方式，設定有關決定方針、做成實質決定與規範的「程序」。套用維爾克的話來說：法律只是作為催生某一系統自我改變的催化劑，而非由外強迫其改變的權威；一個可以努力的方向應是「參與及自我拘束」：在共同的框架條件下，有著共同的基本價值基礎，然後透過系統內的參與決定機制，讓其中不同的社會行動者進行協商，而後形成一自我拘束、同時不違反系統運作邏輯與理性的決定。[34]

反思的法，無疑挑戰傳統對於「國家與社會」、「法與社會」之組題的理解，某個程度也代表法律社會學典範的移轉：如果吾人不可能脫離國家，但國家又遭「功能系統」視角之徹底除魅化——至少在理論法律社會學的眼中——那麼，我們又該如何在諸多法現象的觀察中，找到正確的「背後奧祕」呢？施密特如此批評凱爾生（Hans Kelsen）：凱爾生的國家學，是個沒有國家的國家學（Staatslehre ohne Staat）。借用這個語法：我們是否走到一個沒有國家的法律社會學呢？或許，一些法律社會學的研究與實證操作可以讓我們看到一些線索，這裡說的「理論之法律社會學」如此，實踐的處理，又何嘗不是。

---

31 *Voigt*, Regulatives Recht im Wohlfahrtsstaat, S. 43f.; *dersl.*, Grenzen des Rechts, S. 7, 11f.。*Görlitz/Voigt* 亦有類似的看法：vgl. *diesl.*, Rechtspolitologie, S. 182ff.

32 *Görlitz/Voigt*, Rechtspolitologie, S. 182ff.

33 *Willke*, Ironie des Staates, S. 173f., 328ff.

34 *Willke*, Ironie des Staates, S. 205f.

正視社會權力關係作為國家的替代

進行社會科學分析，例如法律社會學的研究，既難以想像沒有國家身影，又該如何避免本章試圖描繪的弊病呢？本章一開始的破題：社會權力關係的觀察，或許可以作為法律社會學分析中，那個看似無可逃避的國家之替代。

如此之取向，不無先例，如德國政治哲學家霍耐特（Axel Honneth）所提出之「肯認關係」（Anerkennungsverhältnis）。霍耐特依循黑格爾法哲學之啟發，主張只有透過直接的社會分析，才能找出社會正義的原則，亦言之，在當代的自由民主社會中，唯有藉由特定脈絡下個人自由的定位與座落，所謂「帶來正當性的自由承諾」（legitimationswirksames Freiheitsversprechen），才能進行規範性的重組工作，找尋出正確的社會正義，例如人權，其內涵與標準。[35]霍耐特批評道，主流對於社會正義與人權內涵的建構，多半只是詮釋學式的不斷連結至既有之制度架構，或多數接受的道德確信——法律人無非熟悉這些做事方法，卻沒有在具體的社會實踐脈絡中，根本地去證立這些內容本身的理性或正當。是以，正義應該直指某些能夠作為社會再生產條件所需之價值或理想，而個人都能對此擁有規範上的權利主張，就像康德所說的法權要求（Rechtsforderungen），方屬找尋正義、乃至人權意涵的適切路徑。[36]規範性的法秩序如此，被眾人同樣規範性運用的「為惡之國家」，豈不異曲同工？

霍耐特進一步提出所謂「肯認關係」之概念：在資本主義的經濟體制中，社會的勞動（gesellschaftliche Arbeit），應作為社會的自由之表徵，帶來個人的自我價值，其關鍵就在於整體社會脈絡下的相互肯認，亦即相互肯定彼此之尊嚴與市民自由。[37] 當然，即便連黑格爾在其所處時代，都得以清楚看出，如果沒有正確而適切的國家調控，要不就因勞動的貧困化而滋生暴民，不然就會因生產力的提高與勞動之機械化，使得勞動者長期而言喪失其受肯認之價值，霍耐特以為，黑格爾之預言不啻於當代完全的實現。[38] 由這個角度切入，如果說，吾人意圖面對如移工在台灣之問題，「國家移民體制」、「私人之國境管理權力」之斷語，那個充斥著「國家作祟」的評價，其實，透過這裡的肯認關係，也許可以得到更具說服力的說法。

國家的除魅化帶給法律社會學最重要的啟發，應是試圖穿透「國家背後的社會權力關係」，不論是靜態或動態，有點像馬克思所說的：資本主義不是一個一成不變的水晶體。其實，不僅資本主義不是，國家也不是。站在憲法法院的實踐上，不是那個所謂「父權國家

35 *Honneth*, Das Recht der Freiheit, 2011, S. 9f.
36 *Ebenda*, S. 16, 20.
37 *Ebenda*, S. 410f.
38 *Ebenda*.

象徵」是亞里斯多德的祕密，而是自由主義與共和主義（看看以盧梭為中心之政治哲學辯論即知）間的命定衝突，各自的社會實踐與拉扯；國家的警察（或說，警察的國家），在這人民追求安全的時代，也不是舊的或新的「警察國家」之左派末日式描述，就能有助於我們理解更多，毋寧是公與私秩序的交疊衝撞。一個法律社會學的新典範，如果可以容許作者這麼說：不在國家，而在社會權力關係，唯有如此，我們才能更理解國家，也可清楚社會。

6

法律與現代性
四種理論觀點與一場思考旅程*

蔡博方

國立清華大學生命科學院副教授，研究領域為社會理論、法律社會學與文化社會學、醫學人文與醫學教育、專業素養／專業主義。

* 本章改寫自蔡博方，法律與現代性，政大法學評論，2022特刊，頁179-225，2022年12月。

身處於現代社會，即使有著諸如「法律之前人人平等」之類的常識，我們依然能感受到法律對不同人群有著不同的作用強度；反之，不同身分的人也對法律抱持著不同的期許。基於長期的教育訓練與工作經驗，「法律專業者」或「執法人員」（legal professionals or law enforcement officers）對法律具有一定程度的想像與堅信，但是，在他／她們日常工作中頻繁接觸法律之餘，也可能產生相當程度的懷疑或調適。本書第二部關於律師、檢察官、警察的分析，說明了其中複雜程度。然而，法律並不僅僅與這些自然人有所聯繫。各種行政機構、法人團體、社會制度也與法律相關。這些「非自然人」未必有著具體的人群面貌，卻在現代社會中具有關鍵作用。

在我們了解「法律與社會」關係有著人群面向，也有著制度面向之後，可能會漸漸浮現一種更為整體的、相對後設的疑問：為什麼較頻繁接觸、執行法律的人群或制度，總希望將法律朝一些特定方向推展（例如：更良善、更公平、更先進、更理性）？在這些方向下，社會的其他群體或相關制度，與法律的關係是什麼？法律在這個關係之中扮演著保障還是治理的角色，且如何繼續往這些方向推展下去？這些更後設的疑問大多建立在關於「現代法律」（modern law）的想像，例如，兼具多種學術身分的韋伯（Max Weber）就將支配類型中的「法理型支配」（legal-rational domination）視為西方社會獨特的產物。我們可以在這種「理想典型」（Idealtypus, ideal type）的背後看到一種對法律的想像：現代社會之中似乎不能沒有法律（發揮著關鍵作用），而法律也幾乎不得不朝著現代（的特殊形態）演進！

上述這種關於「法律與現代性」（law and modernity）的後設想像，正是本章希望分析的主題，我們將藉由「法律與社會研究」（law and society studies，以下簡稱ＬＳＳ）的視角來進行分析。

本章目的有三：一、指出法律與現代性的關連方式可以被「多元」看待，至少表現為四種不同的理論觀點，並且落實為ＬＳＳ學者的應用研究；二、揭示「現代法律」的兩個預設，依序解構其中一者或兩者，以此過程成為理解四種理論典範的一種「旅程」；三、透過不同理論典範之間浮現的法律、社會之不同「想像」，反思現代法律作為外來法律與本土繼受之間的交纏問題與解套可能。

法律與現代性：四種理論立場

「法律與社會研究」興起於一九六〇年代的美國學術界，透過引入各種社會科學來探究「書本中的法」（law in book）之外的「行動中的法」（law in action），從美國法學社群廣納社會科學視角的跨領域知識運動，逐漸發展成為一個自主的研究領域，而與傳統的法學研究或社會科學研究有所區別。[1] 近年來，當代的ＬＳＳ趨於成熟，更開啟了關於「現代性」（moder-

---

1 Bryant Garth & Joyce Sterling, *From Legal Realism to Law and Society: Reshaping Law for the Last*

nity）的討論。

一方面，研究者在探究「法律與社會」關係時，開始思考法律與社會各自或共同的現代性意涵為何，這些研究常展現為歷史性、理論性的研究；另一方面，在探究當代的各種法社會議題時，研究者將特定的現代性理論具體化為研究論題，這樣的研究常展現為當代的、經驗的個案研究。這種「歷史理論／當代經驗」的二分，也可能部分來自於LSS學者既承繼著「經驗面向」（或「行動中的法」）之學術傳統，又重新開始正視「規範面向」（或「書本中的法」）的重要性。

從LSS的觀點來看待法律與現代性的問題，本章嘗試梳理出既有的四種不同理論典範，與它們各自延伸的經驗研究，同時論及本土研究，從台灣社會學界過去十年內的兩個關鍵研究出發，[2]並借用黃崇憲以多義性、多重向度進行之整理，梳理現代性研究的出發點，[3]以「主體為促因／主體為結果」、「現代為必然／現代為偶然」的四宮格區分，借用哈伯瑪斯（Jürgen Habermas）、魯曼（Niklas Luhmann）、傅柯（Michel Foucault）、拉圖（Bruno Latour）部分階段的理論作為說明。（參見下頁表1、表2）需要先說明的是，這個區分未必能顧及四位理論家在其學術生涯中數度轉變的複雜性，而毋寧更是以LSS學者對他們特定時期的理論借用為主軸。

對於LSS學者來說表1分類中的「（物質化）進程」與「終極價值」兩面向較具有參

考價值。雖然「法律」並未在這個區分之中出現，但是，我們仍可以看到LSS中可能存在著從「規範／價值」與「制度／進程」來探討現代性或現代化的樣態。正如黃崇憲分別在「作為社會學的概念」與「作為規範性的概念」都提到韋伯的啟發，[4] 在韋伯的「西方理性主義之興起」論題中，我們同時看到的「主體為促因」（亦即：人作為主體之位格是現代性得以形成的重要條件）與「現代為必然」混合於其中。透過將這兩個預設加以分離，並且容許兩者各自有翻轉之可能（亦即：主體為現代性形成之後的關鍵結果、現代為偶然），發展出表2的四個不同「理想典型」。

以下，我們將先從「揭示」兩預設作為理論旅程的起點，討論哈伯瑪斯，中間經過「開放」預設一來討論魯曼，「開放」兩預設來討論傅柯，再回到「開放」（或說改寫）預設二，來討論拉圖。最後，以這個理論旅程中對於法律、社會的多重「意象」作為結尾，提出反思。

Stages of the Social Activist State, 32 Law Soc. Rev. 409-72 (1998); Christopher Tomlins, *Framing the Field of Law's Disciplinary Encounters: A Historical Narrative*, 34 Law Soc. Rev. 911-72 (2000).

2 它們都是集體合作的研究成果，分別是出版於二〇一〇年的《帝國邊緣：台灣現代性的考察》，以及出版於二〇一九年《交互比較視野下的現代性：從台灣出發的反省》。

3 黃崇憲，「現代性」的多義性／多重向度，載：帝國邊緣：台灣現代性的考察，頁二三～六二，二〇一〇年十二月。

4 同前註，頁三三～三四、四一～四二。

表1　現代性的多義性與多重向度

分析維度	關鍵字	強調面向	主要研究學門
作為歷史分期的概念	現代（modern）	時間意識	歷史學
作爲社會學的概念	**現代化（modernization）**	**（物質化）進程**	**社會學／政治學**
作為文化／美學的概念	現代主義（modernism）	（精神性）體驗	文學／藝術
作爲規範性的概念	**現代性（modernity）**	**終極價值**	**哲學／社會理論**

說明：引自黃崇憲，2010：27，表2.1。粗體為筆者所加

表2　主體與現代性可能形成的四種不同理想典型

預設一／預設二	**主體爲（現代性形成之）促因**	**主體爲（現代性形成之）結果**
現代爲必然	1. 哈伯瑪斯的「未完成計畫」	2. 魯曼的「弔詭之觀察」
現代爲偶然	4. 拉圖的「從未完成」	3. 傅柯的「治理(心)性」

哈伯瑪斯：現代性是主體間理性溝通的結果

哈伯瑪斯提出「溝通理性」（communicativerationality）的概念作為理解「現代性」的理論觀點，認為啟蒙已降的西歐社會在時間意識上對於「進步」、「解放」等觀念的追求，曾一度走向某種「美學式或展演式矛盾」（aesthetic orperformative contradiction），成為當代後現代主義之濫觴。[5] 在他看來，「現代性」不只是人類主體在時間意識上的觀念獨我論，而是主體之間具有互為主體性的溝通理性的結果。透過溝通理性的行動協作，各種具有規範性的理念（例：進步、解放、民主、自由）才能發揮實際作用。因此，對於哈伯瑪斯來說，現代性是一種具有烏托邦性質的「未完成計畫」（unfinished project），各種規範性概念透過理性論辯，雖然不至於完美落實，但可以往更好的方向發展，或至少可以緩和現代社會的各種病態，例如：權力施行的恣意性或相互理解不足而生的壓迫。

這種立場也體現在他對於「法律與社會」關係的處理。[6] 研究犯罪、社會控制的社會學

5 Jürgen Habermas, The Philosophical Discourse of Modernity: Twelve Lectures(Cambridge: MIT Press, 1987).

6 Jürgen Habermas, The theory of Communicative Action, Vol.2: Lifeworld and System: A Critique of Functionalist Reason (Boston: Beacon Press, 1987); Jürgen Habermas, Between Facts and Norms: Contributions to A Discourse theory of Law and Democracy (Cambridge: MIT Press, 1996).

家德弗林（Mathieu Deflem），提供了一個簡明但深入的詮釋，直指哈伯瑪斯理論對於經驗研究者的助益。[7] 德弗林指出，哈伯瑪斯曾提出「雙元社會觀」（系統與生活世界），同時賦予法律兩種角色——作為媒介的法律、作為制度的法律——雖然之後又取消了這個概念區分。前一種意義上的法律協助政治與經濟系統透過（權力、貨幣）媒介來促成「目的達成」，而後一種法律則在生活世界中協助建立各種制度（例如：公共領域），以促成「相互理解」。對於ＬＳＳ學者來說，兩種意義的法律之間的拉鋸或張力，或許有助於分析當代的法律與社會關係，但卻可能無助於解釋「如何為『合法性』（legality）建立其『正當性』（legitimacy）」的問題。為此，哈伯瑪斯放棄了這個區分，重新提出一種具有制度過程、溝通網絡的「權力循環」模式（circulation of power model）來安置法律的作用。哈伯瑪斯提出的是一種需要「審議活動」（deliberations）協作的「程序性（化）典範」的法律（proceduralist paradigm of law）。[8]

德弗林同時也指出：聚焦在哈伯瑪斯的討論大部分仍是關於歐陸批判理論、道德或法律哲學的研究，「經驗導向的研究」（empirically oriented studies）或者ＬＳＳ研究在這些豐富文獻中僅是少數。[9] 然而，我們若從批判理論內部的爭議來看，德弗林的這兩個觀察毋寧是哈伯瑪斯從「溝通行動」開始的「規範轉向」（normative turn）所導致的問題。[10] 不同於大部分的法政學者的理解，這個「規範轉向」並非指哈伯瑪斯借用法律與政治方面的規範性理論資源，而是指他在一九七〇到一九八〇年之間，於「社會演化」問題的道德與倫理方面逐漸遠離歷史唯物論，轉而採用了認知心理學的理論資源，平行建構了「規範結構／心理結構」的發展式邏輯（developmental logic）。[11] 這樣的「規範／心理」的對應，也同時出現於他的社會理論中關於「行動／秩序」的平行對應，其中預設了階段發展、逐級提升的邏輯，因而在批判理論之內受到相關研究者質疑。[12]

哈伯瑪斯這種捨棄演化多樣性，擁抱發展階段性的「規範轉向」，使「溝通行動」之核

7 Mathieu Deflem, *Introduction: Law in Habermas's Theory of Communicative Action*, 20 Philos. Soc. Crit. 16 (1994).

8 *Id.* at 1-20.

9 *Id.* at 1, 14-5.

10 Thomas McCarthy, The Critical Theory of Jürgen Habermas (Cambridge: MIT Press, 1978); Thomas McCarthy, Ideals and Illusions: On Reconstruction and Deconstruction in Contemporary Critical Theory (Cambridge: MIT Press, 1993); Axel Honneth & Hans Joas, Social Action and Human Nature 151-68 (Cambridge: Cambridge University Press, 1988).

11 David S. Owen, Between Reason and History: Habermas and the Idea of Progress (Albany: State University of New York Press, 2002); David M. Rasmussen, Reading Habermas (Hoboken: Wiley-Blackwell, 1990); Tom Rockmore, Habermas on Historical Materialism (Bloomington: Indiana University Press, 1989).

12 Ernst Tugendhat, *Habermas on Communicative Action*, *in* Social Action 179-86 (Gottfried Seebass & Raimo Tuomela eds., 1985); Martin Seel, *The Two Meanings of "Communicative Rationality": Remarks of Habermas's Critique of a Plural Concept of Reason*, *in* Communicative Action: Essays on Jürgen Habermas's Theory of Communicative Action 36-48 (Axel Honneth & Hans Joas eds., 1991).

心要素——「達至理解」（Verständigung, the process of reaching mutual understanding and agreement）——具有一種聯繫起「規範／心理」與「行動／秩序」的作用。「達至理解」不僅本身具有規範性的效力，且足以產生事實性的拘束作用。但是，若社會學者更經驗地審視諸如「理解、認同、同意、共識」不同樣態，與它們可能在規範效力上造成的不同狀態，未必會如此樂觀地接受哈伯瑪斯的「規範轉向」。[13]

有別於對哈伯瑪斯「規範轉向」抱持負面立場的學者，埃德爾（Klaus Eder）與史查登（Piet Strydom）對於「集體學習」（collectivelearning）概念的強調，是一個值得重視的修正方向。對埃德爾來說，「溝通」除了出於達至相互理解，也可能是出於解決危機或矛盾，因此，不同樣態的集體行動、在解決過程中浮現的集體行動者，才會透過集體學習而建立起具規範意義的拘束力。[14] 與此相似，史查登則區分「經驗過程／社會溝通」，認為樣態多元的集體行動是一種作為經驗性、事件性的社會過程，從中衍生出的集體學習才能促成語意性、持續性的社會溝通。[15] 他們都透過經驗性的社會研究，修正哈伯瑪斯理論典範（過於偏重規範結構），並帶回「溝通」過程之經驗性、歧異性，以之結合法律（或其他規範結構）之規範性、共識性的面向。由此觀之，「集體學習」既可能發生在一些明顯被歸類為「法律」的過程之中（例：社會重大刑案之爭議、憲法辯論或修正案），也可能存在於僅由法規架構出來的社會過程之中（例：具有法律或政策意涵的審議活動）。

我們可以在哈伯瑪斯的理論典範與「集體學習」的修正方向中看到ＬＳＳ在英美與台灣之間存在相似趨勢。在英美的ＬＳＳ研究中，哈伯瑪斯理論典範的應用者已能匯聚足夠的研究成果，聯繫法律哲學對於「程序主義法律」與社會科學關於「集體學習」的研究，亦即：從「規範／經驗」各自的角度出發研究兩者的相互構成。台灣學者的研究也呈現出類似樣態，但兩端的聯繫仍有努力空間：一邊是關於法律理論與法政哲學的規範性探討；[16]

---

13 至於哈伯瑪斯自己的修正策略（指，論述倫理學）與其脈絡性說明，可參見Jürgen Habermas, *Further Reflections on the Public Sphere*, *in* Habermas and the Public Sphere 441-52 (Craig Calhoun eds., 1992)。關於哈伯瑪斯在其理論發展過程中的兩次「規範轉向」，與此轉向在批判理論傳統中所引起的爭議與修正，可參見蔡博方，批判理論的規範轉向及其修正：論集體學習與溝通行動，發表於：二〇一七社會學理論學術研討會——批判理論之後，世新大學社會心理學系，台北，二〇一七年十一月。

14 Klaus Eder, *Societies Learn and yet the World is Hard to Change*, 2 Eur. J. Soc. Theory 195-215 (1999); Klaus Eder, *Cognitive Sociology and the theory of Communicative Action: the Role of Communication and Language in the Making of the Social Bond*, 10 Eur. J. Soc. Theory 389-408 (2007).

15 Piet Strydom, *Collective Learning: Habermas's Concessions and Their Theoretical Implications*, 13 Philos. Soc. Crit. 265-81 (1987); Piet Strydom, New Horizons for Critical Theory: Collective Learning and Triple Contingency (Delhi: SHIPRA PUBLICATIONS, 2009).

16 石忠山，後國族時代的民主與法律——哈伯瑪斯政治思想的若干反思，人文及社會科學集刊，二十七卷一期，頁八九～一三三，二〇一五年三月；李俊增，多元分歧與正當性：對哈伯瑪斯程序主義法理論之檢證，政治與社會哲學評論，十一期，頁八三～一二七，二〇〇四年十二月；顏厥安，法效力與法解釋——由Habermas及

另一邊是關於審議民主實踐的經驗性研究。[17]

總之，當我們簡要考察哈伯瑪斯的理論發展與相關修正之後，應該可以理解此種「規範／經驗」二分的研究狀態並非必然結果。相反地，在當代的LSS研究者的研究視野之中，哈伯瑪斯以「溝通理性」的現代性理論典範，不論是他自己的發展，抑或是後續學者的修正，都存在著「為法律分析帶回經驗研究，為經驗研究增添法律關連」的可能性。

魯曼：法律作為一種社會次系統，如何對全社會進行觀察？

與哈伯瑪斯以「溝通理性」為基礎的理論立場不同，魯曼的社會系統論則更激進地遠離歐洲啟蒙時期已降的思想傳統。一者，在社會系統論之中，作為「主體」的行動者只是溝通的介體，而非溝通的必要前提；脫離了傳統的「社會由人類個體所構成」想法，魯曼明確地將社會視為一種「由溝通產生溝通」的系統。二者，在社會系統論對於演化的看法中，不同於過去的分支分化、中心／邊陲分化、階層分化，現代社會是基於「功能分化」（functional differentiation）的原則而形成的，因此，諸如經濟、政治、法律等各種社會次系統依據自己的二元符碼（code）所進行各種「溝通」，彼此之間不再具有同樣的中心主題。

所謂的「現代性」，在魯曼看來，是現代社會的「社會結構／語意」這組區分所造成的結果：當社會結構已是功能分化的狀態，每一個社會次系統都會產生對全社會進行（二階）觀察的語意內容。[18] 正如十九到二十世紀常見以「經濟」為主的社會語意（例如：工業社會、資本主義社會等），在二十世紀後期則逐漸出現各種「文化」方面的社會語意。

在這些由不同的社會次系統遞迴地、迭代地以自己的區分來對全社會進行觀察之後，我們才理解到，各種將「現代」命名為「某某社會」的溝通實則揭示了兩件事情：一方面，所謂的「現代」（或說，對於「現代」所進行的觀察）並無一定的主題，僅是在時間上「建立自己與過去的差異」來指認自己；另一方面，溝通與溝通的連結能形成特定論題僅是一種偶然結果，這種特定視角逐漸建構（或浮現）出一種特定「觀察者」。這種從特定的社會次系統對於全社會進行的觀察，在魯曼看來，本身即具有「弔詭」（paradox）的特性：以特定觀察者之視角不斷生產出的社會語意，嘗試去「命名」（或回答）「何謂現代？」，這正是一種

Kaufmann的法效理論檢討法學知識的性質，臺大法學論叢，二十七卷一期，頁一～二三，一九九七年十月。

17 林國明，國家、公民社會與審議民主：公民會議在台灣的發展經驗，台灣社會學，十七期，頁一六一～二一七，二〇〇九年六月；林國明，審議的不平等：台灣公民會議的言說互動，台灣社會學，二十七期，頁一～五〇，二〇一四年六月；陳東升，審議民主的限制——台灣公民會議的經驗，臺灣民主季刊，三卷一期，頁七七～一〇四，二〇〇六年三月。

18 NIKLAS LUHMANN, OBSERVATIONS ON MODERNITY (Stanford: Stanford University Press, 1998).

「去弔詭」（de-paradox）的溝通。

對於魯曼來說，ＬＳＳ研究「法律與社會」，反倒可以被重新描述為：法律系統如何以一個功能次系統對全社會進行觀察，又如何同時與其他社會次系統產生關連？前一個問題，可以理解為法律系統所產生的「現代性」觀察；後一個問題則表現為，以「法／不法」的「自我指涉」（self-reference）的法律系統，與其他功能次系統的「結構耦合」（structural coupling）關係，例如：「契約」是法律與經濟之間的結構耦合，「憲法」則是法律與政治的結構耦合。

在當代的ＬＳＳ之中，托依布納（Gunther Teubner）是魯曼社會系統論典範之下的一個重要學者，[19] 除了引介社會系統論，托依布納的貢獻在於以下兩點。一者，由於功能分化原則的社會系統是以「世界社會」（world society）為幅度，但經驗研究的法律卻仍有著領土邊界的適用範圍，對此，托依布納在一九九〇年代即致力於「自我再製」法律如何隨著全球化發展而有所變化；二者，除了「結構耦合」之外，不同的功能次系統之間也可能有更長期的「共同演化」（co-evolution）關係，或者較短期的「（相互）激擾」（irritation）現象。[20] 托依布納早年的研究關注長期的「反身性法律」展現的共同演化關係，後期則研究「善意」（good faiths）如何成為各種不同的「法律激擾」（legal irritants）。[21]

從魯曼理論性分析到托依布納經驗性研究可以看到，社會系統論的ＬＳＳ不在於直接討論「法律與社會之關連」，而是同時討論法律次系統之於全社會的關係、法律次系統和其他功能次系統之間的關係。值得注意的是，在台灣法學界中，張嘉尹和鍾芳樺的研究也體現了相似樣態：透過介紹魯曼社會系統論的重要性、以社會系統論的觀點來分析法學方法或憲政規範，以及探究關於法律全球化或托依布納的研究。[22]

不過，若要試著對社會系統論的LSS之潛力提出可能評論，大多數系統論取向的LSS研究者仍較為偏重系統運作的「操作／觀察」中的「操作」。如果能夠更重視「社會結構／語意」區分與它可能帶來的影響，那麼我們的視野將會擴及到，法律次系統與全社會、與其他次系統之間，生產出的新的社會語意。除了托依布納的近期研究，「結構耦合」

19 GUNTHER TEUBNER, LAW AS AN AUTOPOIETIC SYSTEM (Berlin: De Gruyter, 1993).

20 GUNTHER TEUBNER, GLOBAL LAW WITHOUT A STATE (Aldershot: Dartmouth, 1997).

21 Gunther Teubner, *Substantive and Reflexive Elements in Modern Law*, 17 LAW SOC. REV. 239 (1983); Gunther Teubner, *Legal Irritants: Good Faith in British Law or How Unifying Law Ends up in New Divergencies*, 61 MOD. L. REV. 11-32 (1998).

22 張嘉尹，法作為法律系統——法律系統理論初探，思與言，三十九卷二期，頁一九三～二四八，二〇〇一年六月；張嘉尹，台灣憲政秩序的規範效力——一個立基於系統理論的初步考察，載：憲政基本價值，頁三二一～三七六，二〇〇九年六月；張嘉尹，法的社會學觀察：《社會中的法》導論，載：社會中的法，頁五～二二，二〇〇九年十二月；鍾芳樺，魯曼《社會中的法》導讀，台灣法學雜誌，二〇一期，頁九三～一〇二，二〇一二年六月。

之中可能的語意生產也受到許多社會系統論取向LSS研究者的重視。[23] 舉例而言，對於法律與經濟、醫療、政治之間的系統間關係，可以見於「現代保險」、「告知後同意」、「公私領域區分」的語意生產，[24] 而台灣本土的經驗素材，則可見於「民族／族群」、「自主善終」、「醫療常規／醫療水準」的語意生產。[25]

可見，「社會結構／語意」這組差異有助於讓當代LSS學者目光不只侷限於法律系統本身，而擴及「功能次系統之間」關係及「社會語意生產」。一方面，這需要在理論觀點的層次上，給予「法律次系統作為一種觀察系統」（而不僅僅作為操作系統）更多重視，並以此審視它之於全社會、其他功能次系統的語意生產；另一方面，也可以在經驗研究的層次上，為「法律與經濟」和「法律與政治」這兩個高度受關注的主題納入其他研究領域的概念工具，例如：為經濟納入組織社會學、為政治納入歷史社會學。[26]

傅柯：現代社會治理性中，權力與主體的關係

除了哈伯瑪斯與魯曼之外，傅柯也是「現代性」的關鍵理論家。然而，值得注意的是，傅柯本身的學科定位並非歸屬於特定領域，而是在作為歷史學家與思想家的同時，才對於LSS產生跨學科的影響。[27]

由於傅柯前期的研究中存在著特定的歷史知識論分期（指，中世紀、古典時期、現代時期），因此，當代學者從中衍生出對於現代社會或現代性的理論分析，常常來自於他的兩

---

23 Alberto Febbrajo & Gorm Harste eds., Law and Intersystemic Communication: Understanding 'Structural Coupling' (London: Routledge, 2016); Anders La Cour & Andreas Philippopoulos-Mihalopoulos eds.,Luhmann Observed: Radical Theoretical Encounters (London: Palgrave Macmillan, 2013); Mathias Albert & Lena Hilkermeier eds., Observing International Relations: Niklas Luhmann and World Politics (London: Routledge, 2014).

24 Kosuke Sakai, *Functional Differentiation of Society as a Middle-Range Theory: Semantic Analysis of Modern Insurance in Germany during the Nineteenth Century*, 34 J. Organizational Change Mgmt 747-62 (2021); Jennifer Burr & Barry Gibson, *Informed Consent in Research Ethics: An Analysis from the Perspective of Luhmann's Social Systems Theory*, 16 Soc. Theory & Health 241-55 (2018)；湯志傑，藉公共領域建立自主性（上）：對西方公／私區分語意及結構之探討，政治與社會哲學評論，十期，頁一二一～一八四，二〇〇四年九月。

25 胡正光，族群界線與族群不平等：一個魯曼系統理論的二階觀察，政治與社會哲學評論，七十四期，頁一一一～一八一，二〇二一年六月；阮曉眉，安寧照顧的運作語意：自主善終，政治與社會哲學評論，七十三期，頁一～五五，二〇二〇年十二月；梁志鳴，論跨領域法律解釋適用之原則與挑戰——以美國在地慣習與全國水準之辯證及我國醫療常規與醫療水準之論戰為例，中研院法學期刊，二十四期，頁二五五～三六一，二〇一九年三月。

26 Celso Fernandes Campilongo, Lucas Fucci Amato & Marco Antonio Loschiavo Leme de Barros, Luhmann and Socio-Legal Research: An Empirical Agenda for Social Systems Theory (London: Routledge, 2020); Michael King & Chris Thornhill, Luhmann on Law and Politics: Critical Appraisals and Applications (Oxford: Hart Publishing, 2006).

27 Nikolas Rose, Pat O'Malley & Mariana Valverde, *Governmentality*, 2 Annu. Rev. Law Soc. Sci. 83-104 (2006); Mariana Valverde, *Specters of Foucault in Law and Society Scholarship*, 6 Annu. Rev. Law Soc. Sci. 45-59 (2010).

種研究：一方面，透過考古學方式的分析而展現出對於現代時期的「批判」（包含「正常／異常」、「理性／瘋狂」、「可見／不可見」之區分）的反思；另一方面，則是傅柯在一九七〇年代中期開始的系譜學研究（或說，對於「權力」概念的探究），其中「規訓」（discipline）與「治理性」（governmentality）的概念指出了現代性在論述實作上產生的各種負面作用。[28] 對於LSS研究者來說，後者產生較大的影響力。不論是《規訓與懲罰》中描述的圓形監獄，或是一九七五開始的法蘭西公學院演講系列中對於人口管理的描述，都點出「現代性」之下的社會工程或集體計畫，實則存在許多對於群體與自我的桎梏。

當傅柯透過「治理性」來看待西方社會時，其中呈現了三個知識狀態與相應的三種權力運作（指，牧養權力、國家理由、生命政治），而不同的論述形構與其知識效果，皆有各自的關連方式，展現出不同的社會位置，也產生各種不同的關鍵功能。以「生命政治」（bio-politics）為例，傅柯考察了德國十八世紀末到二十世紀出現的自由主義統治技藝的三個面向。一者，在經濟意象中建立法律預設，表現方式是在經濟作為「自然秩序」的內涵中將法律視為一種「人為秩序」，因此，形式分析上看到的經濟規律，也同時需要有實質歷史的依存，法律制度正是其中最重要者。二者，法律知識與權利論述中的「法治國」理念，在十八到十九世紀先作為聯繫公共權威與主權意志（使其不至於過度分離或混同）的治理工具，卻在十九到二十世紀人民主權的時代呈現出立法權與司法權聯合面對行政權（國家權力）的力有未逮。三者，承前，社會中的司法與立法需求的明顯成長，其動力是「經濟人」（homo economicus）的政策模型，但並非以自然人，而是「企業」為其預設主體。「經濟人」應該被視為「企業」，也就是經營自我的企業家（entrepreneur of the self）。

從上述的例子來看，我們可以發現傅柯很刻意地將法律制度（包含各種法律理念）視為治理權力的細緻運作，而非對於治理權力的限制工具。雖然法律常被認為可以管制變動的經濟活動、限制公共權威與國家權力、回應社會各界的自發需求，但是，傅柯卻致力於挖掘這些「正面敘述」其實不如法律人所宣稱，反而更是生命政治下權力運作的協力網絡。

經過一九八〇年代的繼受之後，一九九〇年代則是傅柯「規訓」與「治理性」概念展現跨社會科學影響力的開始。[29]然而，「規訓」概念的浮現卻在LSS之中引起「排除論題」（expulsion thesis）與「規範化或正常化」（normalization）的討論：在受到傅柯所啟發的研究中，法律是否已經失去其原有的重要性。以杭特（Alan Hunt）與威肯（Gary Wickham）為代表的一方認為，傅柯的研究消解了現代社會中法律的重要性，將其讓位於各種道德管制或規訓技術，

---

28 Michel Foucault, Discipline and Punish: The Birth of the Prison (Vintage Books 1979); Michel Foucault, Security, Territory, Population: Lectures at the Collège De France, 1977-78 (Basingstoke, 2007).

29 Graham Burchell, Colin Gordon & Peter Miller, The Foucault Effect: Studies in Governmentality (Chicago: University of Chicago Press, 1991);Mike Gane& Terry Johnson, Foucault's New Domains (1993).

因此，ＬＳＳ學者應該將視野從狹義的法律陸續轉向管制、規訓等，非明確屬於法律的規範之上。[30] 相對於此，埃瓦爾德（François Ewald）與瓦維德（Mariana Valverde）則認為應該從更廣泛的脈絡來理解傅柯對法律的處理。如果我們將其對於「規訓」研究回歸到關於「治理」的討論脈絡，則可以稍微減輕此種將「法律」對立於「規訓」的看法。[31]

相對於「規訓」概念的研究，「治理性研究」(governmentality studies）透過較為折衷或迂迴立場的、並未聚焦於「法律轉至規訓」的辯論，而延伸傅柯對於現代知識論述如何在對社會實作進行支配的研究方向，同時選擇其過程各種隱而未顯、卻影響深遠的社會技術（例如：濟貧、失業、警政、保安、殖民）。「治理性」研究常見的樣態展現為：現代國家藉由專業知識與專門人員透過特定的論述形構，促使被治理的群體形成符合該知識所期望、能管理的對象，甚至被打造為自認具有能動性的「主體」。因此，「治理性」研究賦予「國家與人民」關係一種新的樣貌，使之不同於法律政治哲學或政治理論所見，甚至對這些法政研究進行某程度的批判與重置。[32] 關於上述這些受到傅柯啟發的規訓與治理方面的經驗研究，台灣學者也有相當的成果，主要表現在殖民警政、衛生管制、犯罪與矯治、殖民治理等議題，[33] 主要的研究軸線仍是依循著「國家–人民」關係，考察其中的規訓與治理機制。

雖然治理性的研究已逐漸成為傅柯理論典範的主流樣態，但其中也衍生值得反思之處。本章未必贊同瓦維德認為ＬＳＳ研究已經發展多年的治理性研究，到了足以將傅柯重新解讀為一位「法哲學家」的階段。[34]與此相反，本章認為，傅柯作為思想家與史學家的角色，衍生出更多啟發LSS之處，並且與「現代性」的各種「論述實踐」加以結合的關鍵在於，區分在「國家–人民」關係上產生作用的知識類型、推動群體、實踐技藝。

---

30 Alan Hunt, *Foucault's Expulsion of Law: toward A Retrieval*, 17 Law& Soc. Inquiry 1-38 (1992); Alan Hunt, *Law and the Condensation of Power*, 17 Law& Soc. Inquiry 57-62 (1992); Jonathan Simon, *"In Another Kind of Wood": Michel Foucault and Sociolegal Studies*, 17 Law& Soc. Inquiry 49-55 (1992); Alan Hunt & Gary Wickham, Foucault and Law: Towards a Sociology of Law as Governance (London: Pluto Press, 1994); Gary Wickham, *Foucault and Law*, *in* An Introduction to Law and Social Theory 249-265 (Reza Banakar & Max Travers eds., 2002); Gary Wickham, *Foucault, Law, and Power: A Reassessment*, 33 J. Law Soc. 596-614 (2006).

31 François Ewald, *Norms, Discipline, and the Law*, 30 Representations 138-61 (1990); Nikolas Rose & Mariana Valverde, *Governed By Law?*, 7 Soc. Leg. Stud. 541-51 (1998).

32 Nikolas Rose & Peter Miller, *Political Power Beyond the State: Problematics of Government*, 43 Br. J. Sociol. 173-205 (1992); Nikolas Rose, Pat O'Malley & Mariana Valverde, *supra* note 27, at 83-104.

33 江玉林，後藤新平與傅柯的對話——反思臺灣日治初期的殖民警察政治，中研院法學期刊，七期，頁四一～七九，二○一○年九月；李俊增，法律、規訓與治理——現代權力關係中之法律形式，政治與社會哲學評論，三十期，頁一～五九，二○○九年九月；許華孚，傅科（Michel Foucault）對於當代犯罪控制的啓發，犯罪與刑事司法研究，三期，頁一○三～四八，二○○四年九月；姚人多，認識台灣：知識、權力與日本在台之殖民治理性，台灣社會研究季刊，四十二期，頁一一九～八二，二○○一年六月；姚人多，傅柯、殖民主義、與後殖民文化研究，台灣社會學，六期，頁二三三～六六，二○○三年十二月。

34 Valverde, *supra* note 27, at 45-59.

進一步說，在豐富的治理性研究之中，知識論述可以區分為三種不盡相同的類型：一、學科性的知識論述（例如：心理學、生物醫學）；二、應用性的知識論述（例如：勞動政策、福利輸送）；三、道德性的知識論述（例如：禁奢禁酒、道德提升、衛生運動）。一方面，我們可以循著知識論述的不同類型，發現相應的社會群體可能也有所差異（例如：專業人士、政策菁英、慈善團體），進而理解其中產生作用的實踐技藝的不同樣態。另一方面，這樣的分殊化理解有助於LSS學者釐清，介於「國家—人民」之間的不同治理性機制如何聯繫到法律（或更廣義的規訓），進而發揮進行治理的作用。

拉圖：將法律視為「人／物」的網絡構作的過程

「科技與社會研究」（指，從science and technologystudies到science, technology, andsociety的發展，以下簡稱STS）累積了長期的研究能量，使得其中的一個理論取徑——由卡隆（Michel Callon）、勞（John Law）、拉圖共同創建的「行動者網絡理論」（Actor-Network Theory，以下簡稱ANT）——的重要學者拉圖匯聚了相關的理論反思，而對「現代性」提出一個極具爭議性的觀點：他在《我們從未現代過》（*We Have Never Been Modern*）一書指出，「現代性」是一種從未完成狀態。[35]

在這個引發爭議的論點中，拉圖核心的觀點在於，西方自詡為現代社會的狀態，表面上是由諸多「二分」構成，例如「人／非人」、「自然／文化」、「自然／社會」二分。然而，此種「現代憲章」（modernconstitution）是經過「純化」過程的結果，其下存在由混種物的網絡關係所進行的「轉換」過程。拉圖並不是想證明表面上看到的那些二分是虛假或不存在的，與此相反，這些明確存在的「第一道分裂」（或區分）正是立足於「第二道分裂」之上，亦即：容易受到忽視的「純化／轉換」之間的區分。這整個圖像揭示了拉圖「我們從未現代過」觀點的激進性格：一方面，如果「我們」（西方，或更明確地說，歐洲人）從未如自己製造的「現代憲章」那麼地現代過，非西方社會或許應該重新思考積極地以「後進」姿態進行追趕的意義何在？另一方面，如果現代社會的發展是建立在「純化／轉換」過程，那麼，一昧地看著片面狀態（指，以各種「現代憲章」之二分）不僅盲目，更可能是危險的發展！

對於LSS學者來說，拉圖的理論觀點引起一定程度的衝擊，至少現代法律制度不僅依賴著「自然／社會」、「人／非人」等二分，也持續努力進行著「在混合未分之中創造出人為二分（甚至多元區分）」之舉。然而，要實際將STS研究、ANT理論、拉圖的著作引

35 Bruno Latour, We Have Never Been Modern (Cambridge: Harvard University Press, 1993).

入LSS，其中仍存在著一個接受過程。[36]

廣泛地說，STS與LSS之間經歷了「互動」與「類比」兩種知識交流關係。[37] 較為單純的「互動」（interaction），是STS學者與LSS學者逐漸接觸到對方的研究成果，這常常出現在「法律與科技」之間的交錯，例如：實驗室法規、專家證人、智慧財產權、生物資料庫、重大科技爭議等等。相較之下，「類比」（analogy）則指涉STS與LSS學者在學術交流過程中，逐漸發現彼此研究旨趣上的共鳴，即透過各種社會解釋來研究自認（或被認為）相當「客觀、絕對」的科學與法律，其中更包含民族誌的活用、「物質性」（materiality）論題、公眾參與（包含專業與常民之間的認知差距與溝通可能）、反思與重構「科學／社會」或「法律／社會」二分。雖然LSS學者未必理解STS歷經半世紀的發展，或者ANT取徑在STS之中的特別之處，廣泛的STS仍然在一九九〇年代開始與LSS研究產生學術交匯。

較特定地看，拉圖本人的研究也對於LSS學者產生相當的影響。例如：早期的實驗室民族誌研究——著名的《行動中的科學》（*Science in Action*）一書，呼應了LSS學者在「行動中的法律」（Law in Action）的旨趣，而後期的《作法》（*The Making of Law*）則是以法國最高行政法院為田野觀察地所完成的研究。[38] 拉圖的科學、法律民族誌的影響已開始受到重視，[39] 其中至少有兩個研究論題值得LSS學者參考。一者，是「物質性」論題，在拉圖平衡人與非人都能為「行動體」（act ant）的觀點下，串連起這些混種的物與人的網絡，曾引起相關學者對「物質性」命題的批評；[40] 然而，各種法律物件（例如：同意書、卷宗、所有權、專利）所產生的作用與解釋力，是值得LSS學者加以重視的。二者，是「本體論」論題。拉圖的ANT不再以傳統的社會階級、利益相關者等等作為社會解釋的本體預設，轉而提倡一種經過中介與轉譯、漂移與可變的網絡式本體論，也因此挑戰了傳統STS學者或LSS學者，習慣於以制度、團體、實作、利益作為所謂「社會的（關係）」（the social）解釋因。[41]

---

36 Simon A. Cole & Alyse Bertenthal, *Science, Technology, Society, and Law*. 13 Annu. Rev. Law Soc. Sci.351-71 (2017); Alain Pottage & Martha Mundy, Law, Anthropology, and the Constitution of the Social: Making Persons and Things (Cambridge: Cambridge University Press, 2004).

37 Cole & Bertenthal, *id.* at 351-71.

38 Bruno Latour, Science in Action: How to Follow Scientists and Engineers Through Society (Cambridge: Harvard University Press, 1987); Bruno Latour, The Making of Law: An Ethnography of the Conseild'Etat (Cambridge: Polity Press, 2010).

39 吳宗謀，Bruno Latour在法國最高行政法院的民族誌書寫，中研院法學期刊，十一期，頁三四一～六九，二〇一二年九月；Ron Levi & Mariana Valverde, *Studying Law by Association: Bruno Latour Goes to the Conseil d'Etat*, 33 Law& Soc. Inquiry 805-25 (2008).

40 Emilie Cloatre, *Law and ANT (and its Kin): Possibilities, Challenges, and Ways Forward*, 45 J. Law Soc. 646-63 (2018); Annelise Riles, The Network Inside Out (Ann Arbor: University of Michigan Press, 2000).

41 Cloatre, *id.* at 646-63；林文源，論行動者網絡理論的行動本體論，科技，醫療與社會，四期，頁數六五～一〇八，如果說STS研究讓LSS學者在「以社會進行解釋」的知識旨趣上有一種共鳴感，那麼，拉圖引起的效應可能以「衝擊」稱之更為合適：尋找「人／物」的網絡來將法律解釋為人為構作過程，且歸因於網絡連結與變化，而非特定社會本體。這種意義上的「拉圖衝擊」（Latour Effect）於英美LSS文獻之中持續發酵。[42] 這個理論典範與其應用研究的特點在於，更正面地將「科學與技術」納入分析視野之中，因而實際上存在著一種「三元」分析，亦即：法律、科技、社會之間的複雜關係。

相較之下，在台灣的研究社群之中的「拉圖衝擊」則略顯不均。一方面，在法律學界有邱文聰、江玉林、吳宗謀將STS與ANT的觀點引入法學研究，[43] 但目前的趨勢仍是科爾（Simon Cole）和伯特利（Alyse Bertenthal）意義下的「互動」大於「類比」的狀態；[44] 另一方面，台灣的STS社群已累積了相當的研究能量，對於拉圖的學術譯介也足供成為其他學科借用之基礎。[45] 此外，發生於一九九〇年代、於二〇〇九年後進入司法程序的「台灣美國無線電公司汙染案」（RCA），引起了台灣學者的跨學科探究（例如：STS、公衛、法律、哲學、社會學），也成為台灣本土的關鍵案例，[46] 或許在未來可望成為STS、ANT與LSS研究者持續相互刺激的重要案例。

從法律與社會的多種意象，到帝國邊緣的思想實驗

本章分析「法律與現代性」並非直接論述兩者之間的關連，而是從四位當代理論家對於「現代性」的理論立場出發，探討他們所可能影響的經驗性LSS研究。這樣的探索歷

二〇〇七年四月。

42 Emilie Cloatre & Martyn Pickersgill, Knowledge, Technology and Law: At the Intersection of Socio-Legal and Science & Technology Studies (London: Routledge, 2014);Alex Faulkner & Bettina Lange & Christopher Lawless, *Introduction: Material Worlds: Intersections of Law, Science, Technology, and Society*, 39 J. Law Soc. 1-19 (2012); Kyle McGee, Latour and the Passage of Law (Edinburgh: Edinburgh University Press, 2015).

43 邱文聰，二〇〇九科技發展與法律規範雙年刊：科學管制、學術研究自由與多元民主價值，台北：中研院法律所籌備處，二〇一〇年五月；江玉林，你吃得安心嗎？——毒牛奶事件的「法律／科技／社會」反思，月旦法學雜誌，一七三期，頁六三～七八，二〇〇九年五月；吳宗謀，同註39，頁三四一～六九。

44 Cole & Bertenthal, *supra* note36, at 351-71.

45 雷祥霖，《我們不會現代過》的三個意義，科技、醫療與社會，十期，頁二二一～三五，二〇一〇年四月；林文源，同註41，頁數六五～一〇八。林文源，由非現代政治的難題到在地策略：評《我們未曾現代過》，台灣社會研究季刊，八十期，頁三九三～四一六，二〇一〇年十二月。

46 陳信行，公害、職災與科學——RCA專輯導言，科技、醫療與社會，十二期，頁一一～一五，二〇一一年四月；陳信行，觀看另一種求實機器：RCA案審理的法庭實作與理性主義傳統，科技、醫療與社會，二十期，頁二四三～五〇，二〇一五年四月；黃于玲，過期的正義？RCA案中的時效與科學知識政治，科技、醫療與社會，二十期，頁二五五～六二，二〇一五年四月。

程是以韋伯為始，區分對於「主體為促因」、「現代為必然」的兩預設，並思考這兩個預設的反命題，依序進行分類與介紹。

一開始我們看到的是哈伯瑪斯理論典範對於「規範／經驗」相互構成的正向關注，但離開對於現代性的「規範期待」，且離開以主體行動為預設的理論出發點，我們遇見了魯曼理論典範，並在其中理解到功能分化之必然、觀察者（作為溝通之後建構的主體）之偶然。接著，若我們將系統自我再製視為對人群的規訓或治理，則傅柯點出了現代社會諸多的文明先進制度，可能也正是壓制的隱性遂行之處。各種治理性研究中的知識、專家、技藝，聯繫起另一種「國家—人民」的權力作用。最後，如果我們賦予知識、技術、物件這些「非人因素」一種與人類行動者擁有相似地位之行動體位格，那麼，拉圖的行動者網絡理論則揭示了現代性表象上的各種二分，實則建立在其下由各種人與非人之行動體所交織而成的複雜網絡關係。

本章的理論旅程帶讀者走過哈伯瑪斯、魯曼、傅柯、拉圖與衍生的LSS研究，但並不意味著其中的優劣。與此相反，我們希望在這個理論旅程中抽取出關於法律、社會的不同「意象」。

首先，在本章的理論旅程中，作為研究對象的「法律」，呈現出越來越遠離日常或常識所認識的法律。所謂的「日常或常識」所認識的法律，實則是籠罩在歐洲歷史經驗下「實證法—自然法」交纏之產物，依此，在這個「日常法感／專業法律」光譜的兩端，我們可以依序定位四位理論家，與他們所欲分析的「法」。在哈伯瑪斯的程序主義與魯曼功能主義下的「法」，明顯地不同於傅柯欲揭露其壓制性、拉圖所欲解構其客觀性的「法」。

哈伯瑪斯與魯曼的理論將現代性建立在歐洲社會的歷史，由此發展擴散至全球幅度的過程。在其中，西歐社會所衍生的現代性多少顯露出「必然」的發展路徑，也成為當代全球其他社會無法自外於此的局勢。因此，跟隨著這兩個理論典範的LSS學者，不論是致力於「溝通理性」串連起規範與經驗之聯繫，或是繼續刻畫法律系統與其他功能次系統，各自在「自我再製」之間的共同演化或語意生產，都能從哈伯瑪斯或魯曼的理論中，獲得分析現代法律的相關洞見。相反地，傅柯或拉圖的理論對西歐歷史經驗與其發展道路採取較為質疑的立場，甚至在其理論中透露出「誤以偶然為必然」的批判。由此來看，非西方社會在自己相信的「繼受」西方法的敘事中，毋寧是一種隱藏了西方社會的內部自我殖民，與外部擴張殖民的雙重誤認。因此，採取這兩個理論典範的LSS學者，既可以深化生命治理的權力布置中，法律作為知識、技術、制度的各種角色，也可以聯繫起各種不屬於人類位格的「技術物」、「行動體」，與可能作為權利主體的「人」（不論是自然人或法人），來捕捉或描繪各種「法社會事實」中那些非日常、非專業的一面。

簡言之，我們無意提供四種理論典範之間看待「何謂法律」的優劣比較，而採取並列差異的方式，供讀者依照所關切的研究議題與思考視角，進行實用主義的考量與選擇。

其次，「社會」作為LSS研究發軔之初的關切點，扮演著如何解釋「法律」（與其運作）的關鍵角色。在本章的理論旅程之中，僅哈伯瑪斯明顯堅持「主體作為促因」預設，因而，他的理論中所投射出的「社會觀」也有特立獨行之處。借用泰勒（Charles Taylor）所謂的「現代社會想像」（Modern Social Imaginaries），可以更簡明地闡述之。泰勒認為，西方啟蒙已降的歷史經驗投射出一種特定的社會觀，既可能已為大多數歐美國家所接受（容或其中可以有更細緻的差別），也可能是非西方社會在繼受或學習西方社會的現代性諸種體制過程中所極力追求的。這是一種以「市場秩序」、「公共領域」、「自我治理之人民」三大要素所構成的社會想像。[47] 以哈伯瑪斯理論典範為基礎的LSS學者，不論是對西方社會或非西方社會，如果嘗試將法律安置在這樣的「社會觀」之中，則溝通、理解、共識、學習等概念將會是法律的關鍵解釋因。

相較之下，如果LSS學者在當代的「後人類主義」（post-humanism）場景中，重新思考「社會」一詞可能的所指，則會發現：魯曼、傅柯、拉圖遠離了哈伯瑪斯或泰勒這樣的社會觀。其中關鍵差異在於看待「作為主體之人類」的不同方式。以「主體作為結果」的角度來看，魯曼的理論中，人類主體可能只是溝通的介體之一。社會系統的基本單位是「溝通」，有別於心理系統的基本單位——「意識」。因此，溯及到個人的意思表示、行為動機、意圖如何，將無助於從社會（與其中各種功能次系統）來理解法律系統。傅柯的理論是將人類主體視為權力壓制過程中，被逐步建構起來的一種對象，是知識技術與論述網絡反覆運作後的結果。因此，法律並非保護已然存在的人類主體，而可能是協助權力去打造出其所期望的客體，同時使人們抱持著「自己作為主體」的遐想。以「主體作為促因」的角度，拉圖則是透過將人類主體所被賦予之特性（例如：能動性），與其他非人之「物」共同分享的方式，來擴大（或說稀釋）人類壟斷「行動主體」位格的理論預設。因此，「社會」則是由各種行動體所構成的網絡關係，而不容易以具體實存的制度或領域去理解。魯曼、傅柯、拉圖各自提供了不同樣貌、且不易理解的「社會觀」，供非西方社會LSS研究者同時思考他們對歐洲社會的反思，與他們的理論對非西方社會的啟發。

最後，本章希望以一個思想實驗做結語。如果我們可以同時性、分析性的四種理論觀點，與LSS研究以順序性、接續性的理論旅程來呈現，以進行對於法律與現代性的多元理解，那麼對於台灣本土社會依序經歷幾次的政體統治或殖民擴張（指，荷治、清治、日治、國治），也可以藉由這種數度位於「帝國邊緣」的法律繼受、社會適應的經驗，將台灣視為

47 Charles Taylor, *Modern Social Imaginaries* (Durham: Duke University Press, 2003).

一種「現代性實驗室」，以此建構與歐美經驗為主的現代性理論進行相互比較。[48]換句話說，本章論述的結束，也可以是另一個思考與嘗試的開始。

48 黃金麟、汪宏倫、黃崇憲主編，帝國邊緣：台灣現代性的考察，新北：群學，二〇一〇年十二月；湯志傑主編，交互比較視野下的現代性：從台灣出發的反省，台北：台大出版中心，二〇一九年二月。

第二部

法律怎麼變？人與制度

第三單元

成為「法律人」

簡士淳

法律人在法律制度的推行過程中扮演重要角色，其徵選、養成與訓練，影響著制度之解釋與適用，針對法律人的組成、職業結構、文化、社會網絡、決策偏好與過程等研究議題，亦在西方世界形成重要學術傳統。然而，這個學術傳統的建立，有賴於長期累積之實證研究素材與多樣的理論框架選擇。以美國研究法律職業（the Legal Profession）的重要研究機構美國律師基金會（American Bar Foundation, ABF）為例，其研究人員所進行的實證研究，自一九五〇年代以降，歷經三個重要發展階段：田野觀察期、理論建構期，與跨領域互動期。於ＡＢＦ初建之時，研究者在缺乏有效理論引導的情況下，只能進行大量且隨機之田野調查，並在數千頁零散的田野筆記中，挖掘可能的理論意涵。由於該機構早期研究在美國形塑近代刑事司法的過程中提供重大貢獻，ＡＢＦ因而奠定了作為美國法律職業研究重鎮的地位。隨著法律職業相關理論的建構，從九〇年代開始，ＡＢＦ的實證研究開始運用理論作為引導，設計研究架構與議題。而晚近ABF研究，更加深其社會科學跨領域之特色。

本單元所蒐錄的三篇文章，分別自不同的理論與觀察基點，鋪寫法律職業研究多層次的結構與靈活之學科發展動能，提供了台灣法律職業研究未來發展之重要藍圖。許菁芳以律師與律師工作為題，與西方世界重要理論對話，探討律師工作之結構與本質，並描述台灣律師職業之社會史，對於讀者了解台灣律師職業之生態、跨域互動、與身分形塑（所謂的「鬥士」精神），具有重要貢獻。簡士淳則以打造理想檢察官為主軸，將檢察官研究置於法律職業研究框架中，分析台灣檢察官多樣且獨特的職業社會化經驗，並探討檢察制度中的權力結構與人際互動機制。該文且指出，台灣檢察官「多元且混雜的職業形象」，是將來推動檢察改革所必須正視之難題。最後，沈伯洋的文章以警察執法場域作為切入點，與各種警察理論研究方法、文獻進行精彩對話，說明各種理論之優點與潛在缺失，以此建構出適合台灣警察執法研究之模型。該文在警察執法「可視」與「不可視」場域切換的視角下，提出了一套多面向的理論取徑與問題意識。

三篇文章反映出法律職業研究中，由「宏觀」至「微觀」的多樣研究可能，且點出在地實證素材與理論框架，對於建構法律職業研究學門之重要性。台灣法律職業研究，在不同世代（乃至於跨領域）學者的共同參與下，未來或許會呈現出與美國不同的發展途徑與階段。

7

律師與律師工作

國家、市場與全球化視角*

許菁芳

國立暨南國際大學公共行政與政策學系助理教授，研究領域為法律職業、法與社會、比較司法政治。

* 本章改寫自許菁芳，律師與律師工作，政大法學評論，2022特刊，頁225-268，2022年12月。

律師作為一個職業，其在社會上的角色於歷史中呈現動態發展。現代律師業的蓬勃興盛，基本上是回應近幾世紀的兩大主要政治社會發展，即資本主義的興起以及現代國家的成形。[1]律師是現代性（modernity）的一個表徵：一方面，隨著國家法化、官僚系統與民族國家建立，律師從服務王室貴族的政治諮詢家，逐漸轉化成為中立國家權威的轉譯者，也成為一般公民的代言人。另一方面，隨著經濟結構轉換與資本主義興起，律師與商業行動者的合作也越緊密，甚至在市場當中獲得超越國家邊界的自主性。許多社會科學經典中都有關於律師的討論：上至社會學三大家馬克思、韋伯、涂爾幹，[2]政治哲學必讀的托克維爾，[3]都可以看到法律之於國家、社會的重要性，也因此折射出律師職業的關鍵角色。

本章選擇從美國法與社會（law and society）的文獻出發，提供讀者一個近代的入口認識律師研究。在一九七〇年代的美國，律師是頗受矚目的研究題材，它的理論架構（theoretical framework）主要是由職業社會學建立（sociology of profession），關心律師作為主要的專業工作者，如何形塑美國社會。同一時期，批判性法學研究（critical legal studies）興起，關於倡議律師（cause lawyer）的研究大量出現，並與法律動員（legal mobilization）密切相關，許多律師研究因此也牽連至社會運動理論。在這支分析當中，律師所提供的諮詢是社會運動重要的外部資源，而律師是重要協力者。八〇年代以降，隨著美國大型律師事務所成為主要的行動角色，許多研究也關心律師組織內部的成長，以及從法學院畢業後，由何種因素影響律師個人職涯發展（the After JD project）。二〇〇〇年以來，更多種類的律師進入研究視野，包括受雇於企業的法務以及跨界將律師內部化（in-house）的會計師事務所。全球化——尤其是以新興市場為主要焦點的全球化現象——更是另一個律師研究的新興主題。

如果說「社會運動」與「市場」是美國律師研究的兩個關鍵字，那麼，相對於此，「國家」應該就是台灣本土律師研究的關鍵字。在現代型國家建立過程中，律師是不可忽視的重要行動者。國家形塑律師，律師也形塑國家。台灣法律史追蹤百年來台灣現代法體系的建構，也同時描繪了律師如何由國家塑造，又在殖民政府的影響力之下逐漸發展出抗衡國家的職業社群。二次戰後，主權交替從中國帶來迥異的經驗與文化，直至民主化的風潮興起，台灣律師在新一波動能中建構擁護人權的集體性。以國家為分析視角的台灣經驗，可與世界上諸多經驗研究互補對話，而英文世界中的律師研究，不論是重視政治結構、或重視行動

1 Dietrich Rueschemeyer, *Comparating Legal Professions: A State-Centered Approach*, *in* LAWYERS IN SOCIETY: COMPARATIVE THEORIES 301, 289–321 (Richard Abel & P. S. C. Lewis eds., 1989).

2 關於三大家如何看待法律職業，可見RICHARD ABEL, AMERICAN LAWYERS (Oxford: Oxford University Press, 1989)，第二章有簡潔而清楚的回顧。

3 ALEXIS DE TOCQUEVILLE, ISAAC KRAMNICK (ED), GERALD BEVAN (TRANS), DEMOCRACY IN AMERICA AND TWO ESSAYS ON AMERICA (London: Penguin Classics, 2003).

者能動性的分析架構，都能幫助我們更加了解台灣律師的政治角色。

本章旨在提供一篇簡要，並能嵌合台灣讀者興趣的文獻回顧。一方面，選介數十年來英文世界中法律職業文獻的主要研究成果，提供讀者一份知識地圖，可借鏡已存的分析框架、亦可輕易接合其他國家的經驗資料，讓台灣律師研究站在前人的基礎上與世界對話。另一方面也回顧台灣本土社群已相當豐富的律師研究，將其放置在其他同樣重視「國家」的三支律師文獻當中，並評價台灣現有成果的貢獻與限制。以下，將先聚焦律師的政治角色，以「國家」為主要分析視角，介紹三支重要的歷史比較研究，再專注於台灣經驗中，國家如何形塑律師、而律師又如何對抗國家。接著，將律師視為一社會現象，討論法律職業的本質、律師的社會結構，以及律師的訴訟角色。最後則將焦點轉向全球化市場，其為二十一世紀律師業面臨最大規模的變化，也將是台灣律師與世界連結的重要切入點。

律師的政治角色：國家與律師如何互相影響

律師與政治權力的關係密切。國家跟律師之間的關係可視為雙向道：一方面，國家形塑律師，但另一方面，律師也形塑國家。在國家建立與轉型的歷史過程當中，無論是來自國家的制度、政策，或者是重大政治事件，都會對律師產生關鍵的影響：國家政策可能影響律師業的成立與運作，也可能決定重大結構，影響前端法律教育，以及後端的職涯發展與服務市場。國家的關鍵時刻（critical juncture）也釋放巨大的政治動能，促使律師發起集體行動，形塑政權的走向。

借重西歐、北美的經驗，有不少學者分析律師與現代國家如何相互塑造、同時成型，例如，柏拉奇（Michael Burrage）研究「革命」對法律職業的影響，以法國、美國與英國為案例。[4] 他認為武裝革命攻擊法律體制與權威，法律職業起而捍衛自身地位與自主性，對形塑現代法律職業有絕大影響。同樣也是研究法國政治動盪如何影響律師興起的卡皮克（Lucien Karpik），指出律師跟著整個法國社會經歷高度政治化，用法律論述捍衛自由、反抗政治當權者，進而獲得了獨立的認同——而律師又進一步利用這種獨立的身分，建立其社會地位與公眾特權。[5] 他們的觀察都指出：律師在政權動盪之中是具有極高能動性的政治行動者，不僅服務公眾，也鞏固他們自己。

卡皮克後來與哈里迪（Terence Halliday）發展了一系列的多國歷史經驗研究，提出了「法

4 Michael Burrage, Revolution and the Making of the Contemporary Legal Profession: England, France, and the United States (Oxford: Oxford University Press, 2006).

5 Lucien Karpik, *Lawyers and Politics in France, 1814-1950: The State, the Market, and the Public*, 13(4) L.& Soc. Inquiry 707 (1988).

律人綜合體」(the legal complex)這個描述分析性概念，來定位律師如何扮演政治行動者。[6]他們主張法律人與政治自由(political liberalism)有緊密關連，法律人的行動環繞著基本自由權利、制衡國家、促進公民社會三個元素。「法律人綜合體」這個概念用來指涉「律師與他們的朋友們」，因發起政治行動的法律人雖以律師為多，但不一定只有律師。在某些國家中，主要的行動者可能是律師加上法官；可能是檢察官，如韓國檢察官起訴政治貪汙，以挑戰其軍事政權的正當性；甚或，也可能是法律學者，如委內瑞拉曾有法學院院長聯手向最高法院抗議侵害基本自由(雖然他們並沒有和律師、法官形成穩定的聯盟)。不過，反例當然也存在，世上支持威權政體(或政府侵害人權行動)的法律人其實並不甚罕見：律師與法官可能非常被動(如以色列，對於加薩走廊以及軍事行動的人權侵害保持沉默)，甚或協助威權政體破壞基本自由(如智利，法院支持軍事獨裁)。這一支文獻的貢獻在於提供以「行動者」為核心的分析視角，調和了歷史分析過於強調結構的傾向，允許研究者更有彈性地追蹤律師如何在不同的政治結構下，靈活地介入、形塑國家樣態。

第三組研究律師的社會學家則分析另一種政權更迭——去殖民化——以及律師在其中的變化。德扎雷(Yves Dezalay)和加思(Bryant Garth)也是長期合作的兩位大師，採用布迪厄的理論架構來理解律師的工作與發展。他們的第一本書研究國際菁英律師如何建構出一個強大的法律領域，「仲裁」，從非正式的調解系統變成正式且可爭訟的領域。[7]他們也研究亞洲，《亞洲的法律再興》包括七個亞洲案例，描述這些國家（印度，菲律賓，馬來西亞，新加坡，印尼與南韓）的律師如何於冷戰後國家再次興起（revival）。[8] 更精確地說，是在國家經歷根本的政權更迭，經濟也發生劇烈變化，律師如何建立自己的正當性？在他們的筆下，律師是非常有能力的策略行動者，穿梭在國家、市場、社會之中，將各種類型的資本交疊翻新，可能從擁有土地的傳統菁英出身，到殖民母國求學獲得法律知識與菁英人脈，再轉回殖民地擔任官僚，而在國家獨立後成為現代化的象徵。換言之，是一種法律與政治的循環模式（cyclical pattern）再生產出了法律職業，律師的政治策略因而和市場邏輯緊密相連。

6 Terence Halliday and Lucien Karpik, Lawyers and the Rise of Western Political Liberalism: Europe and North America from the Eighteenth to Twentieth Centuries (Oxford: Clarendon Press, 1997); Lucien Karpik & Terence Halliday, *The Legal Complex*, 7 Annu. Rev. L & Soc. Sci. 217, 2011.

7 Yves Dezalay & Bryant Garth, Dealing in Virtue: International Commercial Arbitration and the Construction of a Transnational Legal Order (Chicago: University of Chicago Press, 1996).

8 Yves Dezalay & Bryant Garth, Asian Legal Revivals: Lawyers in the Shadow of Empire (Chicago: University of Chicago Press, 2010).

台灣律師：國家如何形塑律師？

近數十年來，關心律師的台灣法社會史研究，環繞著一個核心問題展開：國家如何形塑律師？換言之，對二十世紀台灣律師的了解，大多是以國家為中心的分析。這樣的分析架構是合宜的，也是具有解釋力的架構，因為台灣人民今天所指涉、認識的律師，其於台灣這塊土地上出現，是跟隨著現代法律體制一起出現的晚近現象。[9] 換言之，要理解台灣律師的起源與發展，必須扣合台灣法律的起源與發展，而台灣現代法體制之建立與發展，是由國家所強勢主導。

上述分析視角導出了目前法社會史文獻的兩個特色：第一，隱然有「律師 vs. 國家」的對抗性架構。[10] 關於台灣律師之歷史分析多著重國家形塑律師的過程，或者切換視角至律師，分析律師如何發揮其抗衡政治權力、保衛人權的角色。第二，多有律師與司法官水平關係的研究，意即，將律師放在「法律人」集體行動者的脈絡中討論。以下將分別介紹台灣律師如何由國家塑造、律師對抗國家的「鬥士」角色，以及分析國家如何造成法律人的合一與分裂。

◎由國家塑造的台灣律師

首先，律師在台灣的歷史舞台登場，是源於日本的殖民治理。一九〇〇年，台灣總督府以律令將辯護士制度引進台灣，將日本當時的辯護士法幾乎完全適用於台灣，[11]直至一九三五年。[12]台灣辯護士的人數在一九二〇年代以前大約維持在五十人上下，幾乎全是日籍辯護士，許多是先來台擔任判官檢察官，之後再轉任辯護士在台執業。[13]日治中期，隨著日本辯護士錄取人數增加，抵台執業的辯護士人數也增加，[14]至一九二〇年代中期突破百

9 當然，清代台灣也有類似律師的角色存在，從台灣衙門的經驗去理解中國的「訟師」，也是台灣律師經驗的其中一個歷史源頭。不過，本章主要想對話的律師研究學界，基本上是以西方現代國家（法）體中的律師為研究的主題，而台灣從日治時代以來的本土經驗，也已經十分豐富。故本文獻回顧是從二十世紀台灣開始接觸、建立現代法體系的日治時代開始，取其更能與其他法與社會研究對話之優勢。

10 相對於此的是「律師的市場角色」。請見第二與第四部分的討論。

11 陳鋕雄，日治時期的臺灣法曹，台北：元照出版，頁一二一，二〇一九年五月。

12 期間有些微修改：於一九〇一年，因爲訴訟代人制度在辯護士引進之後，已經沒有存在的必要，將原台灣辯護士規則第三條改正。

13 參見陳鋕雄，同註11，頁一四二～一四三。

14 參見陳鋕雄，同註11，頁二〇九。

人，也開始出現台灣人辯護士。[15] 至戰前辯護士人數達高峰一百七十餘人。日治末期，全體辯護士人數約為一百二十人，其中台籍辯護士將近五十人。[16] 無論是日籍或者台籍，這些辯護士都是在日本教育與考試體系下養成，制度上，可以說台灣的辯護士就是日本「帝國規格」的辯護士，但在執業時，面對的是台灣作為殖民地的特殊性。

值得說明的是台籍辯護士的菁英背景：絕大多數的台籍辯護士都留學日本，[17] 學習法科，畢業後參加高等文科司法考試，通過後擔任辯護士。留日台灣人習法的風氣頗盛，專科以上之留學生「習醫者為最，平均約占五分之二以上，其次，法科約五分之一」。[18] 當時日本法科畢業生的正統出路是國家考試，通過高等文官司法科考試後，獲得司法官與辯護士之任用資格；但其他從商、從政之法科畢業生亦多。[19] 台籍法科生也依循同樣的發展，除了通過高文考試，成功獲得法律職業資格之外，也有入商界任職於各種株式會社、銀行等，也有入政界任各州協議會員、各街庄長等，還有入報業、教育。[20] 台籍法科生通過文官考試的錄取率，大致上反應日本一般社會的情況，即東京帝大畢業生在各科都獨占鰲頭，京都帝大次之，而幾間著名私校表現亦不俗。[21] 帝國大學學歷在求任官職時占有絕對優勢，尤其判官幾乎都是帝大畢業生，私校出身者多選擇成為辯護士。留日台灣人也反應這個趨勢，除了極少數就讀帝大而任法院判官者，[22] 其他多為私校畢業生而進入辯護士行業。[23] 簡言之，在留學日本後，這些台灣法學生也就進入了日本的教育、職涯體系，在嚴格的國家考試後

成為律師。因此，無論是台籍辯護士或者是日籍辯護士，現代律師在台灣這塊土地登場時，

15 台灣人辯護士到一九一八年才出現。曾文亮，殖民地臺灣的辯護士社群與法律職業主義，載：「帝國」在臺灣：殖民地臺灣的時空、知識與情感，頁二一六，二〇一五年十二月。

16 參見曾文亮，同註15，頁九三~九四。

17 台灣人在一九二八年臺北帝大文政學部政學科設立之前，除了留學外，沒有辦法在台灣本土學習法律。參見陳銡雄，同註11，頁二〇九。不過，在臺北帝大成立之後，留學日本的風氣並未減弱；至日治末期，臺北帝大政學科僅有四十餘位台灣人法政畢業生，而光是二戰前在東京帝大一校攻讀法政畢業的台灣人，就至少有二十七人。劉恆妏，戰後臺灣司法人才養成背景的日本因素，載：臺灣歷史的多元傳承與鑲嵌，頁三九四~三九五，二〇一四年十二月。在這四十餘位臺北帝大的台籍畢業生當中，有三人後來通過了日本或中華民國的國家考試，取得法律執業資格；但其餘多數仍是任職於銀行或企業。

18 吳文星，日據時期臺灣社會領導階層之研究，台北：五南，頁一〇九~一一〇、一二一，二〇〇八年。

19 劉恆妏，日治與國治政權交替前後台籍法律人之研究：以取得終戰前之日本法曹資格者為中心，載：戰鬥的法律人——林山田教授退休祝賀論文集，頁五九四~五九六，二〇〇四年一月。

20 劉恆妏，同註19，頁五六九。

21 劉恆妏，同註19，頁五九八。

22 參見劉恆妏，同註19，頁五九六。

23 另外一位學者的統計指出，戰前台灣人通過高等文官考試的總數超過一百人，其中因同時考上行政科而後擔任行政官僚者有八位，擔任司法官者約十六位，全部都是判事／判官，沒有檢事／檢察官。換句話說，絕大多數的高文及格者都成為辯護士，似乎還是可以看見台灣人在日本殖民下出路受到限制。參見曾文亮，同註15，頁一二四註一〇一。

其養成、訓練與發展皆源於日本的政策，國家的影響力從法學教育、考試方向到職涯分布，一路形塑律師的樣貌。

◎「鬥士」律師：台灣律師如何對抗國家？

第二個重要的問題隨之而來：在強大的國家力量下，律師是否有獨立於國家的自主性、意識形態以及社會角色？答案是：有的，台灣律師在一九二〇年代逐漸發展出抗衡國家的政治意識與行動，但因為戰爭與政權交替而斷裂；在長達半世紀的沉寂後，台灣律師擁護人權、支持自由民主的集體性才又在民主化時期湧流而出。

日治初期，在台辯護士主要是日籍，他們雖然也會針對法案與政策採取集體行動，但主要關心與自身利益相關的議題，未有與殖民政府抗衡、保障一般人民權益的行動出現。[24]事實上，觀察日本辯護士協會台灣支部與總督府交涉的法案，大多數都是便利人民使用法院（進而擴張訟源），或者是辯護士執業相關（如懲戒、諮詢意見）。[25]此時，與其說辯護士有何獨立於國家的政治自主性，不如說，當時的殖民地台灣是以「總督府」以及「對總督府不滿的在台日人」作為政治分野，而辯護士的政治態度也是如此分布；[26]至於台灣人的反抗運動一直是以武裝抗爭為主軸，要到一九一五年之後才逐漸承認日本統治地位，並轉為政治上的行動。[27]

於是，在一九二〇年代之後，隨著台灣政治運動發展，在台辯護士社群也發展出抗衡殖民政府之政治行動，尤其是為台灣人民權利辯護之法庭行動，最能彰顯辯護士跨越台日身分之職業社群理念。[28]首先，最具代表性的法庭辯護行動是一九二三年的治警事件。一九二一年，台灣議會設置請願運動開始，由林獻堂等人發起，主張設置台灣議會，將立法權還給台灣人民。兩年後，有感於需要正式結社推動政治運動，蔣渭水等人成立了台灣議會期成同盟會，但卻被總督田健治郎禁止，甚至發起全台大拘捕，依據《治安警察法》逮捕四十一人，起訴十八人。一九二四年治警事件多次開庭，被告的辯護團乃是台籍與日籍辯護士聯手，其中不乏大名鼎鼎的法界權威青瀨一郎、渡邊暢、花井卓藏，他們同時也是國會議員，來台為治警事件的被告辯護，引起轟動。[29]也因為本案的政治性質，法庭辯論

24 或者說，台灣辯護士界對人民權利的關心，並未跳脫殖民統治的界線。而且，尤其可以從當時在台辯護士處理訴訟介紹人與出張所（分所）的爭議上，看出當時台灣辯護士社群的利益導向。參見曾文亮，同註15，頁一〇三、一〇八～一〇九。

25 陳銡雄，同註11，頁一六八。

26 陳銡雄，同註11，頁二〇六。

27 陳銡雄，同註11，頁二一八。

28 參見曾文亮，同註15，頁九三～九四。

29 陳銡雄，同註11，頁二二〇。

成為政治意見的交鋒處：檢察官長篇大論地指責台灣人如何「忘恩負義」，法庭辯論廣為媒體報導，而一審的無罪宣判，大幅提升了台灣議會請願運動的知名度與形象。

其次，在治警事件之後，在台辯護士也持續涉入其他政治運動所衍生的法律案件。[30] 以一九二五年的二林事件為代表，台灣人的集體政治行動不再限於民族對抗，而也出現階級抗爭。二林事件的被告多為蔗農，不滿該地製糖會社出價低於其他地區，不許會社強行收割，卻反而被警方大肆搜捕。開庭時，檢察官一再強調這是台灣文化協會煽動的結果，而辯護團則把握機會抨擊資本家剝削農民的惡狀。[31] 二林辯護團成員大致是一年前治警事件的班底，由來自日本內地的辯護士為主，輔佐以台灣在地辯護士（包括台籍）。在這之後，從一九二七到一九二九年之間，還有九件因社會運動而衍生之案件，[32] 大致上都是由在台灣的日籍辯護士與台籍辯護士，加上日本內地「自由法曹團」成員所辯護；來自日本內地的辯護士是基於支持階級運動的理念，而在台的台籍辯護士雖然並未實際參與運動，但當事件進入法庭，則也加入這些政治行動的法律鬥爭。[33] 換言之，一九二〇年代，在台灣的辯護士不只有其政治自主性，也顯現了其擁護人民權利的政治立場，可以從他們在各種政治社會運動的支持性角色，明顯見得。

不過，隨著戰爭在一九三〇年代來臨，台灣辯護士擁護人民權利的政治角色，似乎也不得不中斷。從集體行動的角度來說，台灣辯護士社群在戰前還綻放有最後的花火：

一九三一年，全島性辯護士台灣辯護士成立，明白將人權保障設為創會宗旨。其行動也明確地從「全島住民」出發，關心台灣社會自身的權利問題：包括台灣司法制度改革、刪改刑事特例以彰顯人權、增加台灣於日本司法中的代表性，[34]並且在警察不當執法的人權侵害事件中，為受害公民奔走、施壓、交涉。[35]可是，在一九三五年的朱諾號商船事件中，明顯可以看見強勢的軍事力量席捲至台。朱諾號是荷蘭籍商船，因颱風而不法駛入澎湖馬公港，軍方認為它是具間諜行為的船隻，而台灣的法院一再輕判，而為船長辯護的台灣辯護士則是「國賊辯護士」。事件越演越烈，不僅成為總督府之司法部與行政部、軍方的對立，日本內地的海軍省也涉入，施壓調動人事。台灣辯護士終究不敵多方壓力，決議解散，匆匆結束了短暫五年的生命。[36]戰爭帶來的不只是政治上的影響，也包括經濟基礎的動搖。一九三〇年代，總督府越來越深入控制台灣農業，籌措政府資金、降低人民購買力，在高

30 詳細案件與辯護士的名單，請見曾文亮，同註15，頁一一五。
31 陳銡雄，同註11，頁二二五。
32 曾文亮，同註15，頁一一五。
33 曾文亮，同註15，頁一一六。
34 陳銡雄，同註11，頁二八一。
35 陳銡雄，同註11，頁二八三～二八五。
36 陳銡雄，同註11，頁二八三～二八七。

度動員下幾無自由經濟可言。人民無寬裕，自然也難以支持辯護士業務。[37]在台辯護士人數於一九三〇年代中期開始下降，至戰後約減少三分之一。[38]

戰後，台灣主權交替，國民政府對於台籍菁英懷有戒心，台籍辯護士無論是在法律專業或者政治參與上，都快速地被推擠到邊緣。首先，國民政府並未肯認台籍辯護士的專業資格，態度頗是曖昧；[39]但另一方面，國民政府又相當倚靠台籍辯護士協助接收法院，維持過渡期間的法律運作。[40]

戰後的執業資格轉換，國民政府先公布「暫准登記」的政策，稍後則要求辯護士們必須通過嚴格的臨時律師考試。此政策顯示出國家對台籍辯護士另眼相看：第一，國民政府雖有律師考試辦法，[41]但遷台前未曾舉辦過律師考試；律師資格之取得，除了曾有與司法官考試一併取得外，皆採取學經歷檢覈，是寬鬆的認可方式。台籍辯護士在日治時期已完成法學教育、通過嚴格的國家考試，又多年執業，法律專業程度應無太大疑慮；政府卻要求其再以考試鑑定資格，顯與中國本土律師的政策有其差別。第二，針對台灣的特殊律師考試於一九四六年舉行，報名與到考人數二十七人，及格人數僅一人，錄取率百分之三點七。相對於行憲前國民政府在中國大陸施行的律師檢覈方式，通過率幾乎是百分之百，[42]也顯有差異。第三，政府似乎又未真正禁絕台籍辯護士執業：一九五〇年遷台後，正式律師考試方開始，但這段過渡期間，暫准執業的辯護士們也繼續執行業務。

不過，台籍辯護士雖然持續執業，卻面對巨大的市場與職業環境的轉變。一方面是訴訟語言及法院文化的轉化，雖然中國的現代法體系多師法日本法制，故台籍辯護士在法律專業的轉換上並無太大困難，但是要以新的「國語」閱讀、寫作，仍是一大挑戰。另一方面，一九四九年後，台灣很快就出現大量來自中國大陸的律師，以台北律師公會為例，原日治時期之辯護士在幾經波折後，取得中華民國律師資格者不超過二十位；在相對比例上，一九五〇年時，日治辯護士出身僅占百分之十，其他百分之九十是出身中國大陸律師——出身中國大陸之律師一直占據絕對的人數優勢，在一九六〇年前後達到高峰，之後才逐漸下滑。[43]

其次，在政治上，隨著國治政權在台鞏固，台灣本土法律人在政治上持續地被邊緣

37 陳銈雄，同註11，頁二九〇、二九三～二九四。
38 陳銈雄，同註11，頁二八三～二九一。一九三一年有一百五十八位辯護士，一九四五年戰末剩下一百零九位。
39 劉恆妏，戰後司法人之研究，思與言，四十卷一期，頁一二五～一八二，二〇〇二年三月；另外，也可參見劉恆妏，同註19。
40 雖台籍法律人在接收期間有相當任務，但之後，多數陸續離開法院。請見劉恆妏，同註19，頁六一四。
41 一九四一年公布之《律師法》以及一九四二年公布之《專門職業及技術人員考試法》。
42 劉恆妏，同註19，頁六一一註五八。
43 王泰升、曾文亮，二十世紀台北律師公會會史，台北：台北律師公會，頁一七四～一七五，二〇〇五年五月。

化。[44] 延續日本高級文官的傳統，台籍法律人多有行政專才，在政界原本也相當活躍。但政權交替之後，政界生態完全改變，必須進入中國政治派系或者依附重要人物。因此，一九四六年開始的議會選舉，成為台籍法律菁英的出口——但在二二八事件後，參與地方議會政治的法律人也受到重挫。中央政府遷至台灣後，中央政府的政治機會可說是幾無可能，而地方自治也需依循國民黨或者地方派系。故台籍法律菁英逐漸消散於政治浪潮中。簡言之，在日治時期接受高等教育而成為菁英的台籍法律人才，台灣法律史學者在追蹤他們戰後生涯後提出主張：在主權交替後，短短幾年內被推擠到政治與法律界的邊緣。

於是，台灣人辯護士於日治時代的集體行動經驗，被戰爭與政權轉換深深壓抑，成為伏流；一九四九年大量入台之中國律師經驗與文化成為主流，支持黨國政策與政權也成為主要的政治立場。[45] 一直要到律師人口背景變化，同時進入民主政治運動的年代，台灣律師擁護人權的集體性，才又被重新建構。台灣律師的執業資格，在二十世紀中期，有很長時間是「前門不開後門開」的政策。以正式高考通過的律師數量極少，但以檢覈方式曲格資格的律師占即大比例；而後者多有軍方或外省背景。一九七三年以後，檢覈管道逐漸萎縮，高考錄取率提高，帶來了一批受大學教育的「文學校」律師，逐漸稀釋了政治上親好政府的「軍法官律師」，最終於一九九〇年取得了律師公會的領導權，並推行眾多支持民主、法治、人權的主張。[46]

◎文獻評析：國家視角的貢獻與展望

上述以國家為中心的分析視角，提供了完整的架構理解台灣律師百年來的發展。[47] 而這樣的文獻焦點帶來了何種貢獻，又指出什麼樣的研究方向？首先，這支源於台灣法社會史的律師文獻，具有一個特出的整合性觀點，即是將「法曹」視為整體，同時關懷在朝法曹（即法官與檢察官）以及在野法曹（即律師）。換言之，關於律師養成的研究，很大程度也就是關於司法人才的研究。雖然受限於史料，目前還是以律師研究的出版品較多，但從研究者們長年的選題看來，律師與法官、檢察官都是同等受到矚目的研究主題。究其原因，還是

44 曾文亮、王泰升，被併吞的滋味：戰後初期台灣在地法律人才的處境與遭遇，台灣史研究，十四卷二期，頁八九～一六〇，二〇〇七年六月。

45 王泰生、曾文亮，同註43，頁二三五～二三七。

46 張復鈞，戰後台灣的律師——從個別到集體的擁護人權，國立台灣大學法律學研究所碩士論文，二〇〇七年。

47 必須一提的是，討論台灣律師工作（lawyering）的文獻，不能忽略「非律師」的角色——律師工作內涵豐富，但提供法律服務者恐怕也不限於律師。這也是為何前述律師研究的理論，必須先討論律師為何算是一個職業、律師這個職業是如何建構出來的。事實上，法律服務的專業分工，也是理解律師業務的重要框架；而台灣人使用法律工作者的經驗，也確實包括了律師以及非律師的不同職業。台灣法律史文獻中，有一本關於「代書」（即現在民間所稱之土地代書）的研究，很好地展現了非律師的法律職業如何從事法律業務，擔綱了將西方法律架構引薦入台灣社會的重要歷史角色，值得參考。請見吳俊瑩，臺灣代書的歷史考察，高雄：高雄復文，二〇一〇年五月。

源於國家的分析視角：無論是戰前日本政府或者國民政府，看待法律訓練，都是為了培養治理人才。[48]

換言之，法律訓練的核心是為了找出審判中的「標準答案」，教學上重視民刑科目，公法比重低，[49] 是為了服務國家的法院完成任務，而不是為了人民爭取自身權益，乃至於監督、參與治理。於此，司法官與律師雖然在訴訟中有截然不同的角色，但他們的專業化背景與世代經驗是相通的，也允許水平流動。這樣的經驗現象具有很高的理論價值：一方面，延續「法律人vs.國家」的對抗性架構，可以開展多元行動者的水平分析，與其他強勢國家的司法政治經驗對話（如法國），[50] 也可以接合以行動者為核心的理論架構，[51] 提出不同政治脈絡下的分析。[52] 另一方面，台灣法律人的多源斷代經驗——即同時繼承「日本因素」[53] 與「中國因素」[54]——也成為絕佳的歷史個案，無論是在台灣本身的順時分析中比較（in-case comparison, chronological analysis），或者是與其他國家比較（cross-case comparison），[55] 都有許多可能性。

48 劉恆妏，二次戰前中國法學教育的頓挫——一九三二年教育改革方案，中正大學法學集刊，三十一期，頁一六三～二〇六，二〇一〇年十月；劉恆妏，清末法吏到民國法官——以「無朝不成院」的北京朝陽大學為例，中研院法學期刊，八期，頁一八五～二三五，二〇一一年三月；王泰升，國立台灣大學法律學院院史（一九二八～

二〇〇〇）：台大法學教育的回顧，台北：國立台灣大學法學院，二〇一一年六月。另外，日本政府透過高等文官考試核定法律職業資格，並蒐聘人才，已如前述。

49 台灣的法學教育在一九七〇至一九八〇年代有轉變。以台大法律系為例，王泰升的研究發現，戰後至一九六〇年代的教學內容，大抵上還是延續中國帶來的傳統，重視闡釋條文文義。不過，一九七〇與八〇年代返台的第二代教師則開始解析、批判本土法院的實務見解，也會使用案例教學，引導學生適用抽象條文。第三代教師則更有法學本土化的意識。王泰升，台大法學教育與台灣社會（一九二八～二〇〇〇），載：台灣法的世紀變革，頁一三七～二二〇，二〇〇五年二月。

50 Tommaso Pavone, *Lawyers, Judges, and the Obstinate State: The French Case and an Agenda for Comparative Politics*, 18 (4) French Pol. 416 (2020).

51 如上文提到的「法律人綜合體」（legal complex），即是以行動者為核心的分析架構。以台灣法律人的經驗出發，嘗試與此理論對話的研究，可見Ching-fang Hsu, *The Legal Complex Fractured: Legal Professional Coalition and Collision in Taiwan's Judicial Reform*, 43 (3) L. & Pol. 262 (2021).

52 國家的政策同時造成了台灣法律人的合一與分裂。台灣的法律人養成受到國家極大的影響，共享同樣的世代經驗，但是，國家的管制政策也根本性地造成了三大法律職業的分野。戰後國民黨政府對本土法律菁英抱有極高的警覺心，卻採用了不同的遏制（containment）手段。在短短的幾年內，先將來自中國大陸的司法人員安排入台灣司法體系，後來再透過考試、訓練，建構司法官向上與向內看齊的集體性。在司法官進入法院體系後，又再加上平日緊密監督的科層體制。簡言之，司法官職涯的社會化過程，形塑了他們服從權威的性格；另一方面，律師的管制手法卻並非如此，這種差別待遇造成了法律職業內部的分隔，也導致三大法律職業的政治動員分開發展。

53 參見劉恆妏，同註17。

54 王泰升，台灣司法官社群文化中的中國因素——從清末民國時代中國追溯起，政大法學評論，一四二期，頁三～四四，二〇一五年九月。

55 類似的研究設計，可以參考William Hurst, Ruling Before the Law: The Politics of Legal Regimes in China and Indonesia (Cambridge: Cambridge University Press, 2018).

第二，文獻的優點其實也是起點：這支源生於台灣法律史的文獻橫跨百年，從現代國家建立的脈絡中建構出台灣律師，但卻尚未將現代化的另一個重要場域——市場——納入討論。換句話說，台灣的現代化是一個政治的歷史過程，但也是一個經濟的歷史過程。在過去百年間，現代型國家與市場成型，台灣律師同時受到這兩股力量的形塑：「現代律師」，不只是政治動物，同時也是經濟動物。[56] 其他國家關於律師的歷史社會學，也多有捕捉資本市場與現代型國家兩股力量對律師業帶來的關鍵影響，[57] 而這似乎可以是台灣律師的歷史社會學下一個研究焦點。[58] 近期，法學界的另一支文獻，源於法與經濟（law and economics）的台灣法實證研究也開始出現針對律師的研究，例如研究律師如何收費、如何選擇客戶，[59] 或者律師如何受到聲譽與金錢報酬驅動。[60] 這一線以市場與理性選擇為主要框架的研究，是令人期待的發展。[61]

律師與市場：法律職業的本質、社會結構與訴訟角色

在探究國家與律師的歷史分析之後，市場是下一個律師研究的主題。如何定義律師的工作、如何劃定律師工作的範圍？律師又如何是一種專業？律師的日常工作，乍看之下，似乎有明確的本質，即處理法律事務。然而，現代社會生活中幾乎無一沒有法律面向，有

眾多人物提供不同層次的協議、紛爭解決方案以及規範性的意見，顯然不是任何從事法律事務的人都是律師。反之，律師日常工作當中，也並不是每項任務都與法律相關——事實上，在第一線的律師往往會覺得自己每天花很多時間做跟法律沒關係的事。執業律師花費

---

56 一個可以參考的研究是：陳維曾，法律與經濟奇蹟的締造——戰後台灣經濟發展與經貿法律體系互動之考察，台北：元照出版，二〇〇〇年七月。這是針對「法律制度」的研究，捕捉了法律制度如何在市場發展的歷史過程中受到影響。

57 例如，法國也是國家力量很強的一個案例，但關於法國律師的研究，也會同時評估現代型國家與資本市場的影響力。請參見Karpil, *supra* note 5; Pavone, *supra* note 50.。

58 此文獻中的例外應該是王泰升於二〇一一年發表於《台灣法學雜誌》上的文章。這篇從標題即直指台灣律師的兩個社會角色，是鬥士或者是生意人——但此文結論也強調律師的鬥士角色是重中之重：「唯有具備法學專業知識且站在人民這邊的律師，勇於要求掌握國家機器的行政、立法、司法機關遵守自由民主憲政秩序，一切的政治與社會生活才會以法為準，生意人律師才有『生意』可做。」這句話精準地揭示了上述文獻的核心關懷，著重從國家的角度來分析台灣律師的歷史經驗。王泰升，台灣社會中律師的角色：鬥士乎？生意人乎？，台灣法學雜誌，一八六期，頁六～一六，二〇一一年十月。

59 Yun-chien Chang & Su-hao Tu, *Two-Way Selection between Flat-Fee Attorneys and Litigants: Theoretical and Empirical Analyses*, 49 (1) European J. L. & Econ. 131 (2020).

60 Ching-fang Hsu, Ivan Kan-hsueh Chiang and Yun-chien Chang, *When Pro Bono Becomes a Profane Word: Clientele and Compensation Behind Lawyers' Legal Aid Participation*. Working paper, https://ssrn.com/abstract=3334506 (2022).

61 此外，還需一提的是關於律師的非學術出版品（如人物傳記、各律所出版的週年記、律師公會的出版品），從中其實也可以看見台灣律師持續在建立自身的（相對於國家的）史觀。

大量時間在招攬客戶、傾聽客戶，收集資料、釐清事實；他們所做的文書與分析工作，有很大部分並不涉及法律規範，而是複雜的現象與經驗，甚至是人們混亂的思想與感受。所以，律師工作到底如何定義？

有學者繞開了上述的難題，針對律師穿梭在現實與規範兩個世界之間的特性，提出新的分析角度：律師的工作在於「處理不確定性」。[62]律師在日常工作中處理的其實並非法律本身，也不是與法律相關的特定事實。律師所面對的任務變化多端，並非書本上的知識可以處理，更需要的是經驗跟技巧。尤其律師每天都需要跟不同對象互動，面對客戶、對造律師、友方律師、上司與下屬——實際上，律師處理的不是已經發生的問題，律師是處於持續動態變化的協商當中。例如，在商務談判當中，律師為客戶設定優先順序（而有時客戶自己並不清楚或不願意揭露所有的相關資訊），並一步一步接近目標，中多有交換妥協，反覆評估，確保交易中多方都願意留下來（getting to yes and staying there）。換句話說，律師工作具有一個根本的特質，即偶然性（contingent nature）。工作過程中充滿不確定性，而降低或者控制不確定性，才是律師工作的本質。

那麼，律師為何可以享有這個專業位置呢？為什麼客戶在各種爭議、糾紛、協商當中，必然需要律師參與？職業社會學家阿伯特（Andrew Abbott）就此提出分析。[63]從（法律）職業的工作開始——專業職業如何控制他們的工作？而為了控制，專業職業又如何跟別人起衝突。阿伯特對專業職業的定義如下：專業職業的工作是由「需要被服務的問題」組成；這些問題可能屬於個人，也可能屬於團體，是需要被克服的障礙，或者需要加強的機會。換句話說，因為這世界上有許多需要被解決的問題，因而產生了專業職業。能夠促使專業形成的問題包含「客觀面向」（objective properties）和「主觀面向」，即問題也需要由專業工作的建構行為組成，而其中的主觀面向就成為其他職業攻擊的部分。舉例而言，一對夫妻決定分手，其所牽涉到問題的客觀面向如分居、子女教養如何繼續？主觀面向就有待不同專業工作者建構，如律師會關心財產分割與監護權，進一步了解夫妻日常金錢如何分配、進出、是否有留下資料？心理諮商師，則會關心雙方原生家庭樣貌、支撐體系，以及子女如何面對轉換？神職人員注重人與神的關係如何更加緊密，因此可能會鼓勵人認罪、饒恕，將痛苦交付給上帝而不再控訴配偶。現實中同樣的一個問題，不同職業會建構出不同的面向，提供不同的服務——解決問題的「工作」因而是專業職業的核心。

律師之所以是一種專業，是因為律師已經圈地成功，說服大家他具有處理問題的正當

---

62 John Flood, *Doing Business: The Management of Uncertainty in Lawyers' Work*, 25(1) L. & Soc. 41 (1991).

63 Andrew Abbott, *Jurisdictional Conflicts: A New Approach to the Development of the Legal Professions,* 11(2) Am. Bar Foundation Res. J.186, 1986; Andrew Abbott, The System of Professions: An Essay on the Division of Expert Labor (Chicago: University of Chicago Press, 1988).

性。在阿伯特的分析中，圈地成功就是一種占有管轄（claim to jurisdiction）——在一群觀眾面前，專業人士宣有其管轄，也就是可以正當地控制某種問題。專業人士必須說服三種不同的觀眾：國家、大眾以及工作場所。例如，律師已經成功地獲得了法律上的認可，只有通過國家考試的人才能獲得國家頒發的律師執照；而宮廟主持雖然沒有國家的認可，但有大眾的認可可以代神發言、解決人際紛爭；而在房地產交易的場所，房地產仲介與土地代書則擁有處理問題的正當性。換句話說，在不同的觀眾面前，專業職業必須去宣有管轄，進而需要跟其他職業調解、議和（settlements）。調解最後可能會因為分工（by division of labor）、從屬（by subordination）、客戶差異（by clientele differentiation）、智識控制（by intellectual control）或指導型控制（by advisory control），達到暫時性或持久的議和，也就此形成了職業的護城河。對阿伯特來說，在國家面前所樹立的管轄是最持久的，公眾的認可沒那麼持久，工作場所的管轄更是經常處於推擠、鬥爭的狀態。

探究律師工作本質，並分析律師之專業職業地位從何而來之後，下一個研究焦點是將律師視為一個群體來觀察。換句話說，律師是怎樣的一群人？

針對這個問題，有一部不可錯過的經典《芝加哥律師：律師的社會結構》（*Chicago Lawyers: the Social Structure of the Bar*）。[64] 本書主張很簡明：律師有兩種，服務企業客戶跟服務個人客戶，這是組成律師職業的兩個半球（two hemispheres）。他們在「社會影響力」（social power）

以及「客戶互動」（lawyer-client interaction）上有截然不同的分野，在專業化程度上也有區別。具體而言，代表公司的律師具有社會影響力，因為他們服務的企業在芝加哥政商界都吃得開，至於服務個人的律師則比較獨立於他們的客戶——個人客戶通常都不會也沒辦法管他的律師在做什麼，這一點與前者不同，企業客戶跟律師的關係通常非常緊密。在專業化程度上，服務個人客戶的律師通常專精程度比較低，而服務企業客戶的律師專業化程度高，在很窄的領域裡執業，比如相較而言，刑事犯罪（criminal prosecution）、專利（patents）以及勞工法（labor law work union）專精程度普遍是比較高的。

進一步追蹤這些律師的發展，《芝加哥律師》一書發現了更有趣的現象：這兩種律師其實出身於不同的社會背景。律師族裔／宗教背景會影響律師的職涯結構；在教育上，這兩種律師也出身於不同的法學院——法學院是重要中介——社會出身會影響律師進入何種法學院，而好學校跟好工作連結很強；有一半以上的律師會保持第一份工作的類型，如從大事務所開始執業的律師會繼續留在大事務所。更重要的是，兩大半球是組成律師結構的基礎，其他職位都只是轉乘點或者儲備處——例如，受雇於政府的律師，接下來就會轉往專

64 John Heinz & Edward Laumann, *Chicago Lawyers: The Social Structure of the Bar* (Evanston: Northwestern University Press, 1982).

做刑事的個人執業律師。

不過，十幾年後，《芝加哥律師》兩位作者再次追蹤芝加哥律師的社會結構發展，[65]發現「兩大半球」的分野已經不同——具體而言，雖然服務企業以及服務個人客戶的律師仍然是截然不同的存在，但是，這兩個半球的規模已經不是一半一半。企業客戶的法律服務市場成長甚多（芝加哥律師投注在服務企業客戶的時間上已經是服務個人客戶的兩倍以上），但也越來越難進入。換言之，整體美國律師界的圖像越來越清晰：服務企業客戶的商業律師事務所越來越大，服務個人客戶的律師空間變小，收入也下降。

《芝加哥律師》鮮明描繪了美國律師界於一九七〇與八〇年代的關鍵發展。律師事務所從原本數十人的專業辦公室，擴張到以百千人計的全國大型企業，形成獨特的組織樣貌。這個擴張是怎麼發生的？如何解釋律師事務所的成長模式？這是另一本研究律師組成的經典《律師的錦標賽：大型律師事務所轉型》（*Tournament of Lawyers: The Transformation of the Big Law Firms*）所處理的議題。[66] 該書主張，律師事務所內部的升遷邏輯——即提拔一般受雇律師成為合夥律師的動機系統——帶來了持續成長的壓力。為了要留住一般受雇律師，讓他們願意勤奮工作、貢獻青春、不帶著客戶跳槽，事務所通常會宣布總有固定數量的受雇律師會成為合夥律師。而合夥律師一旦上去，律師事務所就必須雇用更多新來的受雇律師，來維持或增加受雇律師之於合夥律師的比例。因此，事務所越長越大；律師們追求升遷的錦標賽，是律師事務所成長至此的原因。

十幾年後，後續研究再次追蹤美國律師事務所擴張的狀態。亨德森（William Henderson）和加蘭特（Marc Galanter）發現這個錦標賽成了「彈性錦標賽」（elastic tournament），[67] 變得更嚴苛、緊繃，時間拖得更長：以前在升上合夥人後比賽就終了，但現在，合夥人也不是終點了，要接受更長的工時、面對不同的獎勵機制，也害怕被降級回受薪律師，或者是被強迫（提早）退休。事實上，律所內部的人事組成有了許多變化：受雇律師不再受制於「升遷或離開」（up-or-out）的原則，反而有越來越多比例的律師以各種名目永久地留在律所裡，成為陪跑律師（non-tournament lawyers）、非典型形態包括顧問（of counsel）、受雇律師（staff lawyers/staff associates）、約聘律師（contract lawyers），甚至也有外包（lawyers at outsourced locations）。年資也跟所有權脫鉤：既然不是每個律師都要參加升遷錦標賽，那麼就可能會出現年資較長的陪跑

65 John Heinz, Edward Laumann, Robert Nelson and Ethan Michelson, *The Changing Character of Lawyers' Work: Chicago in 1975 and 1995*, 32 (4) L.& Soc. 751 (1998)。兩位作者後來對書籍內容有進一步更新，並於二〇〇五年修訂改版。

66 Marc Galanter & Thomas Palay, Tournament of Lawyers: The Transformation of the Big Law Firms (Chicago: University of Chicago Press, 1991).

67 William Henderson, and Marc Galanter, *The Elastic Tournament: The Second Transformation of the Big Law Firm*, 60 (April) Stanford L. Rev. 1867 (2008).

律師、與年輕勝出的合夥律師，此外也會透過挖角明星律師以擴張事務所。總而言之，隨著法律服務市場發展，律師事務所的內部升遷機制也變得越來越複雜。因此，二十一世紀的美國商務律所規模依舊很大，但其組織成長的原因，已經不能一言敝之。

最後一支長青的律師研究則關注律師的訴訟角色，同樣源於加蘭特的經典研究：律師在訴訟中真的有用嗎？好律師真的可以協助弱勢當事人扭轉乾坤嗎？他的出發點是關心訴訟與社會不平等，他想解釋在什麼樣的情況下，法律訴訟可以達到重分配的效果。[68] 在一篇一九七四年出版的文章中，加蘭特提出原創性的分析架構，把當事人分成「多次玩家」（repeat player）與「一次性玩家」（one-shotters）。前者是經常打官司的自然人或法人，有資源可以追求法律系統裡的長期利益；後者則是很少使用法律的自然人或法人。於此，律師成為當事人增進能力的資源，律師提供的知識與服務可能會改變當事人在訴訟當中的策略位階，可以直接地影響訴訟結果。換言之，當事人能力（party capability）的假說挑戰了以法院與法律為中心的思考。若要彌平社會上的不平等，規範本身的改變未必能夠維持法律系統的重分配效果，也需要其他層次的資源挹注——而律師正是這類資源。

來自世界各地的實證研究，基本上肯認了加蘭特的假說。針對美國最高法院的研究發現，[69] 無論當事人是誰，有經驗的律師可以顯著提升當事人的成功率——法院需要優質的資訊，而可靠的律師正是資訊來源。加拿大的最高法院也有類似的發現：[70] 律師的訴訟經驗以及訴訟團隊的規模，都會帶來正面的影響。不過，與美國經驗相異的是，美國政府在訴訟裡的優勢會被律師的訴訟經驗取代；但加拿大政府在最高法院前總是很有優勢，在不同的模型中，跟律師的訴訟經驗同樣都有顯著影響力。換言之，加蘭特的理論方向是準確的，多次玩家在訴訟中具有優勢，但各種優勢之加成、互補、競爭，在實際社會中有複雜的表現。[71]

當事人能力理論很快跨越邊界，出現多國研究，包括菲律賓最高法院[72]、南非最高法

68 Marc Galanter, *Why the 'Haves' Come out Ahead: Speculations on the Limits of Legal Change*, 9(1) L. & Soc. Rev. 95 (1974).

69 Kevin T. McGuire, *Repeat Players in the Supreme Court: The Role of Experienced Lawyers in Litigation Success*, 57 (1) J. Pol. 187 (1995).

70 John Szmer, Susan W. Johnson & Tammy A. Sarver, *Does the Lawyer Matter? Influencing Outcomes on the Supreme Court of Canada*, 41(2) L. & Soc. Rev. 279 (2007).

71 Shauhin A. Talesh, *Foreword: Why Marc Galanter's 'Haves' Article is One of the Most Influential Pieces of Legal Scholarship Ever Written*, *in* Why the Haves Come Out Ahead: The Classic Essay and New Observations xi, iii-xii (Marc Galanter, 2014).

72 Stacia L. Haynie, *Resource Inequalities and Litigation Outcomes in the Philippine Supreme Court*, 56 (3) J. Pol. 752 (1994); Stacia L. Haynie, *Resource Inequalities and Regional Variation in Litigation Outcomes in the Philippine Supreme Court 1961-1986*, 48 (2) Pol. Res. Q. 371 (1995).

院[73]、以色列高等法院[74]、澳洲高等法院[75]，以及橫跨六國的比較研究（澳洲、加拿大、英格蘭、南非、印度與菲律賓）[76]，近期也有針對中國上海法院的研究。[77]台灣的經驗也大體上驗證了當事人能力理論：最高法院的數據顯示，多次玩家性質的當事人（例如政府與企業）能動員較為強勢的律師代表並獲勝。[78]綜合而論，各國資料顯示，起碼在上訴審的層次，律師帶來的影響力是顯著的。

全球化下的律師

本質上，律師是在地的職業——訴訟是律師的核心工作，因而律師提供的服務通常限縮於某個特定的「管轄權」、限定在特定的國家，也容易受到國家管制政策影響。這也是上述兩節分別注重「國家」與「（本土）市場」的研究前提。不過，二十世紀末至二十一世紀初，出現了有趣的發展：全球化市場打破了國家的疆界，而律師也跟隨著跨國客戶跨越了特定管轄權，全球性的律師事務所出現，律師的工作與組織發生了特殊的變化。

約從一九八〇年代以來，法律職業開始快速全球化。首先，從英國與美國這兩個主要法律服務市場可以看見幾項重要的指標：第一，英美法律服務市場大幅成長，第二，全球法律服務市場的國際直接投資（foreign direct investment, FDI）也大幅成長，以及第三，主要的律師事務所都開始到外國設所，發展中或者是已開發市場皆有，法律服務範圍涵蓋全球。[79]這個現象，對許多學者來說並不意外。國際市場需要法律支撐，不僅是正式的法律規範、企業的自我規範，還需要律師在不同制度文化之間搭橋。[80]而英國普通法似乎在國際商務上

---

73 Stacia L. Haynie & Kaitlyn L. Sill, *Experienced Advocates and Litigation Outcomes: Repeat Players in the South African Supreme Court of Appeal*, 60 (3) Pol. Res. Q. 443 (2007).

74 Yoav Dotan, *Do the 'Haves' Still Come out Ahead? Resource Inequalities in Ideological Courts: The Case of the Israeli High Court of Justic*e, 33(4) L. & Soc. Rev. 1059 (1999).

75 Russell L. Smyth, *The 'Haves' and the 'Have Nots': An Empirical Study of the Rational Actor and Party Capability Hypothesis in the High Court 1948-99*, Australian J. Pol. Sci., 255 (2000).

76 Reginald Sheehan Stacia L. Haynie, Kirk A. Randazzo & Donald R. Songer, *Winners and Losers in Appellate Court Outcomes: A Comparative Perspective,* (Annual Meeting Paper, American Political Science Association Annual Meeting, 2013), https://ssrn.com/abstract=2300530.

77 Xin He & Su Yang, *Do the 'Haves' Come Out Ahead in Shanghai Courts?*, 10 (1) J. Empirical Stud., 120 (2013).

78 Chang-Ching Lin, Kuo-Chang Huang & Kong-Pin Chen, *Party Capability versus Court Preference: Why Do the 'Haves' Come Out Ahead?--An Empirical Lesson from the Taiwan Supreme Court,* 31(1) J. L. Econ. & Org. 93, (2014)。需特別說明的是，本篇研究也同時發現台灣最高法院偏好政府的傾向；換言之，當事人能力理論與法院偏好（court preference）都有解釋力。

79 James Faulconbridge, Jonathan Beaverstock, Daniel Muzio & Peter Taylor, *Global Law Firms: Globalization and Organizational Spaces of Cross-Border Legal Work*, 28(3) Northwestern J. Int'l L. & Bus 455 (2008).

80 Richard Appelbaum, William Felstiner & Volkmar Gessner, Rules and Networks: The Legal Culture of Global

特別具有優勢，[81]因其提供關鍵的彈性——契約允許任何規範體系作為基礎，因而英國律師在面對前所未有的交易形態時，可以在法律空白處為客戶創造遊戲規則，而這樣的遊戲規則一但被創建，又可以成為下次複雜交易的規範架構。甚至，由於律師反覆在交易當中扮演護衛的角色，國際律師事務所對某些事情的看法與作法會成為模板（template）。換句話說，頂級的國際律師事務所之所以能在全球化市場中扮演關鍵角色，是因為他們肩負兩項重要的功能：管理不確定性，以及提供穩定的期待。

以國際破產案件為例，可以從一九九〇年代初期的一個知名國際案件看出跨國商務律師如何造法。[82]英國媒體商業鉅子麥斯威爾（Robert Maxwell）於一九九一年意外身亡，而他跨國事業也立刻陷入險境。當時，破產還是一個相當在地的概念，沒有人想像過跨國界的破產該如何進行。一九九二年，麥斯威爾公司正式投降，董事會同時在倫敦與紐約向法院聲請破產。英國法院指定了數位破產專家接管公司，而麥斯威爾公司董事們也準備好要進入訴訟——此舉將帶來長期折磨，對公司本身、債權人都不是好事，更何況大西洋的另一邊還有一大塊事業版圖同樣陷入混亂。於是，英國法院建議各方協商，並指定了一位審查人（examiner）來協助這個龐大工程：來自美國的律師吉特林（Richard Gitlin）。這位律師早在一九八〇年代就意識到，國際破產是將來的趨勢，於是很早就開始準備。他積極參與專門處理破產的國際組織INSOL（International Association of Restructuring, Insolvency & Bankruptcy Professionals），當時參與者主力都還只是會計師，而他成為第一位律師出身的主席。吉特林也在國際律師協會（International Bar Association）組織委員會，研究國際破產的處理原則。在麥斯威爾破產案中，吉特林幫助大西洋兩端的律師擬定一份協議（Protocol），在多方當事人之間分配權力與公司的控制。這件任務牽涉甚廣，雙邊律師卻在短短一個月內時間完成了複雜的協商（除了英國法院對美方施加的禁令之外，另一個問題是法官在一個月後要去休假，所以律師們非得在法官放假前完成工作不可）。這份協議後來也順利獲得了英國與美國法院的認可。很快的，這份跨國破產協議在國際上流傳，大家都需要這份模板來處理跨國企業的破產與重整。許多年後，這份文件進了聯合國，成為聯合國國際貿易法的規範之一。

值得注意的是，全球化其實也是在地化的過程——美國事務所雖然走向全球，但其發展最精確的描述是「全球在地化」（glocalization）。一方面，律師跟著強勢的資本，伴隨著客

Business Transactions (Oxford: Hart Publishing, 2001).

81 John Flood, *Lawyers as Sanctifiers: The Role of Elite Law Firms in International Business Transactions*, 14(1) Indiana J. Global L. Studies 35 (2007).

82 John Flood, *Institutional Bridging: How Large Law Firms Engage in Globalization*, 54(3) Boston College L. Rev. 1087 (2013).

戶走向國際，推廣特定的法律規範與慣習。[83]美國律師與美國投資銀行的密切關係，尤其明顯，任何想要跟美國投行來往的生意，都必然要遵循美國法律（大多數是紐約法律）以及美國律師的處事邏輯。但是另一方面，落地的國際事務所也必然需要仰賴在地訓練的律師，提供法律專業以及非法律的知識。而為求生存，國際事務所的分所也必須進入本地法律服務市場，與本土律師事務所競爭，終究逐漸成為在地所。美國律師事務所在積極擴張的同時，也擁抱在地化；[84]從美國海外事務所的人事資料看來，百分之六十五的受雇律師是徹頭徹尾的在地律師，只有很少數的律師是美國ＪＤ出身，而這些ＪＤ多居合夥人位置。學者認為，這些移居海外者（expatriates）的真正角色未必跟法律相關，而可能是社會化的功能，[85]一方面象徵美國律師事務所的招牌，一方面也管理、運行美國法律實踐（American approach to legal practices）。但這些事務所的主幹，仍然是由在地律師組成。

近期，學界對全球化的注意力也開始轉向新興市場，尤其是人口眾多而經濟成長快速的印度、巴西與中國。這一系列的提問是：新興市場的律師業如何受到全球化的影響？而律師又怎麼回應這個全球化市場的需求——怎麼建構專業能力（build capacity）？怎麼擴張、怎麼停滯？

首先，律師業的成長當然是因為國際企業進入新興市場——市場開放通常伴隨著內國經濟自由化政策，因此也可能同時出現大規模私有化，都是法律服務市場成長的動力。最明顯的變化是律師事務所變多、變大，而律師專業能力提升也隨即發生。一開始，在地的律師事務所多只是擔任在地協力者的角色，如在國際企業併購在地公司時，買方由國際律師事務所代表，國內律師事務所打下手，依當地法規審酌可執行性，並且協助盡職查證（due diligence）。不過，隨著時間過去，在地律師的能力成長，而國際企業也逐漸熟悉在地脈絡，在後續的交易中也可能直接聘雇當地律師所。國際事務所的分所與在地所的界線可能變得模糊，[86] 而國際所的分所也會在當地陷入瓶頸。[87]

其次，全球化為新興市場帶來的影響不是平均的。市場本身的結構是導入外來強勢資

---

83 Glen Morgan & Sigrid Quack, *Global Networks or Global Firms? The Organizational Implications of the Internationalization of Law Firms*, *in* Multinationals, Institutions and the Construction of Transnational Practices: Convergence and Diversity in the Global Economy, 213–38 (C. Sánchez-Runde, Anthony Ferner & Javier Quintanilla eds., 2006).

84 Carole Silver, Nicole Phelan & Mikaela Rabinowitz, *Between Diffusion and Distinctiveness in Globalization: U.S. Law Firms Go Glocal*, 22 (January) Georgetown J. L. Ethics 1431 (2009).

85 同前註。

86 Sida Liu, *Globalization as Boundary-Blurring: International and Local Law Firms in China's Corporate Law Market*, 42 (4) L. & Soc. Rev. 771 (2008)。但值得注意的是，印度並未發生這個現象。

87 Rachel Stern & Su Li, *The Outpost Office: How International Law Firms Approach the China Market*, 41(1) L. & Soc. Inquiry 184 (2016).

本影響力的管道。一方面，傳統法律菁英仍然很有優勢，全球化未必會建立一批新的法律菁英。例如，巴西律師業在一九九〇到二〇一〇年代出現了劇烈的成長，確實是引致於九〇年代開始的經濟自由化，但是，巴西傳統的法律菁英在這波浪潮當中轉換、適應得相當良好，目前巴西最頂尖的十個律師事務所當中，有八間成立於九〇年代之前。[88] 另一方面，不同層級的在地律師事務所所能接觸到的跨界商務業務是不同的，也會造成不同的發展路徑。以印度為例，外國資本進入內國市場的各項業務集中在某些頂級內國大所手上；但是，隨著印度經濟成長，內國的企業也逐漸向外移動，這些企業卻步於頂級大所的高額收費，傾向於中型律師事務所合作。新興市場反向輸出的業務，反而會支持中等級的律師事務所成長。[89]

此外，在世紀之交還有另外一個不可忽視的變化，即會計師事務所跨足搶食律師生意，成立整合型的專業服務機構（multidisciplinary professional service firms），對律師造成極大的威脅與挑戰。[90] 一九九〇年代，五大會計事務所——安達信（Arthur Andersen）、畢馬威（KPMG）、安永（Ernst & Young, EY）、普華永道（Pricewater house Coopers, PwC）、德勤（Deloitte Touche Tohmatsu）——積極擴張進入法律服務市場，並在歐洲取得相當成功。不過，二〇〇一年的金融危機揭開了一系列會計事務所的醜聞，安達信自願停業，美國也立法限制會計事務所提供非審計服務。即便如此，研究美國市場的學者發現，會計師事務所過去十餘年來的發展仍然有過之而無不及，有三大趨勢：第一，業務持續擴張，從稅務諮詢服務擴張到一般商務服務，區域涵蓋範圍也超越歐洲。第二，把法律業務整合進入「多元專業服務」（multidisciplinary practice）當中，為客戶提供新穎的商務服務。第三，四大會計事務所的法律專業全球可見度越來越高。

四大成功跨足法律服務市場的原因可以歸納成下述幾項。[91] 第一，法律規範有落差。以美國為例，雖然通過沙賓法案，但是很難真正定位四大的問題，而且實務上也很少處罰；最關鍵的是，四大有能力把法律服務賣給那些非審計客戶的公司——而沙賓法案並未禁止

---

88 Luciana Gross Cunha, Daniela Monteiro Gabbay, José Garcez Ghirardi, David Trubek & David Wilkins (eds), The Brazilian Legal Profession in the Age of Globalization: The Rise of the Corporate Legal Sector and Its Impact on Lawyers and Society (Cambridge: Cambridge University Press, 2018).

89 Umakanth Varottil, *The Impact of Globalization and Cross-Border Mergers and Acquisitions on the Indian Legal Profession*, *in* The Indian Legal Profession in the Age of Globalization: The Rise of the Corporate Legal Sector and Its Impact on Lawyers and Society, 170–213 (Vikramaditya S. Khanna, David M. Trubek, and David B. Wilkins eds., 2017).

90 David Wilkins & Maria J. Estenban Ferrer, *The Integration of Law into Global Business Solutions: The Rise, Transformation, and Potential Future of the Big Four Accountancy Networks in the Global Legal Services Market*, 43(3) L. & Soc. Inquiry 981 (2018).

91 同前註。

此事。第二，律師本身也難以防禦會計師事務所長驅直入；一方面是律師對商務活動沒有那麼敏感，對快速變遷的市場回應不如會計師；另一方面，在國際上一直有「去管制」（de-regulation）的趨勢（如英國的二〇〇七年法案），傾向更加開放法律執業，這也給了會計師機會搶入法律服務市場。第三，法律服務市場是快速成長的大餅。在二〇〇五至二〇一四年間，法律服務市場的成長（百分之七十二）是審計市場的三倍。會計師事務所發展出的整合性服務有優勢——整合法律，商務，科技，流程管理與人才培訓——似乎很能夠說服商業客戶。相較於國際律師事務所，一直面對跨國、跨管轄權的管理問題，即難以提供一致的法律服務品質。總而言之，會計師在這場全球的專業服務（professional services）爭霸戰當中，依舊是律師的強敵。

從台灣建構理論，以「世界規格」理解台灣

從現代生活經驗出發，律師是現代社會、政治、市場運作中，不可或缺的專業人士。對台灣的法學社群與法律專業工作者來說，律師研究則是充滿可能性的研究空間：首先，百餘年來，台灣律師與台灣現代國家、資本市場的建立，息息相關。法律史學社群以國家為中心的分析，已經為律師研究打下穩固的基礎；若將研究焦點轉向市場，也已有優異的

前導性研究，關注戰後台灣經濟如何與經貿法律體係互動。[92] 無論是「律師與國家」，或者是「律師與市場」，戰前戰後的台灣都還有很多經驗研究的空間，也很有重大理論貢獻的潛能。其次，世紀之交，我國律師經歷了劇烈的成長與變化。國內的變化包括：律師人數的數量、組成有很大不同，律師所面臨的市場樣態、法院環境也質量迥異。例如，法律扶助基金會的成立，對法律服務市場的影響就相當巨大。國外的變化則包括：中國市場崛起所引發的區域整合，台灣半導體業成為全球龍頭，乃至於近幾年中美關係大變，其中都有法律（如專利）與律師（如法務）扮演關鍵角色。

本文介紹諸多文獻，展現現今學界的知識地圖（及其邊界），讓台灣律師幫助全世界更推進關於法律職業的知識。例如，為了服務台灣企業發展，法律專利布局成為商務發展策略的重中之重。中美關係降溫，全球產業鍊重整，對亞洲法律服務市場變遷有何影響——而台灣又如何受牽連？事實上，台灣半導體業在國際政治中成為重要棋子，律師如何協助企業與國家調理政治、財務、法律風險，將是極具影響力的研究課題。

另一方面，面對本土，認識自己，從理論了解職業的核心要素——了解律師究竟如何「是」一個專業的職業——幫助我們了解律師的職業發展，為現實處境帶來洞見。例如，近

92　參見陳維曾，同註56。

來律師界覺得競爭激烈、市場飽和，其實未必不可從職業社會學家阿伯特的管轄衝突來理解：律師發展的關鍵不在於律師本身，而是律師所宣稱的管轄如何變化，尤其是管轄如何衝突、推擠。律師在傳統訴訟領域已經有非常穩固的管轄權，但還有很廣大的江湖，等著律師開拓。在商務管理與決策上，可以進一步獲得企業客戶的信任；在房地產交易上，也可能可以建構比房仲、土地代書、不動產經紀人更強的交易監督正當性——這些關於財產與商業的「問題」，其實都有其主觀面向，可以由律師進入建構，建構處理問題的正當性。

律師是穿梭在國家與市場間的活躍行動者，透過律師研究，可以窺得政治、社會、市場的變化與發展。從法律規範／制度轉往行動與現象，尤其是此二者的來回互動，是法與社會學界的核心關懷——而在其中反覆穿越的，正是律師。律師研究迷人之處與巨大潛力，於此可見。

8

打造理想檢察官
從法律職業系統的角度觀看

簡士淳

美國克里夫蘭州立大學法學院助理教授，研究領域為刑法、刑事訴訟法、證據法、律師倫理、法與社會。

失控的檢察官

二〇二二年五月二十四日，我收到了一通來自史丹佛大學法學院「三振計畫」（Three Strikes Program）主持律師的來電，告知多年前我曾協助處理的L先生案件後續。洛杉磯地方法院法官終於同意對L先生的刑期進行改判，認定釋放年過六十的L先生，並不會致生公眾安全之不合理風險。「L先生將在近期被釋放，恭喜你！」主持律師在電話中對我說道。

L先生？我一時未能想起，於是掛上電話後，立刻翻找當年所負責美國加州「三振法」案件的資料，回想起了這件自己首次處理的美國刑事司法案件。[1] 本案是當年筆者在學時，所處理因美國加州三振法改革法案——第三十六號法案（Proposition 36）而得以向法院訴請改判的案件之一。這個案件讓筆者在處理過程中印象極為深刻：不僅因L先生的卷宗甚為繁雜，更是因為本案雖然符合改判之形式要件，然因L先生過往前科甚多，要說服相對保守的該郡法官同意改判，絕非易事。

當年我在詳讀L先生的刑案紀錄後，即對於L先生的遭遇印象深刻。二〇〇五年，L先生因持有毒品而被逮捕，但因L先生無力支付保釋金，必須在監獄中等待審判。某夜，獄方人員執行突襲檢查時，L先生驚醒後未立即按照獄方人員的指示，將雙手置於頭部後方（而是將手置於背後），獄方人員因此認定L先生動作為敵意挑釁，將L先生迅速壓制在地，並以束帶反綁其雙手雙腳。最後，雖然獄方人員並未在L先生身上發現違禁品，但L先生卻被檢察官以妨害公務罪名起訴。諷刺的是，L先生涉嫌持有毒品的罪名最後經法院認定無罪，但檢察官嗣後起訴之妨害公務罪名，卻仍以加州三振法求刑，導致L先生最終遭到「三振出局」而被判處終身監禁。

自二〇一五年以來，洛杉磯地區檢察官辦公室始終反對改判L先生刑度，該案因而難有實質進展。如今能成功改判，其實是受惠於近年來美國檢察官改革浪潮（progressive prosecutor movement）。[2] 二〇二〇年當選洛杉磯地區檢察官辦公室檢察長的賈斯康（George Gascon）為舊金山地區檢察官辦公室前任檢察長，於任職舊金山期間即有不少創新之改革作為，[3] 在

1　加州三振法最大特色在於其嚴厲屬性：根據該法，只要犯罪人有三振法定義下的犯罪紀錄（prior strikes），且第三次犯行屬於重罪（不論其是否屬於嚴重或暴力性質），就可能被判處終身監禁而「三振出局」，至少須服刑二十五年以上方可聲請假釋；與美國其他州相較，加州如此嚴苛之立法亦屬罕見。

2　相關介紹參見：Angela J. Davis, *The Progressive Prosecutor: An Imperative for Criminal Justice Reform*, 87 Fordham L. Rev. 8 (2018); Kim Taylor-Thompson &Anthony C. Thompson eds.,Progressive Prosecution: Race and Reform in Criminal Justice (New York: NYU Press, 2022)。亦有論者嘗試對改革派檢察官進行類型化分析，參見：Benjamin Levin, *Imagining the Progressive Prosecutor*, 105 Minn. L. Rev. 1415 (2021).

3　筆者曾於賈斯康在舊金山地檢署所創設之犯罪策略組（crime strategies unit）服務，第一線執行賈斯康辦公室所推

執掌洛杉磯地檢署後，更大力推動檢察與獄政改革。L先生的案件能在二〇二一年獲改判，實源於賈斯康辦公室改變內部政策（internal policy）之故。

從L先生的案件可看出，於美國刑事司法制度下，檢察官權力幾乎不受制衡。[4] 筆者經常思考，如果警察一開始就沒有以持有毒品的罪名逮捕L先生，他還會犯下導致他終身監禁的妨害公務罪嗎？L先生僅因為無法支付保釋金，就必須遭拘禁，這個制度合理嗎？承辦檢察官在調查、起訴過程中，是否充分了解L先生的成長背景與家庭環境？又檢察官以三振法起訴L先生時，是否有考慮過其他可能選項？此外，本案也突顯出美國刑事案件處置方式，往往取決於各地檢察長所青睞之政策與承辦檢察官個人當下決斷，而非事前客觀之法律規範或是職業倫理準則，且法院也極少介入審查檢察官起訴與不起訴之決定。在這樣的刑事司法體制下，「失控的檢察官」將可毫無忌憚地行使其權力。有學者更指出，美國檢察體制會「汙化」每一位進入體系內工作之人；即便是充滿改革理想的年輕學子，在成為檢察官後，不久亦將淪為既有體制擁護者。[5]

令筆者感到好奇的是，檢察系統究竟是以什麼樣的方式，吸引並篩選「對的人」進入體制，並在這些人成為檢察官後，再進一步「同化」這些人？此外，賈斯康此等具有改革理想的民選檢察長在上任後，是否能由體制內做出顛覆性的改變？

為了撥開檢察系統的神祕面紗，筆者在攻讀博士學位時，便在加州兩個地區檢察官辦公室工作，並且與美國刑事司法改革組織「公平與公正之檢訴」（Fair and Just Prosecution, FJP）[6]合作，執行多項實證研究計畫。本章將概述筆者在相關研究中，如何從檢察官之角度探討檢察官專業社會化（professional socialization）與組織社會化（organizational socialization）之歷程，進而釐清「理想檢察官」（ideal prosecutor）典範如何被塑造與內化。透過台灣、美國之跨域比較路徑，將檢察系統置於法律職業（legal profession）理論框架中，探索檢察改革之可能方向與將面臨之阻礙。

近年台灣與美國均掀起刑事司法改革浪潮，當中尤以檢察改革最受關注，但改革倡議

動的各項創新檢察改革，其中尤以辦公室對於大數據的使用，最讓人印象深刻。有關美國檢察官使用大數據之介紹與規範問題，參見：Andrew Guthrie Ferguson, *Big Data Prosecution & Brady*, 67 UCLA L. Rev. 4 (2020).

4 論者經常將美國檢察官形容為「刑事司法系統中最有權力之行動者」，參見：Angela J. Davis, *In Search of Racial Justice: The Role of the Prosecutor*, 16 N.Y.U. J. Legis. & Pub. Pol'y 821, 823 (2013); Erik Luna & Marianne Wade eds., The Prosecutor in Transnational Perspective 189, 190 (Oxford: Oxford University Press, 2012); David A. Sklansky, *The Problems with Prosecutors*, 1 Ann. Rev. Criminology 451, 456 (2018)。亦有從普通法跨法域比較之觀點，探討美國檢察官在「民主」與「分權」價值的護衛下，所擁有的廣泛權力，參見：Darryl K. Brown, Free Market Criminal Justice: How Democracy and Laissez Faire Undermine the Rule of Law 25- 59 (Oxford: Oxford University Press, 2016).

5 Abbe Smith, *Can You Be a Good Person and a Good Prosecutor?*, 14 Geo. J. Legal Ethics 355, 396 (2001).

6 該組織之介紹參見：https://fairandjustprosecution.org.

方向多著墨於檢察制度實務運作、組織結構，或檢察權規範意涵等抽象法規制度分析，而較少觸及個別檢察官如何建構其職業身分之思考，特別是個別檢察官面對整體司法與社會結構之壓制、抵抗、接受之過程，此為筆者研究所希冀補足的一塊拼圖。畢竟，檢察系統中的個人如何塑造、區隔檢察官個人與群體之身分認同，攸關檢察政策之形成與落實，深富研究意義；是本章擬以台灣與美國檢察系統作為實證研究之對象，並輔以筆者於美國地區檢察官辦公室之實務經驗，深入解析檢察官此職業之生命歷程，探討個別檢察官如何自我定位？如何詮釋、反思其權力特性與角色？乃至如何與其他檢察官暨刑事司法參與者（包括法官、律師、執法人員、媒體、司法改革參與者等）互動折衝？在前揭基礎上，筆者並擬以比較法之視角，重新檢視檢察制度改革之理論與展望，並提出台灣案例研究對於建構跨域檢察理論之潛在貢獻。

除此之外，筆者希望以社會科學之實證研究方法，探索「普羅」檢察官之職業日常。此種研究取材方法，有別於著重在少數「檢察菁英」之媒體報導、個人回憶錄、或是以關鍵歷史事件為討論核心之學術文獻；筆者的研究側重在描述檢察系統之日常運行，並思索其中之理論意涵。[7]

檢察系統作為法律職業系統的一環：四個觀察基點

筆者的研究取徑，源於四個觀察基點：（一）檢察職業並非閉鎖系統；（二）法律職業研究提供檢察研究必要之研究方法與理論基礎；（三）並不存在「單一」檢察系統；（四）「理想檢察官」的形塑具有動態多元之性質。以下說明之：

◎第一：檢察職業並非閉鎖系統

法學院學生在學時即會考慮不同的職涯，法律職業系統在此階段必須競逐人才，其競逐並受到系統資源、薪資、職業地位、工作內容、組織文化與將來晉升機會等因素影響。舉例而言，長期以來美國法學院學生，特別是少數族裔學生，對助理地區檢察官（Assistant

7 這種研究方法在美國學界已累積豐碩成果，例如：Steve Bogira, Courtroom 302: A Year Behind the Scenes in an American Criminal Courthouse (New York: Vintage Books, 2005); Nicole Gonzalez Van Cleve, Crook County: Racism and Injustice in America's Largest Criminal Court (Stanford: Stanford University Press, 2017)。此外，除了學術研究，此方法也經常被用於大眾媒體，近期較為有名的例子，是Podcast節目*Serial*的第三季，該節目組花了一年的時間，在筆者任教的美國俄亥俄州克里夫蘭市，觀察法院系統日常運作之不同面向，並透過精湛的敘事技巧，描繪出尋常案件中發人深省的故事。

District Attorney）的職位不感興趣，因此論者經常批評美國檢察官系統缺乏多元與包容價值。[8]

即便在檢察系統成功招攬新進人員後，系統間的競逐關係依舊持續。目前台灣與美國檢察體系面臨的其中一個挑戰，即是如何留住優秀或具有改革理想的青壯年檢察官。此外，檢察系統也可能受到來自外部的「入侵」（intrusion）：近年來美國地區檢察長選舉有越來越多無檢察經驗之辯護律師勝出，並在就職後大力推動地檢署內部改革，設立新政策且嘗試改變檢察署文化，許多更聘任前辯護律師為辦公室之領導階層或基層檢察官，某些辦公室甚至出現半數以上檢察官離職之「大換血」現象。費城地區檢察長克拉斯納（Larry Krasner）與舊金山地區前檢察長博徹思（Chesa Boudin）係最有名之例。[9] 有評論者即形容這些檢察長實質上是「披著檢察官皮的辯護律師」。

對比於美國，台灣檢察職業系統相對閉鎖，近代基於西方國家權力分立與制衡理念設計下的檢察職業，實屬於舶來品；檢察官之身分認同與民眾心中往往仍存留傳統上帶有官僚色彩之父母官與糾問官的檢察官形象。也因此，台灣檢察官的職業生涯設計，從考用訓練到職涯發展均帶有官僚體制下的高度封閉性。即便如此，每年依舊有檢察官轉任法官或離職，也偶有律師轉任檢察官的情形。但每當有資深檢察官選擇離職而改從事律師工作，檢察系統內部即會出現高度不安，甚至擔憂會有「出走潮」現象。[10] 其實，檢察官的離職是任何法律職業系統必然之現象，法職業系統彼此間的流動有時亦能替改革創造動能；若無檢察官願意離職轉換跑道，除了表示此職業系統極為僵固，其人力資源無法成為其他法律職業系統之資本（capital），且職業系統間也將難以溝通合作。

◎第二：法律職業研究提供了必要之研究方法與理論基礎

長期以來，法律職業研究已累積豐富的實證研究成果與理論框架，而以社會科學方法（無論是質性或量化研究）分析檢察系統中各個子系統之形成、演化與轉變，無論在美國或台灣，都仍屬於初創階段，[11] 因此，檢察研究更應持續與法律職業研究之學術社群進行對話，

8 關於其成因，參見：Shih-Chun Steven Chien & Stephen Daniels, *Who Wants to be a Prosecutor? And Why Care? Law Students' Career Aspirations and Reform Prosecutors' Goals*, 65 Howard L.J. 173 (2022).

9 博徹思作為此波檢察改革浪潮引領人之一，卻在二〇二二年六月，遭到舊金山選民以近六成選票罷免而遭撤職。近期於佛羅里達州亦有支持改革之檢察長遭到州長罷黜之例子，參見：https://www.themarshallproject.org/2022/12/03/prosecutorial-discretion-texas-immigration-florida（最後瀏覽日：二〇二三年四月五日）。

10 李若雯，「再做下去我會死在這份工作上！」買不起房又過勞，檢察官爆出走潮，天下雜誌，二〇二二年十月。

11 相關實證研究可參考：Anna Offit, *Prosecuting in the Shadow of the Jury*, 113 Nw. U. L. Rev. 1071 (2019); Kay Levine & Ronald Wright, *Prosecution in 3-D*, 102 J. Crim. L. & Criminology 1119 (2012); Ronald Wright et al., *The Many Faces of Prosecution*, 1 Stan. J. Crim. L. & Pol'y 27 (2014); Ronald Wright & Marc Miller, *The Screening/Bargaining Tradeoff*, 55 Stan. L. Rev. 29, 30-35 (2002).

並發展其自身理論知識框架。[12]

美國法律職業理論與研究已有相當成果，其中又以美國律師基金會（American Bar Foundation, ABF）多年來對於律師職業的研究最受學界矚目。該機構在美國前大法官傑克生（Robert H. Jackson）的建議下，於一九五三年開始對美國刑事司法體制進行一系列實證研究計畫，影響了美國近代刑事司法研究、教學與政策。[13]研究人員使用田野觀察與訪談方法，將刑事司法作為一個交互串連之系統研究，分析刑事司法系統中重要參與者（包括檢察官、法官、警察等）行使裁量權之過程，奠定了美國法與社會研究的基石。[14]然而，由於該研究成果於一九六〇年代中後期陸續出版時，美國的政治與社會氛圍已逐漸轉為以嚴刑峻法為導向，因而在一九七〇與八〇年代後，該研究的重要性逐漸遭到忽略。即便如此，該研究所使用的方法與社會科學理論仍持續被ABF學者廣泛運用在研究法律職業與法的日常運行，其中尤以After the JD研究最為著名：ABF研究團隊針對特定美國執業律師群體，進行長達數十年的追蹤式研究。

依此，筆者依循ABF學術傳統，嘗試透過個別檢察官訪談，分析台美檢察官如何詮釋其生涯目標、自我認知、專業形象等議題，並從社會化之理論視角分析檢察制度中的權力結構與人際互動機制，特別是法律職業系統於形塑檢察官角色時如何同時進行「劃界」（boundary making）作用，進而建構檢察官職業場域之語境、舞台與感察力（sense）。

◎第三：並不存在「單一」檢察系統

考量當前各國檢察制度之實證研究仍以美國與歐洲各國為主，除日本外，東亞各國檢察制度研究仍屬鳳毛麟角，於主流英語文獻更付之闕如，故有必要拓展歐美以外之研究範圍。[15] 台灣刑事司法制度之現代化為英美法與歐陸法多元鑲嵌之成果，在此體制下發展出之檢察系統實屬跨國檢察制度比較文獻之寶貴案例，更具研究價值。[16]

---

12 美國早期對於刑事司法職業系統所進行的實證研究，參見：Lawrence P. Tiffany et al., Detection of Crime: Stopping and Questioning, Search and Seizure, Encouragement and Entrapment (Boston: Little, Brown and Company, 1967); Wayne R. LaFave, Arrest: The Decision to Take a Suspect into Custody (Boston: Little, Brown and Company, 1965).

13 American Bar Foundation, The Administration of Criminal Justice in the United States: Plan for a Survey (Chicago: American Bar Foundation, 1955); American Bar Foundation, Survey of the Administration of Criminal Justice in the United States: History and Status Report (Chicago: American Bar Foundation, 1959).

14 有關檢察官部分的研究成果，參見：Frank W. Miller, Prosecution: The Decision to Charge a Suspect with a Crime (Boston: Little, Brown and Company, 1970)。該書對於檢察官起訴與不起訴裁量權的行使，有深入地描述並且將之類型化。

15 David T. Johnson, The Japanese Way of Justice: Prosecuting Crime in Japan (Oxford: Oxford University Press, 2002); Erik Luna & Marianne Wade eds., The Prosecutor in Transnational Perspective (Oxford: Oxford University Press, 2012).

16 王泰升，臺灣法律現代化歷程：從「內地延長」到「自主繼受」，台北：台大出版中心，頁一七三～一七七，二〇

在進行多法域之比較討論時，研究者經常做出過度概化之論述（例如聲稱德國檢察官有乘載著客觀義務，而美國檢察官則沒有；[17] 或是聲稱台灣檢察官主導偵查活動，而美國檢察官則重在公訴法庭活動等過度片面主張）。實則，檢察系統是由多個次級場域（sub-domain）構築而成，每一個次級場域有其獨特的權力結構、次文化系譜與專門知識，因此對於檢察官職業身分的意涵，亦會產出不同詮釋。且場域彼此間的劃界是在不斷衝突、折衝、抵抗、調和與消亡的過程中形成，此動態平衡對於理解人員的跨界流動（升遷、調組、職務更動，甚至被「拉黑」等），具有重要意義。[18] 也因此，筆者認為，在進行檢察官的跨域比較時，除了從法制度與功能層面上進行分析，亦必須探究檢察官身分之塑造與法律職業結構層面之異同，以及檢察系統中個場域彼此間的關係。

◎第四：「理想檢察官」的形塑具有動態多元之性質

既然各法域的檢察系統乃由多重次級場域所構築，理想檢察官的描述自然不會僅有單一模式。在探討理想檢察官的圖像時，可經由「外部」與「內部」兩種不同觀察基點切入。外部觀點可能包含一般民眾、媒體、學者、政治人物或非檢察官之法律人，對於檢察官的理解與期待，例如台灣民間傳統對於具有父母官特質的「包青天式」檢察官描述。內部觀點則是從檢察官們的自我敘事與參與觀察出發，描述檢察官對所從事職業之身分認同、期待與掙扎。[19]台灣長期以來對於檢察官的研究與討論多以外部（且帶有濃厚規範色彩）的角度切入，欠缺內部觀點。舉例而言，司法改革國是會議中，有關檢察官功能與職權的討論，即充斥著來自非檢察官的外部觀點，而未充分與檢察官自我的認知對話。

內部觀點則又可分為檢察組織由上至下所形塑的「官方樣板」，與檢察官自我對於職業功能本質的認知、信念與憧憬。[20]例如台灣檢察官長久以來對於理想檢察官的描述，多半著

一五年八月。

17 筆者認為，美國檢察官面臨的最大問題，並非其在規範論上不具客觀義務，而是在政治性與對抗性過強的體制設計下，檢察官所應具備的多重身分，難以被實現。晚近美國許多檢察改革都是希望弱化其職業的對抗色彩，強化檢察官在偵查、起訴與定罪後階段所應具備之客觀中立角色。關於美國檢察官之倫理規範，參見：Peter A. Joy & Kevin C. McMunigal, Do No Wrong: Ethics for Prosecutors and Defenders (Chicago: American Bar Association, 2009).

18 法律人才的流動性（mobility）一直是法律職業研究中之重要議題，然而就筆者所知，目前尚無針對檢察官職業流動性之實證研究。

19 例如：美國學者有以內部觀點研究檢察官的職涯動機（career motivation），參見：Ronald F Wright & Kay L. Levine, *Career Motivations of State Prosecutors*, 86 Geo. Wash. L. Rev. 1667 (2018).

20 內部觀點的敘事與自我展演常見於檢察官自傳式的論述，可參閱：法務部檢察司，檢察故事，台北：法務部檢察司，二〇一一年一月；蔡沛琪，檢察故事系列二：沉默之聲，台北：法務部檢察司，二〇一五年十二月。其中也有彰顯檢察系統內部觀點間衝突與矛盾的精彩論述，參見：吳忻穎，扭曲的正義：檢察官面對的殘酷真相，走向崩潰的檢警與媒體，新北：聯經出版，二〇二一年三月。

重在所謂能夠「辦大案」的檢察官；但亦有認為，在健全的檢察系統下檢察官應當具有「偵查組」、「特偵組」與「公訴組」等「三種臉譜」。[21]

筆者認為，檢察改革必須同時納入上述兩種觀點的討論，理想檢察官的塑造方得以在兩種敘事交疊鑲嵌下逐步形成；而社會對於理想檢察官的期待則必須經過溝通與內化，才能影響檢察官對於自我形象的理解。此外，除了上述兩種觀察基點，理想檢察官圖像也同時受到「時間」與「空間」兩變量的影響。

以時間變量而言，理想檢察官圖像會隨著政治、社會與法律環境的更迭而轉變。以美國檢察官為例，長期以來對於理想檢察官的理解是以案件勝訴作為評斷標準；換言之，好的檢察官等同於法庭上的常勝軍，這也是為何在許多美國檢察署中仍可看到每位檢察官陪審案件勝敗紀錄的公布欄，而「沒有能力」的檢察官通常會被分派到幾乎不會有陪審案件的組別。但隨著晚近來自外部檢察改革的聲浪與政治氛圍，許多檢察署開始推動內部文化的改革，希望能根除長久以來以勝訴為唯一標準的理想檢察官圖像，而改以族裔正義（racial justice）、平權等議題內化到理想檢察官的理解。許多法學院學子想成為檢察官的理由，也不再是單純希望獲得陪審訴訟經驗，更多展現出希望改變美國刑事司法制度的期待。

至於空間變量對於理想檢察官圖像的影響則可以台灣檢察官為例：檢察官的工作內容與性質，會因所處地檢署、分派組別、案件內容、合作單位等因素而有不同。例如偵查組的理想檢察官圖像與公訴組理想檢察官圖像即有不同，承辦組織案件或毒品案件的檢察官對於理想檢察官的描述，也會不同於辦理貪瀆案件的檢察官。這種差異甚至會因為檢察官所身處的樓層，而有所不同。[22]

既然理想檢察官的構成如此多元，如只是以既有的理論與研究方法單一切入，往往會產生現實落差與觀察偏誤。例如美國學者運用傳統社會化理論（socialization theory）與單次訪談之研究方法，研究檢察官自我身分認同與職業態度，假定了個人線性、單元式的轉變，即無法說明檢察官可能經歷交疊、多元或循環式的轉變；而單次訪談則僅能捕捉斷點式的圖像，無法對檢察官的職業生涯變化做出長期的觀察。

台灣檢察官：多場域競逐下的職業生態系統與圖像

台美兩國刑事司法體制雖大相逕庭，然而無論台灣或美國，檢察官均握有相當程度權

21　陳瑞仁，執法所思：陳瑞仁檢察官的司改札記，台北：商周出版，頁二四八～四九，二〇一四年四月。

22　蔡碧玉，司法之路：法律的生涯探索與抉擇，台北：元照出版，頁一八，二〇一九年八月。該文指出，台北地檢署四樓，「象徵檢察官升遷的必經路徑，檢察官們的辦公室如果從五樓換到四樓，在許多人的心理層面上也會感覺離自己盼望的目標進了些。」

力，成為近年法學界乃至社會大眾注目焦點。論者多指出檢察官權力欠缺有效之問責與制衡監督機制，並試圖透過外部司法改革、輿論壓力、內部改革派檢察官動員等方式，形成改革檢察系統之動能。[23]

以台灣一九九九年、二〇一七年兩次全國司法改革國是會議為背景，可以看出台灣檢察系統改革深植於「理想檢察官」的典範塑造，但該典範是不同社群系統相互作用與衝突下之產物，且必須結合對於職業社會化與組織生態（organization ecology）等議題之討論，始能深入問題核心。以組織社會學與文化社會學作為基礎，我們可以進一步了解不同社群觀點如何理解檢察官於民主社會下應扮演之角色，並得以個別檢察官職業社會化之經驗為核心，剖析個別檢察官在不同職涯階段（新進檢察官、公訴檢察官、中生代檢察官、管理階層）對於所處職業系統之意義建構（sense-making），乃至於檢察官對於不同價值系統之解構、重組與內化過程。此等以個別檢察官視角為出發之實證研究，在檢察系統比較法研究文獻中，仍屬極為缺乏之一塊，因而深富研究意義。[24]

筆者於二〇一五年十一月至二〇一九年二月期間，陸續訪談於台灣七十二位在職檢察官、十二位退役檢察官、四十三位警察與調查局人員、二十位刑事辯護律師、十位司法線記者；受訪檢察官之年資橫跨近四十年，最資深者為司法官訓練所（現已改名為司法官學院）第十五期畢業之資深檢察官（一九七八年結業），最資淺者為第五十五期畢業（二〇一六年結業）。多數檢察官與筆者皆有長期之接觸，因而得以進行多次不同時期之訪談。除正式訪談外，筆者也親身進行系列參與觀察（包括法庭活動、正式會議與大量非正式聚會等），並蒐集各類文本資料（例如地檢署職務分配規則、考評要點、檢察行政事務規劃、會議資料、被害人家屬書信、案件史料等）。

以下筆者將台灣檢察系統視為整體法律職業生態系統之一環，以職業系統建構之三大要素即「職業者」（actor）、「獨占之各專業場域」（professional domains）、「官僚組織」（bureaucratic organization）為核心，探討個別檢察官在進入此職業系統後產生之身分認同影響與轉變。在此基礎上，筆者將說明職業社會化理論架構，並據該理論指出檢察系統改革困難之處，在於檢察職業系統實可分為不同次級場域，各次級場域存在不同權力結構與文化系譜，且參與者經常處於相互競奪場域合法管轄權（legitimate jurisdiction）之關係。本章主張，惟有深入探討檢察官於其職涯過程中，歷經各次級場域之社會化經驗如何再製檢察官內部文化，始

23 Bruce A. Green & Rebecca Roiphe, *When Prosecutors Politick: Progressive Law Enforcers Then and Now*, 110 J. Crim. L. & Criminology 719, 739–741 (2020).

24 美國檢察系統之實證研究，可參考：Kay L. Levine & Ronald F. Wright, *Prosecution in 3-D*, 102 J. Crim. L. & Criminology (2012); Kay L. Levine & Ronald F. Wright, *Images and Allusions in Prosecutors' Morality Tales*, 5 Va. J. Crim. L. 38 (2017).

能針對檢察系統提出有效可行之改革方案。

台灣刑事司法體制乃是各國法制度多元鑲嵌之結果，在論述台灣檢察官職業身分多重形塑歷程時，特別是檢察系統推動「改良式當事人進行主義」改革時所採取之手段與策略，即應留意外國檢察官、律師在台灣司法系統修建時所扮演之角色。透過台美比較檢察法制之視角，更可彰顯出台灣檢察官訓練與入職過程之獨特性，及因此而生之地檢署組織管理難題；此與美國制度中，地檢署檢察長有權全面掌控檢察官入職徵選過程（recruitment and hiring process）有極大差異，也是本章探討台灣檢察官職業社會化歷程之重要基點。

◎檢察官之社會化歷程

在討論新進檢察官之社會化經驗時，筆者認為應以契合度（goodness of fit）概念出發，解析檢察組織對於新進檢察官所設計之一系列階段性社會化機制。此歷程可歸整為三階段：入職與初接觸階段（entry and encounter stage）、衝突階段（conflict stage）、與蛻變階段（metamorphosis stage）。

新進檢察官在入職與初接觸階段的主要任務為逐步熟悉偵查實務之工作內容，並以此調適自我認知與期待，且與同輩以及學長姊建立相互支持之社交網絡系統；前揭任務對於新進檢察官取得內部資訊，並建立對於檢察系統之初步內化認同感等議題甚為重要。

到了衝突階段，新進檢察官開始逐步了解其工作內容帶有隱蔽後台（backstage）成分，特別是在與警察及調查局人員或媒體互動時，部分新進檢察官甚至會產生現實震撼（reality shock）。新進檢察官為避免衝突，往往必須逐步放下對於既有價值之堅持，並學習接受法秩序之模糊地帶，以求在職業倫理與工作便利間取得平衡。

在蛻變階段，新進檢察官則開始尋求、接受進而內化「合宜解決方案」，也就是檢察官與上級主管或其他機關組織間的固定互動模式，例如尋找「適當」之發查、核退與交辦時機，以兼顧警察辦案績效之需求，或於特定時點將辦案消息提供給媒體之類。在龐大案量壓力與嚴密績效管考制度下，檢察官必須能找到案件處理效能與個案正義間之合理停損點。[25]

若對比美國地區檢察官辦公室新進檢察官之社會化經驗（例如美國實證研究觀察出的「年輕檢察官症候群」〔young prosecutors' syndrome〕）[26]，可以看出台美兩地新進檢察官在社會化經驗與建構職業身分認同上之差異。美國由於其兩造對抗制的訴訟結構以及檢察文化，新進檢察官多半希望藉由法庭活動之活躍表現（以及勝訴率）證明本身能力，且由於缺乏有

25 某受訪台灣檢察官即以「碎紙機」形容自己之處境。

26 相關實證研究請參見：Ronald F. Wright & Kay L. Levine, *The Cure for Young Prosecutor' Syndrome*, 56 Ariz. L. Rev. (2014).

系統的職前訓練，多數辦公室會透過組織規則限制新進檢察官之權限（例如由資深檢察官起訴，再將案件分配給新進檢察官進行公訴）。此外，相較於美國檢察官對其職業身分之明確劃界，[27] 台灣檢察官同時存有司法官與準行政官之雙重身分，而此雙重身分之內化、自我闡述，乃至衝突，對於台灣檢察官職業發展進程以及職業場域建構具有重要影響。

中生代檢察官之職業社會化議題甚少在文獻中被提及，蓋職業社會化議題之相關文獻多半著重在新進人員之社會化歷程，忽視了個人於組織系統內的社會化實屬動態且持續之過程，因此對資深人員的影響同樣不容小覷。在此思考下，筆者透過追蹤檢察官職涯發展，分析中生代檢察官獨有之社會化經驗。相較新進檢察官經歷明顯之階段性社會化，中生代檢察官之社會化較少見明確方向與來自科層組織之系統性指引，而側重於感察力形塑層面。

台灣檢察官職業晉升有著高度競爭關係，中生代檢察官多半嚮往有「辦大案」之機會。在此背景下，中生代檢察官必須學習運用自我感察力，並據此作為其行為指引。檢察組織正是透過塑造個別檢察官好的感察力（good sense），影響檢察官在「理想檢察官」模型下做出所謂合宜之決定，並得以在組織控制技術上跳脫傳統之官僚控制（bureaucratic control）技術（例如標準化、規章化、生產線模式、內部政策、考核制度、審查、上級指令、職務收取與移轉權、人事權等），而發展出一套非官僚控制（non-bureaucratic control）技術。申言之，檢察組織雖未介入個別檢察官之個案決策過程，但透過操控檢察官個案決策前提（premise），例如運用訊息控制（information control）與開放式溝通（open communication）等機制，最終仍可達到對於個案決策之隱晦操作。[28]

無論在美國或台灣學界，目前對於檢察組織管理系統之研究及改革對策，仍多聚焦於傳統官僚系統之科層技術，忽略前述檢察組織之非官僚控制技術的作用。深根於台灣的檢察實證研究，得以說明非官僚系統技術塑造檢察官感察力的過程，以及該塑造過程可能對檢察官獨立性、民主問責（democratic accountability）與監督、檢察體系公開透明（transparency）等價值所產生之侵蝕，以及來自外部檢察體系改革之難度。

針對管理階層檢察官之職業社會化經驗的論述，筆者延續上述之職業場域建構概念，指出管理階層檢察官所扮演之「中介者」（intermediaries）角色，是如何在檢察官職業場域發揮

---

27 美國檢察系統由於制度設計，本質上帶有濃厚政治性與對抗性，即便其身分要求必須公正客觀行使權力，檢察官卻難以掙脫自己作為當事人一造之行政官地位束縛。然而，有學者主張，應當透過組織設計之重新規畫，將檢察官所應具備的三重功能（即：偵查者、裁決者與對抗者）予以區分，藉此強調檢察官應扮演之中立客觀角色，參見：H. Richard Uviller, *The Neutral Prosecutor: The Obligation of Dispassion in a Passionate Dispute*, 68 Fordham L. Rev. 1695 (2000)。另有提出藉由功能區分而達到檢察系統內部制衡之見解，參見：Rachel E. Barkow, *Institutional Design and the Policing of Prosecutors: Lessons from Administrative Law*, 61 Stan. L. Rev. 869 (2009).

28 有關新形態檢察組織內部管控技術之討論，參見：William H. Simon, *The Organization of Prosecutorial Discretion*, *in* Prosecutors and Democracy: A Cross-National Study 175 (Maximo Langer & David A. Sklansky eds., 2017).

劃界作用。筆者認為，管理階層檢察官之社會化經驗，著重於中介技能（brokerage skills）的培養以及藉此達到訊息獨占（information domination）之優勢地位，並進而取得劃界商議（boundary negotiation）過程中之關鍵籌碼。

透過人際網絡理論中之結構洞理論（structural hole theory），筆者認為管理階層檢察官扮演雙重身分：社會化主體（agents of socialization）與社會化受體（recipients of socialization）。管理階層檢察官必須在個案承辦（case）、犯罪控制（crime）與社群公共關係（community）三領域中，藉由多重身分之轉換以及本身對於組織結構之熟練操作（例如與檢察組織系統進行技巧性脫耦〔decoupling〕、操控刑事案件之供給與需求鏈，或扮演資訊媒介者），占據結構洞之有利位置，並藉此成為感知力之製造者（sense makers），影響基層檢察官對於理想檢察官形象之認知，與組織內部文化之塑造。

對比於基層檢察官（line prosecutor）之社會化經驗，管理階層檢察官之社會化更富有個人性與主動性；且因為檢察職業活動場域多變，並帶有邊界跨越（boundary crossing）與邊界模糊（boundary blurring）之特質，形成管理階層檢察官社會化經驗之多樣臉譜。有別於既有文獻，筆者認為，管理階層檢察官權威（authority）並非源自於科層組織系統之結構位置，而源自個人於社會互動網絡中所占據之優勢地位、對於檢察職業場域之劃界能力，以及其他檢察官或外部參與者之認可（recognition）。

◎公訴檢察官

台灣檢察官多以偵查組檢察官的身分展開其職業生涯，並在數年後有機會前往公訴組「歷練」，任職一段時間後再轉至其他偵查組。公訴檢察官之議題，必須從一九九九年第一次全國司改國是會議帶來的改良式當事人進行主義之改革政策談起，該次會議對於公訴法庭活動此等職業場域之重新構築，以及公訴檢察官身分認同建構有著深遠的影響。[29]

二〇〇〇年以降，台灣多次透過立法引進美國刑事訴訟程序。學者王泰升便有如下觀察：「有別於台灣法學界之普遍地以德國法為尚……台灣社會在包括好萊塢電影等美國文化的強勢影響下，延續著戰後以來的崇美風氣，可能較為熟悉或欣賞的是美國的法制，因此在一九九〇年代民主化之後的台灣，立法上主動採取美國法上制度實不足為奇。」甚至可以說，美國法在台灣一般民眾心中具有十分「神聖」的地位。[30]

其中，美國司法程序中的當事人兩造對抗要素，對台灣刑事程序的影響尤其巨大。[31] 改

---

29 相關史料請參考：湯德宗、黃國昌主編，司法改革十週年的回顧與展望會議實錄，台北：新學林，二〇一〇年三月。

30 王泰升，同註16，頁一九一。

31 王泰升，同註16，頁一九五。此外，刑事訴訟法第九十五條告知義務的修正，則是受到美國最高法院歷史上最為著名的案件之一，一九六六年米蘭達訴亞利桑那州案（*Miranda v. Arizona*）與美國流行文化的影響。時任立法委

良式當事人進行主義引進台灣初期，台灣法界即面臨檢辯雙方於推行過程中之不適應與檢方排斥等問題。然而，當事人進行主義下的訴訟制度也為台灣法庭活動注入了一股全新的能量。在實施「檢察官專責全程到庭實行公訴」之際，法務部多次邀請外國律師、檢察官至台灣進行講習及訓練活動，例如美國華裔檢察官崔展業即多次受邀來台，講授美國檢察官法庭詰問技巧與證據法則，協助台灣法界及早適應法庭活動新制。[32] 這些訪台的外國律師、檢察官除了傳授法庭技巧與法律知識，他們的言談舉措也在交流的過程中，給台灣檢察官們在觀看美國法庭充滿戲劇性的表演之外，留下了生動鮮明的印象。

然而，外來的「美式咖啡」終究不敵「台式珍奶」的魅力。多年推行下來，台灣檢察官依舊難以認同美國檢察官這種以法庭活動為要職的形象；傳統上檢察官打擊犯罪、裁斷是非之父母官／糾問官形象，仍舊深植人心。[33]

透過歷史溯源與田野調查之方式，筆者認為，論者多著墨在訴訟資源與效能考量對於公訴法庭活動的架空效應，卻未注意到上開現象實肇因於建構公訴法庭場域之改革政策推動時，忽略該制度如何能在檢察官內部取得正當性（legitimacy）之問題。若要解釋改良式當事人進行主義之變革為何無法對法庭活動產生實質影響，應嘗試從以下幾個角度思考：

第一、改革者如何建構公訴檢察官「官方」角色模板？

第二、受邀來台之外國檢察官、律師與學者，於改革過程中所扮演的角色？

第三、檢察官內部文化與職業場域合法性建構之歷程？

研究者除了分析公訴檢察官工作內容與制度設計（例如公訴專組制或偵查公訴合一制），亦應了解公訴檢察官內部不成文規範以及公訴檢察官次文化對於制度的影響。舉例而言，為何台灣檢察官會認為分派到公訴組就像是「度假」？部分檢察官甚至認為「沒有戰力」的才會去公訴組？

員黃國鐘便指出：「我們常常會在電視影集與電影中看到許多英美法中有關Miranda（告知義務）之案例，倘若我們能夠透過刑事訴訟法之條文具體實現告知義務之精神，本席認為是非常好的做法。」參見：立法院公報第八十六卷第四十四期委員會紀錄，頁一四八。米蘭達作為美國文化的基石，隨後在二〇〇〇年美國最高法院狄克森訴美國案（*Dickerson v. United States*）中，為最高法院大法官所肯認，台灣對於美式米蘭達的自主繼受可以說是神預言了狄克森訴美國案的說法。然而，台灣隨後也立即對此進行「改造」，成就了「台版米蘭達」的奇蹟，參見：民間司法改革基金會，搶救被告：律師在警局教戰手冊。

32 參見：王梅英，台灣士林地方法院實行「檢察官專責全程到庭實行公訴」法庭活動之研究，司法研究年報，第二十二輯第十二篇，頁九～一〇，二〇〇二年十一月。

33 關於台灣檢察改革，王泰升曾斷言：「制度易改，與『人』相關的運作文化，才是難改。而改革之道，在於從思想、觀念層次，進行深刻的反省……」參見：王泰升，臺灣檢察史：制度變遷史與運作實況，台北：法務部檢察司，頁九九，二〇〇八年一月。

必須強調的是，在職業場域建構過程中，職業者必須先行掌握特定專業知識系統；而該系統必須符合「隱蔽性」（secrecy）與「獨占性」（domination）之雙重條件，這是專門職業人員對特定職業活動場域取得合法管轄，以及內部與外部正當性之前提。[34] 觀察台灣公訴活動新制草創階段建構場域知識系統之過程，並與美國檢察系統實際運作加以對比，可以看出台灣檢察官由於缺乏公訴法庭活動之完整知識系統，且未掌握特定隱蔽知識系統之獨占性，導致難以將公訴活動在內部予以正當化，也因此對於公訴職業活動難以產生認同感。而當年「公訴之神」之「造神」運動的落幕、升遷制度下對公訴組產生「冷凍職位」觀感，以及更富吸引力之偵查活動，在在導致檢察機關內部文化對於公訴活動產生深層負面觀感。

除此之外，於台灣繼受外國法制前後，通常會邀請外國檢察官、律師至台灣進行系列宣講。這些外國法律人分享自身訴訟經驗與觀察，其個人風格也常常成為魅力所在；然而，這些人並不能代表外國體制，也無法全面乘載外國知識系統的傳遞。

以美國法為例，美國刑事司法具有極強的地域屬性（localism），全美五十個州（state）有不同的刑事訴訟架構，每個郡（county）除了有個別訴訟規則，其地域訴訟實務與文化差異也甚大；但來台之美國法律人通常與台灣法律界已有長期聯繫，因而在選取上自然帶有某程度之「選擇偏誤」，恐無法完整傳遞外國理想檢察官的圖像。此外，受邀來台美國檢察官的授課內容多著重在實務技巧，極少觸及美國檢察職業倫理，或美國檢察系統內各種價值、權力與文化符碼的作用與角力。這種以技術傳遞為主的課程設計，難以讓台灣檢察官體察到外國檢察系統整體制度設計模式，以及因應此種模式所須之檢察官典範內涵，導致片面技術傳授往往只是曇花一現，未必能內化為屬於台灣檢察系統的典範與知識，更遑論提供台灣檢察改革所需要之動能。[35] 檢察官可能在講座結束之際，短暫對於本身職業形象有新的啟發與描繪，然而在回到工作崗位後依舊難以掙脫既有制度下根深蒂固之職業形象枷鎖。

值得一提的是，理想檢察官的塑造實則始於法學教育。以美國為例，美國法律系課程設計的核心即帶有強烈的對抗色彩；教授於課堂中使用的教學方法，基本理念就是法庭攻防下的兩造對抗，尤其是刑事實體法、訴訟法與證據法，學生在教學過程中即會被要求扮演檢辯之一方，與教授進行論理爭辯。也因此，課堂進行其實就是在協助學生描繪出理想檢察官與理想辯護人的圖像，而法學院提供的實習課程也能讓學生親身接觸檢察官工作。

34 相關研究請參考：Andrew Abbott, *Jurisdictional Conflicts A New Approach to The Development of The Legal Professions*, 11 Am. B. Found. Res. J. (1986); Andrew Abbott, The System of Professions: An Essay on the Division of Expert Labor (Chicago: University of Chicago Press, 1988).

35 針對外國律師對我國司法改革之貢獻與侷限，有學者即指出：「擁有美國法庭實戰經驗的優秀實務家……難免以其對美國訴訟制度的熟悉與理解，作為臧否我國法庭實務的量尺。」參見：林鈺雄，我國法庭詰問的現況、困境與展望，載：交互詰問制度之理論與實踐，頁二三六，二〇〇二年五月。

筆者認為，想要重新塑造公訴檢察官的理想形象，必須結合法學教育、職前教育與實務訓練，重構根源於台灣的檢察系統典範，否則單點變革終將淪為好萊塢人片，短暫激情過後，逐漸為人所遺忘。[36]而此議題在台灣即將推動《國民法官法》之際，依舊有相當之啟示意涵。

台灣作為檢察研究的珍貴實驗場

既有文獻對於檢察官與檢察系統之比較研究多自法系統切入，進行制度上的比較分析，且著重在歐陸與美國兩大系統之比較（偶有以日本檢察制度作為對比），尚未見有研究使用法律職業理論之框架進行分析。筆者希望結合法律職業理論以及組織學理論，解析不同階段之檢察官身分塑造，並從檢察官之視角出發，跳脫以法制度作為比較基點之傳統路徑。本章以「打造理想檢察官」為題，借用美國檢察職業理論與觀察作為背景，深探台灣檢察官職業社會化經驗，以及檢察官與組織系統之互動關係，並透過多年訪談追蹤與田野觀察，逐步鋪述台灣檢察官職業身分塑造之多重性與多變性。

台灣刑事司法體系本身即是多國法制度跨時空交疊、鑲嵌下之產物，台灣檢察官的身分建構亦是多種法系譜交疊之結果，自有其特殊性，得以從比較法角度提供檢察改革政策之有利借鏡。[37] 藉由這個多維向度的基點，我們可以進一步探討檢察制度文獻中的一個核心問題：

如何有效控制檢察官權力，實踐檢察倫理，並推動檢察改革？

論者提出的策略，大略可分為三種模式：內部組織設計（改變績效與升遷制度、動機結構，或強化科層制審核）；外部監督問責（立法部門、司法部門，或引進外部委員）；結合外部與內部模式之民選檢察長機制（美國所獨有）。筆者僅以美國為例，對於第三種模式進一步說明為何「從邊緣發聲」的台灣檢察系統得以提供理論啟發。[38]

二〇一六年美國總統大選後，美國檢察系統出現一股新興改革派地區檢察官之運動，迄至二〇二〇年大選後又有更多具有改革理想之檢察長於當選後加入改革行列，是以目前

36 值得一提的是，近代台灣刑事司法制度雖受到美國法影響，然而這種法系統與法學知識的繼受，卻不等同於對美國刑事司法「職業」的繼受。若將兩者混淆，恐會造成災難式的檢察官職業身分錯亂。

37 王泰升，具有歷史思維的法學：結合台灣法律社會史與法律論證，台北：元照出版，頁二七三～三二八，二〇一〇年九月；王泰升，同註33。

38 王泰升，建構台灣法學：歐美日中知識的彙整，台北：台大出版中心，頁三四，二〇二二年八月。

改革浪潮已遍及美國各大主要城市，例如芝加哥、舊金山、洛杉磯、底特律等。改革派民選檢察長多會於就任後就其辦公室之組織結構與人事布局進行大規模重組，並頒布一系列內部政策及管理措施，期盼改變既有之檢察文化，以回應社會對於族裔正義與平權之訴求，而其改革範疇往往遍及刑事司法多項議題。

相應於改革派民選檢察長的行動，美國學界也有越來越多學者以檢察行政的角度出發，主張美國檢察官體制應當加強標準化、規章化、內部審查等科層管理體制，且檢察官辦公室亦應系統性蒐集、彙整內部資訊，一方面作為人事管理與策略擬定之指標，另一方面提升資訊透明程度，以便外部監督。[39] 申言之，美國地方檢察系統雖有傳統之定期外部選民票選作為直接監督手段，惟近年論者更加重視強化科層管理系統及檢察長的內部監督管控，並受到各地改革派檢察長之採納。[40] 美國此波運動是否代表檢察改革的關鍵時刻（turning point）到來？筆者想指出，改革派檢察長真正的困難是在勝選並執掌辦公室後，如何對既存的檢察職業場域進行重新劃界，並改變內部文化，重新繪製理想檢察官圖像，進而獲取社會之信任。

在上述科層管理系統與內部監督管控議題上，台灣檢察系統已累積多年豐碩經驗。雖論者對於台灣檢察體制多有批判，惟從實證研究與理論建構的角度而言，台灣實可謂是檢察研究之珍貴實驗場。透過台灣檢察系統之「理想檢察官」典範分析，筆者想強調：檢察改革之關鍵要素，並非僅止於法系比較或制度繼受與拼接，而係在通盤了解檢察系統之職業建構過程與檢察官職業社會化歷程後，思索如何重新對檢察職業之專業場域，進行劃界。此一問題的答案，將取決於不同社群對於檢察官於民主社會下所應扮演之角色的理解，亦即一個不同權力、職業系統、文化價值與規範結構間，就「理想檢察官」典範形塑持續進行衝突、競爭與調和的過程，而這個艱難的過程，正好是美國當前檢察改革所面對的核心課題。

筆者認為，無論在台灣或美國，檢察改革之終極目標在於探索檢察官在民主社會下合適的職業場域，並使「理想檢察官」之典範內化成為檢察官社會化之終極目標。台灣極為複雜的檢察系統提供了美國改革派檢察長一個十分重要的啟示，即「理想檢察官」典範的塑造與再製是一系列職業場域彼此衝擊下的產物，非任一領導者能輕易改變。美國當前的改革浪潮雖然提供了必要之動能，然而若缺乏完整理解檢察系統作為法律職業系統一環的運作邏輯，改革措施恐無法持久。

39 例如：Marc L. Miller & Ronald F. Wright, *The Black Box*, 94 Iowa L. Rev. 125, 179-81 (2008); Stephanos Bibas, *Prosecutorial Regulation versus Prosecutorial Accountability*, 157 U. Pa. L. Rev. 959 (2009).

40 美國檢察改革之各方向，參見：Fair and Just Prosecution & the Brennan Center for Justice, 21 Principles for the 21st Century Prosecutor (Fair and Just Prosecution, 2018).

美國當前刑事司法體制除了重刑化導向，亦充斥著種族偏見問題，檢察官作為刑事司法程序中「最有權力的行動者」，經常被批評為美國大監禁（mass incarceration）問題的主要根源。弔詭的是，目前美國的檢察改革依舊建立在這個不受控的權力之上。而從改革派檢察長提出的政策觀察，這些提案若非固守既有權力，就是轉換其權力之作用方向，甚或希望強化其權力，幾乎沒有檢察長主張應該對自己的權力增加限制，或將資源轉移給其他部門。[41]或許，當我們在談論檢察改革，以及我們心目中「理想檢察官」雛形時，應當深切思考我們是否一方面要求檢察官更積極行動，另一方面又擔心檢察官濫用其權力？在美國的脈絡下，檢察改革是否應該期待檢察官「不是做得更好，而是做得更少」？以L先生的故事為例，雖然結局有了相對圓滿的發展，但其過程到結果都突顯出檢察官權力過大，仍是未能解決的問題。

台灣的檢察制度歷經百餘年的發展，其進展軌跡可以說是不同法治觀、正義觀、與各種檢察體系交流與衝擊下的產物。[42]筆者認為，從比較法的視角來看，台灣的檢察系統仍處於高度動盪發展期，對於檢察官的定位、專業倫理、職權行使與核心任務等，都隨著刑事訴訟法制的修正而重新被討論。簡言之，台灣檢察系統，多年來一直處於改革變動之風口浪尖，台灣檢察官亦在不斷尋求自我認同的過程中掙扎、反思與蛻變。無論論者如何評價，這種動盪不安，正是檢察改革所需之動能。反觀美國檢察系統，長期以來處於僵化狀態，台灣充滿活力與多變的檢察系統，在我們慣於嚮往「外國月亮」之時，亦應體察自身的獨特性與主體性，在檢察改革研究的領域中，將台灣作為重要比較案例。美國長期對檢察系統進行實證研究的學者懷特（Ronald F. Wright）即曾對筆者坦言，其筆下所描繪的美國檢察官多是在較為穩定的辦公室任職，並未探究檢察官於動盪環境下的自我描繪、敘事、行動模式與各種文化符碼。台灣檢察系統的實證研究成果，可提供學者理論化檢察改革之起源、過程與結果之重要證據，並為比較法文獻做出貢獻。

國民法官新制之挑戰

二〇二三年初上路的國民法官制度，是繼二〇〇三年刑事訴訟改採改良式當事人進行主義後，又一波對於檢察系統的衝擊，各地檢署皆緊鑼密鼓進行模擬法庭演練、教育訓練與組織重整。未來除了探索相關制度與程序如何順利推行，研究者更應從法職業系統與組

41　相關評論可參見：Darcy Covert, *Transforming the Progressive Prosecutor Movement*, 2021 Wis. L. Rev. 187 (2021).

42　誠如王泰升所言：「正因為有分別來自日治時期台灣，民國時代中國，以及共同的戰後台灣檢察發展經驗，今天所有的台灣人民，擁有了當下的檢察體系以及檢察運作方式。」參見：王泰升，同註37，具有歷史思維的法學，頁三二七。

織變革等理論切入，探討此等變革在何等程度上改變了檢察官的執法態度、法意識、身分認同，乃至於檢察官自我展演下的形象管理技藝與文化符碼。面對台灣多重嫁接的刑事司法程序，對於檢察官而言，要面對的課題不僅止於學習簡報與溝通技巧，或是法條操作，而是建構「源於外國」，卻能「根生台灣」，屬於台灣自有的檢察知識與理論系統。國民法官制度是台灣民主實驗場的另一大膽嘗試，筆者期待看到的，是檢察職業系統因此變更而產生根本的蛻變，重新反思並再製理想檢察官圖像。這樣的轉變不是源於檢察官法庭技巧的絢麗展演，也不是仰賴戴上外國檢察官面具的表演者，而是在一個法律人與台灣社會溝通對話的過程中，誕生的語言符碼、觀看視角與職業場域。誠如研究美國聯邦檢察官的學者奧菲特（Anna Offit）所言：陪審制度對於美國社會而言最重要的貢獻，不在於現實上還存有多少比例的陪審案件，而在於檢察官與「想像的陪審員」對話溝通過程中，所展現的自我反思、對倫理之堅守、與對權力行使的謙抑態度。[43] 每一位檢察官在行使其權力的同時，都應時刻進行這樣的民主對話。台灣檢察官在新制下，會如何與「想像的國民法官」進行對話，又會發展出哪些新的語彙、知識與檢察文化，值得期待。

無論如何，國民法官新制的引進，勢必會增添檢察官職業身分中的對抗色彩，至於這個新角色是否會成為台灣檢察官職業身分調色盤中的黑色染料，侵染並擴散至檢察職業各個場域，或是逐漸被淡化、吸納至檢察官固有身分，抑或以某種樣貌為台灣理想檢察官圖像添上一抹新色彩，我們拭目以待。

43 Anna Offit, The Imagined Juror: How Hypothetical Juries Influence Federal Prosecutors (New York: NYU Press, 2022).

9

警察執法的法律社會學
以一〇一大樓前的法輪功抗爭為例*

沈伯洋

國立台北大學犯罪學研究所副教授，研究領域為刑法、法律社會學、刑事政策、白領犯罪。

＊ 本章改寫自沈伯洋，警察執法的法律社會學——以101大樓前的抗爭為例，政大法學評論，2022特刊，頁269-316，2022年12月。

文化、組織、場域、策略

警察如何執法是法律社會學的第一線問題。法律的制定對警察執法的狀況有直接的影響，然而，依法律社會學的模型，除了法律之外（Law-on-the-books），任何執法至少還會受到兩個變因之影響：一為文化與意識形態，二為組織因素，此兩者為近期台灣法律社會學主要的研究模型。[1]

為了能夠發展一個在地的研究模型，本章將爬梳不同法律社會學的取徑對第一線（警察）執法狀態的理解方式，同時分析各理論之利弊，並提出在不同情形之下可採用哪一個方式。另外，為了能使此模型有實際的應用空間，本研究以一個公開替代性場域的衝突（二〇一一大樓）為例，綜整不同研究方法對此模型之取徑。

在警察執法的相關研究中，大部分學者的共識是，警察執法的最終目標並非法律所設定的目標，而是別有其目的。[2] 此結論大致與現有的法律社會學宣稱相符：當執法有模糊地帶與選擇餘地（discretion）時，第一線的執法人員自然會創造法律的狀態，並取得正當性（legitimacy）。[3] 在台灣警察執法的研究中，亦有學者提出類似看法。[4] 但是，這個法律狀態的「邏輯」與「模型」為何，至今沒有一個完美的答案。

現今法律社會學的幾個研究取徑，若套用到警察執法中，都似乎可以演繹出該學派的典型答案。例如，早期法律社會學中的「反霸權」取徑，即與政治哲學結合，並引用阿岡本等人「法外創造」的說法，討論警察如何創造法外之法，導引出強而有力、由上至下的力量。[5] 此取徑與台灣研究威權時代警察作為的研究不謀而合，目的是在探討警

---

1 王曉丹，從法社會的觀點論女性主義立法行動——女性主義法學在台灣的實踐及其法律多元主義的面貌，東吳法律學報，十九卷一期，二〇〇七年七月；陳惠馨，法律敘事、性別與婚姻，台北：元照出版，二〇〇八年三月；李玥慧、陳忠五、陳昭如、顏厥安，於法何干？休閒生活領域法律化之意識與行動，發表於休閒生活：台灣社會變遷調查計畫第十二次研討會，二〇〇八年；王泰升，具有歷史思維的法學：結合台灣法律社會史與法律論證，台北：元照出版，二〇一〇年九月；王曉丹，法律的壓制性與創造性——人權與人口販運法制的被害者主體，政大法學評論，一三七期，二〇一四年六月；陳昭如，父姓的常規，母姓的權利：子女姓氏修法改革的法社會學考察，臺大法學論叢，四十三卷二期，二〇一四年六月；沈伯洋，法律社會學五十年回顧，月旦法學雜誌，二七九期，二〇一八年八月。

2 Egon Bittner, Aspects of Police Work (Boston: Northeastern University Press, 1990); David Dixon, Law in Policing: Legal Regulation and Police Practices (Oxford: Clarendon Press, 1997); Markus Dirk Dubber, The Police Power: Patriarchy and the Foundations of American Government (New York: Columbia University Press, 2005).

3 Donald Black, The Behavior of Law (3rd ed., Bingley: Emerald Publishing, 2010); Ryken Grattet & Valerie Jenness, *The Reconstitution of Law in Local Settings: Agency Discretion, Ambiguity, and a Surplus of Law in the Policing of Hate Crime*, 39(4) Law Soc. Rev. 893 (2005).

4 黃啟賓，警察職務犯罪之研究，中央警察大學犯罪防治研究所博士論文，二〇〇五年十月。

5 Jeffrey T. Martin, *A Reasonable Balance of Law and Sentiment: Social Order in Democratic Taiwan from the Policeman's Point of View*, 41(3) Law Soc. Rev. 665 (2007).

察如何創造出排除／不排除的例外狀態，以及國家如何創造出施密特（Carl Schmitt）所稱之主權。[6]

然而，台灣民主化之後，國家威權性格減低，政黨輪替之後，活絡的選舉制度使得地方權力大增，[7]警察與軍隊分家之後，服務型警政的出現漸漸往人民靠近。[8]警政即使仍由中央一把抓，但社會控制已不若以往。對此，傳統威權與反威權的研究已經無法完整闡述第一線執法人員的狀態，必須由其他理論進入解析之。本章即分別就文化論、組織論，以及場域論，鋪陳執法研究的文獻地圖。

文化對警察執法之影響

林奇（Mona Lynch）在二〇〇七年提出的法律在地性（Law in Locale），其認為即使法律在哲學意義上代表社會控制，但在不同的州、縣，執法者會帶入新的地方知識，使得司法狀態形成破碎、不一致的現象。[9]傅利曼（Lawrence Friedman）於一九六九年所稱之法律文化（legal culture），以及布萊克（Donald Black）在一九七六年提出的社會生活中的垂直層面（vertical aspect），即為此主張之前身。[10]在層級越低之處，法律之使用反而越少，並由文化的豐富度與多元度來充實法律本身的使用，形成一個自我的生活形態與社會控制。對此，埃德爾曼

（Lauren Edelman）也提出類似的看法，提出「法律的內生性」（endogeneity）一詞。[11]若對照警察執法的研究，重點即在於地方文化的介入。由於警察執法有著大量的模糊地帶，因此在執法的運作當中，是什麼文化影響警察執法成為此一學派重要的觀察點。

舉例而言，討論警察執法是否帶有種族偏見即為一常見之研究課題，[12]由於種族歧視問題普遍存在，因此極容易被視為意識形態的元素，並討論其與警察偏差執法的相關性。性別問題也是一常見的主題，例如在印度警察的研究當中，研究者即討論印度社會對於女性

---

6 Carl Schmitt, Political Theology: Four Chapters on the Concept of Sovereignty (Chicago: University of Chicago Press, 2005).

7 陳明通，派系政治與臺灣政治變遷，台北：新自然主義，一九九五年十月。

8 孟維德，警察與民主社會——警察角色定位之實證研究，中國行政評論，十二卷四期，二〇〇三年九月；賴擁連，警民接觸經驗與其對警察態度之影響性研究，中國行政評論，二十二卷四期，二〇一六年十二月。

9 Mona Lynch, Sunbelt Justice: Arizona and the Transformation of American Punishment (Stanford: Stanford Law Books, 2009).

10 Lawrence M. Friedman, *Legal Culture and Social Development*, 4(1) Law Soc. Rev. 29 (1969); Black, *supra* note 3.

11 Lauren B. Edelman, *Law at Work: The Endogenous Construction of Civil Rights, in* Handbook of Employment Discrimination Research, (Laura Beth Nielsen & Robert L. Nelson eds., 2005).

12 Jennifer L. Eberhardt, Biased: Uncovering the Hidden Prejudice That Shapes What We See, Think, and Do (London: Penguin Books, 2019).

的文化信念（cultural belief）是否影響到警察對待女性被害者的方式。[13] 這一類的研究認為警察與一般人並沒有不同，都會受到刻板印象之影響，地方文化的呈現也因此成為重要的研究素材。斯默爾（Dan Small）在探討警察毒品執法文化時，即直指當代對毒品的偏見決定了警察對毒品使用者的態度。[14] 這些都是警察被社會文化影響的事例。

在台灣，除了經典的性別研究之外，[15] 其他的研究多見於歷史研究，探究當時的社會脈動與意識形態如何影響台灣警察的執法方式，如早期警察如何融入客家民俗文化，[16] 或者探討日治時期理蕃警察在不同民族及族群之下產生不同的身分認同。[17] 近期的研究則以馬振華（Jeffrey Martin）為主：其於二〇〇七年田野研究台灣警察的文章中，即以此取徑作為分析，強調台灣特有的文化「情理法」與執法之間的關係。其認為法律本身的改變與轉型，並沒有直接影響到第一線的執法：因為第一線的執法會產出自我的執法邏輯，並將正當性置於「文化」的脈絡中來呈現，例如，地方派出所的警察在訴諸律法同時，更強調自己「照顧者」（父權）的責任，以及用「與地方搏感情」的方式做出「理性的管理」（在感情和法律之間折衝）。馬振華認為，民主轉型時台灣的選舉結構以及黑金問題使得「感情」變得重要，這樣的感情成為執法的重要邏輯。[18]

然而，感情並不是鐵板一塊，也不是一個理所當然的意識形態，文化對法律的影響並不只是兩條交叉的直線。依照較為複雜的文化論觀點，任何文化還是有位階、先後次序之分。文化對執法人員的影響有可能是直觀地透過國民教育養成，但更多的文化影響是生成於人跟人之間的互動。也因此，作為進階文化研究，馬振華進一步提出：在台灣，人情義理影響之特殊性是藉由特定的場所產生：如警友會、派出所與招待所。[19] 亦即，警察在需要

---

13 Saumya Tripathi & Sameena Azhar, *'No One Blames Men in Our Society': Indian Police Officers' Perceptions of Female Complainants*, 61(5) Br. J. Criminol. 1125 (2021).

14 Dan Small, *Two Cultures Passing in the Night*, 16(4) Int. J. Drug Policy 221 (2005).

15 黃妍甄，我國警察職場性別政策的執行與職場文化影響——以樣板理論分析之初探，性別平等教育季刊，八十三期，二〇一八年六月；蔡佳臻，「英勇女警」的化身——淺談刑事警察外勤單位的陽剛文化，性別平等教育季刊，八十六期，二〇一九年三月；林麗珊，執法人員對多元性別之基本認識，中央警察大學警察行政管理學報，九期，二〇一三年五月。

16 羅濟立，日治後期殖民警察與臺灣客家語言、文化之學習——以《警友》雜誌為資料，東吳外語學報，二十七期，二〇〇八年九月。

17 石丸雅邦，日治時期臺灣理蕃警察的身分自我認同解析：以臺灣原住民族、在臺日本人及在臺沖繩人為例，慈濟科技大學學報，十一期（總三十五期），二〇二三年三月。

18 Martin, *supra* note 5.

19 透過與南非、英國等國家的比較，馬振華也在文獻中肯認台灣警察文化的特殊性。可見Jeffrey T. Martin, *Police as Linking Principle: Rethinking Police Culture in Contemporary Taiwan*, *in* Policing and Contemporary Governance 157 (William Garriott ed., 2013a); Jeffrey T. Martin, *Legitimate Force in a Particularistic Democracy: Street Police and Outlaw Legislators in the Republic of China on Taiwan*, 38(3) Law Soc. Inq. 615 (2013b); Jeffrey T. Martin, *The Confucian Ethic and the Spirit of East Asian Police: A Comparative Study in the Ideology of Democratic Policing*,

暫時性的和平時，會有解決爭端的需求；這個解決爭端的需求有先後次序，而次序的決定就是在茶桌、招待所等地被決定。

馬振華在前揭文指出，這樣的特殊性源自於兩條軸線，一個是和平民主轉型之下，地方勢力在選舉中變得重要，使得警察與地方的關係變得更為緊密，這樣的歷史軸線在其他國家未必存在。第二條軸線是儒家文化：因為每個國家都會有第一線警察自我執法的邏輯以及產生第一線的「正當性」，但是每個國家準則不同，例如美國講究自由心證、法國講究權力分立與法律權力、英國強調社會契約論，[20]但台灣講究的是道德論。因此，歷史的軸線提供文化的軸線「機會」，最終形成我們現在看到的警察樣貌：警察用地方的「感情」，去裁減自我的權力。[21]

此種論證的方式，與薩拉特（Austin Sarat）所提的法律圖說（Law in the image）類似。[22]透過文化的取徑，將法律視為一個文化運作的「產物」，並將過程的具體描述當作研究重心。對此，警察執法的狀態就成為一個廣義的文化產物，擁有高度的複雜性與變動性。

從組織論與新制度論看警察行為

在文化論中較為麻煩的是，我們無法確定警察行為是受到「某某文化」的影響：其間的因果關係很難確實建立。舉例而言，依照馬振華的說法，台灣在民主轉型過程之中出現了黑金結構，在此結構下運行的警察可能會面臨是否要與黑金合作的壓力，但是在做出決定之時，警察的決定一定是文化影響的嗎？經濟學的模型勢必會追問，其他的行為選項是什麼？為什麼選了這個違法行為而不是其他合法行為？背後的原因一定是文化嗎？還是文化僅僅是影響的「要素之一」，還有其他的因子？

這樣的大哉問，也帶出了法律社會學的另一個取徑：組織論／新制度論。此研究取徑起源於社會學家韋伯的正當性（legitimacy）研究。[23] 新制度論（Neo-institutionalism）認為早期的

61(4) CRIME LAW SOC. CHANGE 461 (2014).

20 LISA LYNN MILLER, THE PERILS OF FEDERALISM: RACE, POVERTY, AND THE POLITICS OF CRIME CONTROL (Oxford: Oxford University Press, 2010); WILLIAM J. STUNTZ, THE COLLAPSE OF AMERICAN CRIMINAL JUSTICE (Cambridge: Belknap Press, 2011).

21 馬振華的田野筆記透露出許多有趣的執法現象。例如警察在取締路邊攤時，先是跟路邊攤聊天，甚至點餐，在食用完畢之後才說要開單，並請路邊攤老闆自己去把住戶找出來協調。最後請路邊攤先收起來，好讓自己「拍照」作為紀錄。

22 Austin Sarat, *Imagining the Law of the Father: Loss, Dread, and Mourning in "The Sweet Hereafter"*, 34(1) LAW SOC. REV. 3 (2000).

23 MAX WEBER, ECONOMY AND SOCIETY: AN OUTLINE OF INTERPRETIVE SOCIOLOGY (Berkeley: University of California Press, 1978); Gary G. Hamilton & Cheng-Shu Kao, *Max Weber and the Analysis of East Asian Industrialisation*, 2(3) INT.

制度討論過度強調規範，僅認為一個組織的規範會影響其選擇正當性的作為。[24]亦即，作為派出所或分局的警員，不管其認同的文化為何，必須最低程度遵守內部規範。這個內部規範有自我的邏輯，且未必與歷史文化有關，而是跟強行的規範（法律與規則）有關。而正如伯恩斯坦（Anya Bernstein）當年在研究台灣公務員所指出，「達到共識」甚至才是政府組織的主要訴求。[25]這個共識並非儒家所致，是組織運作的必然：因為只有獲得預算支持，單位才有辦法作為一個組織存活；[26]亦即，正當性來自於組織運作的目的本身，而不是來自於文化本身。

然而，關於這個正當性，新制度論認為不是只有規範而已。其認為警察在做出決策之時，除了受到社會風氣的影響，更會受到組織本身的限制。警察作為一個組織單位必須確保其正當性及合理性，因此其處理事情的脈絡皆會朝著「組織的合理性」出發，[27]而此合理性會受到「地方團體」（外，如地方產業、仕紳）以及「組織文化」（內：如警政系統）等影響。此類似馬振華所提出的「關係複合體」（GuanXi Complex），但是向度更為擴大。其中不是只有法律，而是參雜了人情、信條、組織規則、禮儀與道德。馬振華的研究，著重在地方仕紳（外在因素）的部分；而組織論和新制度理論即更進一步，探討內部因素。

在此理論架構底下，影響警察行為的組織內部因素有四種效應：規範效應、社會效應、模仿效應，以及統計效應。[28]亦即，雖然警察個體間個性有別，但因為在組織之內行動必須講求組織內的合理性，因此皆受此四大效應影響。規範效應是指為了符合法律規範所做出的相應行為，若規範有所不足，則會尋求內部或外部標準（例如警察間不成文的內規，或者非營利組織所提出的規則），至於會尋求何者標準，將受到警察系統封閉與否之影響。社會效應是指社會壓力，例如社會運動等，將造成警察行為之轉變。模仿效應是指不同部門之間，在不知該如何行動之時，會尋求是否存在「先例」，若先例已成，即容易成為警察之行動綱領。統計效應是指在新自由主義政府的影響之下，組織的合理性常常仰賴數字（例如破案率），因此，為了追求數字，警察行為會做出相應的改變。台灣常有的專案行動

Sociol. 289 (1987).

24 Walter W. Powell & Paul J. DiMaggio, The New Institutionalism in Organizational Analysis (Chicago: University of Chicago Press, 2012).

25 Anya Bernstein, *The Social Life of Regulation in Taipei City Hall: The Role of Legality in the Administrative Bureaucracy*, 33(4) Law Soc. Inq. 925 (2008).

26 Gillian Tett, The Silo Effect: The Peril of Expertise and the Promise of Breaking Down Barriers (New York: Simon & Schuster, 2015).

27 Valerie Jenness & Ryken Grattet, *The Law-in-between: The Effects of Organizational Perviousness on the Policing of Hate Crime*, 52(3) Soc. Probl. 337 (2005).

28 Ryken Grattet, & Valerie Jenness, *The Reconstitution of Law in Local Settings: Agency Discretion, Ambiguity, and a Surplus of Law in the Policing of Hate Crime*, 39(4) Law Soc. Rev. 893 (2005).

與績效制度（包含交通案件的績效、刑事案件的績效或行政事務、公共服務的績效），即屬此類。

與文化論不同的是，這樣的取徑強調組織內部的運作邏輯，而非廣義存在於社會上的意識形態。例如前述警察執法的性別偏見，文化論的取徑會強調社會原本的意識形態，以及警察作為一般人也被此意識形態所規訓；但組織論或新制度論會強調警察在組織訓練的過程如何「習得」性別偏見，也就是可能因為其他分局的陋習互相學習（模仿），或者學長學姊的耳濡目染（規範），[29]並進而論述為何該組織會走向這樣的道路。如此一來，組織和文化就像一組大包小的圈圈，文化可能被「擋」在組織外，也有可能進到組織內部，並在組織內被「強化」。

在法律社會學的研究路徑，新制度論可說是另闢蹊徑，強調所謂的「中間之法」（law-in-between），也就是社會學裡常說的「中層結構」。加思（Bryant Garth）於一九九五年的研究即以律師事務所（中層組織）作為論述主體，討論其如何將上層之法（法律本身）帶到世界各國，形成執法習慣的擴張。[30]法律社會學中關於法務部門、檢察機關、大學課堂等的研究，都是此類研究的延伸。[31]在警政研究方面，除了上述經典研究之外，特普斯特拉（Jan Terpstra）和塞勒特（Renze Salet）也用了類似架構討論荷蘭社區警政專員在新舊制度下的行為選擇，[32]延伸弗里德蘭德（Roger Friedland）和阿爾弗德（Robert Alford）在制度理論的著名專書《組織分析的新制度主義》（*The New Institutionalism in Organizational Analysis*）所稱的習慣與衝突（practices and contradictions）。[33]

台灣過往研究主要為孟維德將警察的角色期待納入組織、環境與法律的效應，與新制度論極為類似；[34] 其他學者則是分析規範效應中的領導行為對警察行為的影響；[35] 陳智昆

29 Megan O'neill, *Revisiting the Classics: Janet Chan and the Legacy of 'Changing Police Culture'*, 26(4) Int. J. Res. Pol. 475 (2016).

30 Yves Dezalay & Bryant Garth, *Merchants of Law as Moral Entrepreneurs: Constructing International Justice from the Competition for Transnational Business Disputes*, 29(1) Law Soc. Rev. 27 (1995).

31 Lauren B. Edelman, Howard S. Erlanger, & John Lande, *Internal Dispute Resolution: The Transformation of Civil Rights in the Workplace*, 27(3) Law Soc. Rev. 497 (1993); Lisa Frohmann, *Convictability and Discordant Locales: Reproducing Race, Class, and Gender Ideologies in Prosecutorial Decisionmaking,* 31(3) Law Soc. Rev. 531 (1997); Mayumi Saegusa, *Why the Japanese Law School System Was Established: Cooptation as a Defensive Tactic in the Face of Global Pressures*, 34(2) Law Soc. Inq. 365 (2009).

32 Jan Terpstra & Renze Salet, *The Contested Community Police Officer: An Ongoing Conflict between Different Institutional Logics*, 21(4) Int. J. Police Sci. Manag. 244 (2019).

33 Roger Friedland & Robert R. Alford, *Bringing Society Back in: Symbols, Practices, and Institutional Contradictions*, *in* The New Institutionalism in Organizational Analysis 232 (Walter W. Powell & Paul J. DiMaggio eds., 1991).

34 孟維德，同註8。

35 徐俊生、劉嘉茹，直轄市警官領導風格與犯罪績效相關之探討——以高雄為例，城市學學刊，十一卷一期，二〇二一年九月；高瑞新，領導行為、組織氣氛與服務品質關係之研究——以高雄港務警察局為例，人力資源管理學

針對警察鎮壓活動中，規範效應（長官因素）以及社會效應（抗議形式）如何形成警察決策；沈伯洋等亦直接以此新制度論的取徑，為文討論警察貪汙行為的選擇合理性。[36] 該文指出，績效分數的設計與專案人員的養成（數字效應）、白手套與地下總務專業化（規範效應中的潛規則）等因素，使得特定區域的貪腐慣習不但沒有斷裂，反而得到更多的延續。數字效應在績效制度的推波助瀾下，使得原本的大環境更進一步形成貪腐的溫床；而過弱的模仿效應，使得改變變得更為困難。不過，由於年輕一代帶入了新文化至分局或派出所，使得警察貪腐行為出現了碎裂的契機。

這樣的模型在解釋警察內部行為的時候極為合適，畢竟組織論與新制度論就是以「組織」作為研究的核心關懷，並探討組織內部在競爭資源與尋求正當性的同時，如何彼此學習與適應。然而，警察執法的狀況不會是只有警察自己一個參與者，更多時候會有被害者、證人、記者等等的參與，此時若從新制度論出發，難以討論這些行動者與參與者如何互相「競爭」並適應，畢竟他們個別歸屬在不同組織，而且甚至根本沒有共享資源（彼此資源獨立）。此時，就需要另一個理論視角：場域論。

警察執法與場域論

以前述台灣警察執法研究為例，台灣警察對路邊攤的取締方式可以由台灣的文化或者組織的邏輯觀察之，但許多時候，取締是因為有人檢舉，而檢舉者就是前述分析當中尚未被納入的角色。若研究者的重心不單單是在警察內部，而是要觀察警察與人民的互動，分析檢舉者即需要另外一個理論的加入。又如本研究所關心的一〇一大樓案件，其參與者尚有一〇一大樓業主本身（下稱一〇一大樓）、愛國同心會、法輪功，甚至還有與組織無關卻扮演重要角色的路人、遊客等。此時若要將視角聚焦在此，確實需要其他理論的補充。

有人可能會疑惑，這些角色在法律社會學的分析重要嗎？但若從法律社會學的歷史觀之，這些角色自有其「來頭」：著名的法意識、法律動員等相關研究，完全就是聚焦在一般民眾如何理解並應用法律爭取權利，他們不但不是客體，而是完全的主體。[37] 在這樣的情況

報，六卷三期，二〇〇六年九月。另有文獻也以類似取徑，討論規範形成過程（所謂試辦方案）對警察的影響，見魏淑萍、林明傑，警察對「家庭暴力案件危險分級管理試辦方案」態度與認知之研究，犯罪學期刊，十二卷二期，二〇〇九年十二月。

36 沈伯洋、李茂生、周愫嫻，警察人員涉貪風險成因分析，犯罪與刑事司法研究，三十四期，二〇二一年六月。

37 目前流行的法意識研究強調命名（naming）、怪罪（blaming）和主張（claiming）的過程，並將人民分成順從、

之下，如果對於警察執法的分析不將其帶入，可說是忽略了法律社會學重要的分析面向。

因此，若研究主題座落在警察與人民的互動，且人民的主體性難以忽略之時，就表示需要將原本新制度論中的「社會效應」獨立出來。新制度論的社會效應其實就是「互動」的過程，而這個互動的過程也無法排除文化因素的作用。王泰升在《具有歷史思維的法學》中亦指出，執法者的養成教育固然是觀察的一環，但一般人民的法律文化等等，都屬於法制研究的範疇；[38] 而其中更重要的，就是一般人民與執法者的互動。亦即，法律雖然離被執法者有一段距離，但法律由下而上（bottom up）所培養的法律意識，亦不無可能對執法者產生效應。在前述一〇一的場合中，愛國同心會、法輪功的「法意識」，同時間也可能會牽動著警察執法的方式。

在多重參與者（且不共享資本競爭）的情形下，布迪厄的場域論提供了可能的理解平台。根據場域論，每一個組織或個人也處於場域競爭關係，而這個競爭關係會透過資本產生位階。場域本身是變動的，其範圍包含彼此溝通的競爭者所形成的網絡。[39] 在這個網絡關係下，每個人都遵守的「慣習」（habitus），就類似這個場域中的意識形態。[40] 組織內部的運作邏輯或許會有變動，但是慣習會限制個人的主張與行動。此慣習與波爾塔（Donatella della Porta）和瑞特（Herbert Reiter）所主張的警察知識（policing knowledge）類似但不相同；[41] 因為符碼是場域共享的，而非專屬於警察。亦即，即使組織本身產生了某種符號，這個符號在場域投入和反抗三種類型，同時強調法律的意義由一般人所建構。相關研究可見Patricia Ewick & Susan S. Silbey, The Common Place of Law (Chicago: University of Chicago Press, 1998)。台灣脈絡研究可見王曉丹，法意識探索：關係自我的情感衡平，政治與社會哲學評論，六十七期，二〇一八年十二月。又例如，九一一事件的賠償，雖由法律訂之，但其意義由申請人所決定，見Gillian K. Hadfield, *Framing the Choice between Cash and the Courthouse: Experiences with the 9/11 Victim Compensation Fund*, 42(3) Law Soc. Rev. 645 (2008)；騷擾性犯罪雖然有法律訂之，但實際的運作狀況卻是弱勢族群所定義，見Laura Beth Nielsen, *Situating Legal Consciousness: Experiences and Attitudes of Ordinary Citizens about Law and Street Harassment*, 34(4) Law Soc. Rev. 1055 (2000)。採此論者，多半著重法意識的宣導與建構，並深究文化與法意識的關係，屬文化論的一環。但亦有可能進一步研究抗爭者策略，參雜組織論的觀點，詳細分析可見June Starr & Jane Fishburne Collier, History and Power in the Study of Law: New Directions in Legal Anthropology (Ithaca: Cornell University Press, 1989).

38 王泰升，同註1。

39 Pierre Bourdieu & Loïc J. D. Wacquant, An Invitation to Reflexive Sociology (Chicago: University of Chicago Press, 1992)。這個網絡（network）是會變動的，也因此場域會是一個浮動的概念與邊界。警政研究一直以來把布迪厄的應用放在兩個層次：本章所討論的執法場域（policing field）以及犯罪者的犯罪場域（street field）。然而，有學者認為，既然兩者有關連，則應該用一個更大的安全領域（security field）來涵蓋之。其實只要研究主題改變，將研究視角包含警察與犯罪者的溝通時，不同的場域自然就會疊加成新的場域。相關討論可見Matt Bowden, *The Security Field: Forming and Expanding a Bourdieusian Criminology*, 21(2) Criminol. Crim. Justice 169 (2019).

40 Pierre Bourdieu, *Force of Law: Toward a Sociology of the Juridical Field*, 38(5) Hastings Law J. 814 (1987).

41 Donatella della Porta & Herbert Reiter, *Introduction: The Policing of Protest in Western Democracies*, *in* 6 Policing Protest: The Control of Mass Demonstrations in Western Democracies 1 (D. della Porta & H. Reiter eds., NED-New edition, 1998).

中是否「存續」，可還要看其他角色的「臉色」。

對此，與前述新制度論的「競爭」不同的是，此競爭並不是單純競爭資源，畢竟許多參與者資源並不共享；這個競爭主要是因為參與者共享某一「場域」，而場域內各參與者彼此使用共通的語言，並競爭話語權。場域論的優點在於，其不但延伸了前述理論的競爭關係，更帶出了「資本」的概念，讓我們可以藉此觀察競爭的「勝負」。另外，新制度論的競爭者是理性的，但場域論的參與者更偏向無意識地遵從共識與規則，並形成該領域的慣習。[42]當研究者將符碼排序，即可得知各符號之位階，並找出該場域的慣習為何。由此一來，文化因素並非單純影響行為的因果線，而是透過各個角色展現出特定符碼，並在角力當中確認彼此的關係：文化與法律的關係就不再是單純的集合，而是複雜的鬥爭關係，並生產出法律社會學所謂的在地正當性。

場域論在警察研究中頗為流行，從早期陳珍妮（Janet Chan）對於澳洲警察文化的研究，一直到後期其對於警政改革的研究，都直接應用了場域論作為分析的工具。[43]杜邦（Benoît Dupont）雖然沒有完全採用場域論用語，但也一樣用角色、資本、網絡去建構執法場域之分析。[44]弗瑞瑟（Alistair Fraser）和阿特金森（Colin Atkinson）同樣應用場域論探討英國警察執法時，與幫派少年之間的互動及對抗是如何建構大家所認識的「幫派」；[45]昆蘭（Tara Lai Quinlan）也用同樣的場域論分析NYPD如何使用積極反恐的語言，在反恐執法場域與FBI競爭並試圖翻轉位階。[46]

在台灣，直接應用場域論的研究較為少見，但仍有帶有場域論精神的研究，例如討論記者與警察的關係，[47] 呈現了兩邊慣習的不同及衝突；或者討論法官、檢察官、警察對社工的看法，進而呈現彼此的妥協等等，抑或討論新移民在家暴報案的狀況如何影響警察的決

---

42 Pierre Bourdieu, In Other Words: Essay Towards a Reflexive Sociology (Stanford: Stanford University Press, 1990)。而且，競爭者在新制度論之下，其行動像機器人一樣順從各種效應，但理論上，不同性格、不同背景的人，即使在同一制度下亦可能會有不同反應，用「警察內部文化」一詞概括，有可能是過度簡化。相關批評可見Heidi Paesen, Jeroen Maesschalck, & Kim Loyens, *Beyond Police Culture: A Quantitative Study of the Organisational Culture in 64 Local Police Forces in Belgium*, 42(5) POLICING 814 (2019).

43 Janet Chan, Changing Police Culture (Cambridge: Cambridge University Press, 1997); *Making Sense of Police Reforms*, 11(3) Theor. Criminol. 323 (2007); *Using Pierre Bourdieu's Framework for Understanding Police Culture*, 56-57(1-2) Droit et société 327 (2004).

44 Benoît Dupont, *Security in the Age of Networks*, 14(1) Int. J. Res. Pol. 76 (2004).

45 Alistair Fraser & Colin Atkinson, *Making up Gangs: Looping, Labelling and the New Politics of Intelligence-led Policing*, 14(2) Youth Justice 154 (2014).

46 Tara Lai Quinlan, *Field, Capital and the Policing Habitus: Understanding Bourdieu through the NYPD's post-9/11 Counterterrorism Practices*, 21(2) Criminol. Crim. Justice 187 (2019).

47 陳祥、孫立杰，警察機關與媒體記者的衝突拔河研究，新文學研究，一〇一期，二〇〇九年十月。

策。[48] 雖然這些文獻並非直接引用場域論，但結論上與場域論的進程並沒有太大不同。

然而，場域論並非毫無缺點：由於其強調了各個參與者的角色，貌似「延伸」了新制度論，但卻少了文化論的廣泛意識形態研討，也少了組織論強調的合縱連橫。因此，為了進一步補足場域論在此的缺失，研究者進一步開啟了下述的策略行動理論以及文化慣性理論。

納入意識形態的策略行動形成之「執法狀態」

若依照場域論，警察的上司、同事或督導，皆是執法場域中的重要角色，也是組織論中所強調的角色。然而，一般人民亦不會被排除在場域之外，因此，一般人民無論是加害者或被害者，亦應納入角色的編列，[49] 甚至在台灣有極大影響力的媒體，都可能在場域中占有一席之地。例如，當馬振華提及招待所、警友會等組織將文化帶入之時，[50] 其反對方（一般人民或媒體）所提供的符碼極有可能形成了更強的反制，進而壓縮所謂的「儒家文化」空間也不一定。[51] 不過這也顯示出場域論的第一個問題點：相對來說較不重視文化論的「文化」，也無法得知其與廣泛的意識形態之間的關係。雖然其象徵符號（symbol）某個程度代表了在該場域廣泛被接受的文化，[52] 但仍舊無法直接等同於文化論中討論的地方文化。

其二，場域論過度切割每個組織與個人，卻較少討論各個組織與個人之間的合縱連橫，對此，弗利格斯坦（Neil Fligstein）和麥亞當（Doug McAdam）即在策略行動理論中提出相關的修正：所謂抗爭的劇碼（episode of contention）必須由挑戰者這個集合所提出，並由在位者妥協，或者在位者被推翻形成新的共識（shared understanding）。[53] 這個新共識包含正當性準則、互動規則、可使用的策略等。每個角色對規則的解讀未必一樣，但這個共識才能讓該場域「穩定」。[54]

---

48 黃蘭媖、林育聖、韋愛梅，警察機關受理之新移民女性遭受親密關係暴力案件探索性分析，犯罪與刑事司法研究，十五期，二〇一〇年十一月。

49 佩奇在《打破鐘擺》（Breaking the Pendulum），在描寫刑罰場域（penal field）時亦指出，監獄的受刑人看似無權，但卻也是刑事司法系統運作的重要貢獻者，即同此理。PHILIP GOODMAN, JOSHUA PAGE & MICHELLE PHELPS, BREAKING THE PENDULUM: THE LONG STRUGGLE OVER CRIMINAL JUSTICE (Oxford: Oxford University Press, 2017).

50 Martin (2014), *supra* note 19.

51 這個可以說是現代化的科層化結果，葛蘭（David Garland）在引用韋伯的理論時，即指出刑事司法系統的各個角色在科層化的過程中可能是互相衝突的，最後形成數個目的不同的組織，而每個組織都會影響刑事司法的運作。在美國，因為聯邦主義和公投制度，使得外面的組織對刑事司法造成的影響更大，形成更為複雜的關係。DAVID GARLAND, PUNISHMENT AND MODERN SOCIETY: A STUDY IN SOCIAL THEORY (Chicago: University of Chicago Press, 1993).

52 在原本刑罰場域的研究當中，是包含rhetoric, signs以及symbol等不同元素，本研究暫時以符碼稱之。同註39。

53 依據策略行動理論，場域內部有在位者（incumbents）、挑戰者（challengers）與治理單位（governance units）等三類行動者。NEIL FLIGSTEIN & DOUG MCADAM, A THEORY OF FIELDS (Oxford: Oxford University Press, 2012); Neil Fligstein & Doug McAdam, *Toward a General Theory of Strategic Action Fields*, 29(1) SOCIOL. THEORY 1 (2011).

54 *Id.*

綜上所述，若納入策略行動理論，以本研究選定的場合為例，一個執法場域的模型應該要有下列四個元素，而若考量文化論的取徑，應再加入第五個元素：意識形態。

1 利害關係者[55]：如地方政府、警察、路人、中國遊客、法輪功成員、愛國同心會成員、一〇一警衛、媒體等。

2 符號：代表每個角色主要與次要追求的價值，例如效率、穩定、教義、政治干擾、金錢等等。

3 競爭資本：場域當中擁有資本的強弱不同，將影響其競爭的輸贏，常見的資本有經濟資本、社會資本、文化資本與象徵資本。[56]

4 鬥爭與效應：人與人、組織與組織之間會有同化／疏離的現象，例如前述的模仿效應、規範效應等，將決定在策略行動當中，不同組織與人之間的同化、結盟現象，進而影響鬥爭結果。

5 意識形態：各個角色在成長過程中所接受規訓的樣貌。

在競爭的過程當中，最終會出現該如何運作的規則與潛規則，彼此疊加形成複雜的「執法狀態」。

這樣的模型不僅僅可以適用在警察執法狀態，也可以使用在任何需要討論法律社會學中的「規則」之情形。例如，在刑罰學當中，即有所謂的刑罰場域（penal field）研究，討論不同利害關係者如何競爭並生產出相關的規則。佩奇（Joshua Page）即指出，在三振法案政策的形成當中，加州獄政協會作為一個組織，即是當時脈絡下的「得勝者」：其與被害者家屬以及媒體的結盟，成功地讓「三振出局」的符號成為整個司法體系以及民眾所接受的規則，並進而影響立法，[57] 其所提出的「角色、鬥爭、軸線」，即與本文所提出的各種元素重疊。[58] 雖然討論當中並沒有細緻到各種效應如何交錯形成，但其描繪之方式已成為刑罰學的重要取徑。[59]

---

55 依照法律社會學理論，利害關係者又可以分為經常參與的角色（repeat players）以及偶而參與的角色（one-shotters），藉此歸類其影響力。可見Marc Galanter, *Why the "Haves" Come out Ahead: Speculations on the Limits of Legal Change*, 9 (1) Law Soc. Rev. 95 (1974).

56 除了布迪厄的資本說法外，資源依賴理論亦應整合至此，見鍾喜梅、鄭力軒、詹淑婷、林佳慧，醫院與大學在家族企業集團股權鏈之角色：制度與資源依賴觀點的辯證，人文及社會科學集刊，二十四卷三期，二〇一二年九月。

57 Joshua Page, The Toughest Beat: Politics, Punishment, and the Prison Officers Union in California (Oxford: Oxford University Press, 2013).

58 可見Philip Goodman, Joshua Page & Michelle Phelps, Breaking the Pendulum: The Long Struggle Over Criminal Justice (Oxford: Oxford University Press, 2017).

59 另外以宮廟為例，宮廟作為一個運作場域，當然也會有自己的「規則」。依照本文模型，其內部利害關係者（如信然而，回到第一個問題點：這個鬥爭所產生的象徵符號，跟文化論的「文化」差別在哪裡？其間關係為何？這是場域論與策略行動理論沒有面對的問題。亦即，場域理論得出了該場域的「利害關係者共識」，卻來不及進一步說明這個共識怎麼跟大環境的改變（如社會變遷）互動。此時坎波（Holly Campeau）所提出的文化慣性理論或許可當作一個參考。[60] 文化慣性理論認為，當警察面臨大環境改變之時，會同時出現內部共識與外部環境（新知識）的挑戰，於此同時，警察會傾向遷就原本內部共識的做法，但會切換面具以對應外部的「侵蝕」。其實坎波所提出的理論，就是回歸原本新制度論與文化論的衝突，也就是本研究所描繪的大包小圈圈：兩個圈圈的交界處到底是透明的，還是半透明，抑或不透明？坎波在研究警察的過程中，即認為這個交界在加拿大的脈絡下是偏向不透明的，因此雖然外部看起來警察改革了並迎合外界趨勢，但仍舊用舊思維行事。這樣的研究方式適當地整合文化論的「歷史感」，把長期的文化脈絡（大圈圈）與組織的文化脈絡（小圈圈）的互動呈現出來。皮喬納茲（David Pichonnaz）也運用相同取徑，探討瑞士警察的行動邏輯可能更多是來自於大圈圈（尚未當警察之前的遭遇），並在邊界透明之下，其原本的慣習在小圈圈內被再次強化；[61] 貝肯（Matthew Bacon）也討論了在毒品偏見被改變的社會裡（大圈圈），英國的警察如何在特定條件下順應並接受這個邏輯；[62] 岡寧（Jeroen Gunning）和薩馬拉（Dima Smaira）更進一步用「跨域慣習」（translocal habitus），描述一般受害者報案的慣習（文化）與警政機關的慣習（組織）在黎巴嫩的執法場域如何交錯。[63] 在台灣，侯崇文也比較了警民互動、警察與家人互動、組織內的彼此互動，在不同互動的符號交錯之下最後的成果為何。[64]

由此可知，場域論配合策略行動理論與文化慣性理論，可以描繪出一個大致的執法場域各角色的互動關係圖。然而，場域論原本的競爭與組織理論的競爭並不相同，因此在理

徒、管理委員會等）會有自我運作之邏輯，並受其內部資本運作之影響。然而，外在的制度環境會不得不讓這個邏輯實踐改變：如政府法規的改變，必定造成運作方式的差異，而專業團體的成立（如聯誼會、媽祖學院）等等，亦會造成影響，而其他宮廟的作為，亦會造成模仿效應。至於在競爭、合作之下，誰的價值與符號會得勝，即取決於彼此認同的符號為何，以及其相關資本的強弱。學者對宮廟研究所提到的靈力資本，即與本文要討論之「執法資本」有異曲同工之妙。見陳緯華，靈力經濟：一個分析民間信仰活動的新視角，台灣社會研究季刊，六十九期，二〇〇八年三月。

60 Holly Campeau, *Institutional Myths and Generational Boundaries: Cultural Inertia in the Police Organization*, 29(1) Int. J. Res. Pol. 69 (2019).

61 David Pichonnaz, *Connecting Work to Workers' Social Past: a Dispositional Analysis of Police Work*, 61(1) Br. J. Criminol. 123 (2021).

62 Matthew Bacon, *Desistance from Criminalisation: Police Culture and New Directions in Drugs Policing*, 32(4) Int. J. Res. Pol. 522 (2022).

63 Jeroen Gunning & Dima Smaira, *Who You Gonna Call? Theorising Everyday Security Practices in Urban Spaces with Multiple Security Actors – The Case of Beirut's Southern Suburbs*, Polit. Geogr. 102485 (2021).

64 侯崇文，警察工作態度之研究——以績效支持度為例，研究台灣，三期，二〇〇七年十二月。

論選擇上，必須先確定研究的主題為何，方能決定要以哪一個理論作為主要依據：內部行動邏輯的競爭關係適合組織論與新制度論的取徑，多重行動者的情境適合場域論。至於文化論更適合探討個人意識形態的養成，且其追究的時間軸維度更長，並非場域論或組織論可以涵蓋。各理論在不同主題皆有所長，並無絕對優劣之分。

從法輪功抗爭看警察執法的法律社會學研究

◎如何劃定邊界？

雖然法輪功抗爭場合有多重參與者，但並非有多重參與者即適合使用場域論。場域與慣習乃密不可分的概念，而各個參與者勢必帶著自我的資本與氣息在場域互動，在互動過程產生位階並形成場域。如此一來，如果參與者不具備動能，或者沒有彼此互動，甚至是純然的被壓抑，則根本無法形成為「場域」，充其量只是一個物理空間（space）而已。因此，以本研究預設的題目而言，法輪功作為一個抗議者的資本與動能即需被確立，方能確認是否使用場域論。

以法輪功為例，在歷史回顧上，可以明確得知其所追求的價值為「認清中共」且進行弘法，[65]並透過活動來塑造法輪功的公共意象：[66]如在中國駐紐約總領事館對街靜坐、在時代廣場地鐵站進行受宗教迫害的表演、展示學員在中國受迫害的影像、發文宣等，[67]有時法輪功學員亦使用人權法庭和法院申訴作為對抗。[68] 從此可知，法輪功具備跨國的法律知識，擁有高度的象徵與社會資本，因此在抗議場合上，未必會是一般理解的被動受害者，甚至有強烈的法律解釋權。在這樣的情形之下，要確認法輪功動能最好的辦法，就是透過歷史了解其在執法中扮演的角色，而媒體報導與判決等分析方式即為適合的素材。

以本研究所觀察之抗爭為例，在二〇一五年以前，大部分警察都是在取締愛國同心會違規停車而已，而檢舉的原因大部分是因為路人的不滿；[69] 從幾個報導可以得知，警方跟愛國同心會或統促黨的關係並不差，[70] 但仍會因為法輪功的投訴而必須對愛國同心會做出相

---

65 陳如音，中共鎮壓法輪功之探源——一個嘗試性的分析，弘光人文社會學報，六期，頁一七二，二〇〇七年五月。

66 David Ownby, *The "Falun Gong" in the New World*, 2(2) Eur. J. East Asian Stud. 303, 317 (2003).

67 Weishan Huang, *Globalization as a Tactic – Legal Campaigns of the Falun Gong Diaspora*, in 3 Key Concepts in Practice 233, 239 (Paul R. Katz & Stefania Travagnin eds, 2019).

68 David Matas & Maria Cheung, *Concepts and Precepts: Canadian Tribunals, Human Rights and Falun Gong*, 1(1) Can. J. Hum. Rights 61, 77 (2012).

69 雖然大家在意的是愛國同心會與法輪功、或者跟路人之間有關的爭執，但是當真正落實到第一線執法場域的時候，因為這個執法場域的灰色地帶和角色實在太多，在無法解決灰色地帶的狀況之下，警察的選擇就是用最簡單的交通條例取締，在形式上可以應付上面的政治力量，也可以對關心此事的媒體做出交代。

70 可見：網友遭愛國同心會毆打提告．竟見警察親切喊會長「大哥」，自由時報，二〇一九年一月十八日，https://news.ltn.com.tw/news/society/breakingnews/2676152（最後瀏覽日：二〇二二年一月十二日）：「不打人就沒

對應的行為。舉凡當場調停、規範噪音管制、妨礙自由、傷害、違規停車、性騷擾等，通常都不是警方主動發動，而是在場參與者的較量而得。因此在被動的狀況之下，參與者的動能應可確認，代表場域論較適合分析當下的情境，且與一般被害者報案不同，此時宣稱的被害者是在現場等待裁決，而非填完單子回去等候通知，多方的象徵符號可說是直接碰撞。

若再進一步以關鍵字在法學資料檢索系統搜尋，共可得七十五件裁判。但從資料可以發現，媒體報導的現場與判決可說不盡相同，而其不同的原因就在於「帶入法院」與「現場執法」是兩回事：爭議在現場被解決的部分，就不易進入法院，但尚未解決的部分，也未必會進入法院。而本研究從文本與田野的爬梳得到一些線索：報案人常常不是爭議者。

一〇一大樓作為一個角色，經常報警，其理由不外乎是妨礙行人通行、妨礙商家等理由。作為一個商業者，其主要的目的原本就是維持商業行為。二〇一五年，一〇一大樓研議「台北一〇一公共開放空間使用規定」草案，並宣稱違反社會秩序、妨害風化者，經保全勸導不改，將會報警。這個研議把現場定調為「妨礙秩序」。因此，當此商業目的明文化之後，雖然一〇一不是執法者，但是一〇一等於劃分了法律的界線，告訴在場所有的抗議者：如果發生了什麼事情，沒有符合我的規則，那麼我就會報警。此時，**並不是第一線的執法者（警察）來劃分法律的範圍，反而是檢舉者（商業公司）劃分了法律的範圍**。[71]

台北市也是一個在判決裡面看不到的角色。由於一〇一前有許多中國遊客，並由觀傳局負責，政治上，台北市長為了讓人覺得他對於此事有解決的對策（在台北市長選舉辯論就變成一個重要的政治議題），會派警察在那邊站崗，因而出現法輪功站那邊練功，警察在旁邊看的場景。從這個角度看來，即使物理上台北市並不在這個場域，但是其政治上的影響已經決定場域可能會長成什麼樣子。

當場域論被選擇之後，文本與田野可以協助角色盤點，並進一步在互動關係之中確認邊界。這個邊界從**較遠的角色如一〇一與台北市，預先決定了場所的初級規則和可被允許的利害關係者，從而形成執法場域的邊界；法輪功附近作爲一個抗議場域，其實並不是紛爭主要的發起者，警察也不是爭議範圍的劃分者**。

◎理論如何互補？

假設以判決為主，僅可得知，十年來現場主要的衝突來源是「宣傳政治理念」（四十二次），其餘是蒐證拍攝（十六次）以及互相詆毀（六次）。然而，雙方真的是因為政治理念而

事？」愛國同心會改採「包圍辱罵」，自由時報，二〇一五年一月二日，https://news.ltn.com.tw/news/society/breakingnews/1195984（最後瀏覽日：二〇二二年一月十二日）。

71 詳見郭安家，二〇一五廣場擬改申請制，拒標語旗幟，自由時報，二〇一五年四月六日，https://news.ltn.com.tw/news/politics/paper/869301（最後瀏覽日：二〇二二年一月十二日）。

大打出手或互相侮辱嗎？這必須藉由田野或訪談方可一窺全貌。

首先，雖然團體彼此理念不同，但是每天在該場所見面，基本上會保持一定的距離，因此衝突通常發生在彼此過度靠近的時刻，而這個時刻未必是雙方物理距離的靠近。各方的政治性理念通常必須要「表意」，因此現場除了舞蹈、靜坐、唱歌等肢體活動，更要有宣傳品、聲音、影像等工具。使用此類工具的多屬法輪功，愛國同心會則較習慣用唱歌或搖五星旗等方式。然而，法輪功要去干擾愛國同心會唱歌或搖旗並非易事，這造成幾乎都是由愛國同心會發難去「移動」法輪功的物品。**亦即，該場域中兩個群體都擁有資本，卻使用了不同的慣習作爲表現，而在競爭的關係當中形成了主被動的關係，且主被動關係並不受資本大小所影響**。會形成這樣的情況並不是資本不重要，而是在現場，法輪功相較之下比較注重象徵資本，並強調和平（真善忍）符號，不願打破相關的內規；[72]另一方面，相較於愛國同心會或其他來干擾的親中人士，法輪功的臉孔時常更換（輪班），使得雙方即使都是擁有資源者，但法輪功的輪班制讓在場的抗議者多半僅能遵守抽象規則，無法從長期的抗議中獲取場域知識（累積資本），進而改變作為。相較之下，親中人士或愛國同心會幾乎都是同一群人，自然更容易累積在場的資本。[73]

這個利害關係者的主被動關係，也同樣發生在其他利害關係者身上。例如台獨旗隊，其和愛國同心會都屬於主動角色，必然會有所衝突。根據訪談，信義分局很早即已介入協調：台獨旗隊在週末來，愛國同心會則在週間出現，避免兩個主動角色的衝突。如此警察即無需處理最大的衝突源，僅留下「可控的」執法場域。另一個預先控管的方式是：警察現場皆以「三人」作為是否聚眾與違反秩序的標準（受《刑法》一四九條影響），這也是為何在田野現場幾乎每次都是三人以下作為一個抗議群體，或者彼此保持一定距離，如此一來，警察即以最小成本的方式，維持當下的可控現象。

然而，在該場域描繪出邊界與整體共識後，雖然場域論作為新制度論的延伸，不會缺少太多新制度論的討論元素，但正如前述，場域論對於內部共識與外在文化的衝突著墨並不多，而文化慣性理論與策略行動理論就是在彌補這個不足，也等於把文化論的取徑重新「帶回來」。同時，因為有這樣的理論支持，研究者在田野觀察現場會不斷提醒自己，在場是否有隨機的參與者，其雖非該場域的主要角色，但會造成策略行動理論的「挑戰」情境，甚或引起警員的內在衝突，出現文化慣性？因此，研究者注意到了「路人」的角色，當其因為單純親中而行動或者見義勇為時，反而會成為現場衝突主要的來源，因為其出現破壞

72 然而也因為如此，法輪功反而較易獲得劃分範圍者（一〇一大樓）的支持。

73 親中人士泛指特定來干擾法輪功活動者，例如老葛。有一次法輪功「遲到」，到早上十點還沒來，老葛來了發現沒人，就一路開心地唱歌回家。

了現場的「平衡」。

如果破壞平衡者不存在，什麼樣的情形下才會出現衝突，被動的警察又是什麼情形才會介入？**就是物理以外的因素破壞彼此抽象界線的時候：例如聲音**。法輪功有一個會發出微小音量的電視，愛國同心會沒有電視，但是在下車時會在車上透過喇叭播放音樂，時間約莫兩分鐘，是在一〇一門口都可以聽見的音量。從現場觀察可知，當前述「聲音」打破平衡的時候，才是警察出動的時機，因為其破壞了原本預設的可控範圍：有時警察會警告法輪功聲音小一點，或者藉由開單讓愛國同心會駛離（聲音的離去）。筆者看過警察最嚴厲的一次，是在愛國同心會離開後，法輪功「立即」打開電視，警察大聲地說：「給點面子好不好？不會十分鐘以後再開嗎？」該法輪功學員把聲音調小，但不關閉，並對警察說：「我不是你說開就開，說關就關！」此時警察突然開始管控法輪功聲音的原因，一方面可能是因為公平執法的成本消失（愛國同心會已離開，因此法輪功不會要求警察也對愛國同心會執法），使得權力展現變得容易；二來也是因為法輪功「太快」挑戰警察權力，使得警察「護場」面子掛不住。

若從前述警察相關研究強調的「績效」觀之，事實上警察在該場域執法完全沒有績效的壓力，反而更多是**在最小成本下的預防，也因此新制度論、組織論所討論的警政系統壓力，其實在該場域被弱化；相反地，文化論所強調的意識形態，例如倫理觀念等等，反而**

占據了重要位置：當一時間法輪功的聲音太大聲時，由於挑戰了警察的面子，警察被弱化的權力即在一瞬間「爆發」。而這種瞬間的爆發，更有可能在場域中形成爭執的危機，進而影響到執法狀態的形成，這也回頭印證了文化慣性理論所討論的長期文化脈絡。

* * * * *

一〇一大樓前有大量法輪功與愛國同心會的衝突，使得該場域成為爭議的好發場所。正如一般酒店、賭場等犯罪熱點場所，一〇一大樓前的犯罪也時常上演。由於媒體報導以及政治力的介入，使得警察不得不經常性地巡邏該場所，然而同樣如同賭場與酒店等場所，即使有警察的介入，該場所爭執仍然層出不窮。對此，警察如何「調解」該領域的安定狀態，即成為研究警察行為模式的絕佳場所：而這正是法律社會學關注的「生活中的法律社會學」。[74]

74 PATRICIA EWICK & SUSAN S. SILBEY, THE COMMON PLACE OF LAW (Chicago: University of Chicago Press, 1998). Sally Engle Merry, *Going to Court: Strategies of Dispute Management in an American Urban Neighborhood*, 13(4) LAW SOC. REV. 891 (1979); Sally Engle Merry, *Anthropology and the Study of Alernative Dispute Resolution*, 34(2) J. LEGAL EDUC. 277 (1984); Lauren B. Edelman, Howard S. Erlanger & John Lande, *Internal Dispute Resolution: The

本章主要提出文化論、組織論／新制度論、場域論、策略行動理論與文化慣性理論在警察執法可應用之空間。這些理論皆屬於廣泛的法律社會學可應用之理論，並不需侷限於警察執法，而其應用在警察執法上皆可得出不同的研究成果。理論間並沒有優劣問題，只有哪一個理論比較適合哪一個主題；且選擇其一理論之時，研究者亦可隨時提醒自己基於其他理論的面向是否可作為補充。以本研究為例，由於多重參與者的動能與溝通，場域論較為適合研究當下的執法情境，但亦不可忽略文化論與文化慣性理論強調的歷史（如倫理在當下扮演的角色、法輪功的真善忍符號），且難以忽略組織論強調的組織間的模仿與潛規則是否影響執法的狀態。

Transformation of Civil Rights in the Workplace, 27(3) LAW SOC. REV. 497 (1993).

第四單元

穿梭於外來／在地、西方／東方、連續／斷裂光譜的法律

陳韻如

法律制度雖然通常被認為是在個別地域社會範圍之內制定與運作，但實際上並非與外界隔絕，也不是始終不變。具有「多源且多元」性格的台灣法，即是在長期與全球社會交流過程中嫁接新舊、拼貼融合，轉化變遷的複雜存在。身處台灣本土社會、承接這套法律制度的我們，須持續面對並反思，法律在空間上的變化（即，歐美日等外國法移植至台灣過程中的轉換以及所帶來的改變），也須關注法律在時間上的變化（即，台灣法歷時性的連續與斷裂）。

固有的漢人裁判理念與現代法體系如何互動？黃琴唐分析「情理法」觀念在傳統中國法裁判中的作用、內涵與結構，並探究在引入現代法體系的當下，這樣的觀念是如何經過轉換，進而展現在非法律人的法意識與秩序運作原理之中。外來法與在地社會的關係為何？陳韻如爬梳歐美內部、非西方的（後）殖民，與全球化之三個脈絡下的法律移植論

爭，進而回到原點台灣追問：對於歷經多重法律移植的台灣而言，西方現代法律體制的引入究竟代表著強勢文化的入侵、徒勞無功的淮橘為枳，抑或（半）自主運用的法律改革資源？陳柏良則以社會運動者楊肇嘉的生命歷程與策略轉折為焦點，對於法律變遷進行長期歷時性的分析。他觀察跨越二戰前後，自一九二〇至一九五〇年代的台灣地方自治改革運動中的政治脈絡、制度特質、行動者策略，從歷史制度論視角，透視法律創設、延續與變遷的結構性與偶然性因子。

10

外來法vs.本土社會？法律移植作為法社會研究概念工具*

陳韻如

國立台灣大學法律學院副教授，研究領域為法律史（東亞／美國）、批判法學、法律全球化、家庭法。

* 本章改寫自陳韻如，邊緣異常或無所不在？法律移植作為法社會研究概念工具，政大法學評論，2022特刊，頁1-54，2022年12月。本文感謝諸多與會先進以及投稿過程中匿名審查人與編輯的寶貴建議與悉心指正，亦有賴台灣大學法律學院碩士生曾維翎、呂嘉容、林子涵、楊佩璇與黃玥凱同學分別協助資料搜集與編輯校訂。唯文中錯漏之責，仍由作者自負。

從邊陲反身凝視

一九八〇年代，著名的美國法律社會學者塔馬納哈（Brian Tamanaha）當時還是個從波士頓大學法學院畢業的年輕律師。當他來到曾是美國託管地的太平洋島國密克羅尼西亞，卻遭遇到與原本所學相當不同的法律與社會情境——以美國法為藍本的國家法顯得與在地社會格格不入、功能不彰。人們大多對於國家法感到害怕不解。固有的法與習慣才是維護社會秩序的主角，與國家法混雜並存。[1]

如果我們從美國這個戰後世界體系中心的視角出發，密克羅尼西亞法律的外來性或許可以看作是一種異常。然而，事實可能恰恰相反。當年的塔馬納哈遭受的衝擊或許毋寧是某個版本的「天真的美國人」故事。如後所述，不論是歐洲中世紀以降的羅馬法化，相對晚近的英美殖民帝國的海外擴散，乃至現在進行式的全球化，法律一方面在各種不同情境下作為知識與制度流動，另一方面也面臨各種在地挑戰與批判。

換言之，法律移植是超越各個社會的普遍現象。[2] 台灣也不例外。台灣法具有「多源而多元」的多重移植性格——除了固有的原民法以外，前近代荷蘭與西班牙法、傳統中國法、近代日本法、近代中國法，乃至德國與美國等近代西方法多個源頭迭次注入施行，構成了當代台灣多元法律與文化的一部分。[3] 台灣法律人對於台灣乃至東亞法的繼受性有清楚的自覺，也持續對於移植議題進行論辯。早在一個世紀前的一九二〇年代，約莫為第一批現代意義下的台灣法律人出現之時，這些台灣法律人為了抵抗殖民母國日本民法的全面施行，而或徵引前述德國「歷史法學派」，而或指出日本自身在明治維新大量引進外國法之時其實也對具有所謂「（大和）民族固有色彩」的親屬繼承事項有所保留。[4] 就台灣法另一個重要源頭的中華民國法而言，戰前中國法學者亦觀察到西方法在立法時看似順利地整套移植進中國，然而固有的（甚至復古的）禮教制度仍存在於大眾人民的意識。[5] 這樣的「外來法vs.

---

1 Brian Z. Tamanaha, *Preface*, *in* A General Jurisprudence of Law and Society xi (Oxford: Oxford University Press, 2001).

2 本章指涉法律的跨境移動的用語部分，主要使用「移植」（transplant）一詞。不過，也有不少研究者認為「移植」的比喻有誤導之嫌，而使用「擴散」（diffusion）、「移轉」（transfer）、「法律模型的循環」（circulation of legal model）等。「繼受」（reception）不只在討論羅馬法擴散時常被使用，在台灣法學界也是慣用之詞。Michele Graziadei, *Comparative Law as the Study of Transplants and Receptions*, *in* Oxford Hand Book of Comparative Law 442-44 (Mathias Reimann & Reinhard Zimmermann eds., 2006)。為顧及研究脈絡與可讀性，本章將交替使用相關用語。

3 關於台灣法的「多源多元」圖像的歷史脈絡，可參見王泰升主編，多元法律在地匯合，台北：台大出版中心，二〇一九年八月。

4 陳韻如，繼受與創造性背離：全球法律史架構下的1920s台灣家庭法論爭，近現代台灣經驗的交錯與流動學術研討會暨林本源中華文化教育基金會年會，中央研究院台灣史研究所，二〇二二年七月。

5 王伯琦，近代法律思潮與中國固有文化，北京：清大出版社，頁三，一九八五年五月，三版。

本土社會」的法律多元圖像，今日也以各種形式、程度不等地存在於台灣法律社群的意識之中。更加根本地說，當代台灣法學本身就是近代西方化產物。台灣的法律改革與法律使用也往往以所謂「比較法」的方法，藉由引介與闡釋外國法律與學說，以作為參照資源乃至評價基準。換言之，對於台灣社會而言，不管是在知識、實踐或意識上，法律移植可以說是無所不在的。

如果法律移植事實上是普遍存在於各個社會的現象，那麼以美國為發展中心的「法律與社會研究」(law and society studies，以下簡稱LSS)，提供了什麼樣的概念工具或思考方向？有趣的是，雖然有不少法社會學者與後來的塔馬納哈一樣，開始關注法律的跨境（詳後述），但是當我們在LSS的主流研究中尋找研究資源，卻發現法律移植其實是相對邊緣的課題。[6]究竟法律移植在美國LSS的邊緣性是因為忠實地呈現了美國法的本質（即，移植的因素在美國法中並不重要），還是反映了「美國法例外主義」（即，認為美國法的發展極端獨特且甚少受到其他法律體系的影響）的迷思，是個值得討論的問題。[7]不過對於關心法律與社會關係的我們而言，重點在需留心以美國法為主流的LSS議題清單之限制。基於這樣的認識，以下所梳理之研究不限於LSS主流研究，而是擴及英語世界的討論。

為討論分析之便，本章將可能互有重疊的研究脈絡，分為三類：一、西方社會中的法移植論爭；二、作為（後）殖民研究的法律移植；三、作為法律全球化的法律移植，並著重檢討其與法社會取徑之關係。所牽涉的論辯包括：法律的移植是否可能，或僅是淮橘為枳的鏡花水月？對於在地社會來說，外來法是種非常態的侵入異物，還是推動法律改革、建構法律基本架構的重要資源？是否有某些法律領域（例如常常被認為與國情文化特別有關連的家庭法）特別不適合進行移植？作為殖民地控制重要一環而引入的西方法制，是否也提供了被殖民者新的行動空間？在帝國消逝的後殖民與全球化年代，持續進行的法律移植，如何複製「西方vs.非西方」的不平等關係？（半）邊陲地區的人們是否有抵抗中心的可能性？移植如何創造法律多元情境？在地社會又如何面對全球法、國家法、地方法的多重規範？當然，以上的議題無法在這篇短文中獲得全面性的解答。提出這些問題的用意乃在

6 以具有指標意義之學科領域指南（companion）或手冊（handbook）的收錄作品觀之，就筆者目力所限，尚未發現直接以法律移植為主題的作品。與法律移植相關的討論，多包含在偶而得見的法律多元主義或者（後）殖民法的主題之中。

7 事實上，就連知名美國法學者龐德（Roscoe Pound）也曾言：「一個法律系統的歷史，可以說大致就是從別的法律系統借用法律素材並且加以消化吸收的歷史。」參見Roscoe Pound, The Formative Era of American Law 94 (Boston: Little, Brown, 1938)。美國的比較法學界也認為包括美國在內的每一個法律系統，都有外來的成分。參見Rudolf B. Schlesinger, Hans W. Baade, Mirjan R. Damaska & Peter E. Herzog, Comparative Law: Cases-Text-Materials 13 (Mineola, N.Y.: Foundation Press, 5th ed. 1988)。甘迺迪也批判「美國法例外主義」將美國法律思想的發展孤立於世界脈絡之外。Karl Klare, *The politics of Duncan Kennedy's Critique*, 22 Cardozo L. REV. 1073, footnote 2 (2001).

於揭露本章的關心所在，以使讀者在被引領進入眾多流派脈絡的研究討論時有所參照。在引介英語世界的發展後，最後回歸於本章的思考原點台灣，並提出本土研究者的回應與反思，以作為未來進路之參考。

淮橘為枳？歐美社會中的法移植論爭

法律移植在歐洲史上遭受許多抵抗。在論述層次上，十八世紀中葉以降的許多法哲學、法社會學與法律史學者認為法律應該反映（reflect）特定社會或民族的文化與道德。薩維尼的「法律乃民族精神」口號，強調法律與日耳曼民族的連結。更早的孟德斯鳩在著名的《論法的精神》中主張法律的發展與外國法的繼受無涉，而僅與在地的包括地理、社會、經濟與文化等環境因素有關。[8] 涂爾幹則直接主張法律是社會的指標。[9] 這些強調法律反映了所在社會的主張，有時被用「鏡像論」加以統稱。[10]

二十世紀的法律史學者沃森（Alan Watson）則認為法律有一定的自主性，而非僅只是社會權力關係、經濟生產、意識形態等外在脈絡的反映。前述鏡像論的說法，對於長期研究歐洲法律史的沃森而言，或許只是理論家缺乏實證根據而一廂情願地誇誇其談。他觀察各國私法歷史發展，指出發展中的變革主要是借用來自他處的具體規則，甚至是整個法律系統。[11]羅馬法就是最好的例證。法律移植就算是發生在時空脈絡迥異的法律系統之間，也並非罕見。許多社會的法律規則並非為特定社會所設計，而是源自另一個社會，但這並不妨礙規則的運作。當一個社會的經濟政治等環境在數千年後早已劇烈變化成完全不同的樣貌，同樣的私法原則卻往往仍可繼續運作。[12]

必須釐清的是，與其說沃森全面性地主張法律與社會完全沒有關連，毋寧說他最終想要強調的是：法律有一定的自主性，法律與社會之間的關係並非如鏡像論所言是一種直接反映的關係。[13]至於法律為何有所謂的「自主性」，沃森則歸因於法律菁英的「文化」或習

---

8 英文譯本可參考CHARLES DE SECONDAT MONTESQUIEU, THE SPIRIT OF LAWS (Thomas Nugent trans., 1899).

9 EMILE DURKHEIM, THE DIVISION OF LABOUR IN SOCIETY (W. D. Halls trans., 1984).

10 TAMANAHA, *supra* note 1, at 1-3; William Ewald, *Comparative Jurisprudence (II): The Logic of Legal Transplants*, 43 AM. J. COMP. L. 489, 491-96 (1995).

11 ALAN WATSON, LEGAL TRANSPLANTS: AN APPROACH TO COMPARATIVE LAW 95 (2d ed. Athens: University of Georgia Press, 1993); Schlesinger, Baade, Damaska & Herzog, *supra* note 7.

12 WATSON, *supra* note 11, at 95-97, 107-108.

13 沃森著作豐富，而其中對於「法律－社會」關係的主張有若干不一致之處。他有時主張法律與社會的極端隔絕。例如，普通法與大陸法系中對於法律的不同觀點與方法，乃是所謂「純粹法律史」式的、與社會隔絕的法律內部發展結果。不過，若就著作的整體言之，沃森對於法律與社會的隔絕命題並非全面性的。同樣的，沃森對於鏡像論的反對也有強弱不等的立場。本章同意也採取埃爾瓦德（William Ewald）對於沃森理論的重構與詮釋，認為沃

性——作為法律的解釋、守護與發展者，法律人傾向依法論法、把法律當作自身的目的，偏好參照借用具有聲望的某些特定外國法，卻反而鮮少探究法律所處的本地社會。[14]

對於後續的羅格朗（Pierre Legrand）與屠布涅（Gunther Teubner）而言，法律的旅行則似乎逃不了淮橘為枳的宿命——法律概念思想在跨境時必然改變其內容，甚至是劣化。重視文化脈絡的法國比較法學者羅格朗認為，沃森的錯誤在於對於法律的理解過於表面與機械。羅格朗認為法律的內容與意義只有在特定歷史、文化與認識論脈絡才能被給定，而非存在於真空之中。由於法律無法穿越到另一個時空而不改其內容，所謂的法律移植根本上是不可能的。除此之外，他也批評沃森的理論忽略文化差異性而支持新自由主義下的普遍主義，並且缺乏對保守現狀的批判。[15]

受到魯曼系統論影響的德國法社會學家屠布涅，則認為以「移植」來描述法律的跨境有誤導之嫌。這比喻使人將此過程想像成一個具體物件而或被拒斥，而或被接納的狀況。然而實際上的運作機制或許以（令人煩惱不快的）「法律刺激物」的導入來形容較為貼切。被引入的「法律刺激物」，就算表面維持不變，實際上也已經在受到刺激重構後的新脈絡中被重新定義而變化。就屠布涅所具體面對的歐盟整合議題而言，他反對新自由主義式的法律趨同論。即，個別工業化國家在類似的社會經濟結構下，藉由加入同一規範架構將帶來法律的聚合趨同。屠布涅認為在導入法律刺激物而混亂的共同演化過程中，在新平衡點產生的是不同的法律。從而，所謂的「移植」其實並不會造成歐洲法的聚合，反倒導致更多分裂。[16]

其他學者則採取較為折衷或修正的立場，多認為特定法律與社會的連結強弱乃至個別法制移入的困難，應視具體情況類型而異。例如，比較法學者卡恩─佛洛伊德（Otto Kahn-Freund）認為法律的移轉，有可能是類似有機體的器官移植，有拒斥失敗的風險，也可能是類似機械體的零件替換而相對容易，現實世界的法律移植其實座落在兩極中間的光譜某處。卡恩─佛洛伊德也指出孟德斯鳩對於法律移植的條件清單中的氣候、地理與文化等差別，在現代社會已日漸式微，反觀經濟、宗教或慈善等具有政治力量的組織團體，卻可說是今日社會中最「有機」的因素，若法律移植牽涉組織利益分配，這些團體的態度至關緊要。[17] 前述屠布涅則主

森所反對者為「強鏡像論」（即，法律「僅為」社會的反應），而他的自我定位為法律相對自主性論者。參見Ewald, *supra* note 10, at 491-95, 500-501.

14 Ewald, *supra* note 10, at 499; ALAN WATSON, THE EVOLUTION OF LAW 118-19 (Baltimore: Johns Hopkins University Press, 1985).

15 Pierre Legrand, *What 'Legal Transplants'?*, *in* ADAPTING LEGAL CULTURES (David Nelken, Johannes Feest eds., 2001).

16 Gunther Teubner, *Legal Irritants: Good Faith in British Law or How Unifying Law Ends Up in New Divergencies*, 61 MOD. L. REV. 11 (1998).

17 Otto Kahn-Freund, *On Uses and Misuses of Comparative Law*, 37 MOD. L. REV.1 (1974).

張特定法律並非與社會的整體連結，而是選擇性地與社會系統中多元碎片之部分有或緊或寬鬆的配對。配對的緊鬆不等也造成對於新制度移入抵抗強弱差別。[18]

倡導「法律與社群取徑」的法社會學家科特雷爾（Roger Cotterrell）則提出四種類型的社群概念，即「工具型」、「傳統型」、「基於信仰型」與「情感型」，作為在具體社會脈絡下檢視法律移植的框架。科特雷爾反對沃森所提出的「內在（法律）vs.外在（社會）」的二分框架——科特雷爾認為法律本身也是社會的一個面向，而沃森所謂的法律人「內部」過程或者「內部」文化，其實也是整體社會與文化的一部分。不過，科特雷爾認為沃森以法律人社群作為移植的重要場域亦有其洞見。他認為沃森對於法律專業社群的描述——傾向維護法律傳統而抵抗外在改變壓力、習於淡化變革而詮釋為連續性變化、喜歡以借鏡外國法的方式主導法律發展等——可以進一步進行實證性的分析。不過，科特雷爾指出，除了法律人社群也存在其他社群。如前所述，他提出可以藉由對於社群的類型化分析，來探討這些同樣是法律試圖進入或者轉變的場域。[19]

值得注意的是，與家庭相關的法律（例如婚姻與繼承等）在法學界長久以來被定性為與民族文化相關，屬於不適合或難以移植的法領域類型。例如，提出「法律立基於民族精神」口號的薩維尼，在其《現代羅馬法體系》巨著中主張，相較於其他私法領域，家庭法與民族特性有更深的連結。這種家庭法在移植上的特殊論被廣泛接受。本章前述一九二〇年代的台灣法律人反對全盤施行日本身分法時，提出了相當流行的「世界共通市場法─各民族不同家庭法」二分法學論述，[20]亦為家庭法移植特殊論的展現。

然而，卡恩─佛洛依德等上述比較法與法社會學者卻從實證角度，對於本質式的家庭法移植特殊性提出挑戰。卡恩─佛洛依德稱家庭領域雖然常常被認為與文化傳統鑲嵌而難以移植，但家庭法的改革方案事實上在全世界已相當程度地自由流動，例如，在其論述的一九七〇年代，無過失離婚就已被歐美國家廣泛採納。此外，愛爾蘭與義大利等國對於離婚法改革的拒斥或延宕，反映的與其說是文化特色，毋寧說是當地天主教教會的政治勢力。至於非西方亞非國家的確在家庭法上對於西方法的採納較為保留，然而亦開始鬆動。[21]經過了半世紀，卡恩─佛洛依德的觀察在現今同性婚姻的家庭法改革與阻礙等議題上仍深具啟發。科特雷爾則指出前述四種類型社群中的任何一個，都有可能是法律變革之場域，也都

---

18 Teubner, *supra* note 16, at 11, 17-19；關於屠布涅立論與系統論的影響，可參見張嘉尹，系統理論對於法全球化的考察，載：二〇〇八法律思想與社會變遷，頁八五～一三九，二〇〇八年十二月。

19 Roger Cotterrell, *Is There a Logic of Legal Transplants?*, *in* Law, Culture and Society: Legal Ideas in the Mirror of Social Theory 109 (2006).

20 陳韻如，同註4。

21 Kahn-Freund, *supra* note 17, at 1, 13-17.

可能以不同方式促進或阻礙法律移植。牽涉家庭親密團體的「情感型社群」的法律往往因為當事人不願訴諸法律而難以有效運作。然而在土耳其引進西方婚姻法之例中，法律移植之所以可以成功，原因在於原本習於締結習俗婚的人們發現只有依照西化的國家法正式結婚，才可以獲得社會福利。[22]換言之，從比較法的實證觀之，家庭法的移植並不必然比其他例如土地商業法等領域更加困難。家庭法移植過程的難易成敗，就如同其他法領域的移植，與其驟然用本質論式的「文化」等概念泛泛而論，不如先從具體政治權力部署以及制度設計的角度探究。

壓迫機制或反抗工具？作為（後）殖民研究的法律移植

前述對於法律移植的討論，多集中於西方社會內部跨國的法律繼受，至於歐美研究者對於西方法如何進入並影響非西方社會的研究，則肇始於殖民研究。歐美法藉由殖民體制對於包含拉丁美洲、亞洲、非洲與大洋洲的輸出，在十六世紀到二十世紀達到了頂峰。被輸入的歐美法結合了在地既有的法律與習慣，不但成為殖民時期的法律制度，也在後殖民時期繼續形構全球的法律秩序。[23]

複數法律秩序的並存，是（後）殖民法律研究的重要課題。二十世紀初的西方人類學家來到了所謂「未受文明汙染」的非西方社會田調，探求所謂「原始」社會如何仰賴固有法與習慣來解決紛爭、維持社會控制，卻發現西方法已進入當地社會。例如，十九世紀後期到二十世紀之新帝國主義時期所引進殖民地的法律，實際上是在西方工業革命與資本主義發展過程所形塑，這些規範的實質內容和程序，和當時亞非殖民地的經濟與社會狀態中存在的法秩序有相當落差，然而卻與固有法共同影響著殖民地人們的生活。這種西方法與當地固有法與習慣等規範共存、衝突、或甚至混合，而產生了複數的法律秩序與機構的狀況，被稱為「法律多元主義」。[24] 胡克（M. B. Hooker）於一九七六年出版的《法律多元主義：殖民

22 Cotterrell, *supra* note 19.

23 Sally Engle Merry, *Legal Pluralism*, 22 Law Soc. Rev. 869-70 (1988); Sally E. Merry, *Colonial and Postcolonial Law*, *in* The Blackwell Companion to Law and Society 569-70 (Austin Sarat ed., 2004).

24 附帶說明的是，「法律多元主義」並不是法律移植或者（後）殖民法中特有的現象。一九七〇年代後歐美學界中的「新法律多元主義」研究方向，對於複數法律多元共存現象的研究已不限於「殖民者–被殖民者」之間的關係，也不限於移植的情境，而是關注國家法以外，國家的社會團體（例如社區、工會，甚至家庭）所構造的法律秩序。此外，由於每個社會原本的法律並非真空狀態而是存有一種甚至多種的法律文明，是以當有新的法律移入，幾乎都有不同法秩序或文化共存的現象。例如，中世紀歐洲各地對於羅馬法的繼受中，羅馬法常常是與教會法、封建領主法、商業行會與習慣法等共存，參見Graziadei, *supra* note 2, at 446。另外，在全球化的過程中，全球法、國家法、習慣法與其他規範秩序交織的狀況，也是一種法律多元主義的當代情境，參見Merry, *supra* note 23, at 571。不過，在英語學術研究中，作為研究主題的「（古典）法律多元主義」，乃是以非西方殖民地脈絡中的課題而

地和新殖民地法律導論》（*Legal Pluralism: An Introduction to Colonial and Neo-Colonial Laws*）為研究殖民的法律多元主義代表作品之一。作為比較法學者以及東南亞法專家，胡克對於殖民地法的研究同時關心移入的西方法以及殖民地既有法，並比較英國、法國，荷蘭等普通法系與大陸法系的殖民者在不同殖民地（例如英屬印度以及法屬荷屬地印尼）的法政體制（例如直接以母國法取代殖民地法，或間接利用殖民地社會既有的政治權威與法律習慣加以規制社會），且觀察當地社會的變遷。[25]

當然，殖民體制下西方法的移入以及與當地法的共構，並非基於尊重多元的崇高理想。法律是歐美殖民者用以進行控制以及擷取當地資源的重要機制。複數法彼此也並非平等的存在。征服者的法律成為支配的法律系統，而在地原本的法律系統則不可避免地成為從屬。英法殖民者將自己的法律強加於當地人民之上，在地習慣只有在不牴觸成文法或者殖民者觀點下的「自然正義、衡平與良知」時，才會被認可與包含在殖民法體制之內。[26]

一九七〇與八〇年代以來的後殖民研究，進一步地對於殖民時期法律移植與相關論述進行認識論上的批判，特別是針對「理性文明西方vs.野蠻無知東方」的「東方主義式」二分對立認識框架。[27]生於印度的英國詩人吉卜林著名詩作〈白種人的負擔〉（The White Man's Burden）中，白人成年男性隱藏自負心態，耐心地將剛被捕獲且乖戾、野蠻、「半魔鬼半兒童」的有色人種扛在肩頭，負重前往文明秩序的光明處。在殖民者論述中，代表理性、秩序與文明的西方法，是白種人給混沌未明、野蠻未開的「土人」的禮物。西方法的移入與法治的建立代表文明的引入，是合理化殖民統治的重要一環。[28]

圖1　The White Man's Burden [29]

展開，參見TAMANAHA, *supra* note 1, at 115-16.

25 M. B. HOOKER, LEGAL PLURALISM: AN INTRODUCTION TO COLONIAL AND NEO-COLONIAL LAWS (Oxford: Oxford University Press, 1976).

26 MARTIN CHANOCK, LAW, CUSTOM, AND SOCIAL ORDER: THE COLONIAL EXPERIENCE IN MALAWI AND ZAMBIA (Portsmouth: Heinemann, 1985); JEAN COMAROFF, BODY OF POWER, SPIRIT OF RESISTANCE: THE CULTURE AND HISTORY OF A SOUTH AFRICAN PEOPLE (Chicago: University of Chicago Press, 2013); Jean Comaroff & John Comaroff, *Christianity and colonialism in South Africa*, 13 AM. ETHNOL. 1 (1986).

27 EDWARD WILLIAM SAID, ORIENTALISM (New York: Vintage Books, 1978).

28 PETER FITZPATRICK, THE MYTHOLOGY OF MODERN LAW (London: Routledge, 1992).

29 The White Man's Burden: civilising the unwilling savage, Detroit Journal, 1898。載自：Public Domain, https://commons.wikimedia.org/w/index.php?curid=464614.

這樣的二分法也適用在殖民法的法律多元主義架構：一個是代表理性的西方法律，另一個則是非理性與「視狀況而定的」（situational）在地習慣。[30]習慣不能直接作為法源而僅能作為決斷的參考資源。[31]在未被正式殖民的非西方社會也有同樣的情況。例如，絡德睦（Teemu Ruskola）提出「法律東方主義」概念，指出「傳統中國並不存在法律」的主張，是歐美諸國在中國治外法權的論理基礎，也是需要被批判的認識論預設。[32]直至今日，東方主義式的隱喻仍以各種複雜方式在法律移植與改革中發揮（往往是誤導的）作用。例如，埃斯奎羅（Jorge Luis Esquirol）指出，戰後拉美的法律改革者往往過度理想化其所倡議的最新歐美法學典範，並將拉美法律的個別問題或執行缺失，放大為「落後」拉美法的本質、固有的缺陷，從而生產了一套「永恆不變的拉美法律失敗敘事」。[33]蘇卡拉（Philomila Tsoukala）則批判對於歐盟家庭法的討論中，忽略了理應是討論重點的改革分配性後果（例如廢除夫妻共同財產制對於妻子經濟權力的影響），反而將大部分精力集中（或浪費）在爭辯什麼是民族的家庭與文化。以希臘家庭法的改革為例，在論辯中西方往往被構造成現代與文明的象徵，以相對於希臘所欲擺脫的「野蠻」東方。[34]

另一個主要的後殖民批判則犀利地指出，許多所謂的本土傳統可能是殖民時期的「發明」。眾多研究顯示，殖民地習慣法與其說是既有地方習慣的遺留或保存，不如理解成是在殖民架構下被創造出來的產物。這個創造的過程是以殖民者母國法律內容、語言與意識為框架，以殖民者的政治經濟需求為考慮，經過殖民官員以及殖民地菁英的多重轉譯，脫離原本脈絡而進行「規則化」。[35] 殖民者對於傳統文化的發明，有時以「譴責傳統」的方式為之，

30 Merry, *supra* note 23, at 572.

31 John L. Comaroff & Simon Roberts, Rules and Processes: The Cultural Logic of Dispute in an African Context 13-14 (Chicago: University of Chicago Press, 1981).

32 Teemu Ruskola, *Legal Orientalism*, 101 Mich. L. Rev. 179, 181-82 (2002)。陳韻如也指出，西方學界早期涉及傳統中國法的相關研究中，傳統中國法乃是作為「他者」或者對照組的角色來闡釋近代理性法在西方的建立。陳韻如，「刁婦／民」的傳統中國「（非）法」秩序——預測論、潛規則與淡新檔案中的姦拐故事，中研院法學期刊，二〇一九特刊一期，頁三七五～三七六，二〇一九年十月。

33 Jorge L. Esquirol, *The Turn to Legal Interpretation in Latin America*, 26 Am. U. Int'l L. Rev. 1031 (2010).

34 Philomila Tsoukala, *Marrying Family Law to the Nation*, 58 Am. J. Comp. L. 873 (2010).

35 關於亞洲殖民地的習慣（法）的創造與運作，可參見以下文獻：Dirk H. A. Kolff, *The India and the British Law Machines: Some Remarks on Law and Society in British India, in* European Expansion and Law: The Encounter of European and Indigenous Law in 19th-and 20th - Century Africa and Asia (W.J. Mommsen & J.A. De Moor eds., 1992); Daniel S. Lev, *Colonial Law and the Genesis of the Indonesian State*, *in* Legal Evolution and Political Authority in Indonesia: Selected Essays 13 (2007); Marie Seong-Hak Kim, *Law and Custom in the Chsôn Dynasty and Colonial Korea: A Comparative Perspective*, 66 J. Asian Stud. 1067 (2007); Marie Seong-Hak Kim, *Customary Law and Colonial Jurisprudence in Korea*, 57 Am. J. Comp. L. 205 (2009); Francis G. Snyder, *Colonialism and Legal Form: The Creation of 'Customary Law' in Senegal*, 19 J. Leg. Plur. Unoff. Law. 49 (1981); Terence Ranger, *The Invention of Tradition in Colonial Africa, in* The Invention of Tradition (Eric Hobsbaum & Terence Ranger eds.,

並與上述「文明西方法–野蠻東方法」的對立論述相結合。最著名的例子莫過於英國殖民政府藉由對於印度寡婦殉葬習慣的批判，展現白人殖民男性「將棕色女人從棕色男人身上拯救出來」的高貴使命。然而，這個原本只在印度特定地區與階層實踐的惡俗，卻因殖民者的宣傳而被抵抗殖民者轉換成不受殖民汙染的印度婦女共通德性的象徵。[36] 有時，殖民者以創造習慣法的方式，將母國中心的法律概念、語法與意識曲折幽微地輸入。若從法律移植的角度觀之，法律移植的機制可能不一定透過殖民母國法律的直接適用。在後殖民時期，藉由「創造習慣法」所引進的外來法，也常常被當作既有傳統而加以保留，甚至續造。例如，Marie Seong-Hak Kim 指出日本殖民統治時將明治民法的「家」制度強加於韓國，大幅增強了韓國原本戶主制度的家父長權，而在戰後有關子女從父姓等憲法爭議時，韓國保守派卻又將殖民時期所創造日韓混種的戶主制度等同於韓國儒家傳統文化的實踐。[37]

最後，被殖民者在法律移植過程中的能動性也是近來研究焦點。誠然，殖民法的引進多伴隨著外來者的軍事征服，而以強加的方式發生。不過，晚近研究顯示，外來的西方法並非總是透過暴力強壓方式施加於被殖民者，被殖民者也可能支持與主動使用殖民者的法律。法律固然是殖民地控制的重要手段，但也提供被殖民者得以挑戰當權者的語言與平台。[38] 例如，殖民地（或甚至未直接受殖民統治的）非西方菁英，可以挪用歐美法中自由主義憲政概念，以進行在地改革或藉以賦權而抵抗殖民。[39] 除了民族整體的抵抗殖民運動，殖民地菁英也會為了個人利益而主動繼受歐美法，例如，印度律師階層為鞏固自身地位，不論在殖民時期或獨立後都支持殖民時期建立之法制度。[40] 對於非菁英的一般大眾而言，雖然殖民地法常被批評與在地社會脫節、或者被視為殖民壓迫控制的工具，然而身處性別或經濟結構中的弱勢，也可能策略性地利用法院以對抗強權，例如，殖民地女性有可能利用法院來擺脫父親與丈夫的控制。同樣地，僕人也可以用法律來抵抗主人的過分要求。[41]

1983); Sally Falk Moore, *Treating Law as Knowledge: Telling Colonial Officers What to Say to Africans about Running "Their Own" Native Courts*, 26 Law Soc. Rev. 11 (1992).

36 Janaki Nair, Women and Law in Colonial India—A Social History 51-52 (2000); Gayatri Spivak, *Can the Subaltern Speak*, *in* Marxism and the Interpretation of Culture 271 (Cary Nelson & Larry Grossberg eds., 1988).

37 Marie Seong-Hak Kim, *Customary Law and Colonial Jurisprudence in Korea*, *supra* note 35, at 205-206.

38 Merry, *supra* note 23, at 575.

39 Merry, *supra* note 23, at 50; Chanock, *supra* note 26; Martin Chanock, The Making of South African Legal Culture 1902-1936: Fear, Favour and Prejudice (Cambridge: Cambridge University Press, 2001); Nathan J. Brown, The Rule of Law in The Arab World: Courts in Egypt and the Gulf (Cambridge: Cambridge University Press, 2007).

40 附帶說明的是，這些印度法律菁英認為英國普通法原則已由印度的法學家與法官發展出適合印度社會需求的規則。格蘭特（Marc Galanter）認為這種「社會西方化」與「法律本土化」並行的社會與法律雙向適應過程，也使得缺乏歷史根基的移植法在接受國某個程度地扎根與持久興盛，參見Marc Galanter, *The aborted restoration of 'indigenous' law in India*, 14 Comp Stud Soc Hist. 53 (1972).

41 Chanock, *supra* note 26; Sally Falk Moore, Social Facts and Fabrications: "Customary" Law on Kilimanjaro, 1880-

中心與邊陲的（再）拮抗：作為「法律全球化」的法律移植

如同法律移植一樣，世界各地人群、商業組織、國家之間的交流與整合歷史久遠。不過從十八世紀以降的現代化以來，跨國的經濟活動以及伴隨而來的商品、資金、人員、技術與知識文化的流動也隨之加速。一九九〇年代開始，「全球化」概念出現在歐美人文社會科學界的地平線，[42]全球化的研究議題或視角也在世紀之交於LSS研究中展露頭角。

在目前英語世界的主流LSS中，「全球化」是少數與法律移植相關的議題之一。《布萊克威爾法律與社會指南》（*The Blackwell Companion to Law and Society*）收納了LSS研究的當代經典之作，其中有三篇文章分別從（後）殖民法、法律與發展，乃至經濟全球治理的面向，爬梳LSS與全球化交錯議題的過去、現在與未來。[43]牛津出版社的《法律與社會論文集》中，也探討全球化脈絡下外國法的（不）適用。以及聯合國組織如何發展出「超國家法」與相關法律論述。[44]更加旗幟鮮明地將法律社會研究放置在全球化脈絡的LSS作品，例如達里安–史密斯（Eve Darian-Smith）二〇一三年由劍橋出版社出版的《全球脈絡下的法律與社會：當代研究方法》（*Laws and Societies in Global Contexts: Contemporary Approaches*），該書探討全球化情境下，地方、國家乃至全球等不同層次交織存在的多元法律與傳統，並處理諸如大量移民、氣候、大屠殺等跨國界議題。[45]

同時，法律移植（或者更直白地說「單向輸出」）仍然與「中心–邊陲」的權力關係緊密交織。費滋派翠克（Peter Fitzpatrick）就主張全球化新現象實際上是新帝國主義以及新自由主義的綜合體，也可以理解為既有跨境帝國主義的變形。在後殖民時期，跨境帝國已不復存，各個國家在聯合國等組織獲得形式上平等。然而，由前殖民地轉換的新興主權國家往往在實質不平等的關係中被迫向歐美強權打開市場，以及接受法治、人權與民主等制度。[46]桑托斯（Boaventura de Sousa Santos）則關注在地社會受到全球法、國家法以及習慣等遠近層次不等的複數規範的衝擊，並且反對將在地規範與國家法、全球法的不同理解為誤讀，他重新檢討法律多元主義，並以「交織合法律性」描繪複數法規範彼此交織與相互影響。[47]桑托斯以

1980 (Cambridge: Cambridge University Press, 1986).

42 其中，英國社會學者紀登斯（Anthony Giddens）所描述在全世界的尺度下地方活動與遠距離事件的複雜互動，以及知識與文化超越地理空間的即時同步化，乃為標舉全球化時代的代表性學者。Anthony Giddens, Runaway World: How Globalisation Is Reshaping Our Lives (London: Routledge, 2002).

43 Austin Sarat ed., The Blackwell Companion to Law and Society (Hoboken: Wiley-Blackwell, 2004).

44 Michael Freeman ed., Law and Sociology Current Legal Issues Volume 8 (Oxford: Oxford University Press, 2006).

45 Eve Darian-Smith, Laws and Societies in Global Contexts: Contemporary Approaches (Cambridge: Cambridge University Press, 2013).

46 Peter Fitzpatrick, Modernism and the Grounds of Law, 212-15 (Cambridge: Cambridge University Press, 2001).

47 Boaventura de Sousa Santos, *Law: A map of misreading. Toward a Postmodern Conception of Law*, 14 Law Soc. Rev.

繪製地圖作為比喻，說明複數法規就像一個個尺度不等的地圖投影，共構成一個破碎與跳躍、非整全式的法律秩序。而常見所謂「誤讀」法律的批評，其實往往預設了某一個層次的法律才是「正讀」。相對於此，桑托斯強調每一個層次的法律都建構了一個符號系統，並且同時呈現、扭曲與建構了現實，是以並不存在所謂的「正讀」。[48]

歷史取徑的法學者也嘗試用全球化的框架理解法律移植。作為對於歐洲中心主義的反思，所謂「全球法律史」的研究方向在世紀之交展現。舉例而言，杜夫（Thomas Duve）以知識史方法，一方面以知識生產機制的角度解構歐陸法律史書寫傳統，另一方面也試圖重構與揭示理想中的全球法律史研究方向。杜夫的後殖民與後現代方法質疑以西方現代性為模板的宏大敘事，他也特意與本章前述法律多元的方法保持距離，而另立所謂「複規範性」作為概念旗幟，以避免西方中心式的法律定義與研究對象設定，並強調文化轉譯下的知識生產分配過程而注重「全球在地化」。[49]

相較於前述試圖以後現代方式論述法律全球化的學者，甘迺迪（Duncan Kennedy）的〈三波法律與法思潮的全球化：一八五〇～二〇〇〇〉是個非常不後現代的「宏大敘事」，此文跨越了十九世紀中葉至二〇〇〇年，並採取世界體系式的框架，分別討論以德國、法國、美國為中心的「法意識」全球擴散過程。[50] 為了對抗前述的「美國法例外主義」，甘迺迪將美國放置在十九世紀中葉以降，法律全球化歷史中的（前兩波）邊緣受容者與（第三波）中心擴散者加以理解，並少見地將性、再生產與家庭，作為建構法律全球化理論之不可或缺的部分，而不僅僅為主流議題的附帶補充。[51] 最後，在甘迺迪結構主義的分析下，（被）全球化的法意識本身不具備任何內容與意識形態的本質，而是類似語言，是一種在理論上可以被不同意識形態與行動意圖的言說者用以產生各種言說的存在。換言之，甘迺迪一方面回應了前述移植（不）可能論，但一方面強調（半）邊陲地區的（後）殖民知識菁英挪用西方主流法知識而進行自主抵抗的能動性，從而在其宏大敘事框架下保留了邊陲對抗中央的可能性。[52]

法學界以外，英語歷史學界自九〇年代以降也關注法的全球化，以及在全球化過程中

279, 297 (1987).

48 Santos, *id.* at 297.

49 Thomas Duve, *What is global legal history?*, 8 Comp. Leg. Hist. 73 (2020).

50 Duncan Kennedy, *Three Globalizations of Law and Legal Thought: 1850-2000*, *in* The New Law and Economic Development: A Critical Appraisal 19-73 (David M. Trubek & Alvaro Santos eds., 2006).

51 事實上，甘迺迪自稱此文是個有意為之且非常「不後現代」的現代主義式宏大敘事，並稱寫作模型為韋伯式的「普遍歷史」，參見Tor Krever, Carl Lisberger & Max Utzschneider, *Law on the Left: A Conversation with Duncan Kennedy*, 10 Unbound. Harvard Journal of the Legal Left. 1, 32 (2015).

52 John Henry Schlegel, *Three Globalizations: An Essay in Inquiry*, 78 Law & Contemp. Probs. 19 (2015).

無法以單一國家法或者國際法解決之問題。前者例如阿米蒂奇（David Armitage）以全球史角度討論美國獨立宣言中的概念如何被傳播、複製、轉換，並影響世界政治版圖。[53] 後者例如西格爾柏格（Mira L. Siegelberg）探討殖民帝國解體與民族國家興起的二十世紀，在歷史夾縫中被遺漏的「無國籍者」與難民問題。[54] 歷史學家們同樣關注法律知識的傳播、翻譯、移植與借用中的權力關係和知識脈絡，以及人群移動時所產生不同法秩序的互動與碰撞。此外，藉由以檔案為主要實證資料的微觀史學方法，觀察法律文化與知識體系中行動者的策略與主體性的研究方向，也是值得關注的發展。[55]

重構研究工具箱

If the only tool you have is a hammer, to treat everything as if it were a nail.

——Abraham H. Maslow, The Psychology of Science (1966).

主流LSS或者更廣泛之英語世界的法律移植研究，提供了哪些研究概念工具？這些工具又對台灣的法社會研究或者朝向本土化的法律改革之實踐有哪些啟發、呼應或不足之處？台灣的研究者又提出如何的觀察與主張？[56] 以下僅提供一些初步的思考。

首先，台灣長期且持續進行各個層次的多重法繼受。例如，王泰升的《台灣日治時期的法律改革》詳述日治台灣藉由引進已進行「近代西方法化」的日本法制概念，而進行法律改革的過程。這本書的英文版書名《Legal Reform in Taiwan under Japanese Colonial Rule (1895-1945): The Reception of Western Law》更明白顯示法律改革與法律移植之直接關係。[57] 換言之，前述沃森所說的「移植乃推動法律發展的主要來源」的論題，相當程度地解釋了台灣法律發展的方向與內涵。就台灣法律近代化的歷程觀之，法律移植不僅是可能的，也是法律朝向近代化改革的主要知識來源。從日治台灣藉由法律移植來進行法律改革的經驗，也顯現出法律在跨境過程中的變化以及法律改革措施的「非預期性」。當法律與制度移動到另一個社會時空與法律系統，舊的意涵如何在翻譯中流失或轉換?在外來統治者懷柔

53 David Armitage, The Declaration of Independence: A Global History (Cambridge: Harvard University Press, 2008).

54 Mira L. Siegelberg, Statelessness: A Modern History (Cambridge: Harvard University Press, 2020).

55 王飛仙，全球法律史中的「法律生活」，中國法制史學會一一〇年度學術講座，中國法制史學會，國立台灣師範大學，二〇二一年十二月二十五日。

56 囿於篇幅，本章僅例示台灣相關研究。更為完整的說明，請見陳韻如，邊緣異常或無所不在?法律移植作為法社會研究概念工具，政大法學評論，二〇二二特刊，頁一~五四，二〇二二年十二月。

57 Tay-Sheng Wang, Legal Reform in Taiwan under Japanese Colonial Rule (1895-1945): The Reception of Western Law (Seattle: University of Washington Press, 2014).

的「舊瓶新酒」策略下，新的法律意涵與機制如何被偷渡創造？[58] 以殖民母國利益為出發點的法律改革，是否也非預期地為被統治者帶來一些改革的附隨利益？[59] 這些都是從「以台灣為主體」的視角觀察法移植時，自然而有提問。

此外，我們該如何評估移植的可行性與解釋成敗？如前所述，百年來台灣的法律移植在實然面歷經了著重少數統治利益與強壓繼受，而在民主化後逐漸進入所謂的自主選擇時期；[60] 在應然面的層次則更要面對社會脈絡的挑戰與需求。既有研究對於移植機制動機、阻礙或難易的脈絡性檢討，提示我們避免以過度簡化而難以檢證的「文化」來論述移植成敗。如同比較法學者格拉奇亞迪（Michele Graziadei）所言，人們常以繼受法是否「適合」(fit) 本地脈絡來解釋移植成敗。例如，相對於契約法，親屬繼承法常被認為具有「文化密切」性質而難以移植。然而，上述通則的反例事實上並不罕見。[61] 如同卡恩–佛洛依德與科特雷爾所言，就算是家庭法，或者是影響「情感型」社群的法律移植，並不一定比較困難，而是如同牽涉其他社群的法律變革一樣，有不同的動力與阻力。[62] 不同法系的國家對於諸如家暴法與同婚法等戰後美國家庭相關法律的自主繼受，已是相當普遍的現象，當代台灣亦不例外。更重要的是，流於空泛的「適合」或「文化」論述未能具體指認出反對力量與反對者（例如，原有制度的既得利益者為誰？制度改革後產生了如何的重分配結果？），所提出的證據往往並非基於確切研究，而是閒談軼事式的。[63] 移植中所謂「家庭法例外主義」的虛實動因需要被認真檢證。[64] 而法律移植與改革的意識形態或「文化戰爭」（culture wars）的背後，往往是盤根錯節的現實政治角力，甚至是高度組織性的動員運作。[65] 關於法律移植的討論，也逐漸有更多研究者提出兼具實證方法與理論反思，而得以檢證辯論的研究作為基礎。[66]

---

58 例如，王泰升討論日治政府以「舊瓶新酒」方式，將台灣習慣法上的業與典等土地安排，轉換成所有權與抵押權等。參見王泰升，台灣日治時期的法律改革，台北：聯經出版，頁三三五～三四二、三四五～三五四，二〇一四年九月，修訂二版。

59 Wang, *supra* note 57.

60 Wang, *supra* note 57.

61 Graziadei, *supra* note 2, at 472.

62 Cotterrell, *supra* note 19, at 109.

63 Graziadei, *supra* note 2, at 472.

64 關於「家庭法例外主義」及其檢討，參見J. Halley & K. Rittich, *Critical Directions in Comparative Family Law: Genealogies and Contemporary Studies of Family Law Exceptionalism*, 58 Am. J. Comp. L. 753, 769 (2010)；關於「家庭法例外主義」在十九世紀德國、十九世紀末日本與日治台灣的檢討，則可見陳韻如，同註4。

65 例如，高穎超分析台灣反對同婚運動如何與台灣以外的保守宗教團體進行跨國結盟並發展自身策略，參見Ying-Chao Kao, *Organizing Transnational Moral Conservatism: How U.S. Christian and Taiwanese "Pro-Family" Movements Converge, Diverge, and Collide*. Ph.D. dissertation, School of Graduate Studies, Rutgers University (2018).

66 例如，王曉丹探討人口販運法在國際法與內國立法的場域中，包括法律人在內的不同行動者與機關建構、移植與

當代台灣法文化與法意識研究也注意到法律繼受所產生的「法律多元」情境，其中，儒家（厭訟）文化可能被用來解釋台灣民眾法律意識低落的固有文化。[67]「書本上法vs.事實運作中法」的「落差」（gap）原本是包括西方世界在內的法社會學常見的研究主題，但在台灣的具體情境中卻常常發展為以下敘事：受到固有法影響而「落後」的台灣法實踐，需要趕上作為標準的西方法規範。[68]亦有研究者注意到包括傳統中國法與西方法的多元法律傳統，在台灣長期的交織融合過程，並注意到「西方法vs.本土法」與「移植法vs.固有法」二分架構之不足，乃至於反思以西方法為標竿的「法律帝國主義」。[69]包括國際法、國家法、司法實踐等同時存在多層次的法律多元性（legal plurality），以及在所謂「多重製圖」概念下，多層次法律彼此的滲透交織，也是研究者關注的議題。[70]

（後）殖民與全球化的研究，特別是環繞著「近代化」的諸多討論與批判，亦與長期繼受近代西方法的台灣密切相關。對於法律近代化的意涵、過程與影響，尚待更多的探討。在（後）殖民情境中，西方與本土的對立常常仍是討論法律改革的預設框架。台灣也不例外。在台灣，西方法不僅被預設為先進優越的，更常常被當作改革的萬靈丹。[71]針對移植過程中的落差，抑或理所當然地將差異視為「非原版」的拙劣模仿，抑或輕易地以「適合國情」加以正當化。然而，或許如同王曉丹所言，所謂的移植落差可以當作一種轉譯過程的「法律移位」，其好壞評斷與改革必須立基於深入現實社會與法律脈絡條件所建立的理論模型。[72]一如前述蘇卡拉在希臘家庭法改革研究個案中，呼籲避免落入空洞的「文明歐洲vs.野蠻東方」概念架構，我們應該將注意力放在改革的具體制度性分配後果。

在全球化年代持續進行的法律移植，依舊持續地複製「西方vs.非西方」不平等權力關係的同時，在（後）殖民情境下，非西方社會的「新式」法律人一方面身為法律移植的產物

重新詮釋此人權立法的長期具體過程。參見，王曉丹，法律繼受與法律多重製圖——人口販運法制的案例，中研院法學期刊，十五期，頁七七～一三七，二〇一四年九月。

67 蘇永欽，我國人民認知及處理法律事務障礙因素之研究，國科會補助專題研究報告（報告編號：74-0301-H004-04），一九八五年。

68 王曉丹，同註66，頁八二。

69 王曉丹，法意識與法文化研究方法論：以女兒平等繼承為例——法律繼受下的法社會學研究取徑，月旦法學雜誌，一八九期，頁五，二〇一一年二月。關於固有法與現代西方法的融合與交錯之例，亦可參見本書由黃琴唐所撰寫之「情理法的融貫——傳統裁判理念的當代思辨」一文。

70 王曉丹，同註66，頁八二。

71 例如，吳豪人探討日治時期在台的日本法律人熱切推動「先進」現代法制。參見吳豪人，殖民地的法學者：「現代」樂園的漫遊者群像，台北：台大出版中心，二〇一七年四月；陳昭如使用後殖民理論批判日治乃至現今的法律改革中，「（本土）封建遺習」vs.「（西方）進步法律」的兩立論述，將西方法等同於改革之萬靈丹。參見陳昭如，法律東方主義陰影下的近代化：試論台灣繼承法史的性別政治，台灣社會研究季刊，七十二期，二〇〇八年十二月；Chao-Ju Chen, *Producing 'Lack as Tradition': A Feminist Critique of Legal Orientalism in Colonial Taiwan*, 1 Comp. Leg. Hist. 186 (2013).

72 王曉丹，同註66。

與移植西方法的載體，另一方面也是策略性地挪用、組裝與改造法律這個「舶來品」的能動性主體。[73] 就長期面對東方威權體制與西方霸權的台灣法律人而言，對於西方法律體制的崇尚追求，以及行動背後而或真心誠意、而或策略性地「遠交近攻」，乃至指桑罵槐，是個複雜又饒富趣味與意義的研究課題。如何發揮自主性，批判性地借鏡外國法律資源以追求移植的本土化，並在理解社會不同人群的多樣需求後，提出具有分配效果的規範性選擇，也是當代台灣法律人被期待的角色。

最後，本章想回到一開始對於「移植議題邊緣性」的討論，從後殖民的觀點反思對ＬＳＳ的學術移植。台灣的法社會研究原本帶有突破法釋義學去脈絡地繼受「先進國」的條文與判決所可能造成的學術殖民困境，因而引進台灣本土的實證經驗性研究。然而，大部分的研究者在此過程中不可避免地大量使用、借鏡西方主流法社會研究者之概念與作品，反而產生了另一種形態的殖民困境。從而，有研究者主張應對增進西方社會與研究脈絡的理解，以對這些西方主流概念有所反思批判。[74]

本章則認為，除了對西方法社會的理論脈絡的理解，也需要對於法社會學議題與概念清單的移植繼受有所反思批判。如前所述，本章對於法律移植的檢討，乃是美國法社會的主流清單之外，包含台灣在內的絕大多數法社會無所不在而不可迴避的問題。[75] 更一般性地說，本章想要提醒（包括筆者在內的）法社會研究者：如果全心投入主流美國ＬＳＳ的研究，固然可參與豐沛的學術討論社群，卻可能與自身社會的重要問題擦身而過。當然，這並不表示台灣研究者應該只關注於自身社會與研究。一個可能的嘗試，乃是在參考法社會研究時，避免將目光只鎖定在以美國為主流的LSS學界，而應多關注其他各國如何提出從自身社會出發之議題，並從而發展出如何的概念與方法。事實上，近年來LSS自身也開始檢討美國法以「美國中心」與「one-size-fits-all」方式，在人權法、法律與發展、司法中心主義等議題上，向世界輸出的實踐。[76] 各地學者根據自身脈絡發展的研究主題，應該得到更多重視。例如一份「拉美法律與社會」（Law and Society in Latin America）課程大綱，主題包

---

73 關於日治時期台灣辯護士社群的建立，及其在法律移植扮演的角色，可參見曾文亮，日治時期台灣的辯護士社群，載：多元法律在地匯合，頁二三三～二七三，二〇一九年八月；關於日治台灣法律人如何藉由重新詮釋法律概念以抗拒全盤繼受日本家族法，參見陳韻如，同註4。

74 王曉丹，同註69。

75 例如，日本法社會學者千葉正士關注法律繼受，一方面探討固有法如何被國家法吸收，另一方面也試圖從日本常民觀點理解法律移植以及固有法持續發揮的作用。關於千葉正士的東亞法與法文化論中對於移植以及法律多元觀點的論述，可參見江存孝，「非西歐法」視點下的東亞法研究——從千葉正士的法文化論談起，載：新世紀台灣法學：國立政治大學法學院六十週年院慶論文集，頁六四九～六七七，二〇一二年十二月。

76 Carroll Seron, Susan Bibler Coutin & Pauline White Meeusen, *Is There a Canon of Law and Society?*, 9 Annu. Rev. Law Soc. Sci. 287 (2013); Mather Lynn, *Reflections on the Reach of Law (and Society) Post 9/11: An American Superhero?*, 37 Law Soc. Rev. 263-81 (2003).

含了法律與發展、司法改革、歐洲中心、獨裁政治、毒品交易等，與主流ＬＳＳ主題既重疊又分殊的研究議題。[77] 二戰後不久即成立的日本法社會學會，近年來進行的七十年學界回顧中，包括噪音、泡沫經濟以及高齡社會等，反映日本社會變遷的清單，亦深具啟發。[78] 對於自身脈絡的思索、議題的提出，以及相應的概念方法工具，也是台灣法社會學者可以努力的方向。[79]

「如果你手上的工具只有錘子，那麼所有問題都會被如釘子般來處理。」[80] 對於台灣法社會有興趣的研究者而言，我們在從ＬＳＳ擷取養分的同時，也要意識到主流清單的限制，並期許從在地視角重構研究問題，發展組裝自己的工具箱，循環往復地調整與深化本土化的法律與社會研究。

---

77 Seron, Coutin & Meeusen, *id.* at 299.

78 Dimitri Vanoverbeke, *The International Dimension of Seventy Years of the Japanese Association of Sociology of Law*, 法社会学の軌跡と課題／隣接分野との対話」法社会学八十四号，二〇一八年三月。

79 附帶一提的是，法律史的方法對於台灣法與社會脈絡的思考，可以提供長時間的脈絡與面向。

80 Abraham H. Maslow, The Psychology of Science 15-16 (New York: HarperCollins, 1966).

11

情理法的融貫
傳統裁判理念的當代思辨*

黃琴唐

國立政治大學法學院助理教授，研究領域為法史學（傳統中國法律文化、清末及中華民國前期法律繼受、近代台灣法制）、身分法。

* 本章改寫自黃琴唐，情理法的融貫——清代中國的裁判理念及其當代思辨，法制史研究，39期，2022年12月，此版經大幅刪減，問題意識、研究架構與原文大致相同，惟內容的比重配置上，較原文更側重於「當代思辨」的部分。

台灣現行的法制主要繼受自歐陸法。在這個法律體制下，「依法審判」，是憲法（第八十條）的明確要求，也是專業法律人彼此心照不宣的信條。不過，在社會的許多角落，時而可聽到「情理法」或「天理人情國法」的說法，意指：（一）發生紛爭時，應優先尋求民間途徑訴諸情理解決；或（二）即使紛爭進入法院，法官審判時也不能僵守法律，應注意「法律不外乎人情」，兼顧情、理、法的要求。

在第一種意涵下，完整受過當代法學訓練的法律人社群與未充分受過這些訓練的非法律人社群間，觀念未必不能相容，例如近年來司法院大力推動的「訴訟外紛爭解決機制」，就不排斥用情理作為主要的紛爭解決準據。但是在第二種意涵下，兩個社群的想法時而兩立。尤其在訴訟過程中，法官審理案件時總會在腦海中反射性地搜尋可能的法律依據；上級法院審查下級法院的裁判時，關注的焦點也往往是下級法院的認事用法究屬「於法不合」或「於法尚無不合」。相對於此，非法律人的當事人有時會捨法律而提出所謂的「情理」，作為自身主張的正當性根據；他們不認為法律是裁判的唯一或主要依據，甚至將法律置列於情理之後。

將情理當作紛爭解決依據或裁判正當性基礎的法意識，並非繼受歐陸法制時附隨的產物，而是漢人傳統法文化的遺緒。無論是一九四五年以前即移居台灣的河洛與客家等族群、一九四五年以後自中國大陸各省遷徙至台灣的戰後移民族群，或是一直生活在金門、馬祖的族群，都曾經長期深受傳統中國法文化——尤其清代中國法文化——的洗禮。而在清代中國社會裡，情理在常民的法律活動與官方的審判過程中，都發揮著強大的影響力。

為了了解漢人非法律人社群「情理法」觀念的歷史脈絡及其背後隱含的法文化意涵，以下擬先將觀察的視角投射在清代中國，探討情理法在當時裁判活動中扮演的角色，釐清三者的內涵及彼此的關係。然後，把目光重新拉回到當代法文化的關懷裡，觀照情理法在傳統裁判與當代裁判中的深層差異，進而思考「情理」在當代台灣法律文化中的定位。

「準情酌理」與「情法之平」——傳統裁判法源與裁判理念

傳統中國法的相關研究一直不乏對於「情理法」的探討，其中，關於清代中國的情理法，近三、四十年來學界討論的焦點之一，是從廣義的法源論視角，探討清代中國官府審斷案件時的準據，究竟是《大清律例》等官方制定法，抑或是情理等其他的要素。

在進入這個問題前，有必要先揭示清代訴訟制度的輪廓。當時的訴訟程序沒有當代民事、刑事訴訟般的區分，而是以笞、杖、徒、流、死等五種基本刑中的徒刑為界，根據法定刑的輕重程度，大致將案件分成不處刑和處笞、杖刑的「戶婚田土鬥毆賭博等細事」（以下簡稱「細事」），以及應處徒、流、死刑的「命盜重案」（以下簡稱「重案」）兩類。在訴訟程序上，「細事」適用所謂的「州縣自理」程序，州縣有權自行結案並執行刑罰，此種審理案件的過程在當時也被稱作「聽訟」。「重案」則適用「審轉」程序（學說上或稱為「必要覆審制」），州縣沒有結案權限，必須將自己認定事實、擬訂罪刑的審理意見書和相關案卷，連同人犯一起移送至上級官廳。原則上，經過府和省逐級覆核後，非關人命的徒罪案件由省的長官督撫批結，人命徒案與流刑案件必須咨送中央的刑部咨結，死刑案件則由皇帝進行最終的裁決。[1]

關於適用審轉程序的裁判，許多裁判史的研究成果顯示，《大清律例》等官方制定法確實受到裁判官員們慎重、細緻地適用；[2] 相對於此，州縣自理程序（聽訟）是否按照官方制定法進行審判，學界中呈現了較為分歧的觀點。

一九八〇年代起，日本學者滋賀秀三就此問題陸續發表了具有高度理論性的研究。滋賀首先指出，聽訟與當代狹義上所說的裁判性質不同。狹義裁判的本質在於，它是具有強制力的權威第三者所做成的「判定」，並且直接透過此種「判定」的宣告，無條件地對當事人與裁判者都發生拘束力和確定力，藉以終結訴訟。然而，清代的聽訟欠缺此種「判定」，訴訟的終結與否，主要取決於當事人是否接受裁判官員的判斷意見而不再爭執，因此性質上比較接近調解。但是另一方面，國家的強制力又始終介入其間，裁判官員做出最終判斷時，除了考慮當事人的主張，也必須參照情理，以事實清楚、是非分明作為前提，而非止於追求當事人間的合意，是以又和調解有所區別。如果將裁判做廣義的理解，指稱藉由國家公權力保護正當利益、實現公平程序的官方機制，那麼，清代的聽訟當然也是一種裁判，只是它兼具了調解與狹義裁判的特色，因此滋賀稱之為「調停式的裁判」或「教諭式的調停」。[3]

至於聽訟的準據，滋賀秀三歸納道：（一）多數案件的結論都不是根據國法做成；（二）判語中引用的國法大致上侷限於《大清律例》，其他法規獲得引用的頻率極低；（三）裁判官員即使引用國法，也未必受到條文的嚴格拘束。由於《大清律例》有關「細事」的規定為數甚少，因此，所謂的「情理」成了聽訟的主要依據。在清代的聽訟中，情理和國法都是

1 那思陸，清代中央司法審判制度，北京：北京大學出版社，頁一〇七～一四二，二〇〇四年八月；滋賀秀三『清代中国の法と裁判』創文社二一～二九頁（一九八四年）；滋賀秀三『続・清代中国の法と裁判』創文社一〇～一九頁（二〇〇九年）；寺田浩明『中国法制史』東京大學出版會一六〇～一六二、二二六～二三〇頁（二〇一八年）。

2 相關研究，例如：邱澎生，真相大白？明清刑案中的法律推理，載：熊秉真編，讓證據說話——中國篇，頁一三五～一九八，二〇〇一年八月；陳惠馨，清代法制新探——以《大清律例》為核心，台北：元照，頁十二～十三、一二〇～一五五，二〇二二年七月；滋賀秀三『清代中国の法と裁判』二六三～二六四頁；滋賀秀三『続・清代中国の法と裁判』十一～十六頁。

3 滋賀秀三『清代中国の法と裁判』二五二～二五五頁；滋賀秀三『続・清代中国の法と裁判』一六三～一六五、一八〇～一九六頁。

審判的廣義法源，而聽訟的核心，就是要將國法與情理融貫地斟酌考慮，努力尋求個案的妥適解決，並不存在判案必須嚴格按照《大清律例》等國法的想法。[4]

相對於此，美國華裔學者黃宗智主張，在正式進入堂訊以後的州縣審判中，裁判官員「總是毫不猶豫地按照《大清律例》來審斷」，「根據法律而頻繁地並且有規則地處理民事糾紛」。並且強調：雖然判詞中很少明文援引《大清律例》，但實際上引用了特定律例條文內隱含的各種「民法原則」（例如「保護田主收租權利」的「民法原則」即等同於《大清律例》「威力制縛人」條），讓當事人的權利獲得了實現。[5]

然而，黃宗智所謂的根據「民法原則」並不等同「根據法律」。因為律例條文是一種規則，規則的適用只能在要件構成或不構成之間擇一成立，而原則涉及的卻是要件滿足程度的問題。一個法律規則通常是由數個相異、甚至衝突的法律原則進行調和、折衷的結果，並且對應著明確的特定法律效果。當代法官裁判時必須直接引用規則，只有在規則欠缺或不明確的特殊情況下才能引用原則，而且要為引用原則負起龐大的論證義務。[6] 可是，在清代的州縣自理案件中，完全不存在這樣的邏輯。黃宗智所謂的「民法原則」，或許理解為孕生律例的情理較為妥當。何況，清代官府判斷一方「勝訴」（這也是黃宗智個人的認定）後，在法律效果上卻經常未依律例規定將全部利益歸屬於勝訴人，或者制裁敗訴者（律例規定大多帶有刑罰效果），這些在在都表明清代的聽訟並非機械式地按照律例進行。

回歸清代官員的視角，光緒年間曾任直隸按察使、山西布政使的方大湜曾說到：「自理詞訟原不必事事照例，但本案情節應用何律何例，必須考究明白，再就本地風俗準情酌理而變通之，庶不與律例十分相背。」[7] 言下之意是，理想的州縣官員既要通曉律例，更要能夠懂得靈活彈性地運用律例。自理案件不必完全按照國法規定辦理，重點是要參酌情理進行變通，但是變通之時也不能完全牴觸國法的意旨。

具有數十年刑幕經驗，又曾歷練知縣的名吏汪輝祖也說：「聽訟不協情理，雖兩造曲遵，畢竟是孽。斷事茫無把握，以覆訊收場，安得不怠。原其故，只是不諳律例所致。」意思是聽訟時既要能夠體察情理所在，也要熟悉國法規定，面對案件時才能瞭然於心，高明地解決問題。當時，江蘇有新婚的童子參加縣試時挾帶小抄，依照律例應處枷號示眾，[8] 親友請

4 滋賀秀三『清代中国の法と裁判』二六三～三〇四頁；滋賀秀三『續・清代中国の法と裁判』一七、九七～一〇一頁。

5 黃宗智，清代的法律、社會與文化：民法的表達與實踐，上海：上海書店出版社，頁一〇～一二 五一～一三〇，二〇〇一年八月。

6 王鵬翔，規則、原則與法律說理，月旦法學教室，五十三期，頁七四～八三，二〇〇七年三月。

7 方大湜，平平言，卷二，頁六三（收於官箴書集成編纂委員會編，官箴書集成，第七冊，合肥：黃山書社，總頁六五三，一九九七年十二月）。

8 枷號乃基本刑以外的法定刑，輕重程度介於徒刑與笞杖之間。

求審案官員待結婚滿月後再補行枷號，卻遭到拒絕。結果新婚的妻子聽聞消息後上吊自盡，童子也隨即投水身亡。汪輝祖評論此案認為，官員執法並無疏失，但是「法貴準情」，「滿月補枷，通情而不曲法，何不可者？……法有一定，而情別千端，準情用法，庶不干造物之和。」[9] 亦即，審理案件時不能不加思辨地拘泥於國法條文，應該要設身處地考量人情，在不明顯違背國法的情況下，用人情調整國法的適用，才能維持天地秩序的和諧。

清代中國的州縣自理案件中，常見「準情酌理」或「準情用法」、「準情度理」、「衡情酌理」等類似用語，其實都是表達聽訟時要調和、融貫情理法的意思，而這正是清代聽訟所信奉的理念。

實際上，不僅是州縣自理的聽訟，即使在必須審轉的「重案」裁判中，裁判官員也會就情理法進行斟酌衡量。例如，認為犯行與國法之間「情浮於法」或「情輕法重」，因此刻意規避原本與事實貼切的律例，改引其他罰則較重或較輕，但內容與犯罪事實顯然有異的規定。[10] 在中央刑部的審理意見中也頻繁出現「情法之平」、「情法兩得」、「揆之情理尚屬允協」、「揆諸情理之平似宜量為調劑」、「準情酌理似應予以自新之路」等各種援用情理的說法。

就連皇帝親自審斷案件時也會以準情酌理自許，或提醒官員審案須兼顧情理，甚至斥責官員理案拘泥法文，不符情理。乾隆曾經諭知刑部：「讞獄必依乎律，律必準乎情理之平。刑部為執法之官，辦理案件固當執法，而其情節不一，又當參酌覈擬，以期歸於平允。」[11]

在王錦毒死繼母之母苗趙氏一案中，刑部認為王錦和苗趙氏無服制關係，依照條例規定應擬斬監候，然乾隆卻責備說：王錦「情罪實為可惡」，惟刑部擬罪「拘牽文義，而揆之天理人情，均未允當，又豈明刑弼教之義？」於是命令刑部修改條例，並且另行定擬罪刑具奏，以謀求重新達到情法允協。[12]

日本學者寺田浩明指出，在命盜重案的裁判中，雖然律例通常會獲得援用，並非具文，但其援用無法直接構成裁判的正當性基礎。真正構成裁判正當性基礎的，乃是律例所揭諸的價值「情法之平」的實現。而且在實務上，大多數案件是否被認定為徒以上案件而進入審轉程序，基本上是由州縣官員主導。其決定是否主動向上級呈送的標準，往往是從教化的角度出發，以當事人究竟是「情有可原」的可教化者，或「情有可惡」的奸狡之徒來做區分。州縣自理案件與審轉案件之間，並無本質上的區別，有的只是惡性或刑罰輕重在程度

9 汪輝祖，學治續說（收於王雲五主編，叢書集成初編——學治臆說及其他二種，上海：商務印書館，一九三九年十二月），頁五～六。

10 汪雄濤，明清訴訟中的「依法審判」，開放時代，二〇〇九年八期，頁八七～九二，二〇〇九年。

11 崑岡等奉敕著，大清會典事例（光緒朝），卷十四，內閣，職掌，票擬加籤，乾隆七年，頁一七，清光緒二十五年石印本。

12 崑岡等奉敕著，大清會典事例（光緒朝），卷八一一，刑部，刑律鬭毆，毆大功以下尊長，歷年事例，乾隆四十二年，頁一七～二〇。

上的差異。換言之，清代官員審斷「重案」時雖然也被課與援用《大清律例》等國法的義務，但其援用國法的原因，係由於國法是皇帝對於如何準情酌理所做成的「參照事例」，與當代的「依法審判」具有截然不同的意義。[13]

由此可知，相較當代台灣的法律體制直接將「依法審判」作為裁判的理念，在清代中國的審判文化下，無論審理的對象是「細事」或「重案」，其裁判理念，都在於追求「準情酌理」或「情法之平」，實現情理法三者的協調與融貫。如果我們將「法源」定義為「裁判的準據」，而且是「構成裁判正當性基礎的準據」，那麼，或許比較恰當的說法是：經過融貫，互相調和的情、理、法，才是清代裁判的法源。

「捉摸不定」或「常在人心」？——情理法的內涵與結構關係

根據學者研究，清代裁判中的「法」指的是《大清律例》、各部則例等中央制定法，以及省例等地方性法規。[14] 至於情和理的內涵，滋賀秀三分析、歸納大量判牘史料後，已經為我們做了充分的整理。

大體而言，「情理」一語可理解為理和情兩個詞彙的連用。所謂的理，指的是應該普遍適用於同類事物，且獲得廣泛承認的客觀原則，例如「有借必還」、「父在子不得自專」等，皆是傳統中國社會普遍認為當然如此的道理。而情指的是，考量案件具體情況，給予訴訟當事人同情性的對待，其至少又可表現為三個方面的要求：（一）必須考量所有的情節、情況後，針對各個案件的特殊性給予細緻的關照。例如根據犯罪行為的情節及犯人所處的具體情境，全面地衡量其所受的刑罰輕重是否恰當，以達到「情法之平」；（二）不得忽視、打壓對於一般人而言是合乎道理的感覺、想法及風俗。例如審斷案件時，要避免不通人情的處理方式；（三）必須力求維持或回復良好的人際關係。例如，在審案時勸諭雙方當事人互相讓步，藉以保全親鄰之間的情誼。[15] 當然，在個別的案件中，這三種要求有可能交織出現。

總體上說來，理帶有的普遍性與情具有的特殊性，使得兩者似乎成為對立的概念。但是實際上，情和理卻有著互相補充的關係。理具有跨越時空的普遍性質，強調的是同類事

13 寺田浩明著，黃琴唐譯，從明清法看比較法史——裁判與規則，載：邱澎生、何志輝主編，明清法律與社會變遷，頁二三～三五，二〇一九年十二月；寺田浩明『中国法制史』二二七～二三三、二四九～二五五、二七七～二八六頁。

14 陳惠馨，清代法制新探——以《大清律例》為核心，頁三～一六；滋賀秀三『清代中国の法と裁判』二七〇～二七七頁。

15 滋賀秀三『清代中国の法と裁判』二八二～二八七頁；滋賀秀三『続・清代中国の法と裁判』九九～一〇〇頁。

物的普遍適用道理；情則是各種具體、特殊狀況的感受與評價，尤其注重對於不同情況要做出不同的考量。不過，真正能夠維持恆常普遍的事物，往往必須具備某種韌性與彈性，針對個別的特殊情況做特殊的處理，才能經得起現實的長久考驗。而且，理的普遍性與恆常性，導致它往往只能是一種模糊、籠統的理念，唯有將各種具體的情節、情境、人情等要素納入考量，才能夠使普遍的理所揭示的要求，對應到現實世界裡的具體人事物。[16]

這是傳統中國常見的「經權互用」以「從權合經」的思考模式。簡言之，即認為權（變）是經（常）的補充而非反動。代表普遍恆常的「經」如果欠缺代表應變的「權」，會變得僵化而難被接受；但是，行「權」不能牴觸「經」所追求的深層價值，才能在行權後仍合乎於經。[17]在理與情的關係上，可說理是經，情是權，理蘊含了人之所以為人的根本要求，也為情的作用劃出了界線；而情讓理得以具體落實於人間，也為理增加了韌性與彈性，藉以維持理的恆常性和普遍性。

情與理的思辨，正是權與經的思辨，而在經權思辨的各種學說裡，大多將重心置於如何行權、如何權變的探討。因為經所具有的普遍性使其較易掌握，而如何行權、進行變通，是一門高深又複雜的學問。同樣地，關於情理的運用，重點也常常放在情的拿捏，因此，若排除情、理二字連用的情形，在清代的各種判詞中，關於「人情」的論述遠遠多於「天理」。

不過，清代的官箴書或判詞偏好將「情理」或「天理人情」等詞彙成套使用，這顯示了對於裁判官員而言，情和理往往相互交纏，難以切割，最重要的是力求同時滿足理與情兩種要素，有理無情或存情欠理，都是不受肯認的做法。裁判過程中的「準情酌理」、「準情揆理」、「準情近理」等關於情理的探求，就是要在各個案件中不斷思考、衡量，情與理在整個情理結構中各自應當分配的比重，達到「情理兼盡」、「情理兩平」、「協於情理之平」的結果。[18]

若要進一步追問情理的具體內容，滋賀秀三總結說：「整體上而言，所謂的情理，大概只能理解為一種社會生活中的健全價值判斷，尤其是一種衡平的感覺……情理是一種修辭，並非清楚定義的術語。」[19] 由於情的要求是周全地考量案件中的所有具體要素，因此，不可

16 例如，「不可殺人」是古今東西再清楚也不過的普遍道理。但是，何謂「殺人」？殺人的手段為何？原因為何？殺人者所處的身心狀況為何？殺人者面臨的外在情境為何？殺人者與被殺者的關係為何？如果完全沒有將這些因素納入考量，「不可殺人」這項普遍的道理，在現實世界中其實沒有太大的意義可言。而這些被納入考量的各種要素，正是所謂的情。

17 關於傳統中國「經權觀」或「經權說」的討論，詳參葛榮晉，中國古代經權說的歷史演變，孔子研究，一九八七年二期，頁二三～二九；周鴻雁、江暢，中國傳統價值觀的「經權」觀念檢視，道德與文明，二〇一九年六期，頁五一～五八；陳國強，「經、權」論與傳統法律文化，河北法學，二十七卷一期，頁七七～八一，二〇〇九年一月。

18 寺田浩明『中国法制史』一九四～一九五、二九二～二九三頁。

19 滋賀秀三『清代中国の法と裁判』二八二～二八七頁；滋賀秀三『続・清代中国の法と裁判』九九～一〇一頁。

能預先設想絕對不得不然的處理方式。換言之，情理雖然是清代中國裁判中的廣義法源，但是無法在事前完整規定其具體內容，裁判官員必須在每個案件中反覆斟酌，經過動態的衡量過程，才能夠得出最適合每個個案的情理。

那麼該如何思考情理與法之間的關係？汪輝祖說：「法所不容姑脫者，原不宜曲法以長奸」，但「情尚可以從寬者，總不妨原情而略法」。[20] 此處提到「原情而略法」，似乎顯示法與情有其不同之處，無法兩全。但他又說：「聽訟不協情理，雖兩造曲遵，畢竟是孽。斷事茫無把握，以覆訊收場，安得不怠？原其故，只是不諳律例所致。」[21] 復道：「幕之為學，讀律尚已，其運用之妙，尤在善體人情。」[22] 意思是說，不善於體察情理，就無法將國法運用得當；但是，不諳國法，也無法精妙地掌握情理。

若結合滋賀秀三的論點，可以更清楚地理解汪輝祖的上述說法。滋賀指出，情理和法絕非處在相互敵對的位置，國法是情理的部分實定化，如同是在情理這片汪洋大海中，由部分的情理之水凝聚而成的冰山，為情理的整體作用提供線索。[23] 也就是說，理論上，國法可以理解為皇帝在臣子的輔佐下體察、依循情理而制定的指示性規範，它讓一部分的情理得以明確化，同時賦予這些情理強制力。一方面，由於國法是皇帝針對如何運用情理所做的指示，可以在裁判官員尋找個案中最適當的情理時，提供重要的線索，因此國法必須受到尊敬。另一方面，既然國法是由情理轉化、凝聚而成，那麼國法的各項規定，自然也應該透過情理加以靈活解釋和變通，才不致產生僵化或偏差。亦即，情理和國法系出同源，有時內容明顯一致，有時需要依據國法的線索推敲具體的情理，有時則要仰賴情理來詮釋或變通國法。綜而言之，情理法之間具有互相淬煉、互相融貫的關係。

實際上，經驗豐富的清代地方官員，會在避免嚴重違背《大清律例》的前提下，根據具體狀況來變通律例。這當中呈現的，也是前面所說的「經權互用」的方法。康熙年間，徐朝哲、徐朝明私自將公共祭田與陳從宛所有之田掉換，遭到祭田共主之一的侄子徐岳九控告，浙江天台縣知縣戴兆佳審理後認為，徐朝哲等人本應杖責，但是為了避免傷害他與徐岳九的叔侄之情，因此斷令陳從宛於既換之田外，再出田三石歸於徐姓，徐朝哲、徐朝明罰銀二兩供祭祀公用。最後他說，如此審斷是「理法咸宜，經權互用之道」。[24] 歷任知縣、知府、刑部郎中等職的王鳳生也曾說：「聽訟又非徒守其經而拘於法已也。所收民詞千態萬

20 汪輝祖，學治續說，頁六。
21 汪輝祖，學治說贅（收於王雲五主編，叢書集成初編——學治臆說及其他二種），頁六。
22 汪輝祖，佐治藥言（收於王雲五主編，叢書集成初編——佐治藥言及其他一種，上海：商務印書館，一九三七年六月），頁一五。
23 滋賀秀三『清代中国の法と裁判』二八八～二九〇頁。
24 戴兆佳，天台治略，頁三一（收於官箴書集成編纂委員會編，官箴書集成，第四冊，總頁一〇二）。

狀，其事故亦百變紛呈，尤須相時因地，體俗原情，以恤民隱而通權變。」[25] 這些說法都是以人情進行權變，調整居於「經常」地位的國法，以謀求國法所內含的深層價值獲得實現。

清代中國的裁判官員如此理解情理法的關係，從傳統中國哲學思想的源流來看，也可以找到一脈相承的理論脈絡。亦即，傳統中國的天人觀念，無論是東漢至唐宋間處於主流地位的「天人感應說」，或宋代以後形成的「天人合一說」，都強調天人相通，自然秩序與人類社會政治秩序互相對應，並且認為法是聖人體悟、效法天道、天理後，落實在人類社會的規範。在此觀念下，對於清代的裁判官員甚至一般民眾而言，自然秩序的運行，政治秩序、社會秩序的運作，乃至自我內在道德本性的認識，都是依循同樣一個天理。此種天人相通的哲學觀也構成了皇權正當性的重要基礎，因此，皇帝除了在審斷案件時強調準情酌理、情法之平，在創建法制時更是將立法的正當性歸結到了天理。他們認為，作為施政重要環節的立法與審判，若是未能依循天理，甚至背棄天理，那麼上天將會降災人間，甚至讓政權倒台。[26] 雍正在其制定的《聖諭廣訓》中說道：「法律千條萬緒，不過準情度理。天理人情，心所同具，心存於情理之中，身必不陷於法律之內。」乾隆在《大清律例》的序言裡也提到，此部律例乃是「揆諸天理，準諸人情，一本於至公，而歸於至當」。這兩位象徵最高立法者與最高審判者的皇帝公開揭示：《大清律例》等國法是根據天理、人情所制定的規範。國法既然是根據天理、人情而成立，內在價值取向上當然也就必須和天理、人情互相調和。

乍看之下，情理法的此種辯證關係似乎複雜，且情理的具體內涵也難以捉摸。但實際上，傳統中國在漢代以後，儒學成為官學，通經足以致仕，隋唐以後的科舉制度，更讓儒家經典所宣揚的親親尊尊之道與是非義利之辨，透過考科擴散、深入到社會的各個角落，人們的知識與價值觀大都同受儒家倫理的影響，有著比較一致的輸入來源。而清順治、康熙皇帝為了教化、引導百姓，先後頒布的「六諭」、「上諭十六條」，以及雍正皇帝解釋「上諭十六條」所作的《聖諭廣訓》，通過官方計畫性和持續性的大規模定期宣講，又進一步匯整了帝國各地官員與民眾的價值系統。[27] 這些教育方面的制度性機制，使得人們對於情理的理解，較容易產生一定程度的互通，也成為裁判官員事實上得以追求情理法融貫的重要社會基礎。

此外，如上所述，清代的州縣自理裁判欠缺「判定」的要素，訴訟的終結與否，主要取決於當事人不再爭執。而事實上，即使在審轉案件中，也同樣欠缺此種「判定」，只要皇

25 徐棟輯，牧令書，頁十五～十六（收於官箴書集成編纂委員會編，官箴書集成，第七冊，總頁四〇三～四〇四）。
26 溝口雄三著，趙士林譯，中國的思想，北京：中國財富出版社，頁七～二五，二〇一二年六月。
27 關於「六諭」、「上諭十六條」和聖諭廣訓，參閱周振鶴，聖諭、《聖諭廣訓》及其相關的文化現象，收於周振鶴撰集，顧美華點校，聖諭廣訓：集解與研究，頁五八一～六三二，二〇〇六年三月。

帝認為原本的裁判內容有疑慮，尤其是未能滿足「情法允協」、「情法之平」等要求，都可以重新進行審查與改判。正是此種欠缺「判定」要素、欠缺判決確定力的特質，讓清代中國的裁判（尤其是州縣自理案件）有可能追求情理法的融貫，確保情理法的最佳調和方案不是由裁判官員片面地宣告，而是由裁判官員帶領所有的案件關係人共同探索。

「情理法的融貫」與「依法審判」——兩種情理法觀背後的秩序運作原理

將視野拉回當代台灣，上述的情理法觀念，在非法律人社群的法意識中仍然時而顯現。不過，這並不是說當代的法律人社群就不談情理。從法院的裁判來看，法官有時也會提到情理一詞，只是，其間顯現的情理法觀，與清代裁判中的傳統情理法觀（以下簡稱「傳統型情理法觀」），意義截然不同。那麼，「傳統型情理法觀」，與當代台灣的法官及多數訴訟當事人所呈現出的情理法觀（以下簡稱「當代型情理法觀」），究竟有何差異？

「傳統型情理法觀」的一大特質，是要將情理作為裁判的依據。此種情形在當代裁判中出現的頻率雖然較低，但是仍然不乏其例。例如，二〇〇九年的一宗聲請覆審冤獄賠償案件中，聲請人的冤獄事實發生在《冤獄賠償法》施行前，依規定無法溯及適用《冤獄賠償法》，國防部北部地方軍事法院因此駁回其賠償請求。隨後聲請人向司法院冤獄賠償法庭聲請覆審，書狀內辯稱：「原決定所依據之法源雖無錯誤，但除法源依據外，應依情理給予賠償。」[28] 又二〇二二年間，有民眾因監獄行刑法事件，向新北地方法院提起行政訴訟，但未能依法繳交裁判費用及補正相關資料，遭到法院裁定駁回。其嗣後向高等行政法院提起抗告，狀內聲稱：「抗告人雖逾期未補繳第一審裁判費，惟司法應審酌情理法，如僅因無力繳納訴訟費用，即剝奪人民申訴權益，實難令人信服司法之公正。」[29] 在這兩起案件中，訴訟當事人聲請覆審或提出抗告時都清楚自己的請求內容不合法律規定，但是仍然提出「情理」作為論據，主張法院不能只按照法律，還必須根據情理進行裁判。

面對這類主張，法院大多置之不理，逕行按照法律認定當事人的聲明「委無理由」，有時甚至直接指明當事人的觀念不當。例如說到：「異議人又稱希以情理法處理本件違規事件云云……立法機關在制定法律之時，其考慮順序是情、理、法……然一旦法律制定後，執法人員之考量，則應改為法、理、情……作為適法性審查之司法機關，自不得基於所謂情理法之考量，而濫行撤銷原處分機關依法所為之處分。」[30] 或謂：「聲明人主張應審酌人情，

---

28 司法院刑事補償九十八年度台覆字第三八五號刑事決定書。
29 台北高等行政法院一一〇年度監簡抗字第十七號裁定。
30 台灣彰化地方法院九十七年度交聲字第五三九號刑事裁定。

以期符合情理法，然法律事件當以法為先，於合法的範圍內再衡情酌理，本件聲明人所為既已為法所不容，即無在合法範疇內衡情酌理之可能。」[31] 雖然同樣提到「情理」或「情理法」，但是關於情理在審判中所處定位的認知，前述訴訟當事人的「傳統型情理法觀」和法院的「當代型情理法觀」之間，顯然呈現了巨大的落差。

申言之，在「傳統型情理法觀」下，情理法三者處在同一個平面，無分地位的高下。清代的裁判官員認為情理法是一本同源，由情理生成法的容貌，又可從法追溯情理的所在，將情理法都視為裁判的法源，並以情理法的調和與融貫當作裁判的理念。審斷中若見情理法似相牴觸，則運用「經權互用」的方法，務使「從權合經」，追求每個案件的情法允協。一旦發現法與情理無法透過「經權互用」加以協調，則由皇帝下令修改律例，以求情理法的再次和諧。

與此相對，在「當代型情理法觀」下，法律的地位當然高於情理，情理法處於不同的平面。裁判過程雖然也會考量情理，但其考量受到侷限。一來，援用情理大多與事實認定有關，主要目的在於判斷訴訟當事人的主張是「合乎情理」或「有違情理」；或者用以檢視法院的自由心證是否符合經驗法則，若法院的自由心證判斷「與情理無違，除有反證外，不得指為與經驗法則有違」。[32]

再者，涉及到法律適用時，情理的援用必須要有法律——主要是透過不確定法律概念或概括條款——的授權。例如，《民法》第一四八條「行使權利，履行義務，應依誠實及信用方法」之「誠實及信用方法」、第一八〇條「給付係履行道德上之義務者」中的「道德上之義務」、第一一一八之一條「對負扶養義務者無正當理由未盡扶養義務」中的「正當理由」、《公立高級中等以下學校教師成績考核辦法》第六條「體罰、霸凌、不當管教或其他違法處罰學生」中的「不當」等，這些不確定法律概念的解釋和概括條款的操作，時常需要考量到情理。但是，由於此種援用是透過法律規定的授權，故而實質上，援用情理進行裁判仍然是嚴格的「依法審判」。

正如前述的法院裁定所稱，只有立法者有權將情理置放於法之前，審判者只能在合法的範圍內衡情酌理。在「當代型情理法觀」下，裁判中不必致力於情理法的協調，但須致力於法體系本身的融貫。一旦法體系內部出現矛盾，不是採取「經權互用」，而是運用法學方法進行梳理；倘若矛盾仍然無法解決，則會透過立法機關修訂法律，藉以回復法體系本身的一致性。在「當代型情理法觀」之下，裁判的依據無須外求情理，「依法審判」本身就是必須堅守的裁判理念。

---

31 台灣台南地方法院一〇四年度聲字第六二五號刑事裁定。

32 台灣高等法院九十六年度再字第七七號民事判決、台灣高等法院一〇〇年度重再字第二號民事判決等。

「傳統型情理法觀」與「當代型情理法觀」在裁判中給予情理不同的定位，背後連結著不同秩序運作原理的深層思考。

將嚴格「依法審判」奉作裁判理念的「當代型情理法觀」，產生於民主憲政體制，並且隨著民主憲政體制的進展而逐漸紮根在台灣社會。在此體制下，基於民主原理及國家權力分立的理念，必須由身為國民意志代理人的國會議員擔負立法的職責，反映國民的意志，透過法律建構各種國民所意欲的法律關係與生活秩序。並且，由接受國民託付行使部分國家權力的司法機關依法審判，解決國民之間產生的各種法律糾紛。依法審判與議會民主制度結合彰顯出一項重要的意義，即民主國家的國民透過自我決定、自我統治的方式，經營自己的法律生活，謀求自己的幸福；也透過此種方式解決法律生活裡發生的各種衝突。[33]從而，在司法審判的過程裡，裁判者依法審判，意味著他們基本上是遵循著權力委託人（國民）所訂定的準則從事委託事務；違法審判，則是對於立法機關與國民主權原理的侵犯。也因此，是否依法審判，與裁判的正當性基礎及民主憲政秩序的存立，具有直接的關係。

受到「當代型情理法觀」支配，強調依法審判的人雖然未必全部都能夠清楚表達出上述的秩序運作原理，但是腦海中大多仍會隱隱約約持有相關的認識，並且強度不等地將此種民主原理當成一種信念。而當代民主原理的形成，在近代西方政治、法律的發展歷程上，是以各種形式的社會契約論作為主要的理論基礎。在社會契約論下的一項重要預設，是在對於人的想像方面，肯定人類理性的能力，認為所有具備成熟理性的人可以不受傳統慣例的束縛，並且有能力基於自由意志，透過各種契約與他人建立各式各樣的法律關係與社會關係。

立基於這項預設的基礎，人們建立了民主政治體制此一大型的社會關係，透過正當的合意，制定各式各樣的準則引導社會成員與政府的社會活動，並且委託司法機關根據準則中設定的重要注意事項及預設效果，處理社會紛爭。[34] 這些重要的注意事項及預設效果，即是各種法律規則的構成要件要素和法律效果。當法律規則不明確或有漏洞時，必須探求立法者的主、客觀意思進行法律解釋，或在非明顯違反立法者意旨的前提下，進行漏洞補充。因此，受到國民委任的法官，即使自認擁有勝於常人的睿智，可以提出外於法律的更佳方案，但是做成裁判時，仍然必須、也只須受到這些構成要件要素與法律效果的拘束。

相對於此，在「傳統型情理法觀」籠罩的清代中國法律文化中，主流思想對於社會秩

33 類似的討論，參閱西原春夫『刑法の根底にあるもの』成文堂一五～一八頁（二〇〇三年）；五十嵐清『法学入門』日本評論社五六～五七頁（二〇一七年）。

34 相關討論，參閱寺田浩明著，黃琴唐譯，傳統中國法與近代法，中國古代法律文獻研究第十二輯，中國政法大學法律古籍整理研究所，頁六〇四～六〇七，二〇一八年十二月；村上淳一『〈法〉の歴史』東京大學出版會一二三～一二九頁（二〇〇一年）。

序運行的想像，呈現一幅截然不同的圖像。在這幅圖像中，秩序的源頭來自於「天」，聖人是聯繫「天理」和人間法律規範的橋樑。在「人觀」上雖然不否定人有可能透過自我的努力，啟發天生的道德本性而實現道德，然基本上認為，大多數群眾原本都是蚩蚩待教、欠缺理智的愚民，仰賴聖人的管理、引導、教化，才能趨向良善。[35] 因此，政治體制、法律規範，多是由古之聖賢，或象徵今之聖人的皇帝體知天理，宣達於民。但是另一方面，皇帝承受天命，也必須以仁心體察人情，實施仁政，呼應天理，否則一旦為政失德，他的權威也會因此動搖，甚至導致王朝的滅亡。[36]

為了讓自己委託在各地施政的官員們處理糾紛時也能夠順應天理，合乎人情，皇帝將自己察知或肯認的情理，體現於國家制定法，要求官員們以此作為審理案件的指針。倘若官員自己提出的解決方案確實更能順應案件中的情理，他們的意見也會被皇帝採納。不過，隨著案件涉及的惡性和刑罰的輕重不同，皇帝掌控案件的謹慎程度也會有所差異，對於官員是否遵照國法指引的要求強度亦因此高下有別。在此種秩序模式與「人觀」下，裁判的場合，也是一個教化引導與管理制裁並行的場域。關於「細事」的審理，雖然聽訟有近似調解的性質，但是有別於民間調解的彈性自主，基層的州縣官員身為皇帝的代理人，不能只是求得當事人的妥協息事，也有責任恩威並濟地善用各種技巧，引導當事人與利害關係人共同探求案件中最適當的情理，最後釐清事實、辨明是非，準情酌理後提出解決方案，讓當事人心悅誠服，終結全案。而關於「重案」的審斷，各級官員會更加謹慎行事，在國法的指引下，仔細衡量犯人的犯罪情狀與相關的各種背景因素後，指出犯人的過錯與可惡之處，使之服罪，並擬訂適當的罪刑，追求情法之平的實現。

無論如何，既然仁政必須呼應天理人情才能實現，而裁判也是實施仁政的重要環節，那麼，只有以國法為指針，同時融貫了天理人情的裁判，才能具有真正的正當性，獲得普遍的稱道。機械式的「依法審判」，純粹只是對於皇權的順從，無法滿足裁判正當性的要求。

情理法的當代思辨及其新實驗

清代中國與當代台灣的「人觀」與秩序運作原理皆有不同，情理法在各自的秩序架構中被賦予的定位也大異其趣。然「當代型情理法觀」與「傳統型情理法觀」，都不過是順應著歷史條件發展而產生的文化結晶，沒有孰優孰劣的問題，只是兩者顯然不適合並存在同一個時空裡。

35　范忠信，中西法文化的暗合與差異，北京：中國政法大學出版社，頁二〇二～二〇四，二〇〇一年十二月。

36　溝口雄三著，趙士林譯，中國的思想，頁二五。

在當代法體制之下，處在同一平面的情理法，只能出現在立法的場合，由立法者於制定法律時決定是否考量情理或如何考量情理。但是，民主憲政體制強調多元價值觀，因此，如何找出大眾的健全價值判斷及正義衡平感覺（亦即情理），具有相當的難度。即使找得出來，也可能被質疑是多數人將自身的道德觀強押在少數人身上的「民主暴力」。亦即，情理是否要成為法律的內容，或者多大程度上成為法律的內容，本身就是一個有待討論的課題。

而在審判上，「傳統型情理法觀」與「依法審判」的當代裁判理念扞格不入，但是仍然可以為當代的司法裁判提供一些借鏡。亦即，在追求情理法融貫的「傳統型情理法觀」下，國法的條文只是皇帝給予裁判官員的重點提示，因此，官員在法條之外仍有義務儘量考量與案件相關的所有要素。而且，由於裁判未有當代「一事不再理」之類的限制，當事人遂能反覆提出新的主張，或者不斷重新控告。在此情況下，雖然提升了裁判官員在法律層面解決案件的難度，但是也正因為如此，一旦案件在法律層面獲得終結，通常意味著此問題在現實層面也得到了解決。在此種「傳統型情理法觀」下，國法與官府的裁判不會，也無法跳脫具體的社會脈絡，更不可能創設一個獨立於現實世界的法律世界，使得現實世界與法律世界能夠始終重合。

但是在「當代型情理法觀」下，基本上信賴人類理性，是以透過意志創設出來的法律關係與法律秩序，原本就不被要求須與社會的實際狀態吻合，有時立法者甚至會考量外國立法趨勢，刻意製造法律與社會的落差，企圖藉此進行社會改造。在審判方面，由於法安定性等要求，裁判經過一定程序後即發生法律上的確定效力，原則上不可更動。但是隨著法律的重要性、獨立性與體系性不斷強化，倘若法律人對於各種法律概念的操作過於僵化，未能適度地向社會攝取養分，很可能就會和社會的需求脫節。長此以往，法律世界與現實世界將逐漸分離，紛爭在法律世界中的解決（判決確定），未必能夠在現實世界中付諸實現（判決的執行成效不彰等），甚至可能在現實世界中引發新的爭端（非法的自力救濟等）。

「依法審判」的裁判理念是選擇民主體制的連帶效果，因此我們有必要告別「傳統型情理法觀」。但是，如何在「依法而治」的民主精神下，讓法律與社會保持一定的距離，發揮以法律引導社會的「法教」功能，同時又不使法律和社會過度脫節，乃是日後必須持續思辯的課題。就此而言，二〇二三年開始施行的《國民法官法》，或許會是一個極佳的實驗場域。雖然這部法律適用的範圍有限，成效未知，並且也引發了許多負面的批評，但是無論如何至少提供了一個強迫法律人社群與非法律人社群互相溝通、理解的平台，以及自我省視的契機。一方面，可以讓法律人社群有更多機會較精準地認識非法律人社群心中的情理；另一方面，也讓一般國民在參與現代裁判的過程中，能夠進一步了解當代法理背後連結的價值理念。面向未來，無論我們要選擇何種價值作為法制建設的基礎，唯有對於各種價值及其連結的文化意涵具有一定程度的理解，我們最終做出的決定，才能稱得上是理性的決定。

12

行動者、歷史制度論與法律變遷

以楊肇嘉與台灣地方自治改革為例

陳柏良

國立政治大學創新國際學院助理教授，政治大學法學院合聘助理教授，研究領域為法律社會學、近代東亞法律史、AI與法律。

故治國無法則亂，守法而弗變則悖，悖亂不可以持國。世易時移，變法宜矣。譬之若良醫，病萬變，藥亦萬變；病變而藥不變，嚮之壽民，今為殤子矣。故凡舉事，必循法以動，變法者因時而化。

——《呂氏春秋．察今》

法律制度的常與變

不分古今中外，人們常常辯論法律制度是否應該變遷？為何變遷？及如何變遷？對於看似穩固的法律結構為何會產生變遷的原因，國內外法律史或政治／社會科學的經驗案例研究，多以「外在衝擊－內部回應」或「法律移植／自主繼受」作為理論框架或敘事軸心。前者如中國法制史學家黃源盛於探討十九世紀末期至二十世紀初期的中國變法歷程指出：「一八四〇年鴉片戰爭以後的中國，亙古變局，傳統古老的中國遭遇空前的挑戰與危機，產生巨大且深刻的形變與質變。」[1] 後者如台灣法律史學家王泰升探討台灣法律近代化演變時指出：「由於台灣共同體長期受外來政治勢力支配，現代法的法規範是經由日治國家法與中華民國法，兩個國家法律體制或國家法秩序為媒介而傳入。」[2]

無獨有偶，不少社會科學學者對於制度的短期間劇烈變動，提出「關鍵時刻」概念作為分析框架。[3] 關鍵時刻是相對較短的一段時間，行動者當時的行動選擇將顯著提高後續其他行動者反覆實踐該行動的機率。亦即，縱使關鍵時刻發生時的社會基礎條件消失，各行動者仍持續反覆實踐特定行為，形成歷史遺緒和新的路徑依賴機制。[4] 關鍵時刻未必是瞬間發生的偶發事件，但是關鍵時刻的「作用階段期間」多半較「結果階段期間」短暫。人們在討論歷史重大轉折點的關鍵時刻，常進一步追問：關鍵時刻發生的時機點為何？歷經的時間長短？及其歷史遺緒為何？[5] 然因關鍵時刻具有高度「偶然性」（contingencies），至今不論是「外在衝擊—內部回應」或「法律移植」[6] 的理論框架，對於偶然性，多側重於制度變遷的外部因素及短暫性，較少具體分析制度變遷的「長期性」及「內生性」因素，也欠缺具體分析利益歧異的各方行動者當下的策略選擇。

誠有論者指出：「立法繼受不只是立法者一次的立法行為而已，而是長期社會與法律變

---

1 黃源盛，法制近代化的動因及其開展，載：法律繼受與近代中國法，頁四六，二〇〇七年三月。

2 王泰升，台灣法律史概論，頁一〇九以下，台北：元照出版，二〇二〇年十月，六版。

3 Ruth Berins Collier & David Collier, Shaping the Political Arena 29 (Notre Dame: University of Notre Dame Press, 1991).

4 Giovanni Capoccia, *Critical Junctures, in* The Oxford Handbook of Historical Institutionalism 89 (Orfeo Fioretos, Tulia G. Falleti, and Adam Sheingate Eds., 2016).

5 Id at 31- 34.

6 可參見本書陳韻如，外來法vs.本土社會？法律移植作為法社會概念研究工具。

遷的適應過程。」[7]有鑒於法律史學界目前仍多著重於外部政經衝擊、社會環境變動[8]，或制度的移植或嫁接，詮釋看似穩定的制度，為何在一夕間發生巨大變動，卻較少關注法律制度的長期內生性變遷，及各方行動者的能動性。[9]因此我們或可嘗試進一步思考：制度變遷時，既存制度結構（包含政治脈絡與制度特質）對各行動者提供哪些行動誘因或制約？以及在制度結構下，各方行動者，為何、如何及何時採取行動／不行動的動機與策略選擇？

本章以「行動者」、「政治脈絡」及「制度特質」，作為分析法律制度（不）變遷的思考起點。探討政治脈絡與制度的何種特質，如何及為何促進／限制了制度的內生性變遷？以及政治脈絡與制度的制度結構性特質，為何及如何促成行動者（不）採取特定行動策略？最後以畢生推動台灣地方自治運動健將的楊肇嘉的生命歷程與策略轉變為例，觀察自一九二〇年代以降，台灣議會設置請願運動到一九五〇年代台灣地方自治制度奠基為止，各行動者在不同歷史階段的政治脈絡與制度特質下，行動者如何採取不同的行動策略，最終對制度變遷產生重大影響。

多重政治脈絡與制度特質交錯下的制度漸進變遷模式與行動者類型

在探討行動者之前，我們應先思考制度結構對行動者的行動策略產生何種影響。本章援引知名歷史制度論理論學者馬霍尼（James Mahoney）和瑟倫（Kathleen Thelen）的理論視角，以長時間歷史維度，觀察政治脈絡及制度特質對行動者能動性／服從性（compliance）可能產生的影響。

簡言之，制度漸進變遷的結構性分析，可以沿著兩個軸線思考：一、既存政治脈絡是否提供維護現狀（反對變遷）的行動者，有否決變動的權力？二、制度特質是否提供期待改變現狀的行動者在解釋或執行規則上，有寬廣裁量空間？因此依政治脈絡與制度特質，經排列組合後，我們可以初步歸納出四種制度漸進變遷（gradual institutional change）模式：取代、轉換、層疊與飄移。[10]

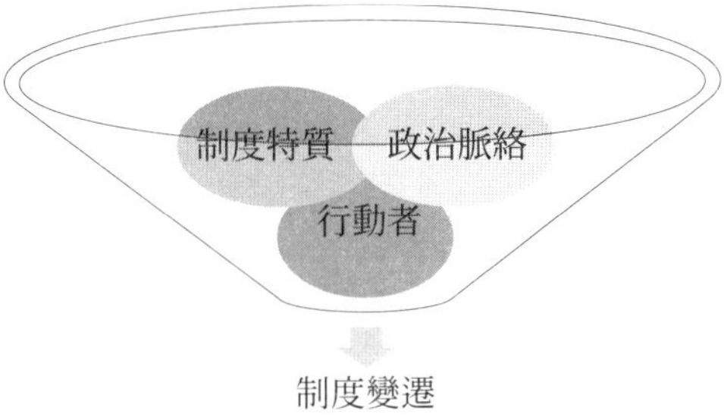

圖1　制度變遷模式的分析架構

7 Manfred Rehbinder著，陳添輝譯，從法社會學的觀點探討外國法的繼受，司法周刊，六六四期，一九九四年三月；黃源盛，晚清民國社會變遷與法律繼受（一九二〇～一九四九），載：新世紀臺灣法學——國立政治大學法學院六十週年院慶論文集，頁五八八，二〇二一年十二月。

8 可參見本書黃琴唐，情理法融貫：傳統裁判理念的當代省思。

9 我國法律制度關鍵時刻行動者能動性的經典研究，參照：黃源盛，晚清修律大臣沈家本、岡田朝太郎與清末民初刑事立法，載：法律繼受與近代中國法，頁八七以下，二〇〇七年三月。

10 Kren Orren & Stephen Skowronek, *Beyond the Iconography of Order: Notes for A New Institutionalism*, *in* The Dynamic of American Politics: Approaches and Interpretations 311-330 (Lawrence Dodd and Calvin Jillison eds.,

一、制度取代（displacement/removal）：完全移除既有規則，代之以新規則，可謂「革除舊制度」。制度取代多出現於制度改革者憑藉強大的政治、社會或經濟動能，引進嶄新制度後，既有制度的支持者無力阻止。但也有可能是隨著新制度的規則適用範圍或規範效力逐漸擴大，新舊制度／規則歷經長期相互競爭後，才出現漸進取代現象。

二、制度轉換（conversion）：既有制度與規則仍持續存在，但被賦予新的意義和執行方向，可謂「舊瓶裝新酒」。制度轉換多源於制度與政治、社會現實出現落差，且既存制度規則非常模糊，允許多種歧異解釋。體制內的行動者或利用規則文義的模糊地帶，或利用執行的裁量空間，透過轉化既有規則目標與功能，以因應新的政治、社會現實。

三、制度疊層（layering）：新制度或規則，附加於既有的制度或規則上，逐漸改變既有規則的規範效力，並對個體行為產生影響力，可謂「新舊並存，滴水穿石」。既有規則未被完全移除，但新的修正或附加條款，可能經長時間積累後，才逐漸實

表1　四種制度變遷模式示意圖

	制度取代	制度轉換	制度疊層	制度飄移
移除既有規則	○	X	X	X
忽視既有規則	--	X	X	O
改變既有規則的執行或效果	--	○	X	O
引進新規則	○	X	O	X

質改變制度內在運作邏輯與再生機制。制度疊層多發生於制度改革者在政治現實中無力廢除既有規則，只能一邊容許既有制度規則存續，一邊增添新規則。而既有制度支持者，雖能維繫既有規則不被廢棄，卻無力阻止新規則的增訂。

四、制度飄移（drift）：既有規則仍然存在，然隨外部環境改變，其作用與規範正當性逐漸減弱，最終或遭邊緣化，甚至僅存圖騰功能。制度飄移多源於擁護現狀的行動者具有強大否決定能力，可避免制度遭到替代與轉換，使既有制度不被廢棄。但擁護現狀者若欠缺維持既有制度精神，且長期未積極回應外在政治、社會環境變遷，最終將使該制度逐漸失去正當性或影響力。此外，就制度特質而言，因為規則文義與實際執行常有重大落差，故多允許相同規則，卻在執行上有不同結果。因此改革者或可選擇從嚴解釋適用範圍，或選擇限縮執行效力，使既存制度邊緣化。

觀察四種制度變遷模式，可歸納如下頁表2。就政治脈絡特質層面而言，當既存的政治脈絡提供現狀支持者對於任何改革方案有強大否決權或影響力，不容易發生制度取代與轉換。改革者理性上多採取制度飄移或疊層的方式，以改變現狀。就制度特質層面而言，

1994); JAMES MAHONEY & KATHLEEN THELEN, EXPLAINING INSTITUTIONAL CHANGE: AMBIGUITY, AGENCY AND POWER (Cambridge: Cambridge University Press, 2010).

若制度的行政監督量能不足，將為體制內改革者採取制度飄移或轉換創造戰略空間。反之，若制度內個體對於規則的解釋或執行的裁量空間很低，改革者在行動策略上就不容易採取制度飄移或轉換，多半只能選擇政治成本較高的制度疊層或取代。

在探討制度特質與政治脈絡等制度變遷的結構性因素後，接下來將目光轉回造成制度（不）變遷的行動者。過去，歷史制度論者多以權力／資源的積累（accumulation）、衝突與動態平衡的視角，分析制度變遷的動能。[11] 但亦有學者從社會網絡的視角，觀察制度中各行動者因長期特定資源分配模式，或導致體制內的菁英聯盟產生分裂，或促成被壓迫者組成聯合陣線，進而打破原有的制度規則與資源分配模式。[12]

除了權力／資源動態平衡視角，本章認為在分析具體個案時，不應將各行動者對制度的服從（compliance），或制度的適用、執行與生效，視為理所當然的結果，而應將服從規則作為分析制度穩定與變遷的自變項（independent variable）之一。制度規則與制度的適用或執行產生落差（gap），大抵歸因於以下因素：一、制度規則無法鉅細彌遺

表2　制度變遷模式與政治脈絡和制度特質的關連性示意圖

		制度本身詮釋或執行裁量的空間	
		低	高
政治脈絡提供否決的可能性	高	疊層	飄移
	低	取代	轉換

地涵蓋所有社會生活面向；二、制度制定者的資訊有限，無法預期制度實施後的各種問題；三、各行動者對於制度本身的共識基礎不同；四、制度設計與制度執行者往往分屬不同群體，價值觀與利益分配思維不同。[13]

許多理性選擇制度論者以既存制度內的贏家／輸家，或對於制度規則的服從／不服從，將行動者分類並作為分析框架的起點。然因制度規則的模糊與執行結果的高度不確定性，在實際個案中往往難以贏家／輸家的二分法，將行動者分類。再者，由於各行動者服從／不服從規則的動機與策略不同，無法精確在二分法架構下予以分析。因此，歷史制度論者進而就行動者在長時間維度內基於何種動機、策略，以及與政治脈絡或制度特質的長期互動，先後採取服從／不服從規則的抉擇，加以分類並詮釋。經由長時間維度的歷史思維進行時序先後的比較性觀察後發現，個體在短期內選擇服從既存制度規則，與其是否擁護既

11 Jack Knight, Institutions and Social Conflict (Cambridge: Cambridge University Press, 1992); Kathleen Thelen, *Historical Institutionalism in Comparative Politics*, 2 Ann. Rev. Poli. Sci., 369, 369-404 (1999).

12 Deborah Yashar, Demanding Democracy: Reform and Reaction in Costa Rica and Guatemala, 1870s-1950s (Stanford: Stanford University Press, 1997).

13 James Mahoney & Kathleen Thelen, *A theory of gradual institutional change, in* Explaining institutional change: Ambiguity, agency, and power 1-37 (J. Mahoney & K. Thelen Eds. 2010).

存制度或具有改革動機未必具有正相關性。本章認為，探討制度變遷的行動者，可依兩個軸線予以分類：一、行動者是否企圖長期保存既有制度及其規則？二、行動者是否願意在短期內遵守現行制度規則？排列組合後，可初步分類為四種角色形態：造反者、共生者、體制內破壞者與機會主義者。[14] 對於行動者角色形態的分類，有助於解釋在特定制度特質與政治脈絡下，各行動者角色與特定制度變遷模式的長期交互作用與關連性，以及行動者為何會在短時間維度與長時間維度採取／不採取特定策略。簡言之，在不同政治現實與制度特質背景下，傾向出現特定形態的行動者角色，進而產生不同的制度變遷模式。

一、造反者（insurrectionaries）：企圖消滅既有制度或規則，並為此積極動員，或可稱為革命者。造反者往往為既有制度的多重不利益承擔者，透過彼此串連，堅定共同信念，形成一種特定身分認同（identity），進而採取集體行動，以改變現行制度。造反者企圖在短時間內迅速改變或推翻制度現狀，創造新的歷史關鍵時刻。若其力量不足以在短時間內完全推翻舊制度，才會退而求其次地，

表3　四種形態行動者與制度的關係

	長期維持既有制度	短期遵循制度規則
造反者	X	X
共生者	○	X
體制內破壞者	X	○
機會主義者	--	--

選擇制度取代策略，形成漸進式制度變遷。

二、共生者（symbionts）：共生者並未創造新制度，僅是利用既有制度的存續達到私人利益，其下可再細分為寄生者（parasitic）與互利者（mutualistic）。寄生者雖有賴制度存續，但其行動與制度的基本精神和核心目的相牴觸。寄生者大量存在，將對制度產生長期性破壞。若制度基本精神的期待與實際執行結果有巨大落差，寄生者將取得廣闊生存空間；但若擁護制度者有能力積極查核，落實制度基本精神，寄生者將難以生存。因為寄生者只求制度形式上存續，卻不願捍衛制度基本精神或積極執行規則。因此，寄生者多傾向在制度飄移類型發揮作用，亦即當外在政治脈絡特質發生變化時，寄生者表面上固守制度現狀，但對於制度理想／核心精神與現實間的落差予以忽視。互利者雖也依賴非由其制定的制度與規則，以求取生存或謀取利益，但互利者係真心擁護特定制度，甚至會藉由違反制度的形式規則，以支持或維繫制度的基本精神。因此，互利者往往會強化制度韌性，積極參與擴大或維持現行制度的擁護者聯盟，而不會採取制度飄移模式。

14　各行動者在不同制度特質及政治脈絡下，縱使在同一時空，仍有可能扮演不同角色（role）。例如：同一行動者可能在特定制度脈絡下扮演造反者角色，但在其他制度或時空脈絡下扮演機會主義者角色。本文對行動者的分類，僅僅是就行動者在不同機會結構和具體生活情境下選擇的角色扮演，以邏輯進行初步歸納，而非指涉特定行動者在不同的制度特質、政治脈絡或不同時空，均有固著的身分認同。相同見解：Mahoney & Thelen, *supra* note 13, at 23 (fn 7).

三、體制內破壞者（subversives）：企圖取代舊有制度，但為了達成目標，在體制內多以符合制度表面期待、遵守形式規則的方式，隱藏其真實偏好，以等待時機。體制內破壞者若身處體制外，多以支持體制現狀的面貌示人，在關鍵時刻發生前，多採取鼓勵或支持在既有制度框架內創設新規則，形成制度漸進變遷，因此多在制度疊層類型發揮作用。但體制內破壞者或身處特別的政治脈絡與身分／位置，有時也會採取制度飄移或轉換方式，以達成其目的。

四、機會主義者（opportunists）：對制度無特殊偏好，既不積極捍衛制度，也不想改變任何規則。機會主義者多等待時機，以謀求自身最大利益。機會主義者常為體制惰性（inertia）的主要源頭，也因迴避風險的算計，而與既存制度支持者組成利益共同體，這也進而間接解釋了為何歷史上變遷制度遠較維繫制度來的困難。但在特殊機遇來臨時，機會主義者有時會以制度設計者意料之外的方式，透過（不）解釋或（不）執行制度規則，造成制度轉換。[15]

制度變遷往往需要各行動者透過社會網絡串連組成聯盟，進

表4　行動者交互結盟傾向示意圖[16]

	與既存制度支持者結盟	與既存制度反對者結盟
造反者	No	Yes
共生者	Yes	No
體制內破壞者	No	Yes/No
機會主義者	Yes/No	Yes/No

而成為集體行動。行動者間的社會網絡犬牙交錯，各自擁有的權力與經濟、文化資本的差異，也影響具體網絡結構與結盟關係。以下僅初步歸納擁護制度或反對制度者的潛在結盟對象，作為思考起點，（參見表4）值得留意之處在於體制內破壞者與既存制度反對者結盟的可能性。體制內破壞者多半不願意公開曝光，以免遭到擁護體制者或體制支配者的壓迫，因此也大多不願意在檯面上積極與制度反對者接觸、結盟，以減少曝光風險。但在具體個案上，不排除兩者有祕密接觸管道的暗中接觸。此外，各行動者在現實生活中也有可能因參與其他制度性經濟的利益分配或某些文化因素，產生令人意想不到的結盟形式。

觀察四種行動者的角色類型及各自的潛在結盟對象後，可以發現行動者基於自身利益，在長時間維度下，身處不同的制度特質及政治脈絡，或憑直覺、或經理性算計，對於推動制度（不）變遷，傾向採取不同的行動策略。（表5）其中，共生者中的互利者類型，肯定

15 有論者認為機會主義者與寄生者並無區別實益。然本章認為：機會主義者與寄生者在價值觀與主觀心態有所區別，機會主義者不論長期或短期是否遵守制度規則，僅有損益計算，並無特定價值偏好，因此可以跟贊成或反對既存制度者結盟。至於寄生者則是對長期維繫制度與遵守形式規則，已有傾向或偏好，不僅在二×二的四種類型中較易歸納，也多傾向與制度支持者結盟。但在具體個案分析中，寄生者是否具有獨立分類與分析意義，筆者持開放態度。

16 Mahoney & Thelen, *supra* note 13, at 29。本章僅就學者馬霍尼和瑟倫建構的示意模型（表5）因過度簡化容易產生誤解之處，透過文字予以例式補充。

會與現狀支持者結盟，因此不會出現於表中。再者，體制內破壞者或因自身利益、或因身處不同政治脈絡、制度特質，採取制度疊層、制度飄移或制度轉換的行動策略。機會主義者多以自身利益出發，或反對制度變遷、或採取制度轉換策略，以達自身利益最大化。簡言之，長期看來，政治脈絡／制度特質對於形塑行動者的角色選擇，以及何種制度變遷的模式較易在特定時空發生，仍有重要關連性及分析價值。

以楊肇嘉與台灣地方自治改革為例

如前所述，過往法律史文獻討論法律制度變革時，多關注制度的外部因素及變遷的短暫性，較少分析法律制度變遷的結構內生性因素與行動者服從性／能動性。本章不揣淺陋，以自一九二〇年代興起，直到一九五〇年代初期奠基的台灣地方自治制度變遷為例，探討承先啟後的關鍵行動者之一楊肇嘉，在日治時期與中華民國政府治台初期，因不同政治脈絡與制度特

表5　政治脈絡與制度特質下的行動者動能與制度變遷類型的關連性[17]

		制度本身詮釋或執行裁量的空間	
		低	高
政治脈絡提供否決的可能性	高	體制內破壞者 （疊層）	共生者之寄生類型 （飄移）
	低	造反者 （取代）	機會主義者 （轉換）

質，從體制外的造反者轉變為體制內破壞者，透過身分／地位的轉換，採取相異的行動策略，促成當代地方自治制度的建制與變遷。

◎台灣地方自治制度的雛形：日治時期

一八九五年甲午戰爭後，日本帝國在台灣設立總督府。日本治台初期，採取委任台灣總督制，將帝國議會的立法權委任台灣總督。[18] 日本帝國議會於一八九六年以「有關施行於台灣的法令的法律（法律第六十三號，下稱六三法）」，授權台灣總督發布與法律同等效力之律令，使台灣總督集行政、立法、司法與軍事權力於一身。[19] 有關立法實質決策部分，總督府另以敕令頒布《台灣總督府評議會章程》，成立總督府評議會為諮議機關，評議員皆由總督任命，成員多為總督府僚屬組成。一九〇六年的三一法雖限制總督府的立法權限，但仍保留台灣總督的律令制定權。直至一九一八年首任文人總督田健治郎上任後，日本帝國

---

17 Mahoney & Thelen, *supra* note 13, at 28.

18 王泰升，近代西方憲政體制的到來，載：台灣史論叢法律篇：多元法律在地匯合，頁一一五以下，二〇一九年十月。

19 相關介紹，詳見：王泰升編，台灣史論叢法律篇：多元法律在地彙合，頁一一四以下，台北：台大出版中心，二〇一九年十月；王泰升，臺灣法律現代化歷程：從內地延長到自主繼受，頁一六以下，台北：台大出版中心，二〇一五年八月。

議會於一九二一年三月，制定並頒布法律第三號，取代三一法，並重新設置總督府評議會，任命總督府高等官員及居住台灣且有學識經驗者為議員，然評議會對法案或預算案並無議決／否決權力。

此外，在地方行政層級，田健治郎總督於一九二〇年推行台灣地方制度改正，將台灣分為台北、新竹、台中、台南和高雄五州，以及台東、花蓮港、澎湖三廳。公布「臺灣州制」、「臺灣市制」、「臺灣街庄制」，[20] 確立州、市、街庄的地方公共團體地位，並設置協議會作為諮議機關，建立地方行政／自治的外觀。[21] 但協議會成員資格僅為「在該地有住所且有學術名望者」，由總督府或州知事任命，為任期兩年的名譽職，議長則由州知事、市尹及街庄長兼任，因此地方層級的協議會與總督府評議會相同，均無議決／否決權力。

相對於總督府於一九二〇年代初期因應內地延長主義調整統治策略，台灣島居民也開啟追求自治／民主的腳步，自一九一五年噍吧哖事件後，台灣島居民體認到武裝抗暴無法成事，開始思考改尋體制內抗爭路徑。第一次世界大戰後，台灣人受到美國總統威爾遜提倡的民族自決，以及日本帝國內的大正民主思潮影響。一九二〇年一月在蔡惠如等人推動下，東京台灣留學生成立新民會，宗旨為考究台灣應予以革新之事項，以謀文化向上為目的，[22] 發起六三法撤廢運動，點燃台灣島居民爭取自治的夢想。[23]

台灣島居民在爭取自治的歷程上，起初搖擺於追求獨立與同化兩種方向之間。林呈祿在一九二〇年七月於《臺灣青年》雜誌發表〈六三法問題的歸著點〉一文，主張第三條路，也就是仿效大英帝國治下的印度模式，設立殖民地議會，由台灣島居民選出代表，掌握立法與預算權，這為往後十來年的台灣議會設置請願運動訂立基礎方針，之後陸續成立相關政治或社會團體，包含台灣文化協會、台灣民眾黨、台灣議會期成同盟會、台灣地方自治聯盟等，相繼發起六三法撤廢運動、台灣地方議會設置請願運動、地方自治改革運動等。台灣本土政治結社之間，爾後因路線之爭，迅速陷於多次分裂，進而遭到總督府分化後各個擊破。相對於取締和彈壓較激進的台灣民族獨立或工農階級鬥爭路線，總督府對台灣地

20 「臺灣州制」、「臺灣市制」、「臺灣街庄制」，詳見：臺灣總督府府報，第二一七〇號，一九二〇年七月三十日；「臺灣總督府地方官官制」，詳見：臺灣總督府府報，第二一七二號，一九二〇年八月四日。

21 謝政德，「大正九年台湾地方制度の成立過程（一）：台湾総督府における地方制度改革事業を中心に」，阪大法学，六十卷六期一二一七～一二四三頁（二〇一一年三月）；謝政德，「大正九年台湾地方制度の成立過程（二）：台湾総督府における地方制度改革事業を中心に」，阪大法学，六十一卷一期一五九～一八一頁（二〇一一年五月）。

22 詳見：許世楷『日本統治下の台湾：抵抗と弾圧』東京大學出版會（一九七二年）；黃昭堂『台灣總督府』教育社（一九八五年）。山中永之祐著，蔡秀美譯，殖民地統治法與內地統治法之比較：以日本帝國在朝鮮與臺灣的地方制度為中心的討論，台灣史研究，十四卷四期，頁一一一～三九，二〇〇七年十二月；若林正丈，臺灣抗日運動史研究，東京都：研文，二〇〇一年；近藤正己，總力戰與臺灣——日本殖民地的崩潰，台北：台大出版中心，二〇一四年十月。

23 陳翠蓮，自治之夢：日治時期到二二八的臺灣民主運動，台北：春山出版，二〇二〇年八月。

方議會設置請願運動與地方自治改革運動較為寬容。[24]

日後成為台灣島居民爭取地方自治健將的楊肇嘉，一八九二年出生於台中清水，曾就讀東京京華商業學校。[25]在地方設置請願運動風起雲湧的一九二〇年擔任首任清水街街長，從第一線的行政工作中，深切領悟總督府於一九二〇年推行的地方制度不足之處。楊肇嘉在一九二五年春季第六次台灣議會設置請願運動開始展露頭角，成為請願代表，其後有感於身居台灣對日本帝國殖民政策的知識侷限，毅然決定辭去在台灣的工作，於一九二六年赴東京早稻田大學就讀政治經濟科。[26]在日本就讀期間，楊肇嘉重整因為左右之爭已經分裂的東京台灣青年，並改組台灣新民會，同時受蔣渭水之邀擔任台灣民眾黨駐日代表。楊肇嘉在一九二八年發表〈台灣地方自治制度〉一文，[27]批評總督府一九二〇年的地方制度改革，不論行政官或地方協議會成員均非由地方團體成員選舉產生。相較於日本內地的町村，台灣的地方政治僅為官治行政，而非自治行政。

歷經總督府積極取締政治結社，台灣島內的政治空間極度壓縮，楊肇嘉認為政治運動應改以台灣地方自治為運動的單一目標，並網羅台灣地方仕紳及在台日本人加入。在此政治脈絡下，台灣地方自治聯盟於一九三〇年八月十七日成立，以林獻堂為顧問，主要幹部包含楊肇嘉、蔡培火、陳逢源、蔡式穀等人。地方自治聯盟是以推動台灣地方自治制度改革為唯一訴求，不僅吸引台灣民眾熱烈參與，在台日人也積極響應。台灣地方自治聯盟後廣設支部，在全島演講並刊印書冊及宣傳單。一九三一年一月，自治聯盟向總督府及日本帝國議會提出《台灣地方自治制度改革案》的請願案。一九三一年十一月第一次大會後，向總督府提出「改革建議書」，包含實施義務教育、公學校課本納入國民自治精神、公共組合自治化、改革台灣水利組合及青果同業組合等。一九三三年十月，楊肇嘉、葉清耀與葉榮鐘到朝鮮考察地方自治制度，提出「朝鮮制度考察報告書」。其後，楊肇嘉除拜訪時任總督中川健藏外，亦前往東京，向帝國議會議員進行遊說。[28]

一九三四年十月，台灣議會設置請願運動經總督勸告後終止，台灣地方自治聯盟成為唯一合法的政治團體，針對官方透露的地方自治案提出對策。台灣地方自治聯盟再度提出《台灣地方自治改正案》，共有三項主張：一、州市街庄設立具有預算及議決權的自治機關；

24 周婉窈，日據時代的臺灣議會設置請願運動，台北：自立報系文化出版部，一九八九年一月。

25 楊肇嘉，楊肇嘉回憶錄，第一卷，頁一以下，台北：三民，一九七〇年。有關楊肇嘉回憶錄的批判，詳見：洪可均，《楊肇嘉回憶錄》中的虛與實——國家、民族與家庭情感的纏結，臺灣史料研究，四十一卷，頁三九～六五，二〇一三年六月。

26 野口真広『植民地台湾の自治：自律的空間への意思』早稲田大学出版部一〇六頁（二〇一七年）。

27 楊肇嘉，台灣地方自治制度，載：台灣地方自治問題，新民會文存第一輯，頁一～一八，一九二八年。

28 陳翠蓮，同註23。

二、各級議員悉數民選；三、選舉資格為二十歲以上成年男子，且須設籍半年以上。[29] 隔年三月三日，日本眾議院終於通過台灣地方自治經費預算案。

在日本帝國議會同意編列台灣地方選舉特別預算後，總督府旋即於一九三五年四月一日公布《台灣地方自治制度改正案》，訂於同年十月一日施行，但此改正案並未完全滿足台灣島居民長期以來追求自治的期待。採取內地延長政策的總督府不同意設立與總督府同層級、以台灣全島為選舉區域的台灣議會，只同意設立最高層級為州的州會，且在台灣地方行政體系底層的市、街、庄議員，僅開放半數席次民選，另外半數為官派，此外要求必須為年滿二十五歲以上、設

圖2　日治時期台灣地方行政組織示意圖

籍兩年，並繳交市街庄稅年額五元以上之男性，始有直接選舉權和被選舉權（限制選舉權），相當程度限縮台灣島居民的參政空間。[30]再者，市街庄協議會為諮問機關，並無議決權力。在較高層級的州會議員，同樣為半數官派，另外半數由市街庄協議員選出（間接選舉）。首次選舉於同年十一月二十二日舉行，投票率高達百分之九十五點九，市街庄議員於隔年十一月二十日選舉州會的半數議員。一九三九年再次舉行州市街庄選舉。[31]其後因太平洋戰爭爆發，地方選舉無法如期舉行。楊肇嘉也在戰爭期間避居上海，遠離政治。

其中，值得關注之處在於，歷經一九三五和一九三九年兩次選舉，總督府雖頒布台灣地方選舉取締規則對選舉活動與競選經費進行管理，但相較於日本內地在一九二五及一九三四年的眾議院議員選舉法及選舉運動取締規則，其實異常寬鬆。[32]總督府基於提高台

29　葉榮鐘，日據下台灣政治社會運動史（下），頁五〇一以下，台中：晨星，二〇〇〇年八月。周明，楊肇嘉傳，頁六三以下，南投：國史館臺灣文獻館，二〇〇〇年十一月。楊肇嘉，楊肇嘉回憶錄，第二卷，頁二四三，台北：三民，一九七〇年。

30　岡本真希子，〈臺灣地方選舉制度問題之諸相——一九三〇年代前半的殖民地支配與臺灣人〉，載：若林正丈、吳密察主編，臺灣重層近代化論文集，二〇〇八年九月。

31　陳若蘭，臺灣初次地方選舉：日本殖民政府的制度性操作，臺灣史研究，二十二卷三期，頁一三九～七五，二〇一五年九月。

32　山本暐，臺灣地方選舉取締規則解說，一九三五年，詳見：https://taiwanebook.ncl.edu.tw/zh-tw/book/NCL-

灣島內居民投票率的政策目的，並不禁止候選人戶別拜訪，[33] 而總督府對於戶別拜訪的寬容，更有利於採用間接選舉的州議會議員候選人利用經濟資源動員。

◎當代台灣地方自治制度的奠基與變遷：戰後初期

中華民國政府對於治理台灣的思考始於二次大戰末期，開羅會議之後。中華民國政府於一九四四年在中央設計局內設立台灣調查委員會，由陳儀擔任主任委員，統籌規畫台灣收復事宜，並通過《臺灣接管計劃綱要》，台灣設立行省，適用國民政府一切法令。依據《臺灣接管計劃綱要》第一編（通則）第五條規定：「民國之一切法令均適應於台灣」，第二編（內政）第四條規定：「接管後應積極推行地方自治」。[34] 戰後因來自美國的政治壓力，及《臺灣接管計劃綱要》的窒礙難行，中華民國政府於一九四五年九月制定《臺灣省收復計畫大綱》，設立台灣省行政長官公署，台灣省行政長官兼任台灣省警備總司令。[35]

對於台灣地方自治與議會設置部分，台灣省行政長官陳儀於一九四五年十二月二十六日公布《臺灣省各級民意機關成立方案》，要求地方政府必須依照中央法令，於隔年（一九四六）五月前，陸續辦理公民宣誓登記、公職人員候選人資格檢覆等程序，以召開村里民大會，選舉鄉鎮市民代表。鄉鎮市民代表大會選出縣參議會議員，縣參議會再選出省參議會議員，以產生制憲國民代表，參加預計於一九四六年五月五日在南京召開之制憲國民代表大會。其後台灣行政長官公署依據行政長官公署條例的授權，陸續頒布《省參議會組織條例》、《省參議員選舉條例》、《縣參議會組織暫行條例》、《縣參議員選舉條例》、《市參議會組織條例》、《市參議員選舉條例》等署令。[36]

楊肇嘉戰後曾在上海參與聲援二二八事件受難者運動，因而短暫入獄，[37]之後於一九四八年初，自上海舉家返台。[38]一九四九年十二月，吳國禎擔任台灣省政府主席，即延攬楊肇嘉擔任台灣省政府委員，再於一九五〇年一月起擔任台灣省政府民政廳長。楊肇嘉在擔任民政廳長期間，延續其在日治時期對於地方自治的熱情，先後頒布《臺灣省各縣市

001071292。

33 許淑貞，日據時期台灣地方選舉與政治參與——以兩次市、州會議員選舉為例（一九三五～一九四〇），國立中興大學歷史學系碩士論文，頁一八七，一九九六年。

34 李筱峰，台灣戰後初期的民意代表，頁一三以下，台北：自立晚報，一九八六年。

35 有關二戰末期到戰後初期，台灣從設立行省到設立行政長官公署的經過，詳見：陳翠蓮，同註23，頁一以下。

36 鄭梓，台灣省參議會史研究：變遷時代裏的一個過渡型代議機構（一九四六～一九五一），頁六以下，台北：華世圖書，一九八五年；鄭梓，戰後台灣議會運動史之研究——本土菁英與議會政治（一九四六～一九五一），頁一二以下，台北：華世圖書，一九八八年。

37 楊肇嘉，楊肇嘉回憶錄，第二卷，頁三六三，台北：三民，一九七〇年。

38 許雪姬，戰後上海的臺灣人團體及楊肇嘉的角色：兼論其所涉入的「戰犯」案（一九四三～一九四七），興大歷史學報，三十期，頁八一～一一六，二〇一六年六月。

實施地方自治綱要》、《臺灣省各縣市議員選舉罷免規程》、《臺灣省各縣市長選舉罷免規程》、《縣市政府組織規程》、《縣市議會組織規程》，並基於日治時期參與選舉活動的在地經驗，建議台灣省縣市長及縣市議員選舉分區分期舉辦，後經省府委員會第一四四次會議通過後，公告並辦理實施。第一期是花蓮縣、台東縣，第二期是台北、基隆、台中、台南市和澎湖縣，其餘則列為第三期實施，奠定台灣地方自治的基石。[39]

此外，楊肇嘉在民政廳長任內，基於日治時期曾赴日本與朝鮮考察選舉法規與實際運作的經驗，[40] 延續其在台灣議會設置請願運動與台灣自治聯盟的主張，[41] 於一九五〇年頒布《臺灣省妨害選舉取締辦法》（下稱取締辦法），[42] 以日本戰前與戰後制度為主要參照對象，樹立五項基本原則：一、規定候選人得設置選舉運動員或助選員數額；二、禁止軍警公教及自治人員助選；三、規定競選經費最高額並設置帳簿定期報告收支；四、規定競選活動方式；五、規定應行取締與處罰規定。[43] 楊肇嘉期盼透過警察嚴格執行有關限制競選活動的時間、地點與方式，以達到抑制政治資金需求的目的。此外，楊肇嘉在一九五二年修正《取締辦法》，引進公費選舉制度，增訂公辦政見會以及刊印選舉公報，相關經費由主辦選舉機關負擔，以維繫選舉競爭的公平性。[44]

以戶別拜訪禁止條款為例，總督府考量到提高投票率，並未予以禁止。然楊肇嘉卻認為，避免候選人、助選員與選民接觸，才能避免買票等不正行為，從而壓低競選開支，此

在《取締辦法》第四條規定：競選活動以左列各種方式為限：演說、廣播、刊登競選廣告或活動廣告、發放宣傳品。[45] 競選活動限於公開場合，禁止候選人、助選員與選民有檯面下接觸，意圖透過以立法強制的方式，限制競選活動為政策性宣傳之方式，改變台灣的選舉文化。[46]

楊肇嘉於一九五二年再次主導修正《取締辦法》，仿效日本戰前內地於一九三四年修正

39 楊肇嘉，同註37，頁三七九以下。
40 楊肇嘉，同註37，頁二七五、三八〇。
41 楊肇嘉，同註25，頁一九五。
42 《臺灣省妨害選舉取締辦法》詳見：臺灣省政府公報，三十九年冬字第六十八期，頁一〇〇三，一九五〇年。
43 項昌權，台灣地方選舉之分析與檢討，頁一三九，一九七六年；蔡啟清，台灣省議會選舉制度之研究，台灣文獻，四十九卷四期，頁三二一以下，一九九八年。
44 楊肇嘉在其自傳中承認，「選舉區的劃分、選舉人名冊的陳列、各候選人的競選活動，以及圈票、開票，並投票開票所管理佈置等等的各項細則規定，則是參照昔日我向日據政府所建議的各種『規程』和『辦法』轉譯而來。」參照：楊肇嘉，同註37，頁三八二。
45 《臺灣省妨害選舉取締辦法》，第四條。詳見：臺灣省政府公報，三十九年冬字第六十八期，頁一〇〇三，一九五〇年。
46 楊肇嘉，同註37，頁三八三。

的眾議員選舉法，[47]導入公費選舉制度並限縮競選活動範圍。[48]一九五二年版的《取締辦法》第五條規定，競選活動以左列方式為限：一、使用學校或廣播電台之設備發表政見或演說；二、選舉公報：由選務機關彙編，並分送選民；三、候選人之基本資料，由選務機關在當地報紙刊登；四、使用汽車一輛。[49]此外，競選經費僅限於設立競選辦事處，[50]辦事處人員限於三到五人。[51]雖然楊肇嘉在競選經費管制的嘗試與台灣政治脈絡和社會現實相距過遠，因而在其卸任後遭到邊緣化，產生制度飄移現象。[52]但其利用歷史機遇，成功發揮體制內破壞者的功能，重新劃分台灣地方行政區域、開放省政府以下各級議會直選、引進公費選舉制度等，對台灣地方自治與近代民主思潮奠定制度性基礎架構。

一九八〇年代黨外運動風起雲湧時，曾有黨外人士批評楊肇嘉在一九六〇年代組黨運動的缺席以及引入「半套」地方自治。[53]相較之下，日治時期台灣自治運動的先驅林茂生、陳炘在二二八事件中犧牲；林獻堂於一九四九年九月起以養病為由離台赴日，從日治時期尋求體制外改革的造反者，到戰後因對中華民國體制的政治脈絡失望而選擇完全退隱。曾在台灣議會設置議會請願運動風頭甚健，並創辦台灣青年雜誌的林呈祿，卻在戰後選擇噤聲不言。[54]另一自治運動健將蔡培火，在戰後積極向中華民國政府靠攏，先後出任毫無實權的行政院政務委員、國策顧問，成為既有制度內的機會主義者或共生者。[55]

從上述日治時期台灣議會設置請願運動的積極行動者的生命歷程觀之，戰後二十多年

47 眾議員選舉法，收錄於選挙粛正ポスター集，内務省編，一九三五年，B5判，第六六頁，図書番号 OI-0381。https://www.timr.or.jp/library/docs/kuranonaka/lib043.pdf

48 楊肇嘉總結第一屆地方選舉的經驗，認為必須做此修正。詳參臺灣省臨時省議會第一屆第三次定期大會，頁四一四，一九五三年。

49 《臺灣省妨害選舉取締辦法》，第五條。詳見：臺灣省政府公報，四十一年冬字第二十九期，頁三三三，一九五二年。

50 《臺灣省妨害選舉取締辦法》，第七條。詳見：臺灣省政府公報，四十一年冬字第二十九期，頁三三三，一九五二年。

51 《臺灣省妨害選舉取締辦法》，第二條。詳見：臺灣省政府公報，四十一年冬字第二十九期，頁三三三，一九五二年。

52 陳柏良，進入中國法框架——論臺灣戰前與戰後選舉與政治資金管理法體系之移植與繼受（一九三五至一九五九年），中國法期刊，六卷，頁一以下，二〇一八年十二月。Po Liang Chen, *Follow the Money: The Buck Stops Where?: A Historical Analysis of Transparency and Campaign Finance Law in Taiwan (1935-2004)*, 14 NTU Law Review (1), 101-164 (2019).

53 黃森松，楊肇嘉的愛與罪!?——從「抗日英雄」到接受招安的台灣雄獅，薪火，八期，頁三八～三九，一九八四年八月。

54 王泰升，「鬱卒」的第一代台灣法律人：林呈祿，載：台灣法的世紀變革，頁七九～八一，二〇〇五年二月。林呈祿一九五二年二月十六日，親筆所寫呈交總統府的人事調查表中，卻自稱「光復後，以民族運動初志已答，則懷身引退」。國史館藏，林呈祿，載：軍事委員會委員長侍從室，數位典藏號：129-200000-4586，轉引自王泰升，建構台灣法學：歐美日中知識的彙整，頁一四〇，註釋二〇八，二〇二二年八月。

55 蔡培火曾於一九五五年九月赴日勸林獻堂返國，參照：陳翠蓮，同註23，頁一以下。一九八〇年在中正紀念堂，代表同胞向時任總統蔣經國獻中正紀念堂模型，參照：洪可均，日本與中國——蔡培火的「母國」與「祖國」，政大史粹，二十三期，頁七七～一〇七，二〇一二年十二月一日。

間的政治脈絡，社會運動者並未享有如同一九二〇年代政治場域的自由空間。[56]楊肇嘉擔任民政廳長期間參與台灣行政區域重劃以及推動台灣地方自治，則是在狹窄的政治空間中，從日治時期總督府體制外的造反者，在戰後進入中華民國體制，成為體制內破壞者。楊肇嘉選擇擔任落實地方自治制度的省府民政廳長，尋求在體制內以緩慢且漸進方式，推進地方自治。《中華民國憲法》有關地方自治的核心立法工程《省縣自治通則》，因國共內戰與中華民國政府播遷來台等政治現實，短期內無法在立法院通過，楊肇嘉採用頒布省政府單行法規，以制度疊層模式，在任內制定有關地方自治的基礎法制框架，推動省政府以下各層級地方政府與議會選舉。

制度的長期漸進變遷往往繫於政治脈絡是否提供擁護現狀者充分否決可能性，以及制度特質是否允許期待改變現狀的行動者，在解釋或執行規則時有戰略模糊空間。楊肇嘉充分利用自由派的吳國楨擔任台灣省府主席的短暫歷史機會窗口，以及立法院未通過省縣自治通則的戰略模糊空間，將其戰前考察日本、朝鮮地方自治制度的研究成果與個人畢生政治理想，投注於戰後台灣地方自治基礎制度的奠基性工程。

行動者的策略與漸進演變

對於看似穩固的法律制度，為何變遷？如何變遷？過往制度論者多以「關鍵時刻」概念，作為分析工具。關鍵時刻多探討原有制度，因外部衝擊或內部觀念變遷，破壞既有的制度性均衡與集體認知架構，導致原有制度路徑出現重大變動。我國法社會學與法律史學者，對於制度變遷，多著重於短時期內的重大變動，卻對長期制度的漸進／內生性變遷，較少關注。本章藉由學者馬霍尼和瑟倫的理論框架，反思特定時空的政治脈絡與制度特質，與各行動者的策略選擇，如何經交互作用後，促成／侷限制度產生漸進、內生性變遷。

本章以一九二〇年代至一九五〇年代，社會運動健將楊肇嘉的生命歷程與台灣地方行政制度的長期漸進變遷為例，重新觀察各行動者與特定時空下的政治脈絡、制度特質交互作用，探討台灣地方自治制度形成與（不）變遷的原因。同時期許研究者透過大量經驗案例研究，在納入行動者因素與長時間軸線的歷史思維後，觀察、解釋與分析台灣在地法律制度的延續（常）與變遷（變），考察這片土地上，各部門法的起源與變遷的歷史時序，探

56 楊肇嘉媳婦曾表示：楊在擔任官職時，台北官舍與清水老家的電話都受到監聽。詳見：張炎憲、張啟明、陳鳳華，六然居的世界——媳婦心中的肇嘉先生，台灣史料研究，二十期，頁一七八～二〇一，二〇〇三年三月。

究行動者理念與制度變遷機制，緩解結構與行動者能動性的本體論對立，最終建構植基於在地法社會實踐經驗的法社會與法律史理論！

第三部

法律如何影響我們生活？

被動與主動

第五單元

法律怎麼說，我們怎麼聽

王曉丹

不論是法律文件或法律語言，都是我們在透過法律進行溝通時的重要媒介，關於媒介與溝通，「說」與「聽」的能力與有效性，決定了法律及人的意識與能動性。所謂「說的能力」是指法律文件、法律語言以及法意識，可以完整描述糾紛並以此進一步解決糾紛，完成法律公平正義的目標。所謂「聽的能力」是指法律文件、法律語言以及法意識，可以完整將現實轉譯為適當概念，以容納具有公平正義的價值思辨。

本單元三篇文章，分別討論了在法律的制定、實踐與生活中，「說」與「聽」的能力所扮演的角色。郭書琴希望提升法律「說的能力」以適當解決糾紛，她認為法律文件上的技術與限定性溝通，轉換了民法剩餘財產分配請求權的意義，原本保障「主婦婚」的美意無法達成，反而在小家庭經濟體的夫妻使用下成為失敗婚姻的「歹戲拖棚」。容邵武進一步剖析法律語言的權力關係，指出法律語言「說的方式」主要為線性的語言觀，強調合乎邏輯、前因後果，以致法律語言「聽的能力」被限定在單聲，如果欠缺「說的能力」或「聽的能力」將會導致事件與事物的意義遭到簡化。例如，許多跟公平正義相關的經驗，就是無法在法律面前「說出來」而成為「噤聲」（「說的能力」不好），或者許多具有重要價值意義的訊息，因為法律「聽不懂」而成為「異聲」（「聽的能力」不好）。王曉丹則聚焦在人們日常生活中的法意識，考察「聽的能力」：必須完整接收到社會現實的訊息，才能夠發展並完善認知模板，在行動中編織與改寫文化圖式，以重構「法律性」的意義與價值思辨；考察「說的能力」：必須啟動能動主體，在道德與責任感中驅動能動轉向，才能夠突破法律不平等結構，完成法律公平正義的目標。

13

社會中的「法律文件」以離婚後之夫妻財產爭議為例

郭書琴

國立成功大學法律學系教授，研究領域為法律人類學、法律民族誌、法律文化、法律技術、法律與社會、性別與法律、民事訴訟法、家事事件法、民法親屬及繼承編。

《民法》第一〇三〇之一第二項已於二〇二〇年十二月三十日修正通過為：「夫妻之一方對於婚姻生活無貢獻或協力，或有其他情事，致平均分配有失公平者，法院得調整或免除其分配額。」並增訂第三項為：「法院為前項裁判時，應綜合衡酌夫妻婚姻存續期間之家事勞動、子女照顧養育、對家庭付出之整體協力狀況、共同生活及分居時間之久暫、婚後財產取得時間、雙方之經濟能力等因素。」

從上述條文之修正與增訂可以看出，立法者善意地為避免法院對於具體個案認定標準不一，故增列第三項之各種判斷標準。然而，從婚姻財產事件被列為《家事事件法》第三條第三款丙類事件，而適用訴訟法理的程序法角度而言，配偶間請求裁判離婚並合併請求剩餘財產分配，應以辯論主義為原則。亦即，當怨偶雙方進入訴訟程序後，當事人失敗的婚姻在法庭上「歹戲拖棚」，積極請求分配剩餘財產之原告，必須努力說服法官自己對婚姻的忠誠與創造對方財富；而被請求「婚姻剩餘財產分配」的被告，則必須努力攻擊防禦，說服法官對方並未對婚後財產之增加，具有相對應之貢獻。

實體法上的修正，對於身陷離婚訴訟與夫妻財產分配的怨偶而言，透過種種法律文件之交換，例如起訴狀與答辯狀，並需積極提供各類文書證據，以防禦自己或攻擊對方。此類訴訟中的法律文件與法律技術，一向是相關領域的身分法與程序法學者較為忽略分析的部分。

本章從製作「法律文件」所涉及的「法律技術」出發，分析「法律文件」中所涵蓋的多種「法律技術」。這些「技術」並非中性（neutral），下面會指出，這些「法律文件」中蘊含的「法律技術」，將會深刻影響行動者（包含立法者、司法者、當事人等）的選擇，並將影響到個案救濟的程序與結果。而最終，整體製作「法律文件」的過程所涉及的「法律技術」，彼此連動影響，構成了整體「法律知識」。

從「『訟終凶』的社會文化意義」看法律知識與「法律技術」

民事程序法學者邱聯恭在一九九二年初版《司法之現代化與程序法》一書中，引用《朱子治家格言》：「居家戒爭訟，訟則終凶。」[1] 邱聯恭以「訟終凶」闡述一般人對法院爭訟的看法：即取「和解」、捨棄到法院去爭取權利，為較佳的紛爭解決方式。[2] 實際上，自一九九〇年代以來，邱聯恭在民事程序法領域即致力倡導「程序保障」、「程序主體權」，故提倡建立「溫暖而有人性的法院」，以保障人民之訴訟權，使有紛爭解決需求的當事人，願

1 謝恭正，新譯朱子治家格言，台北：文國，頁一〇，二〇二一年十月。
2 邱聯恭，司法之現代化與程序法，台北：三民，頁三～一〇、一九～二二，一九九二年四月。

意且甘服於法院審判。[3] 我認為一九九〇年代出版的這本《司法之現代化與程序法》，主題在於強調一九九〇年代前後之《民事訴訟法》簡易程序與小額程序之增修，為其倡議「追求程序利益與實體利益」提供立論基礎。[4]

一九九〇年代的台灣民主社會制度正逢解除戒嚴令後的第一個十年，邱聯恭在學說上極力主張民事程序法院應更加透明、且重視當事人之參與，例如法官應適時公開心證，以免對當事人造成突襲性裁判，導致當事人不信賴法院，進而認同舊道德的「訟終凶」等。[5] 從台灣民事程序法學的知識典範演進來看，[6] 邱聯恭在一九九〇提出此學說，的確呼應了當時的民主政治開展的社會需求。邱聯恭在《程序制度機能論》[7] 更進一步闡述「值得當事人信賴的真實」和「程序法理交錯適用論」[8]，並以「消費訴訟」[9] 為例，說明團體訴訟在當代民事程序法的意義，主要在於強調「強化選定當事人」制度之立法目的。[10]

縱使《民事訴訟法》（下稱《民訴法》）第四十四之一條之總額裁判制在實務運用上仍有

3 同前註，頁一九～二二、三一五～三一七。
4 邱聯恭，同註2，頁一九～二二、三一五～三一七。
5 邱聯恭，同註2，頁一九～二二、三一五～三一七。
6 郭書琴，從法律人類學看民事紛爭解決之訴訟觀的演進——以家事紛爭解決為例，中研院法學期刊，二十期，頁一～七五，二〇一七年三月。

7 邱聯恭，程序制度機能論：民事程序法之理論與實務第一卷，台北：三民，頁一～一四四，二〇〇二年一月，五刷。

8 同前註，頁一～一四四。

9 邱聯恭，同註7，頁一四七～一九五。

10 見《民事訴訟法》第四十四之一條：「

I. 多數有共同利益之人為同一公益社團法人之社員者，於章程所定目的範圍內，得選定該法人為選定人起訴。

II. 法人依前項規定為社員提起金錢賠償損害之訴時，如選定人全體以書狀表明願由法院判定被告應給付選定人全體之總額，並就給付總額之分配方法達成協議者，法院得不分別認定被告應給付各選定人之數額，而僅就被告應給付選定人全體之總額為裁判。

III. 第一項情形準用第四十二條及第四十四條之規定。」

《民事訴訟法》第四十四之二條：「因公害、交通事故、商品瑕疵或其他本於同一原因事實而有共同利益之多數人，依第四十一條之規定選定一人或數人為同種類之法律關係起訴者，法院得徵求原被選定人之同意，或由被

I. 選定人聲請經法院認為適當時，公告曉示其他共同利益人，得於一定期間內以書狀表明其原因事實、證據及應受判決事項之聲明，併案請求。其請求之人，視為已依第四十一條為選定。

II. 其他有共同利益之人，亦得聲請法院依前項規定為公告曉示。

III. 併案請求之書狀，應以繕本或影本送達於兩造。

IV. 第一項之期間至少應有二十日，公告應黏貼於法院公告處，並公告於法院網站；法院認為必要時，得命登載公報、新聞紙或以其他傳播工具公告之，其費用由國庫墊付。

V. 第一項原被選定人不同意者，法院得依職權公告曉示其他共同利益人起訴，由法院併案審理。」

《民事訴訟法》第四十四之三條：「

I. 以公益為目的之社團法人或財團法人，經其目的事業主管機關許可，於章程所定目的範圍內，得對侵害多數人利益之行為人，提起不作為之訴。

II. 前項許可及監督辦法，由司法院會同行政院定之。」

疑義，[11]但《民訴法》持續強化降低原告起訴門檻、使需要運用法院之當事人樂於使用法院的學說結合立法政策的努力，從一九九〇年代至今，已經進化到需防止當事人濫訴，而在二〇二〇年十二月新增《民訴法》「濫訴條款」。[12]姑且先不論未來司法實務將如何具體運用濫訴條款、將累積出如何的新世代民事程序法的知識典範持續更新，我認為，民訴法學在邱聯恭等學者與司法實務家長期以民事訴訟法研究會，持續倡議其程序保障論與程序主體權，是一種在部門法律內，長期進行的台灣「在地式」法律與社會知識典範演進的適當例子。

在法律史領域，王泰升利用檔案和史料，注意到台灣人民的訴訟觀[13]與「民事正義觀」[14]，逐步「現代法化」的進程。王泰升在《去法院相告：日治台灣司法正義觀的轉型》一書中進一步分析指出，不同於刑事訴訟，在民事紛爭中，台灣司法轉型為「審辯分立」並非一蹴可幾。[15]亦即，一般人民與司法機關，如何適應這樣「審辯分立」的結構，其實和民主法制社會的基礎底蘊息息相關。

立於上述對「法院爭訟」的既有研究基礎，我以「法律文件」所涉及的法律術語、概念與類型，呈現在「法律文件」上所造成的整體法律知識與「法律技術」，進行法律人類學的考察與分析。二〇〇九年，在〈法律知識的初步考察：從一則「常民」打官司的故事談起〉一文中，以「阿草打官司」的故事說明，儘管學者強調台灣法院朝向「溫暖而有人性」的進

步道路前進，例如法官開庭態度已經大幅擺脫以往被詬病的「衙門威權」，但當事人仍迷失

---

11 姚瑞光，民事訴訟法論，台北：弘揚圖書，頁一三二～一三七，二〇一二年一月，再版。

12《民事訴訟法》第二四九條第一項第八款：「原告之訴，有下列各款情形之一者，法院應以裁定駁回之。但其情形可以補正者，審判長應定期間先命補正：

八、起訴基於惡意、不當目的或有重大過失，且事實上或法律上之主張欠缺合理依據。」

《民事訴訟法》第二四九之一條：「

I. 前條第一項第八款，或第二項情形起訴基於惡意、不當目的或有重大過失者，法院得各處原告、法定代理人、訴訟代理人新臺幣十二萬元以下之罰鍰。

II. 前項情形，被告之日費、旅費及委任律師為訴訟代理人之酬金，為訴訟費用之一部，其數額由法院酌定之；並準用第七十七條之二十四第二項、第七十七條之二十五第二項、第四項之規定。

III. 第一項處罰，應與本訴訟合併裁判之；關於訴訟費用額，應併予確定。

IV. 原告對於本訴訟之裁判聲明不服，關於處罰部分，視為提起抗告或上訴；僅就處罰部分聲明不服時，適用抗告程序。

V. 受處罰之法定代理人或訴訟代理人，對於處罰之裁判聲明不服者，適用抗告程序。

VI. 第三項處罰之裁判有聲明不服時，停止執行。

VII. 原告對於本訴訟之裁判聲明不服者，就所處罰鍰及第三項之訴訟費用應供擔保。」

13 王泰升，具有歷史思維的法學：結合台灣法律社會史與法律論證，台北：元照，頁二五二～二六〇，二〇一〇年二月。

14 同前註，頁二六一～二七〇。

15 王泰升，去法院相告：日治台灣司法正義觀的轉型，台北：台大出版中心，頁一一三～一三一，二〇一七年一月。

在法律專業術語建立起來的訴訟過程，而處處感到挫折與無所適從。[16]二〇一三年，在〈從「法律知識的技術性」談法律科際整合研究方法與實例〉一文中，以當事人在判決離婚訴訟程序中執著於「要向對方提出『反對』意見」，要提出「反訴」[17]，不顧調解委員與法院反覆解釋「反訴」的法律定義。[18]

我認為，法律知識與「法律技術」，是法律學的特有工具、專業術語與溝通方式。本章將這些工具、術語與溝通，透過民事普通法院相關法律文件的建構過程，說明法律知識與法律技術在不同的「法律行動者」於各自立場與利害關係有所異同的情況下，對於法律知識與法律技術的認識、運用、轉譯與執行。

上述理論說來拗口，於是我選擇兼具身分上、與財產上利害關係的第三人代位離婚後夫妻之一方，向他方請求夫妻剩餘財產分配的案例，並以判決與真實案例改編的「故事」作為敘事方式，在判決書的當事人背景資料之外，從類似判決與新聞事件加入社會脈絡與情感關係，以此說明法律知識和法律技術，在上述相關紛爭解決過程中的「法律與社會」實作情況。同時，我也將探討當初立法者設定以夫妻剩餘財產分配制作為法定夫妻財產制，在當今時代脈絡下的實作，已經超過當初倡議「夫妻平等」、「家事有償」、「保護婚姻中經濟弱勢女性」之最初規畫。進而，本章也提出未來以「婚姻分別財產制」作為法定夫妻財產制之先行研究。

從夫妻平等到「歹戲拖棚」

配偶離婚後，除了可能有未成年子女之親權行使問題，最難切割者當為兩造間的金錢關係。以影視名人為例，前新聞主播葉樹姍、資深藝人鮑正芳，曾因為在婚姻關係中替丈夫背債，即便在婚姻解消之後，前配偶的債權人（即本章所稱之「第三人」）追索至自己的財產，以滿足其債權。更甚者，在葉樹姍之實際案例中，第三人甚至在葉樹姍進行不同公益團體進行演講或小額捐款後，向這些公益團體一一追回葉樹姍的善心捐款，[19] 導致這些公益團體相當困擾，畢竟捐款額數尚非巨額，而且皆為長期捐贈，要如何一一清點、還給第

16 郭書琴，法律知識的初步考察：從一則「常民」打官司的故事談起，思與言，四十七卷四期，頁一九一～二三五，二〇〇九年十二月。

17 反訴之要件，見《民事訴訟法》第二五九條：「被告於言詞辯論終結前，得在本訴繫屬之法院，對於原告及就訴訟標的必須合一確定之人提起反訴。」

18 郭書琴，從「法律知識的技術性」談法律科際整合研究方法與實例，成大法學，二十五期，頁一九九～二三一，二〇一三年六月。

19 「葉樹姍前夫債權事件」引發後續關於幫離婚之前夫「背債」之社會輿論，見新聞網站「投資自媒體」報導與網友貼文討論：最好的夫妻財產採分別財產制，聚財網，二〇〇八年十二月四日報導與貼文討論：https://pse.is/4uygvx（最後瀏覽日：二〇一一年十一月十一日）。

三人，實屬困難。葉樹姍捐款時之善心，在前夫與第三人的追討下，演變成多方面的困擾，引發社會輿論關注。當時第一審法院判決第三人（債權人）勝訴，主因為葉樹姍已承受了前配偶之債，故第三人（債權人）之請求為有理由。此判決當時廣泛討論的焦點在於，一般人可能認為「緣盡情應了」，好聚好散，何況一方又是形象良好的名人、樂善好施，且宗教愛心捐款是配偶自行考量能力始捐善款，與婚姻解消無關。雖該事件上訴後，原判決廢棄，[20]然而在整個漫長的訴訟過程中可以清楚見到，在法律規範下，法律知識與法律技術之操作，與一般民眾的想像頗有差距。

事實上，法定婚姻財產制為「剩餘財產分配制」，最初是因立法者預設一般家庭為「男主外、女主內」之「主婦婚」，為照顧缺乏外在固定工作薪水、居家操持家務，導致經濟陷於弱勢的「家庭主婦」，故有此立法。[21]確立「婚姻剩餘財產分配制」之後，為加強保護「家庭主婦」、強化夫妻平等，尚有「自由處分金」、「家務有給制」等制度。[22]

「婚姻剩餘財產分配制」自一九八五年施行以來，依台灣社會的經濟現實條件，多數配偶雙方皆需外出工作，始得維持一定生活水準，亦即當今多數核心家庭的經濟形態，「主婦婚」形態恐怕已經難以符合目前的核心家庭婚姻經濟狀態需求。更甚者，從作者自二〇〇八年從事家事調解委員的經驗看來，「婚姻剩餘財產分配制」往往成為配偶間離婚時的金錢談判籌碼，抑或離婚後，在五年時效消滅前，基於報復或其他因素，對前配偶提出訴訟請給付「婚姻剩餘財產分配」。[23] 更有甚者，已離婚之前配偶的債權人，代位該配偶，向法院提出「婚姻剩餘財產分配」請求之訴。[24]

在「法律技術」的操作上，無論是前配偶、抑或是第三人，從形式上來看均有《民法》所賦予之「請求權基礎」，然立法者當初所設想的保障婚姻中經濟弱勢之配偶，特別是處於

---

20 葉樹姍事件第二審判決廢棄原判決，認定葉樹姍為「處分自己財產」，與婚姻財產制無涉。見台灣高等法院九九年上四二二判決、台北地方法院九六年訴九二八八判決。

21 林秀雄，台灣法定財產制之變遷與發展，月旦法學雜誌，一九一期，頁五～二三，二〇一一年三月；林秀雄，親屬法講義，台北：元照出版，頁一二五～一六三，二〇一一年九月，第六版六刷。

22 陳惠馨，法律敘事、性別與婚姻，台北：元照出版，頁二一七～二二六，二〇〇八年三月；陳惠馨，民法親屬編——理論與實務，台北：元照出版，頁一七三～一九四，二〇一九年十月。

23 見《民法》第一〇三〇之一條第五項：「第一項剩餘財產差額之分配請求權，自請求權人知有剩餘財產之差額時起，二年間不行使而消滅。自法定財產制關係消滅時起，逾五年者，亦同。」

24 見《民法》第一〇三〇之三條：「

I. 夫或妻為減少他方對於剩餘財產之分配，而於法定財產制關係消滅前五年內處分其婚後財產者，應將該財產追加計算，視為現存之婚後財產。但為履行道德上義務所為之相當贈與，不在此限。

II. 前項情形，分配權利人於義務人不足清償其應得之分配額時，得就其不足額，對受領之第三人於其所受利益內請求返還。但受領為有償者，以顯不相當對價取得者為限。

III. 前項對第三人之請求權，於知悉其分配權利受侵害時起二年間不行使而消滅。自法定財產制關係消滅時起，逾五年者，亦同。」

性別不平等中的家庭主婦，並為了防止經濟強勢者（即「男主外」之男性配偶）惡意處分婚後財產，以減少「家庭主婦」的「婚姻剩餘財產分配」規定（見《民法》第一〇三〇條之一、之三等規定），反而於施行數十年後的當代小家庭經濟體狀況下，變成離婚後仍無法「斷尾」的狀態。失敗的婚姻如同「歹戲拖棚」，被請求「婚姻剩餘財產分配」的被告，還要積極為自己舉證對方並未對婚後財產增加具有相對應的貢獻進行訴訟上對己有利的攻擊與防禦。

於是，整體情況演變成，兩造離婚後仍有可能戰戰兢兢地等候五年；這些法律規定經過一般民眾或是以訛傳訛、或是一知半解，就會變成擔心「離婚後是否財產一人一半？」、「離婚財產是否有『追溯期』？」[25]等疑問。同時，在判決離婚的「離婚戰爭」中，這些關於「婚姻剩餘財產分配」的問題，增加了兩造的不信任感，導致法院調解離婚更加困難；或是因之前已經遭遇一番激烈難堪的離婚戰爭，導致一方再次訴請「婚姻剩餘財產分配」時，實在難以成立調解。更何況，離婚之後，雙方可能已有情感與經濟生活等變動，此時一方請求「婚姻剩餘財產分配」時，他方可能會產生對方「不甘願」、「報仇」、「把自己當成提款機」等不良感受。而「婚姻剩餘財產分配」調解不成立的結果，即為進入「家事訴訟程序」[26]，依「訴訟法理」，由當事人自負舉證責任，無法舉證之不利益結果，則由當事人自己承擔。[27]

＊　＊　＊　＊　＊

甲女與乙男兩願協議離婚後，已無聯絡，且甲女已與丙男再婚，兩人成立「繼親家庭」（step family），各自均有前婚姻之未成年子女，共同生活。某日，甲女接獲法院起訴狀，原告為A銀行，請求甲女給付乙男之信用卡費三十萬元。[28] 甲女認為，乙男在兩人婚姻存續期間即不顧家庭，也很少給家用，均由自己獨自負擔。如今兩人早已離異，自己也已經有新生活，且以照顧目前家庭經濟為優先，怎可能替乙男還錢給銀行？甲女看到A銀行起訴狀內陳述，甲女婚後財產增加較乙男多，乙男婚後財產為零，據銀行徵信結果，乙男對甲女可請求「婚姻剩餘財產分配」，故於兩年內提起訴訟云云。甲女甚為緊張不安的出席調解，A銀行則請法務專員為訴訟代理人出席。席間，代理人對兩造過往婚姻並未多加聞問，就事論事，請求甲女給付三十萬元。

在這個場合中，因A銀行為婚姻中的第三人，甲女縱使很著急，也萬分不願意已經離

25 見律師娘，【律師娘專欄】離婚財產怎麼分？不是「一人一半」，一次搞懂，FIFTY PLUS，二〇一九年一月十七日，https://www.fiftyplus.com.tw/articles/13777（最後瀏覽日：二〇二一年十一月十七日）

26 見《家事事件法》第三條第三項第三款：「下列事件為丙類事件：三、夫妻財產之補償、分配、分割、取回、返還及其他因夫妻財產關係所生請求事件。」

27 許士宦，家事訴訟事件之非訟化審理（下）——真正訟爭事件如何交錯適用程序法理，月旦法學教室，一五七期，頁三九～四五，二〇一五年十一月。

28 案例改寫自台灣新北地方法院一〇〇年度家簡字第一八八號民事判決。

婚分手的「渣男」前夫之債務影響到現在的婚姻生活，但這些需要協商、溝通的痛苦，面對就事論事、以「代位請求」為「當事人適格」的原告A銀行，根本沒有任何可能達成調解的餘地。況且，《民法》上的「代位請求」[29]與《民訴法》的「當事人適格」[30]這些名詞，對甲女而言實在太過遙遠。甲女的理解就只是：已經離婚，當初都簽好了，他（乙男）為何還要來干擾我的生活？

此外，從程序法的技術觀點而言，僅有原告A銀行和被告甲女出席調解程序，甚至未來僅有兩造出席訴訟程序，皆為程序合法。但就一般人的理解，實質的債務人乙男何在？當然，若從法律技術觀點出發，可說甲女替乙男清償債務後，將來可由甲女起訴請求乙男返還。但從一般人的生活觀點著想，未來再行起訴請求，並不能解決此次A銀行代位乙男、向乙男之前妻甲女請求給付「婚姻剩餘財產分配」，帶給甲女以及其家人的傷害。

民事程序法的知識典範從一九九〇年代演進至今，已經大幅度改善了當事人的程序保障與程序參與權。但從甲女「前夫之債」的故事看來，是否回到「訟則終凶」？抑或此其實並非訴訟程序、或法院制度的問題，而是實體法的「婚姻剩餘財產分配」應與時俱進，修改為以分別財產制作為婚姻法定財產制，才能解決目前多數核心家庭皆為雙薪家庭的問題。

如從法律技術與法律知識典範演進的層面觀察，可以適當理解當事人與法律專家，彼此對於法律知識和法律術語之理解與運用其實大不相同。但當事人也並非停滯不前或一無所知，當事人隨著累積的法律經驗，評估自己的資源，再加上情緒或「面子」，的確可能再次使用法院。以上述「前夫之債」的故事為例，為了避免自己的經濟受到不當減損，甲女在調解不成立之後，可能和A銀行續行訴訟，並需耗費相當的時間、勞力、費用，舉證自己的婚後財產增加，與前夫乙男無關（見《民法》第一〇三〇之一條第二項）。

「不是新玩意」

法律人類學家觀察與分析當代民主法制社會中的法律知識與法律技術，並非學術新思維。一九九〇年以其對勞動階級與小額訴訟的人類學田野研究知名的美國法律人類學梅里（Sally Engle Merry），即為「法律與社會」研究風潮的重要學者。梅里的田野研究指出，對於勞動階級的美國人們而言，法院在處理鄰人訴訟、小額損害（例如未婚男女相互施暴）、交

29《民法》第二四二條：「債務人怠於行使其權利時，債權人因保全債權，得以自己之名義，行使其權利。但專屬於債務人本身者，不在此限。」

30《民事訴訟法》第二四九條第二項第一款：「原告之訴，有下列各款情形之一者，法院得不經言詞辯論，逕以判決駁回之。但其情形可以補正者，審判長應定期間先命補正：一、當事人不適格或欠缺權利保護必要。」

通事故等紛爭時，這些所謂小額事件並不被正統法學理論重視，在法院更是被歸類為「垃圾案件」，因為這些當事人並不會因為法院的介入而結束紛爭，反而會藉由不同事件，一再興訟。此時，法院除了「法律話語」，需同時對當事人予以「道德話語」和「療癒話語」，以求暫時解決眼前個案紛爭。[31]

曾任美國法律與社會學會會長的薩拉特（Austin Sarat）教授編著了一系列的「法律與社會」叢書，由芝加哥大學出版，從各種不同的領域，如法哲學、刑罰（特別是死刑）、毒品、後現代主義理論、法律與精神醫學、法律與文學、法律與修辭等，進行法律與不同學科、不同理論的實際對話。例如加拿大學者瓦維德（Mariana Valverde）在薩拉特編著的《法律如何得知事物？》（*How Law Knows*）中，以〈「法律知識」實作研究之理論與方法論上的爭議〉（Theoretical and Methodological Issues in the Study of Legal Knowledge Practices）一文說明在分析法律知識時，使用量化或質化研究，皆可能產生各自的盲點。[32]瓦維德建議，法學研究將要對方法論有更切實地檢討。筆者認為，歐美的法學跨界研究已經習以為常，至少在美國的法律與社會領域是如此，瓦維德的洞見可說相當務實，但台灣法學界的法律與社會研究尚未成熟，進行法學跨界研究應首先注意法律文件中蘊含的法律技術與法律知識，才會是具體且務實的研究切入點。

美國法律人類學家兼法學教授萬安黎（Annlise Riles）一九九五年在斐濟進行「法律文件」

的田野研究，後來出版為《從內而外地徹底分析「網絡」》（*The Network Inside Out*）一書。[33] 萬安黎在書中以土地為例說明，「法律文件」以西方法的法律概念，加上登記制度等法律技術，將具體的土地抽象化為「文件中所指涉的『土地』」，但這份實體「文件」，又是一個「具體」的存在物；是故，製造文件與保存文件，為專家最重要的技藝與任務。

萬安黎在之後編著的《文件：現代知識的產物》（*Documents: Artifacts of Modern Knowledge*）一書中，更邀集文化人類學家、醫療人類學家、法律學家等，以不同領域中的「文件」（例如「研究倫理同意書」、「監獄假釋評鑑表格」、「人體研究同意表」等），共同討論「文件」作為一種將具體世界的人、事與物，抽象化、概念化為紙本的「文件」實體之過程中，所牽涉的專家知識。同時，這群專家們發揮人類學家的反思特質，檢視上述轉化過程中所涉及的專家語言、權力、階級、透明化（transparency）共存且交織的複雜問題。[34]

---

31 Sally Engle Merry, Getting Justice and Getting Even: Legal Consciousness among Working-Class Americans (Chicago: University of Chicago Press, 1990).

32 Mariana Valverde, *Theoretical and Methodological Issues in the Study of Legal Knowledge Practices*, *in* Legal Papers of Mariana Valverde, 72-92 (Austin Sarat et al eds., How Law Knows, 2007).

33 The Network Inside Out, The Network Inside Out (Ann Arbor: University of Michigan Press, 2001).

34 Annelise Riles, Documents: Artifacts of Modern Knowledge (Ann Arbor: University of Michigan Press, 2006).

從解決紛爭觀點思考部門法律的「類型化」與「分科化」

本章以離婚後之配偶被前配偶的債權人行使一般民眾所稱的「追索」(在法律專業用語中，實為行使「婚姻剩餘財產分配請求權」之「代位權」)，而陷入程序法中調解與訴訟困境的個案，其實就是上述美國法律人類學所發展出來的法律文件研究所涉及的法律技術和法律知識。

我認為，從上述方法論與認識論出發，可以具體從個案的紛爭解決進程，思考目前部門法律各自類型化、分科化之後，所發展出來的法律專業知識和法律術語，與一般社會生活事實仍有差距的問題。但這裡並非以「民粹主義式」的角度要求「降低」或「沖淡」專家權威，我仍舊堅持專家語言所指涉的概念應有相當的密度。專家在長期養成過程中學習到製作文件的技藝，使「文件」在紛爭解決中具有定型化的特性，才是專家權威的正面意義之所在。但一方面承認專家權威、法律知識、法律技術的必要性，另一方面又該如何協助當事人進入對他們而言如同迷宮的「法院」?我認為此問題或許是個「假議題」。任何要求法院介入的紛爭，其結果都是未知。就算已多方考量、全力調查，追求當下正確慎重的裁判，當事人的生活卻是活生生地向前進行的，在裁判前後均有各種情事變更的可能。因此，紛爭進入法院之後，某程度即脫離了原先當事人的規畫與設想，這是使用法律與法院進行紛爭解決的侷限與特性，而將此視為法律的威權，僅為其中一種批判與反省的立場。

回到本件「婚姻剩餘財產分配」的代位請求，筆者提出以下兩點：

（一）「婚姻財產」登記雖純為「登記」，但並非沒有訟爭性。而在離婚時點前後，配偶任一方請求「婚姻剩餘財產分配」，更是煙硝漫天。從法律技術觀點來觀察「文件」，下頁是我從司法院網站下載的「夫妻財產制契約登記聲請書」。[35]

該類申請婚姻財產制事件，依目前民事程序法規定，屬於兩造間並無訟爭性之非訟事件，故兩造均為「聲請人」。依此份聲請書之兩造皆為「聲請人」來看，兩造並未對立。而一般聲請事件，如《家事事件法》第三條第五項之戊類事件，經常一造為「聲請人」、另一造為「相對人」。許士宦稱此類本質上訴訟事件而被非訟化審理為「真正訟爭事件」。[36]

然而，這張「無訟爭性」的「夫妻財產制契約登記聲請書」中，卻充滿相當多的法律技術用語，例如：「約定財產制種類」、「關於特有財產之約定及其價值」、「採共同財產制，約定由配偶之一方管理共同財產者，其財產管理權之約定」、「變更登記」、「廢止登記」。從法律知識與法律技術的觀點來分析，筆者提出的疑問為，既然婚姻關係尚在存續中，配偶間

35 載自司法院網站：https://www.judicial.gov.tw/tw/cp-1387-4098-31ee3-1.html.

36 許士宦，同註27，頁四〇。

夫妻財產制契約登記聲請書

<table>
<tr><td colspan="2">登記種類</td><td colspan="6">夫妻財產制契約　　　　　　登記</td></tr>
<tr><td colspan="3" rowspan="2">姓　　名</td><td colspan="3">出生日期</td><td rowspan="2">職業</td><td rowspan="2">住　居　所</td></tr>
<tr><td>年</td><td>月</td><td>日</td></tr>
<tr><td colspan="3"></td><td></td><td></td><td></td><td></td><td></td></tr>
<tr><td colspan="3"></td><td></td><td></td><td></td><td></td><td></td></tr>
<tr><td colspan="3">結婚年月日及地點</td><td colspan="5">中華民國　　年　　月　　日在　　　　縣(市)結婚</td></tr>
<tr><td rowspan="7">聲請登記事項</td><td colspan="2">約定財產制種類</td><td colspan="5"></td></tr>
<tr><td colspan="2">關於特有財產之約定及其價值</td><td colspan="5"></td></tr>
<tr><td colspan="2">採共同財產制，約定由配偶之一方管理共同財產者，其財產管理權之約定</td><td colspan="5"></td></tr>
<tr><td rowspan="2">變更登記</td><td>原登記之約定財產制</td><td>原登記號數</td><td colspan="2">變更後之財產制</td><td>訂立變更年月日</td><td>備註</td></tr>
<tr><td></td><td></td><td colspan="2"></td><td></td><td></td></tr>
<tr><td rowspan="2">廢止登記</td><td>原登記之約定財產制</td><td>原登記號數</td><td colspan="3">訂立廢止契約之年月日</td><td>備註</td></tr>
<tr><td></td><td></td><td colspan="3"></td><td></td></tr>
</table>

	其他								
附具文件	名　稱		件數	名　稱		件數	名　稱		件數
		分別財產制契約書			特有財產目錄			財產清冊	
		簽名式或印鑑			聲請人身分證明			土地或建物所有權狀影本	
		委任書			法定代理人同意書			土地或建物登記謄本	

中　華　民　國　　　年　　　月　　　日

此　致

臺灣　　　地方法院登記處　　公鑒

聲請人：

聲請人：　　　（　　）簽名蓋章

說明：

一、登記類別欄應載明「訂約」「變更」「廢止」「重為登記」等類別。

二、附具文件欄應於提出之文件名稱上空格內作「V」記號，並載明件數。

三、未載明之空欄及空白務須劃線刪除。

四、當事人為受監護宣告之人者，應由監護人代理為之，如監護人即為受監護宣告之人之配偶，應依民法第1098條第2項規定，由法院選任特別代理人代理為之。

五、聲請登記委由代理人為之者，應附具委任書。

為何需申請分別財產制？何時需要申請分別財產制？

根據上述《民法》規定可知，如為婚姻已歷經一段期間，才要從「法定財產制」改為「分別財產制」，其實可以合理推測：聲請婚姻分別財產制，特別是依上述《民法》第一〇一〇條第二項之規定時，已是婚姻破綻、未來即將掀起離婚戰爭的前哨戰。然而，如為結婚初期，即結婚登記之後即有計畫地採取「分別財產制」，則配偶雙方均需對相關法律知識與術語有高度理解，方能好好進行協商、而不至於破壞配偶間的信任關係。

（二）婚姻法定財產制未來宜考慮採行「分別財產制」。如從上述一系列的分析可見，或許為了減少婚姻關係解消時的財產紛爭，將法定婚姻財產制重行檢討而設定為「分別財產制」，為可能的解決方式之一。

但不諱言，自「法律術語」觀之，多少即將締結婚姻之配偶，有溝通能力願意共同理解這些術語所代表的經濟實力、物質共享，與具體規畫未來？以上皆為法律知識自身特性，即法律技術與法律技藝是一種門檻，法律語言求其精確，並非為了為難一般「常民」、或藉故提升法學菁英地位。我認為這是一種使用法律（或法院）以預防或解決紛爭，所必經的轉化「社會生活事實」為「法律事實」的道路。

民法第 1010 條

I. 夫妻之一方有左列各款情形之一時，法院因他方之請求，得宣告改用分別財產制：

一、依法應給付家庭生活費用而不給付時。

二、夫或妻之財產不足清償其債務時。

三、依法應得他方同意所為之財產處分，他方無正當理由拒絕同意時。

四、有管理權之一方對於共同財產之管理顯有不當，經他方請求改善而不改善時。

五、因不當減少其婚後財產，而對他方剩餘財產分配請求權有侵害之虞時。

六、有其他重大事由時。

II. 夫妻之總財產不足清償總債務或夫妻難於維持共同生活，不同居已達六個月以上時，前項規定於夫妻均適用之。

法律的技術與技藝，是法律進行紛爭解決的特性

從二〇〇八年開始擔任地方法院第一線的家事調解委員開始，我逐漸體認到，這是一趟沒有結束時點的田野旅程。法律知識，自有其技術與技藝；法律語言（即條文與相關各類解釋）也有其邏輯和高密度的必要性。當我們理解且接受法律知識的建構過程，特別是從法律文件所涉及的法律語言、類型化概念與各類相關技藝（例如製作、整理與保存文件），才能逐漸接受以法律來解決紛爭的優點與侷限。

14

噤聲與異聲
現代法律語言的不滿及其可能

容邵武

中央研究院民族學研究所副研究員，研究領域為法律人類學，文化政治，政治人類學，華人社會。

法律是一個充滿字句的學科。

法律條文、法律條文的詮釋、法律從業人員（法官、律師、法律研究者等等）以及相關人員（原告、被告）的法律行為例如證詞、判決、判例，都是經由語言傳達其意義，企圖傳達其所想要的效果——從權威的建立、社會整合、訴訟的輸贏等等，就連一般人對法律的認識馬上聯想到的六法全書，都是語言的呈現。另一方面，法律又充滿了艱深難解的專業術語，出現了所謂的日常用語和法律用語二個世界，而法律自成一個世界，並且試圖以其專業術語所標榜的明確性來解決另一個日常世界的問題。於是，法律研究例如主流的法釋義學著力於法律用語傳達什麼樣的法律目的和意義，同時也對日常用語和法律用語之間鴻溝的橋接有所著墨，然而對法律的語言性質、語言和思想與行動的關係卻很少探討。也就是說，我認為日常用語和法律用語雖是二個世界，卻共通地認為語言能夠再現真實，它們的差別只在於法律語言被視為立基於嚴格的理性基礎之上；若是日常用語和法律用語沒有共通地認為語言能夠再現真實，它們也就沒有所謂籠統和明確的差別了。

什麼是語言和真實的關係呢？首先，人們相信語言不但是作為人類的普遍性特徵，而且是人異於其他世界萬物的特性。再來，當人類自認為是物種演化的最高階段，人類是以語言去認識和表現世界，人們也透過語言累積和傳遞對世界的知識，無怪乎還在牙牙學「語」的嬰兒被認為難以清楚認識和表達自己與世界的關係，而在學習這個掌握和再現世界的媒介。

人們在學習語言，也在學習從中認識和表現世界。逐漸地，人類深度發展出對世界的認識，以及連帶地發展出複雜的語言，進而產生權威的語言以及一般的語言等上下層級，正是因為它們被放置在分類和認識世界的序列之中才產生出「優劣」。舉例而言，西方啟蒙哲學的奠基者康德將神學、法律、醫學視為是較高等的學問（higher disciplines），正是他認為這些較高等的學問是普同理性實踐出來的場域，可以得到超越個別主體對世界的普同解釋，[1] 而對於世界有秩序的分類正是啟蒙理性的自我定義。我認為法律研究傾力關注於法律應該如何精鍊其規範語言，進而探討法條之間的邏輯該如何詮釋，正是反映了對於上述語言與世界的看法，千變萬化的世界可以而且必須透過更「完善」的語言系統來掌握和表達。[2]

這是古典但仍然有力的語言和世界的看法，一直主導著法律定義自己以及其所想塑造的世界，越是上位的法律（例如憲法）越是將自己定義為理想秩序的源頭與展現，然後試圖經由所謂明確而清楚的語言和程序去仲裁這個理想秩序和現實社會的差距，所謂日常世界和法律二個世界的差別。我們常聽說司法是社會正義的最後一道堡壘防線，而其主要甚至是唯一的方式就是摒除不相關的考慮而做出「適法」的判斷，只根據法律的語言來判斷，

1 轉引自Pierre Bourdieu, *The Force of Law: Toward A Sociology of the Juridical Field*, 38 Hastings L. J. 819 (1987).

2 我們於此可以提問電腦語言、人工智慧語言等科技，是否為不斷推陳出新掌握世界的語言？

防衛法律世界以及其理想規範。無怪乎法律和神學同樣是內向指涉的體系，只從自己體系的文字尋求意義和解釋。[3] 最後說起來，法律是一個充滿字句的學科，卻只是充滿了對於法典文字的解釋，坊間常有恐龍法官的戲稱，「不食人間煙火」，或許正是這個堡壘論意想不到的後果。

本章整理解析現代法律的語言觀，我將其定義為線性的語言觀，其強調合乎邏輯、前因後果。然而當日常世界和法律二個世界碰撞接觸的裁判和調解的場域時，線性的語言觀將那些無法清楚表述的語言視為混亂含糊及難以理解，若不是有意欺騙就是邏輯分裂，以致在法律面前出現講不出話來的沉默，以及法律聽不懂的差異聲音，我稱之為噤聲和異聲的現象。前者可以對女性暴力的案件為代表，後者常出現在涉及原住民事務之中。本章從解析法律單聲觀開始，接續討論在這個觀點下如何產生噤聲和異聲，我之所以集中討論這二個現象，因為它們在當代台灣的法律案件裡尤為重要。當我們了解噤聲和異聲的來由，那麼尋找在法律裡多聲的管道似乎是理所當然的下一步。本章後半段以近年來數個替不會發聲的自然與動物爭取權利的例子，討論多聲該如何發出和肯認，以及其所面臨的困難。

我要先說明的是，本章要處理的是現代法律的語言觀，而不是法律如何處理社會裡的語言現象，例如言論自由的問題、族群的語言權、言語暴力如毀謗或汙名等問題；[4] 本章也不是要討論不同語言裡法律的翻譯、通譯、誤譯，雖然這些是討論法律移植以及實行常碰到的問題。

法律的單聲觀

天主說：「有光！」就有了光。

《聖經・創世紀》第一章，天地萬物的創造

最初先是有**語言**，然後有萬物。神說，要有光，就有了光；神稱光為晝，稱暗為夜，有晚上，有早晨。語言似乎不僅先於萬物，語言還創造了萬物，創造了秩序。但那不是任何一種語言，那是神的語言，權威的語言，定義性的語言。長久以來，以法律學家科渥（Rober Cover）的話來說，[5] 人們住在一個規範性的宇宙（*Nomos*），這個宇宙區分出對與錯、合

3 Bourdieu, *supra* note 1, at 850.

4 參閱陳昭如，導讀：言語的力量，載：言語不只是言語：毀謗、歧視與言論自由，頁七～三一，麥金濃著，邵允鐘等譯，陳昭如審校，二〇一〇年十一月。

5 Robert M. Cover, *Nomos and Narrative*, 97 Harvard L. Rev. 4-5 (1983).

法與非法、正確與不正確等清楚的秩序。而這個宇宙以及其規範，需要一套語言敘事（narrative）給它們意義、讓它們能夠被執行，例如每個憲法需要一個史詩、每個刑罰需要引經據典來定位它的意義。語言開創秩序，秩序寄於語言。「法律不僅是一個讓人遵守規則的系統，它是一個人們居住的世界。」[6]

在西方的主要法院前常常有泰美斯女神（Themis）雕像，是來自希臘神話正義女神的形象，泰美斯右手持著代表公正的天秤，左手持著象徵權力的劍，意思是說，法律幫大家仲裁，如果不服仲裁，就用劍來執行。女神蒙上雙眼，表示法律不看站在法律之前的人是誰，不論他們的膚色、出身、宗教等等，所有的人在劍跟天秤之前都是平等的。但是，天秤跟劍要能夠發揮作用，惟有依賴雙方的話語來論斷對錯。正義女神要聽人們在她的面前申訴理由，提供證據，而且還要經過交互詢問之後才可以當成證詞。所以她不會因人而異給予不同的判決，只有所謂最好的理由被呈現、認可之後，正義女神才拿天秤去衡量、拿劍去執行，「伸張正義」。在這裡，我們看到語言敘事、正義（法律制度裡的）、人們居住的世界，互相連接、互相建構的秩序。無怪乎社會學家布迪厄說，當人們要以論述的方式把主觀的印象轉化成客觀、公開的表達時，這些語言論述都帶有制度的動作，因此亦帶有官方化和合法化的形式。最後說起來，西方所有和法律有關的字，絕非巧合地都在語源學有「去說」或是「說出來」（to say）的字根意義。[7] 也就是說，這個語言敘事及正義觀假設人的自我意識必須由語言敘事表達出來，越是能夠以理性、邏輯地講述出來的語言，越是最接近法律所理解裁判的規範性的世界。如同法律般越是權威、理性的語言，越具有目的性和方向性，導向規則與秩序，而這是人們極力追求達致的境界。

我們可以說，以上關於宇宙、秩序、正義的觀念是非常古典的，同時其所蘊含語言能夠忠實指涉外在世界的想法也非常古典。人類學家格林豪斯（Carol Greenhouse）論及現代法律的線性邏輯，其實受到基督教的世界觀和時間觀的深刻影響，關於現代因果關係的判定和西方發展出的「線性時間觀」基本是一致的，而典型的西方敘事模式也是和西方人的線性時間觀相契合的，亦即敘事的安排，遵循著過去、現在、未來的發展，前後有一定的因果關係。[8] 歷史學家懷特（Hayden White）也指出，敘事總是：「跟法律、法律性、合法性，或者一般來說就是跟權威的主題有關。」[9] 從格林豪斯人類學文化比較的立場來看，自然是要說

---

6 同前註，頁五。我的強調。

7 Pierre Bourdieu, Language and Symbolic Power 173 (Cambridge: Harvard University Press, 1991).

8 Carol J. Greenhouse, *Just in Time: Temporality and the Cultural Legitimation of Law*. 98 Yale L. J. 1640-43(1989).

9 Hayden White, *The Value of Narrativity in the Representation of Reality*, in The Content of Form 15（1987）。依照懷特的說法，敘事要展示社群秩序內聚及一致性，將某些隱含的邏輯與合理性具體化，或者說企圖達到一種完整的人性。

明不同社會的時間邏輯會產生相應的社會組織與法律概念，所以西方線件時間觀、敘事序列、法律線性的因果邏輯，表現出明確、自主的個人自我意識，而且可以清楚地由語言敘事表達出來，也只是表達出西方式個人要求居住在什麼樣的規範性世界裡。

如此說來，不論是從規範層面（語言創造秩序）以及事實層面（正義女神聆聽各方的證詞）來看，法律和語言的關係如此密切，那麼法律研究領域應該會極度重視對語言現象的探討吧。然而，法律學者古德里奇（Peter Goodrich）在其專論法律論述的書籍開宗明義地說，即使法律條文與法律實際（例如訴訟）都高度依賴語言，但是法律和語言關係的探討始終沒有發展出一套整合或系統的解釋。[10]他指出之所以如此的原因在於，法律對待語言最終就是要確認法律是一套由內（internally）定義的概念意義系統，然後語言只是技術性的語言，工具性地傳遞出規範。這就如同以往語言學家最看重的是語言結構，因為很清楚地，語言是個人以外的東西，個人本身不能創造語言，也不能改變語言，所以語言之所以能夠代代相傳，必定有其結構和組織的系統性，於是語言學家致力分析文法、句法，認為這些語言內部結構的對應和關係正是語言能夠產生意義並達到溝通效果的性質。[11]不同的學者也描述類似的現象，例如，孟茲（Elizabeth Mertz）和魏斯布爾（Bernard Weissbourd）認為法律學者因為依循了哈特（H. L. A. Hart）只著重規則導向的實證主義傳統，所以只強調語言裡的語意面向（semantic）而忽略其語言實際運用（pragmatic）的面向；[12]布迪厄指出法律語言多用非人稱

（impersonal）名詞、中性（neutral）的措詞，以建立其所要建立的普遍化、規範化的效果；[13] 台灣法律學者黃丞儀早期的作品指出法律知識有極強的典律化（canonization）效果，產生極大的話語緊縮效果，形成了法庭內單聲道、線性的獨白形式。[14] 溫特（Steve Winter）則是直接了當地說法律和語言的基本問題便在於「透明性的迷思」（illusion of transparency），也就是說法律固守著形式化和文本式對於語言性質的了解，只侷限在語言指稱（referential）的作用，企圖在現實世界中定位出語言指涉的對象。[15] 以上按照年代摘述的作品跨越將近四十年，得出的圖像卻是很接近的——法律不斷說話，然而聲調卻很單一，而且這個典範屹立不搖。

---

10 Peter Goodrich, Legal Discourse: Studies in Linguistics, Rhetoric and Legal Analysis 1 (London: Palgrave Macmillan, 1987).

11 Goodrich, *supra* note 10, at 273-276。另請參看Laura M. Ahearn, *Language and Agency*, 30 Annu. Rev. Anthro. (2001)，對語言學發展的一般性介紹。

12 Elizabeth Mertz and Bernard Weissbourd, *Legal Ideology and Linguistic Theory: Variability and its Limits, in* Semiotic Mediation: Sociocultural and Psychological Perspectives 264-267 (Elizabeth Mertz and Richard J. Parmentier eds., 1985).

13 Bourdieu, *supra* note 1, at 819-821.

14 黃丞儀，「金水嬸」的處分權主義——法律的文化研究初探，思與言，四十卷三期，頁一五四，二〇〇二年九月。

15 Steven Winter, *Frame Semantics and the 'Internal Point of View', in* Law and Language 115 (Michael Freeman and Fiona Smith eds. 2013).

噤聲與異聲

當「去說」（或是「說出來」），而且要說出一個完整並有邏輯的敘事成為現代法律仲裁和判決的基石時，自然會帶來很嚴肅的後果。本章只臚列二種後果，因為它們是台灣法律目前碰到最多的狀況。其一，既然法律制度（institution）和程序（procedure）的規則那麼重視敘事、證言，並藉此來判斷誰對誰錯，以及相應而生的補償與懲罰，於是那些無法言說、說不清楚的狀況，將造成「正義」某種程度無法伸張，甚至個人的主體性也因此隱晦不明。比方，因為痛苦造成身體的不適通常很難以語言表達，或是這個時候語言表達出來的也不是「切膚之痛」。也就是說，當語言形式無法敘述出來某種創傷時，這個創傷就很難被理解，採取極端立場的理論家甚至表示這個創傷就並不存在，除非社會另外安排一個機制去引導、建構出這個創傷。[16] 然而人們對這些「不正常」的經驗，卻一樣有抒發的需要，所以人們不斷在現有的敘事形式尋找，如同人類學者達斯（Veena Das）延伸維根斯坦的語言遊戲（language game）概念，探討語言碰到痛苦（pain）、創傷（suffering）的時候，必須要經過許多的媒介，才能把痛楚傳遞（transaction）出去。[17] 人們甚至創造各式「非語言」、其他傳達意義的媒介（例如身體動作、藝術、甚至是地理景觀），[18] 然而這些傳述卻未必能夠納入典型法律制度的考量。[19] 台灣學者林聰賢也指出法律無須理解加害人與被害者的痛楚，僅以定型的「理性人」

來看所有人的動機，由於語言的侷限性，痛苦無法表達，也無法被理解。最後說起來，倘若對他人之苦痛毫無理解之可能，則此種依一般常理或道德之解釋的制度將如何運作？[20]林聰賢似乎採取了上述所說的極端語言和主體互相建構的立場，僅能從存有的倫理學試圖找出（加害人與被害者）救贖的可能，從而打開法律的牢籠。

另一方面，沉默的問題於是相應地被特別重視，比方說，因為暴力、屠殺、極權政治

16 例如，Jerome Bruner, *The Narrative Construction of Reality*, 18 CRIT. INQ. (1991); Hayden White, *The Value of Narrativity in the Representation of Reality*, in THE CONTENT OF THE FORM: NARRATIVE DISCOURSE AND HISTORICAL REPRESENTATION (1987).

17 Veena Das, *Language and Body: Transactions in the Construction of Pain*, in SOCIAL SUFFERING (Arthur Kleinman, Veena Das, and Margaret Lock, eds., 1997).

18 可參見David B. Morris, *About Suffering: Voice, Genre, and Moral Community*, in SOCIAL SUFFERING (Arthur Kleinman, Veena Das, and Margaret Lock, eds., 1997)，對傷痛與敘事文類的討論。

19 例如，鄧澤揚在專門刊載埔里地方開發過程的《水沙連雜誌》追溯民國五〇年代，庄民與水爭地的過程。埔里的居民對於身邊的水患時時戒慎恐懼，每年有大大小小的祭拜既提醒庄民可能的水患（傳播資訊）更讓庄民保持感激、從災難得來教訓（社會教化）。災害明顯地造成身體的與心理的恐怖，且帶來生命與財產的損害，讓早期住民在宗教既有的詞彙裡，把這些創傷的感覺與經驗表達出來。早期住民用來表示痛苦以及消滅痛苦的媒介，就是非常形象（figural）化、來自宗教儀式的撫慰。參見鄧澤揚，漫譚牛眠山，水沙連雜誌，三十九卷，頁二七～二八，二〇〇八年。

20 林聰賢，灰色的靈魂：被害．法律．救贖，中原財經法學，十七期，頁一～二八，二〇〇六年十二月。

之後所產生的真相與和解委員會、轉型正義等尋求聲音的現象，以及特別是女性遭受到政治與文化壓迫失去聲音等的案件。前者，由於人們極端恐怖的經驗總是會溢出正常的詮釋架構（過去、現在、未來的發展，前後有一定的因果關係），就像Holocaust（納粹德國屠殺猶太人）的這個無以倫比的悲劇，對猶太人而言，無論如何地敘述與記錄都沒辦法窮盡它的悲慘，甚至像猶太哲學家家阿多諾曾言任何對Holocaust的敘述與記錄都是褻瀆，因為那彷彿是用有侷限的語言去掌握超越人類理解的邪惡和恐怖。其他極端的政治暴力例如，博爾曼（John Borneman）記錄了巴爾幹半島的種族大屠殺；[21]考克斯歇爾（Wendy Coxshall）描述秘魯恐怖統治之後，追求真相和正義時尋找真實證言的困難；[22]達斯研究印度與巴基斯坦國族建立衝突中的血腥殺戮[23]等。類似的文獻意在指出私人的痛苦創傷記憶要能夠在公開場合被重新敘述，論述的脈絡與情境才是言語行為以及意義的關鍵，像是真相與和解委員會這種講究真實證言的場合，反而會讓多線因果的事件被收縮起來，只剩下對歷史定於一尊的解釋。[24]再者，特別是關注女性在法律之前的失語。例如彭仁郁針對二次世界大戰台籍慰安婦將身心創傷重新放置回社會關係脈絡的努力，也就是說慰安婦學習成為見證敘事者，試圖擺脫「緘默是她們注定的流亡之境」，然而終於能夠開口說話的位置，又經常反過來限制創傷主體被看見的方式。[25]另一方面，日常生活裡更常見的是各式各樣的受暴婦女。[26]法律學者王曉丹研究受暴婦女在法律之前的「失語」狀況，她自述研究的初階段，聆聽被害

人的話語，彷彿進入一個充滿混亂、不清楚，以及從未被明確論述的世界。然後漸漸導出

---

21 John Borneman, *Reconciliation after Ethnic Cleaning: Listening, Retribution, Affiliation,* 14(2) PUBLIC CULTURE 281-304 (2002).

22 Wendy Coxshall, *From the Peruvian Reconciliation Commission to Ethnography: Narrative, Relatedness, and Silence*, 28(2) POL. & LEGAL-ANTHRO. REV. 203-222(2005).

23 Veena Das, *Trauma and Testimony: Implications for Political Community*, 3(3) ANTHROPOLOGICAL THEORY 293-307(2003).

24 相關著作很多，請參閱M. Osiel, MASS ATROCITY, COLLECTIVE MEMORY, AND THE LAW (London: Routledge, 1997); Carol A. Kidron, *Toward an Ethnography of Silence: The Lived Presence of the Past in the Everyday Life of Holocaust Trauma Survivors and Their Descendants in Israel*, 50(1) CURRENT ANTHROPOLOGY 5-27 (2009); TERESA GODWIN PHELPS, SHATTERED VOICES: LANGUAGE, VIOLENCE, AND THE WORK OF TRUTH COMMISSIONS (Philadelphia: University of Pennsylvania Press, 2004).

25 彭仁郁，進入公共空間的私密創傷：台灣「慰安婦」的見證敘事作為療癒場景，文化研究，十四期，頁一七一，二〇一二年六月。也請參閱羅斯（Fiona Ross）對南非「真相與和解委員會」婦女證詞的分析，Fiona C. Ross, *Speech and Silence: Women's Testimony in the First Five Weeks of Public Hearings of the South African Truth and Reconciliation Commission, in* REMAKING A WORLD: VIOLENCE, SOCIAL SUFFERING, AND RECOVERY 250-279 (Veena Das, et al eds., 2001).

26 例如JOHN M. CONLEY AND WILLIAM M. O'BARR, JUST WORDS: LAW, LANGUAGE, AND POWER (Chicago: University of Chicago Press, 1998)；李佳玟，女性犯罪責任的敘事建構——以鄧如雯殺夫案為例，臺大法學論叢，三十四卷六期，頁一～五六，二〇〇五年十一月。

法律上強暴的定義是一個男性的觀點（male perspective），此定義無法充分考量女性被害者的經驗，進而導致受暴婦女在法律之前的「失語」。[27]

其二，在非西方社會裡，許多未必是以「去說」的方式，或是訴說的方式未必如同西方的線性敘事來表達個人對公平正義的評價。例如，塞爾比（Don Selby）指出泰國的母親利用該國文化對母職的尊重，展現出一些象徵母職的姿勢（gesture），是情感性的表達，具有高度的政治性，令當權者不得不有所畏懼。[28] 培瑞拉（Sasanka Perera）[29] 和達斯 [30] 提到印度地區許多婦女有魔鬼附身的症狀，是因為傳統上婦女不能在公開場合講話，同時她們在文化上被視為是要擔負親族死亡時哀悼（mourning）的角色，所以當婦女無法講出她們在政治大衝突時所遭受到的嚴重的身心摧殘，她們便出現了跨越生與死精神恍惚，有如魔鬼附身的症狀。培瑞拉和達斯認為以上都是這些文化給予婦女控訴外在暴力的方式，同時那也是她們藉著這些社群認可的方式而治療、平復傷痛，重返社群的動作。總之，敘事隱含了一個道德社群（moral community）[31] 的存在，道德社群決定了敘事的模式以及它如何被了解。敘事者當然不是僅憑自己的好惡來編排事件，而是在社會文化媒介的形式底下行動。另一方面，布萊恩（Bradley Bryan）指出現代法律的敘事和（加拿大）原住民的口語表達出來的歷史性和真實性基本上處於相對的二端，原住民的敘事除了不同於現代的線性觀，原住民的語言也不只是指涉（signification），更是行動，不光是帶來詮釋，還是召喚出回應。[32] 希爾（Jane Hill）

的研究更是一個很好的啟發。她分析墨西哥土著（mexicano）Don Gabriel的一段敘事：當地文化中對於死亡毫不避諱，反而對於形容生意和利益的字眼捉襟見肘，或是只能用西班牙語來表達，同時這二項用法都和西方人大相逕庭。每當Don Gabriel提到兒子被謀殺就使用富含當地社會意義的聲音、用詞、語調，以非常流利的俗語和聲調來表達，但是導致他兒子被謀殺事件的原因和過程（因為資本主義侵入當地帶來對部落的不平等和失序，當地人大致認為是市場爭奪）、對於謀殺者的譴責等等，Don Gabriel卻面臨了挑戰，因而出現了聲音、語言的內在衝突。希爾運用了巴赫金（Mikhail Bakhtin）多重聲音（heteroglossia）的概念，強調說話者言語風格的跳躍、轉折、脫落等，顯示說話者努力定位自我和他人行動的關係，

27 王曉丹，聆聽「失語」的被害人：從女性主義法學的角度看熟識者強暴司法審判中的性道德，台灣社會研究季刊，八十期，頁一五七、一六八，二〇一〇年十二月。

28 Don F. Selby, *'Kat Mai Ploi' – bite and don't let go: Motherhood and Pursuits of Justice in Thailand*, 15(6-7) Citizenship Studies (2011).

29 Sasanka Perera, *Spirit Possessions and Avenging Ghosts: Stories of Supernatural Activity as Narratives of Terror and Mechanism of Coping and Remembering*, *in* Remaking a World: Violence, Social Suffering, and Recovery (Veena Das, et al eds., 2001).

30 Das, *supra* note 17.

31 Morris, *supra* note 18.

32 Bradley Bryan, *Legality against Orality*, 9 Law, Culture and the Humanities (2013).

其中不是只有單純的「事實」（what happened）指涉。[33]這個有著豐富（雖然難解）的多重聲音飽含多層次的文化內容，卻也只能在法律體系變成異聲。

多聲的探索

二十世紀語言哲學經歷了許多不同的洗禮，從諸如馬克思主義的巴赫金明白指出主體意識來自於社會對話，[34]後結構主義語言學的德希達不斷強調語言的意義、人類意識不具先驗的存有。[35]另一方面，科渥指稱的人們居住的有秩序世界卻經常崩塌，比方說遭遇暴力、屠殺、政治壓迫之後。例如像班雅明所說，西方在第一次世界大戰經歷了外在、道德世界的崩裂之後，不僅從戰場回家的士兵，就連一般的公眾也越來越失去溝通彼此經驗說故事的能力。[36]我們似乎越來越不能只固著於語言的真實論述，也就是有能力的人、有確定主體的人可以用語言探索並挖掘出真實。法律人類學、社會學家因此致力發掘法律語言裡的權力、意識形態、歷史等問題。至少我們不能忽略了論述的形式、脈絡，同樣是言語行為的關鍵、語言產生意義的要素。

不僅是各式各樣的當代語言理論不斷反省所謂的線性語言觀、語言的自然主義，其實許多社會存在的語言使用更可以豐富我們對於語言的理解。概括來說，語言對於事件的敘述以及解釋（account）同時也是要找出責任（accountability）歸屬的動作。要在一系列發生中（occurrence）建立起因果關係，將它們變成有意義、可理解的事件。例如人類學著名的伊凡普里查（E. E. Evans-Pritchard）研究的「前現代」非洲阿贊德（Azande）社會，企圖理解為何不幸的事件（從現代人的眼光許多是意外或巧合）會發生，這時他們從受害者個人的社會關係尋求答案，然後神占與巫術提供了連接的角色，把現代人認為無關的二組發生——不幸和

33 Jane H. Hill, *The Voices of Don Gabriel: Responsibility and Self in a Modern Mexicano Narrative, in* The Dialogic Emergence of Culture 137 (Dennis Tedlock and Bruce Mannheim, eds. 1995)。另請參看基恩（Webb Keane）整理希爾的研究，Webb Keane, *Indexing Voice: A Morality Tale*, 21(2) Linguistic anthropology (2011).

34 巴赫金指出：「主體意識只有在它充滿著對話、符號的內容時才是主體意識。」參見Mikhail Bakhtin, The Bakhtin Reader: Selected Writings of Bakhtin, Medvedev, Voloshinov 52 (London: Bloomsbury Academic, 1994)。主體內在意識必須選擇一個語言，即使在獨白的時候，意識也是充塞著語言。總括來說，一個具有內在實質的自我，必須經由社會性的語言才能獲得在社會性的人格（person）。也就是說，內在獨特個體性（individuality）的顯現，必須經由聲音、對話，才能顯現出來，個體性也必須發展溝通的能力。

35 此處並非指這些學派對於語言的看法是相同的，而在說明它們針對古典客觀主義、主體論的批評。

36 班雅明也舉出西方的一些歷史發展，讓人們逐漸失去說故事的能力，例如小說的出現、印刷媒體的普及，其實人們一開始是從身邊掌故和見聞隨手拈來，充滿了地方的異質性，參見Walter Benjamin, *The Storyteller, in* Illuminations: Essays and Reflections 88-89 (1968)。班雅明對說故事的人有著特別的定義，也就是說故事的人將生命碰到（encounter）公正（righteous）人物類型的方式（1968: 108-109），最後說起來，班雅明也是十分強調敘事和正義的一體二面，只是人們漸漸失去了敘事能力。

受害者的社會關係——關連起來了。於是，神占與巫術是阿贊德人用來解釋不幸意外的原因，以及文化上責任歸屬的方法，是為了要讓不幸的意外變得能夠理解，為什麼這件偶然的事情會在彼時彼刻發生在這二方的身上。[37]行為的動機可以不論，然而，行為的後果卻非常重要，有人受傷了甚至傷殘或死亡，這個嚴重的後果不能不有所解釋。歷史中的台灣人自有一套因應和解釋災難的方式，先民有許多戒慎恐懼的神話、傳說、儀式、表演來安置和詮釋人類社會和自然環境的相處，並傳承災難記憶。李玉芬等查訪了台東卑南高台在日本時代末期發展出為求免受焚風之苦而集體拜天公的祭祀活動，每年農曆十月中旬的集體祭拜天公活動，已經成為聚落年中盛事，至今祭拜仍必定面向西方——焚風的來向。[38]楊蓮福整理台灣民間文學——主要是神話、傳說、故事——如何反映出對地震的認識，其中包括原住民各族的災難起源神話及有關地震的傳說；漢人閩客族群的土牛翻身、地火、鬼靈、玉帝降旨等說法。楊蓮福總結指出神話、傳說、故事蘊涵了早期人民對地震成因、災害類型的了解，具有文化傳承功能、傳播資訊及社會教化等功能，也包含了先民累積的經驗，從地震歷史得來的教訓。[39]

更進一步而言，尋找多聲的意義可以讓我們對未來的法律有多一點想像。近年來關於所謂的自然權（Rights of Nature），廣義的含括環境權、動植物權等躍上檯面。國際間已經有倡導多年以地球法律學（Earth Jurisprudence）為代表的運動，[40]台灣晚近也有聲音出現倡導「動物權」進入修憲的議程，大致上涵蓋動物保護、動物福利、動物生命尊嚴、生物多樣性、自然生態環境等議題。本章一開始描述的法律和語言關連的起源已經點出，這一套思想是完全以人類為中心的，以往大多以人文主義（humanism）來表彰啟蒙時代以降人類的成就，現在則出現人類世（anthropocene）來概括以「人類中心」使用地球所導致的生態與社會危機。那麼要如何達到可持續的生態與環境，多物種的並存如何可能呢？很多不同學科已經在不同層次上提出對策，大致上指出我們不應該再把自然只當成資源、客體，[41] 或是打破人、動植物、環境的界限，讓不同的生命、力量互動置於一個關係網路產生共通性，[42] 不再將其視

37 E. E. Evans-Pritchard, Witchcraft, Oracles and Magic among the Azande (Oxford: Oxford University Press, 1937).

38 李玉芬、林炯明、沈淑敏，臺東焚風的時空特性及其影響，臺灣文獻，六十卷四期，頁二一三～二五二，二〇〇九年十二月。

39 楊蓮福，臺灣地震與民間文學之探討——以神話、傳說、故事為分析對象，臺灣文獻，六十卷四期，頁四七一～五〇〇，二〇〇九年十二月。

40 Epstein, et al, *Liberalism and Rights of Nature: A Comparative legal and Historical Perspective*, Law, Culture and the Humanities (2022).

41 例如，Krithika Srinivasan, *Re-animalising wellbeing: Multispecies justice after development*, 70(2) The Sociological Review 352-366 (2022).

42 例如，Naisargi N. Dave, *Witness: Humans, Animals, and the Politics of Becoming*, 29(3) Cultural Anthropology 433-456 (2014).

為無法理解的他者（當代人應該很難理解原住民傳統智慧所描述的可以聽到自然萬物的聲音）。這其中涉及了很複雜的本體論、認識論的反省。單就本章關注的法律和語言來看，可以想見最常被討論的面向是環境和動植物如何發出「聲音」，或者是否要設立代表人如同法人制度一樣代表發言，主張權利等。正因為人類無法理解其他物種的聲音，目前這個新興而且極端重要的領域仍然是各式各樣意見並陳，但這不是一件壞事，因為對人類世所帶來的地球生態危機的反省，不能只停留在科學和技術的層面，畢竟現代性以降「文化」與「自然」對立的預設可說是深深地左右著人們對科學以及人文的看法。此處無法處理那麼多層面的問題，只是藉著盤點出既有討論的脈絡，來置放本章關於法律和語言的討論其實能夠接軌到這一個方興未艾的發展。

從噤聲與異聲的解放開始

循著上述整理的脈絡，歷史上無法在法律之前發聲或者發出的是法律不懂的聲音的各種例子，應該可以幫助我們釐清一些路徑。而這些對於法律多聲觀的想像，我認為可以先從新興的場域開始，帶有實驗性的味道。畢竟法律單聲觀深深嵌入了當代社會有關權威、國家、秩序的建制。千頭萬緒，改革不易，反而從一些目前還沒有那麼關係到社會深層建制的問題開始，能夠持續累積經驗從而逐步發展理論。

首先，奧波圖（Susan Opotow）等人分析一件二〇一五年發生在美國的案例，一名白人女教授被控告性侵一個認知有困難被判定無法以語言溝通的非洲裔男子，但是女教授主張這是合意的性行為，而檢察官認定該男子雖然是女教授認知語言研究的參與者，二者有長期的合作關係，不過他認知有困難，不可能同意性行為。[43] 除去種族、性別、權力位置、身障者的性需求等曖昧複雜的問題，該名男子被認定不能說話，整個判決過程不被允許講話，只能**沉默**。女教授則舉出實例，該名男子經過她研究團隊所謂的加工溝通（facilitated communication）輔具設計之後，已經和她有多次的交流、「對談」，互相溝通心意。但是加工溝通的效果和意義解讀仍沒有一個科學的共識，於是不獲法庭採證；法庭轉而只依賴該名男子的親人、相關專家的代表發言，重建「事實」，判決女教授罪名成立。此外，勒斯特（Dominique Lestel）等人則提供了動物生活的研究。[44] 傳統的動物研究採取的是所謂的笛卡兒實在論立

43 Susan Opotow, Emese Ilyes, and Michelle Fine, *Silence in the Court: Moral Exclusion at the Intersection of Disability, Race, Sexuality, and Methodology*, *in* Qualitative Studies of Silence: The Unsaid as Social Action (Amy Jo Murray and Kevin Durrheim eds., 2019).

44 Dominique Lestel, Jeffrey Bussolini and Matthew Chrulew, *The Phenomenology of Animal Life*, 4 Environmental Humanities 125-148(2014).

場（realist-Cartesian），將人／動物二分，並且以人類的眼光了解動物，在這種二分並且功利的人類角度之下，動物的生活只有覓食和繁衍，牠們因此對於環境的互動只有刺激和反應等非常機械的行為模式。勒斯特等人的研究整理了另一種研究典範，稱之為相互建構論（multi-constructivism），強調動物的行動（activity），而不是行為主義式的刺激和反應的機械行為（behavior）。採取相互建構論的學者採取說故事（storying）的方法，研究觀察動物的行動其實和牠們感知的環境、地方、其他行動體，所產生相應（correspond）（不是反應）的一系列意圖（intension）和動作，人類不能以自己的角度去理解動物的行動，同時人類一旦開始觀察動物便絕對難以置身事外，人們將成為和動物接觸互動所形成事件（anecdote）的一部分，充滿了當下的脈絡特殊性，雙方（或多方）都想要在這個事件找出一個解釋（account）：為何對方要如此做？彼此有何意圖？這個充滿現象學式的多物種互動的面貌，除了要解消科學主義那種僅僅只是把自然和其他物種當成機械法則下的被動物體（只有人有能動性和意願），最後想提供人類和多物種如何生活在一起的可能，也就是人們要多多注意周遭的世界，用不同的方法，以及更多的耐心去理解。類似取徑的另一個例子是德斯普雷（Vinciane Despret），她說綿羊總是被人類視為柔弱順從，可以讓有權力者為所欲為，綿羊之所以被認為如此，是因為牠們沒有為自己利益而抗議發出聲音（testify），以致命運十分不幸，相對地，牛就會抗議、不服從。[45] 但是德斯普雷指出綿羊之所以順從，部分是因為牠們也在觀察人類比較喜歡順從而不是造反的羊群，所以順從符合牠們的利益；另一方面，若是人們更加留意一些事件（anecdote），會發現綿羊也是有意見的，但不是人類觀點下的競爭、服從、權威、合作，很多時候是同時包含這些動作的組合。

我整理這些研究是要提出二條可能的途徑。第一是，科技設備的不斷精進可以讓無法發出聲音的個體找到溝通的管道，例如認知有困難者的加工溝通器材、勒斯特等人所描述讓猩猩編織結繩表達想法的設計；當然更重要的是，研究方法的改善一方面可以更加細膩地解讀加工溝通器材所顯示的「語言」，另一方面現象學式的相互建構論可以讓人們捕捉到不同聲音以及其意義。「人類中心」的觀點不該再繼續獨霸人類與世界的互動，而且溝通意義的產生與理解需要更理解情境的重要性，如同本段一開始所提到的後結構主義的語言觀。這就導入第二點，也就是聆聽者的關鍵位置。一直以來，法律語言要求講話者要以法律體系設計者那種權威和理性的方式發話，若不是如此，法律就將其禁聲，就像那位無法以語言溝通的非洲裔男子被禁止以其他方式例如加工溝通的方式表達意見，於是他在法律體系裡被雙重噤聲。聆聽者的位置如同安潔兒–阿賈尼（Asale Angel-Ajani）所說的聆聽的防衛性

---

45 Vinciane Despret, *Sheep do have opinions*, *in* MAKING THINGS PUBLIC: ATMOSPHERES OF DEMOCRACY 360-370 (2006).

（listening defenses），只願意聽到他們想聽到的敘述。[46] 然而如果聆聽者不積極參與，任何敘述都無法進行下去，特別是對於痛苦見證，因為語言一直都是在互動中進行與產生意義。彭仁郁描述創傷者的話語很適合摘要我的論點：「為了完成見證，破碎、踟躕的言語銜接上見證的不可能性之後，仍需遇上一個有能力超越理性邏輯的他者的聆聽。」[47]

第二，台灣原住民法律體系在《原住民基本法》頒定之後，目前蓬勃發展「傳統知識體系」、「傳統領域」等法律建制，這股潮流大致符合主流學界主張的「法學化習慣、習慣法到習慣立法乃至司法自治」的進程。[48] 然而從本章探討法律和語言關係的立場來提問，此種進程是否真的是法律容納異聲最好的途徑？吳豪人的文章從激烈的立場質疑這個進程的合理性：「現代法律人一旦試圖主導非市民法的傳統規範的生殺予奪的大權……意味著絕對弱勢的傳統規範，只能被動回應國家的善意或惡意……根本不會有復權的可能。」[49] 吳豪人的立場和我早先另一篇文章的說法很接近，也就是現在稱之為「習慣」（custom）的範疇，不是如一般所認為指涉一個存在於傳統而帶有規範性的價值或準則。「習慣」已經歷許多階段的變遷，它其實更反映了現代界定客觀性和規範性的看法。[50] 當權利的語言越來越是當代社會公共領域陳述過去傷害和未來走向等各種問題的概念範疇，原住民團體目前也在致力跟上權利語言的表述模式。

本章通篇都在指出，當代的法律制度以及其所依賴的語言只著重在形式理性的進步，各種團體包括原住民團體卻以此種有著強烈不同世界觀的權利語言去陳述他們對認同與歷史過程的願望，但是現代權利語言的使用不是一劑萬靈丹，反而是把解決問題的各種矛盾以及方法，壓縮到這套語言所預設的秩序和分類之中。不過，法律已經是當代各種權益協商的主戰場，因此我們了解現代法律和語言關係的不滿及其可能性，是進入這個戰場之前必須充分準備的要件之一。

---

46 Asale Angel-Ajani, *Expert Witness: Notes toward Revisiting the Politics of Listening*, 29(2) ANTHROPOLOGY AND HUMANISM 133-144 (2004).

47 彭仁郁，進入公共空間的私密創傷：台灣「慰安婦」的見證敘事作為療癒場景，文化研究，十四期，頁一七一，二〇一二年六月。

48 例如，王皇玉，文化衝突與台灣原住民犯罪困境之探討，臺大法學論叢，三十六卷三期，頁二五五～三〇四，二〇〇七年九月；陳瑋佑，原住民族傳統「習慣」於民事司法上之適用與證明，臺大法學論叢，四十六卷特刊，頁一二〇三～一二五一，二〇一七年十一月；蔡志偉（Awi Mona Chih-Wei Tsai），從客體到主體：台灣原住民族法制與權利的發展，臺大法學論叢，四十卷特刊，頁一四九九～一五五〇，二〇一一年十月。

49 吳豪人，帝國的「普通法」與殖民地的「習慣」，載：「野蠻」的復權：臺灣原住民族的轉型正義與現代法秩序的自我救贖，頁一七一，二〇一九年五月。

50 容邵武，觀看法律，尋找文化——解構與重構法律人類學，思與言，四十七卷四期，頁二三七～二五九，二〇〇九年十二月。

15

法意識的概念地圖

從認知模板出發，經由拆解文化圖式到突破法律霸權*

王曉丹

國立政治大學法學院特聘教授，研究領域為法意識／法文化、女性主義法理學、人權法律民族誌、法律動員與社會轉型。

* 本章改寫自王曉丹，法意識研究：不平等權力結構中，法律實踐的局限與能動，政大法學評論，2022特刊，頁55-96，2022年12月。此版本修改了論文題目，刪除了一整個章節，調整了相應的論述，並進行了大幅的文字修訂，讓語意更為明確。

法律的制定與實踐，本意是實行社會正義與公平，然而在社會真實情況與日常生活中，卻演變成法律霸權。霸權來自於不平等結構，而有史以來不平等現象與結構自然存在於所有社會之中，法律在社會中實踐，法律自然會受到不平等結構的制約或影響。[1] 我們經常聽到「法律保障懂法律的人」這句話，也有不少人相信「法律保障有權力的人」。然而，不平等的結構與權力通常不是來自於特定人刻意地營造或操作，而是來自於歷史與人性的自然形成，甚至往往是經由人們的參與，在個人追求與主體建構中形成。本章專注於法意識研究：既然不平等的現象與結構普遍存在，然而，現代人對不平等現象容忍度越來越小，抵抗法律不平等的社會實踐漸趨重要，在這個順從或抵抗法律的實踐過程中，人們體驗或使用法律的法意識，究竟形成怎樣的關於平等與自由的意義建構，又賦予人們何種挑戰既有權力的能動與侷限。本章藉由法意識研究，從最基本的認知出發，經由完整的法意識概念地圖，拆解法律霸權的邏輯與建構，從而提出突破法律霸權的關鍵。

日常生活中的法律實踐

法律實踐充斥於日常生活，不論是過馬路、買東西、辦公事、談交易、繳稅款，都牽涉到法規，也都有可能引發糾紛。合法與非法的界線無所不在。法意識（legal consciousness）

是指，日常生活中，人們遇到事件時，與法律相關的所思所想，及衍生出來的態度和行為，主要集中在合法與非法界線的默認、閃避與協商。這些思維與行動構成了針對事件意義的法意識，當人們的法意識變得形式化、穩定化和機構化，這些意義就會成為話語系統的一部分，限制並約束人們未來生活與文化的意義創造。[2] 法律實踐因此是一種生活與文化的實踐，是參與者在社會關係中，體現人際互動和規範思維，並且創造文化意義的過程。

法律作為一種文化實踐，在日常生活中隨處可見，反映出某種共識或秩序。舉例而言，台灣許多住宅門口常見民眾以花盆或三角錐占據非其所有地，作為自家的停車位，那麼，其他人會怎麼看待或詮釋這種情況？法律與其有何關連？大部分的人會選擇沉默，此種法意識的內容有幾個可能：如果花盆主人平常敦親睦鄰，那麼鄰居比較會體諒他停車的需求；也許占地行為源於四十年前鄰里集體違建時的推擠結果，現在若打破行之有年的默契，會被當成找碴與不合群；[3] 說不定，這不只是強占空地的問題，或許強占者會因為一點小

1 Mather Lynn, *Reflections on the Reach of Law (and Society) Post 9/11: An American Superhero?* 37 Law Soc. Rev. 263, 263-81 (2003).

2 Patricia Ewick & Susan S. Silbey, The Common Place of Law: Stories from Everyday Life (Chicago: University of Chicago Press, 1998).

3 Kathryn Hendley, *Resolving Problems among Neighbors in Post-Soviet Russia: Uncovering the Norms of the Pod"*

事惡言相向，鄰居有可能不想惹事上身；沉默有時甚至意味著某種鄰里共識，當這位置上沒有停車，花盆主人同意其他人放上聯絡電話就可以暫停，形成一個放花盆者可以優先停車的默契。這些形成默契的秩序也不是不會改變，當鄰里搬入新成員，上述默契可能會被打破，但打破者則會被評價為自私自利。[4]當鄰里之間有其他摩擦，占地行為也可能會成為鄰里爭議，此時圍繞著合法非法的敘事就會改變，但糾紛的解決還是取決於雙方協商過程是否彼此尊重，而達到相互承認的情狀。[5]

法意識絕非純粹個人內在的心理活動，而是隱藏在日常生活與衝突中，人們解釋衝突的論述系統（discourse）[6]，在此論述系統之下，不論是沉默、敘事默契，或相互承認，這些關於法意識的描述，都是人們的思維行動與法律產生關連的模式。在糾紛的互動及協商過程中，人們的敘事（narrative）呈現了體驗、理解與運用法律的方式，包括想像法律制度、運用法律邏輯等，與法律相關的感知、決策，及其背後的世界觀。[7]而在編排故事、甚至說謊等解釋衝突的敘事中，權力扮演重要角色，這些呈現在敘事的論述觀點都是權力鑲嵌於認知模板的方式。

由於社會的多元化發展，認知模板形成也有多元化的現象。而在經常彼此矛盾的多元認知模板間，人們法意識的認知與解釋不一定會完全依循某個特定認知模板，甚至會以另一個模板為基礎去進行抵抗。整體而言，人們依循與抵抗認知模板的思維與行動，形塑了法律作為一種文化實踐的樣貌。因此，權力的認知模板形塑了敘事觀點，多元化的認知模板衍生出多樣化的法意識，而在人們多樣化的法意識之文化實踐中，同時也建構了社會關係。

綜合而言，法意識研究描繪人們在生活中遇到糾紛時，如何在多元認知模板的文法結構[8]間，編寫或改寫規範與法律的論述。在描繪糾紛時，研究者通過探索文化默契、自我與他人互動模式，以及私人與公共利益定位等秩序狀態，剖析人們的道德責任感，如何在賦予事件意義之際，由於採用了權力的認知模板，進而參與了權力的再製。此時，研究者

ezd, 36.2 Law Soc. Inq. 388, 418 (2011).

4 David M. Engel, *The Oven Bird's Song: Insiders, Outsiders, and Personal Injuries in an American Community*, 18.4 Law Soc. Rev. 551, 582 (1984).

5 Hsiao-Tan Wang, *Being One of Us: The Role of Mutual Recognition and Emotion in Shaping Legal Consciousness in a Taiwanese Neighborhood Dispute*, Asian J. of Law Soc. (accepted).

6 傅柯從語言學術語借用「論述」一詞，並擴大其定義，將「論述」（discourse）視為一種權力的展現，透過人際溝通建構知識與真實，用來駕馭其成員思維與行動的認知模式。

7 Lynette Chua & David M. Engel, *Legal Consciousness Reconsidered*, 15 Annu. Rev. Law Soc. Sci. 335, 353 (2019).

8 法律史文獻中也使用legal consciousness這個詞彙，一般翻譯為法律意識，指的是法律的文法結構。參閱Duncan Kennedy, *Toward an Historical Understanding of Legal Consciousness*: The Case of Classical Legal Thought *in America*, 1850-1940, 3 Research in Law and Society 3-24 (1980).

必須考察法律的傳統與文化及其當代發展，進一步探問社會權力如何與當代法律共構，個體又如何在延續與斷裂間，既依循又抵抗法律。因此，法意識研究致力於探討特定場域中關於法律的意義建構，以及此種意義所構成的社會關係，既剖析社會不平等結構，同時也理解法律作為文化實踐，此文化實踐挑戰社會結構的可能與侷限。[9]

本章所稱法意識的「法」，侷限於國家法（或稱西方現代法、實定法），因此法意識就是人們對於國家法的意識。而法意識的「意識」，其範圍依據研究的問題而有所不同：量化研究受限於問卷調查的形式，法意識指的是民眾對於法律是否公正的看法；質化研究則依據方法論的不同而有不同的設定，研究者多半採詮釋主義的取徑，指的是人們在結構下的感受與認知、行動與意向、道德與責任。

本章將回顧法意識研究的重要的問題意識。接下來將逐步討論法律概念與論證的不平等、剖析不平等資源與文化圖式如何建構「法律性」、指出隱身在主體建構的「法律性」不平等結構，以及描繪不平等文化圖式與法文化的變遷，最後總結法意識研究的未來。

當我們在糾紛裡尋找法律身影，經歷到法律概念與論證的不平等

法意識研究起源於法人類學的糾紛過程（disputing process），研究糾紛過程中雙方的感受、

表達與實踐，尤其是糾紛的解決方式。一篇發表於一九八〇年的著名文章帶來了突破性的發展，標題為〈糾紛的興起與轉變：命名、歸罪、主張……〉（The Emergence and Transformation of Disputes: Naming, Blaming, Claiming…），文中費爾斯坦爾（Williams L. F. Felstiner）等人將糾紛發展描繪為一種「線性」的主觀認知轉變歷程，從「命名」傷害或不利益，到探問原因而「歸罪」其他人，最後尋求第三人協助而有所「主張」，指出同一個事件，在不同階段會有不同解釋。[10] 例如，一個沒有抽菸史的人咳嗽了大半年，被檢查出得了肺癌，一開始唉聲嘆氣情緒低落，此時尚未進入「命名」階段；但後來聽說鄰居多人也有類似症狀，還有人得了肺癌，抬頭看到黑煙，於是便將大家的病症「歸罪」於隔壁工廠；經過眾人努力蒐集資料，一致覺得工廠老闆違法排放，應該要對大家的健康受損負起賠償責任，所以向工廠老闆「主張」或到法院提起損害賠償的訴訟。敘事主角對於自己病症的解釋經歷了一段認知轉變的過程，從自認倒楣得病，到老闆黑心，最後請求法院給予公正的審判。這種糾紛過程的發展不必然順暢，陳昭如與張晉芬發現人們主觀認知的差異，她們以量化數據的方法研究勞動待遇，

9 Dave Cowan, *Legal Consciousness: Some Observations*, 67 Mod. L. Rev. 928 (2004).

10 William L.F. Felstiner, Richard L. Abel, & Austin Sarat, *The Emergence and Transformation of Disputes: Naming, Blaming, Claiming . . .*, 15(3/4) Law Soc. Rev. 631 (1980-81).

研究成果顯示，客觀的不公平不一定會反映在勞動者的法意識，會受到各種因素的影響，例如性別因素。[11]

進入法院之後，糾紛從「問題」轉變為「案件」，民眾經常會感到自己失去對事件解釋的控制權。法人類學家梅里（Sally Engle Merry）在一九九〇年出版了經典論著《訴訟的話語：美國社會底層的法律意識》（*Getting Justice and Getting Even: Legal Consciousness among Working-Class Americans*），這本書採取人類學田野調查的方式，研究了美國麻州初審法院的案例，包括鄰居地界糾紛、父母子女管教衝突、夫妻暴力或協議破裂等。梅里的研究指出，初級法院與民眾存在著話語邏輯的落差：民眾帶著想望走進法院時，大致運用了權利與證據的法律話語，但是法院書記官就像刁難人的守門員，經常將之界定為非法律案件，轉而應用道德話語或治療話語，勸告雙方互相讓步。[12]這個研究的核心是「權力」的概念——生活中的困擾進到法院之後，法律的權力凌駕了當事者的權利——法院人員以其權力重新改寫了糾紛的意義與相關人的責任倫理。

從法律語言的角度可以進一步解釋人們失去詮釋權力的過程，而由於法律人的邏輯與論證模式不同於一般民眾，法律的權力改寫有時會產生不正義的結果。王曉丹研究法律論證的不平等，以關鍵詞搜尋特定時間內家暴離婚的判決，發現法律論證假設當事者為獨立於他人、不受他人影響的個體，且法律論證採取「線性」的時間與因果推論，有別於受暴婦女「循環式」與「關係式」的思維邏輯，這最終造成了法律無法涵蓋受暴婦女以家庭為中心、考量小孩與整體家庭狀況的訴求，因而產生性別不平等的結果。[13] 再舉一例，吳豪人著眼於法律概念的不平等，指出國家法立基於西方現代市民法的世界觀，本身預設了人與土地及人與環境的「個人所有」概念，這與原住民族歷史和習慣的「集體總有」概念相違背，而法律的強制性作為殖民主義的一環，對於原住民族的文化與發展造成巨大的不正義。[14] 上述研究都顯示出，司法或法律背後的法律意識不只與人民的法意識有差距，真正的關鍵在於，二者的論證邏輯與概念內涵之差異造成對弱勢群體的不正義，深刻影響了法律權力的合法正當性。

　　雖然因為種種歷史及文化的條件環境，形成了法律論證與概念的不平等，但是整體而

11 陳昭如、張晉芬，性別差異與不公平的法意識——以勞動待遇為例，政大法學評論，一〇八期，頁六三～一二三，二〇〇九年四月。

12 Sally Engle Merry, Getting Justice and Getting Even: Legal Consciousness among Working Class Americans (Chicago: University of Chicago Press,1992).

13 王曉丹，法律敘事的女性主義法學分析——最高法院二十三年上字第四五五四號判例之司法實務，政大法學評論，九十七期，頁一～七〇，二〇〇八年十二月。

14 吳豪人，野蠻的復權：臺灣原住民族的轉型正義與現代法秩序的自我救贖，台北：春山出版，頁一三九～一七三，二〇一九年五月。

言，法律的合法正當性還是未受到嚴厲質疑，這牽涉到人們看待法律的信念結構。若要進一步探究此種法律合法正當性的信念結構，則必須進入人們的主觀世界，討論人們如何想像、感受與體驗法律。[15]因此，法律與社會研究必須深究，法律實踐文化中人們主觀意識的呈現與轉變。

不平等文化圖式建構法律，我們竟不知道自己參與其中

八〇年代之前，美國的法律與社會學界著重於「書本中的法律」與「現實運作中的法律」的研究，研究者採取法律工具論[16]之法律實證主義[17]，將法律視為工具，就像是車子發生問題時，修車工人拿起工具箱來解決問題。但是如果發生諸如汽車抖動的現象，原來的工具箱就無法解決這個複雜問題，必須理解汽車結構及分析抖動原因的構成，才能找出真正的問題並進而尋求解決方案。八〇年代末期，研究者發現法律作為工具無法解決社會問題，因此改變法律與社會分離的論述前提，逐漸開始研究社會的組成與運作結構，從而發現社會運轉的規範，也就是「社會中的法」(law in society)。[18]

對一個法學研究者來說，法律從傳統上的工具導向，亦即研究法律專業者(司法人員、行政官僚等)主導下法律的實際運作，轉向意義導向，亦即在日常生活的活動中，常民建

構日常意義與規範的法律實踐。這種轉向在人文社會科學方法論中，稱之為「文化轉向」（cultural turn）。具體而言，八〇年代之前，法律與社會研究將法律視為解決問題的外在工具，以提出法律政策為核心目標，八〇年代末之後，因為法律無法完全解決社會糾紛，研究者轉為探究日常生活及其文化的「意義建構」（meaning-making）。也就是說，「文化轉向」的研究典範之下，法律不再只是一種工具，而是在社會演變與發展中，逐漸形成的關於規範的文化符號象徵，此種象徵除了具有強制力，也同時具有形塑主體與行動的力量。此時，研究

---

15 王曉丹分析歷史文化的結構性社會基礎，從中探索司法信賴度低的原因，她提出以下三點，以說明改變不信賴的文化深層結構的路徑。第一，鬆動權威與司法連結，第二，反思事實與法律同一的法律感知，第三，打破期待包青天式的司法正義觀。參閱王曉丹，司法意識與司法信賴——權威、感知與正義觀，檢察新論，二十一期，頁一三～二三，二〇一七年一月。

16 法律工具論將法律當成解決問題的工具，當社會有糾紛時，法律被用來快速解決糾紛，而不管其深層形成糾紛的結構。換句話說，法律這個工具就是，人們應該遵守的規則原則、解決紛爭的程序、或者是實現訴求的機構。關於法律工具論的論述，參閱Austin Sarat, *Legal Effectiveness and Social Studies of Law: On the Unfortunate Persistance of a Research Tradition*, 9 Legal Stud. F. 23 (1985).

17 實證主義是一種以「實際驗證」為中心的哲學思想；法律實證主義就是研究法律在社會中實踐的效果，驗證其是否無法落實法律所設定的目標。在法律實證主義之下，法律本質上的不一致與不確定，經常被歸結於法律運作不佳，或者法律功能不彰的問題。接下來就是，我們如何修改法律，提升法律的實效性，並且促進法律的社會效果。

18 關於法律與社會之差距研究的論述，參閱Jon B. Gould & Scott Barclay, *Mind the Gap: The Place of Gap Studies in Sociolegal Scholarship*, 8 Annu. Rev. Law Soc. Sci. 323, 335 (2012).

者以文化符號象徵為研究對象，將法律語言視為詮釋問題的內在框架，人們以此框架來命名與歸因糾紛或事件，而研究者就是要詮釋常民是否以及如何藉由以上法律語言、框架與命名，來建構一套意義模式、價值座標與行動準則。[19] 因此，「文化轉向」也就是詮釋轉向。

前述《訴訟的話語》即為法意識前期研究中最具有代表性的論著。梅里聚焦在美國民眾使用初審法院時的意義建構，發現許多人在意的生活事件被當成貓狗小事，而在法院處理糾紛的過程中，法律論述的命名象徵力量，讓人們感到失去對事實或現實的詮釋權力。[20] 梅里的這本專書開啟了權力不平等典範的研究，讓後續的研究者著重於法律的象徵性、命名性或論述性要素，以及其所構成的支配關係。薩拉特（Austin Sarat）研究社會福利給付的相關法律實務，他發現申請人為了達成請領的目標，其行為模式必須符合法律的特定項目（比如說美國的貧窮給付關於收入與居住屋的申請要件），此一過程改變了人們的行為模式，法律因此具有滲透性與侵入性，也就是法律改變了個體的決定與選擇，重組了接受福利者的日常生活。[21] 這些立基於「文化轉向」的法意識研究，採取了社會學中的社會建構論，[22] 翻轉過去對主體與「社會實在」（reality）的概念定位。過去的實證方法論將社會定位為一種客觀實存，可以透過科學方法來掌握；社會建構論則將社會理解為個體與群體頻繁與複雜的互動所形成的相互建構，個體不再是獨立於他人、與群體的無關存在，而是受結構制約的主體。

法意識研究最具有理論性的著作為伊維克（Patricia Ewick）與西爾貝（Susan S. Silbey）的《法律的日常建構：生活中的故事》（*The Common Place of Law: Stories from Everyday Life*），這本書研究重點放在，人們在日常生活的對話互動或糾紛中如何參與，並與其他人共同建構規範以及法律的界線與意義，這就是「法律性」（legality）的建構。[23]「法律性」是共同生活與糾紛中，關於糾紛應該如何處理、如何解決、由誰解決，而在人們普遍參與糾紛解決過程後，所產生出來的規範成果，其效果及可信度就是一種社會權威，以二位作者的學術用語來說，「法

---

19 Carol Seron & Susan S. Silbey, *Profession, Science, and Culture: An Emergent Canon of Law and Society Research*, *in* The Blackwell Companion to Law and Society 30-59 (Austin Sarat ed., 2004)；劉思達，美國「法律與社會運動」的興起與批判——兼議中國社科法學的未來走向，交大法學，一期，頁二〇～三三，二〇〇六年；沈伯洋，法律社會學五十年回顧，月旦法學雜誌，二七九期，頁一八五～二〇一，二〇一八年八月。

20 Merry, *supra* note 12.

21 Austin Sarat, *The Law is All Over: Power, Resistance and the Legal Consciousness of the Welfare Poor*, 2 Yale J. L. & Human. 343 (1990).

22 法律與社會的「文化轉向」借鑑了當代社會理論的「社會建構論」（theory of social construction）觀點：意義不是由個人獨立發展，而是在社會互動中與他人協調發展而來，其中自我認同即為社會建構的產物。參閱 Wendy Leeds-Hurwitz, Social Construction of Reality, *in* Encyclopedia of Communication Theory 891-894 (Stephen W. Littlejohn & Karen A. Foss eds., 2009).

23 Ewick & Silbey, *supra* note 2.

律性」就是「被普遍視為合法的意涵、權威來源和文化實踐」[24]。「法律性」因為是由下而上的、經由人們互動的文化實踐而產生，因此具有普遍性，又因為其規範來自於參與者，所以有效性及權威受到信任。綜合而言，兩位作者企圖擺脫傳統上將法意識視為純粹的態度，或者僅是反映既有的意識形態，她們所提出的理論以「法律性的社會建構」（the social construction of legality）為核心，將法意識視為日常生活的文化實踐，以此構建一個法律的平常性、多樣性與變動性的新理論。

從這本書出發，法意識的研究方法通常為深度訪談與民族誌觀察，分析資料的方式有以下三個重點。第一，研究者要儘量讓受訪者說故事，並不斷探問受訪者為什麼這樣說、為什麼那樣做。第二，研究者在分析資料時，要在受訪者口說故事的內容中，提煉出影響當事人思維與行動的認知模板。所謂認知模板，就是人們理解和解讀這個世界的方式與模組，例如，外人看來同樣是未事先告知的行為，可以解讀為不尊重甚至侵害對方權利，也可以解讀為不打擾的高度尊重。第三，認知模板受到文化中人們想像人我及法律的方式影響，多元化社會產生多樣的認知模板，而多樣的認知模板構成了法律之象徵力量的「文化圖式」（cultural schema），例如關於有罪或無辜的想像、什麼構成「同意」，以及誰可以使用財產等。研究者要察覺多樣的認知模板，描繪組合而成的文化圖式，分析其中存在何種法律概念、法律分類與法律邏輯。第四，法意識就是建構法律性的「參與」（participation），研究者應追溯此種參與的社會關係，包括行動者的自我意識與認同、與重要他人的關係、傳統與社會連結等。

二位作者以雪地中的椅子來說明日常生活中的「法律性」、認知模板與文化圖式。北美地區冬季下雪時，街上可見到椅子被放置於街邊，椅子旁地面的雪已被剷除，其他地方則仍蓋滿白雪。住在當地的人都知道，這意味著剷雪的人暫時擁有使用這把椅子所在地停車的權力。這種使用權的「法律性」來自於人際互動的共同默契，背後的認知模板包括以下二者：剷雪勞力應該得到回饋，以及雪地中的椅子具有權利的標示性。這二個當地共同默契的認知模板組合成文化圖式，因而構成了雪地中椅子的使用權。[25]

在群體與社會越來越走向多元化的當今世界，各種多元化的因素會自然形成各種社會上所謂的優勝劣敗，也就是所謂的不平等現象。認知模板既然是人們理解和解讀這個世界的方式與模組，自然會受到不平等權力的影響，而解讀不平等現象的多樣認知模板，以及由此組合而成的多元文化圖式，自然就包含了不平等的內容，研究者稱之為法律霸權（legal

24 Ibid, at 22, 23.

25 Ewick & Silbey, *supra* note 2; Susan S. Silbey, *J. Locke, Op. Cit.: Invocations of Law on Snowy Streets*, 5 (2) J. Comp. Law 66-91 (2012).

hegemony）。法律霸權的意義不存在於有權力者強制或阻止個體行動，而是在社會權力背景下，透過多樣認知模板與多元文化圖式，滲透到日常生活形成「法律性」，而「法律性」的象徵意義同時決定了人們與權力並存、卻不自知的方式。[26]伊維克與西爾貝的經驗研究圍繞著三種法意識類型而展開：法律之前（before the alw）、法律遊戲（with the law），以及法律逆襲（against the law）。從在法律之前的敬畏法律，到參與法律遊戲而利用法律，以及在與法律權力互動過程中的反抗心理和行動式的法律逆襲，都表達了法意識的多樣性與變動性，人們就是以這三種敘事的認知模板與文化圖式，建構了社會中的「法律性」。[27]但整體而言，人們參與了這三種法意識所構成的「法律性」建構，在意識層面雖然有各種面對法律的姿態，整體而言卻還是無法撼動社會的不平等結構。

從主體建構探究結構上不平等的「法律性」

每個人擁有的知識、管道、情報、條件及資源不一樣，從而每個人在文化圖式下有不平等的對應位置，因此，建構出來的「法律性」本身就帶有不平等。社會結構（structure）的分層理論指出，正因為每個人的基礎地位不同，當人們捍衛自己利益並試圖實現目標時，受限於各自的文化條件和支持網絡，亦受到其所屬社會結構與文化位置的約束，也就是說，

「法律性」的不平等特性來自於社會結構。[28]

為了深入分析不平等的「法律性」，法意識研究的認同學派（identity school）[29]解剖各種文化圖式影響下的自我認同，從人們經驗法律的文化實踐中，解剖人們在客觀社會關係下的主體建構。每個人的「自我」有很多向度，可以是特定社會類屬的身分認同，例如性別、種族、障礙、階級等，也可以是在特定機構中的身分關係，例如家庭、鄰里、學校、工作、醫療等，甚或是特定機制下的相互關連，例如衛生治理、科技發展、環境變遷、全球資本、數位經濟等。這些向度隱含了特定身分與道德意涵，人們不只以此要求他人，也將此自我認同內化為個體追求的方向。每個人在人際互動中的自我設定被個體與所屬群體的身分認同所影響，在這個脈絡下，認同學派主張，人們與法律的關連（法意識）形成於以自我認同為核心的人際互動之中，因此，特定的社會關係與人我設定對於人際糾紛的發生與進展

26 Ewick & Silbey, *supra* note 2, at 310-311.

27 Ewick & Silbey, *supra* note 2, at 57-220.

28 Margaret Scotford Archer & Margaret S. Archer, Structure, Agency and the Internal Conversation (Cambridge: Cambridge University Press, 2003).

29 蔡可欣（Lynette Chua）與恩格爾（David M. Engel）將法意識研究分為三個學派，霸權學派（hegemony school）、認同學派（identity school）以及動員學派（mobilization school）, *supra* note 7.

來說相當關鍵。

最早針對身分認同的法意識研究、並且探討不平等的「法律性」結構者，當屬恩格爾（David M. Engel）與蒙格（Frank W. Munger）的障礙者敘事之歷時性研究。他們發現，障礙者的權利意識深受不平等社會關係的影響，其身分認同受制於認知結構下的習性，某些障礙者的自我認同內化了社會對障礙者差異的想像，將自我主體定位於「異常者」，從此合理化了社會排除。他們提出「權利–身分遞迴理論」，也就是障礙者的障礙身分認同與權利意識二者之間相互建構，自我與身分的感知決定了他們是否使用權利；但另一方面，權利在一生中以各種方式塑造障礙者的身分認同，此種遞迴不斷反覆，法意識因此具有變動性與多樣性。[30]台灣本土研究進一步延伸，研究障礙者如何透過管理障礙資訊，在使用法律與否之際進行「常與異」界線的自主詮釋，障礙者透過不斷重構其自身位置與法意識，將不平等結構的「常與異」二分框架，轉變為連續光譜，以此回應客觀社會關係的汙名文化圖式。[31]

性別關係的「法律性」結構也是一種不平等，此種社會關係滲透非對錯的價值判斷，造就人們應遵守的處世規範，但也生產了特定的抵抗主體。舉例來說，台灣女性受到性騷擾多半選擇消極逃避不訴諸法律，然而，受害者的沉默不一定全然代表被動或負面性，這或許意味主體抗拒汙名化性騷擾受害者的論述，沉默有可能是一種回應不平等論述的自我培力。[32]即便如此，這仍然是消極對待不平等「法律性」的方式。再舉一例，「從母姓」的法意識研究不能只是描繪從母姓的實際困難，還要爬梳行動者對男性為主的宗祧繼嗣此一客觀社會關係的挑戰，尤其是由文化圖式所界定的母親、妻子與媳婦的角色與多重情感關係。若要讓子女從母姓，必定要在多重關係中與不平等文化進行協商，主體必須進行困難的法意識重構，也就是透過改造角色認同與位移情感距離，重塑其在各種關係中的自我位置。[33]

在人們重塑其在社會關係中的自我位置時，其所屬的宗教或文化傳統會深刻影響法意識的建構。恩格爾（David M. Engel & Juruwan S. Engel）研究泰北的車禍侵權案件，一般以為，過去解決糾紛的宗教組織瓦解後，人們遇到此類糾紛會選擇上法院，但是實證資料顯示，這三十年來訴訟比例不增反減，取而代之的反而是經過轉化後的業力與因果觀（karma），人

---

30 David M. Engel & Frank W. Munger, Rights of Inclusion: Law and Identity in the Life Stories of Americans with Disabilities (Chicago: University of Chicago Press, 2003).

31 李柔俞、王曉丹，障礙者以權利協商主體：在汙名下繪製「常與異」光譜的法意識，臺北大學法學論叢，一二一期，頁一～五三，二〇二二年三月。

32 羅燦煐，沉默中的表達，順服中的抗拒：女性性騷擾因應論述的自我培力，台灣社會研究季刊，八十五期，頁二六七～三一六，二〇一一年三月。

33 柯元惠、王曉丹，成功讓子女從母姓：多重關係下協商主體的法意識重塑，臺大法學論叢，五十一卷四期，二〇二二年十二月。

們將發生在自己身上的事件認知為，不過是一種過去或前世行為所造成的現在報應罷了。[34]這意味著，行動者編織各種文化圖式，挑戰其中的人我觀、世界觀或宗教觀，仍會受到既有文化與傳統的主宰。[35]王曉丹針對台灣家庭財產與老人照顧糾紛的個案研究發現，法意識捲入成員間彼此的歸屬劃界，父母以其權威在日常互動中探測對方是否認同華人倫理，並形成界定是否為「自己人」的敘事，而法律的出場與退場取決於當事者對於被排除的反彈，或者被納入的臣服，法律於是參與了社會實體的建構，從而也重構了道德意識與歸屬劃界。[36]在另一個鄰居糾紛的研究以「共情」(Being One of Us)為標題，這種人我劃界的地方特色得到進一步的檢證。地方鄰里的「法律性」存在於人際交往的形貌之中，達到某種程度的相互承認，當糾紛發生時，雙方在敘事中建構他者性（alterity），一方面交換社會實在的理解，另一方面選擇人與法的關連模式，當雙方互相感到自己受到讚揚或承認，達到這篇文獻的標題「共情」狀態，此時，法意識與「法律性」的建構則可能回復到舊有的地方秩序。[37]

從主體建構探究不平等「法律性」的問題，除了結構弱勢者的抵抗，也會出現事件中其他相關人的威權行動，因為此威權行動植基於文化傳統而難以抵抗。王曉丹以女兒繼承為例，解釋了糾紛事件中，日常互動與敘事裡的威權與抵抗困境。當父母違反現代法律原則、遵循傳統，在生前將財產移轉給兒子時，為了減輕自己內心的愧疚（我欠女兒），有時會在日常生活裡刻意排除或貶抑女兒，製作出情感表象上的缺乏孝順（女兒欠我），從而減輕自己對女兒不公平的道德壓力——父母透過這種隱藏或扭轉自己不公平的作為，使得性別不平等的資源分配在象徵上具有了合理性。[38] 這些抵抗威權以及鞏固威權的歷史與人文圖景告訴我們，不平等的「法律性」是結構問題，法意識研究者切不可以為抵抗威權在實踐上是容易達成的，而要正視在抵抗結構不平等與鞏固威權的道德情境下，個體與群體互動的複雜性。

---

34 David M. Engel & Jaruwans Engel, Tort, Custom, and Karma: Globalization and Legal Consciousness in Thailand (Stanford, CA: Stanford University Press, 2010).

35 Richard W. Whitecross, *Law, "Tradition" and Legitimacy: Contesting Driglam Namzha*, *in* Development Challenges in Bhutan 115, 134 (J. D. Schmidt ed., 2017).

36 Hsiao-Tan Wang, *Justice, Emotion, and Belonging: Legal Consciousness in a Taiwanese Family Conflict*, 53(3) Law Soc. Rev. 764,790 (2019).

37 Wang, *supra* note 5.

38 王曉丹，法意識與法文化研究方法論——以女兒平等繼承為例，月旦法學雜誌，一八九期，頁六九～八八，二〇一一年二月。

我們在道德與責任感中，激發抵抗「法律性」結構的能動性

糾紛發生時，依照社會慣習，主體可能會順從傳統，但是在某些時候，能動主體（agency）會挑戰既有的平衡，發展不同於以往的行動或習性，進而造就認知模板與文化圖式的變化。社會研究中，能動主體的定義為，對於自己的行動方向與行為細節具有啟動及主宰的能力，以實際行動抵抗結構的壓迫。個體的資源及能力有限，所以此種抵抗的主體能動經常是局部的，而非具備全面抵抗結構的能力，也就是理論上的部分代理或部分能動主體（partial agency）。[39] 對於法意識的研究來說，重點在於，能動主體如何拆解並撼動客觀社會關係的權力結構。在大部分的時間及狀況下，主體受制於不平等「法律性」結構，然而，在某些特定的時空背景及條件配合之下，能動主體也可能成功地挑戰甚至改變不平等「法律性」。在此一文化實踐的過程中，法律作為不平等結構的一環，本身既是制約性的象徵，但在某些特定案件發展中，卻也提供能動主體競逐與挑戰的力量。尤其在法律繼受的非西方國家，法律與社會的差距累積越來越多的挑戰行動，能動主體順從與挑戰不平等「法律性」結構的過程，甚至可能造成整體法文化的變遷。

在團體與社會生活中，隨著歷史與社會變遷，人們會產生改進生活與改善文化的動力，能動主體與法文化相互建構，以及產生變遷的關鍵在於泰勒（Charles Taylor）所勾勒的道德與責

任感，而此種道德責任的形成有賴人透過語言反省、反思自我與他人的區隔與關係。[40] 舉例而言，在沒有性騷擾的法律用語之前，男老師溫馨接送女國中生或是打情罵俏的行為，可能被解釋為照顧學生、減輕學生升學壓力的善行，被建構在合法的「法律性」之下；然而，在諸多現實的案例中，受害女學生的情緒與身心傷害引發能動主體挑戰既有文化圖式與「法律性」之後，上述意義就會有所轉移，老師的行為可能成為違反教師倫理、甚至性騷擾的侵害行為。這揭示了能動主體透過反思道德責任感，以語言反轉既有分類，並採取不同的文化圖式發展新的人我關係與社會倫理，從而建構新的「法律性」，容納不同於以往的道德責任內涵。

主體雖受到各種文化圖式的制約，但隨著社會演進，行動者會依據自身的道德責任感，在糾紛中編織或改寫事件的意義，從而建構出與社會權威（authority）不同的對應關係，並可能發展不同於傳統意義的社群文化圖式。傳統上，某些身分位置受到人們尊崇，因此取得執行

39 Kathryn Abrams, *Sex Wars Redux: Agency and Coercion in Feminist Legal Theory*, 95 Colum. L. Rev. 95, 304, 376 (1995).

40 泰勒的道德觀是，道德實踐乃是一種當事人如何詮釋自我，從而形塑自我期許與人生理想的活動，這過程中，道德實踐同時也是一種追求價值之實現的過程，因此自我與價值的性質類似，二者都不具有先天的固定形貌，都是在互動過程裡逐漸形成的相互構成關係。Charles Taylor, Human Agency and Language (Cambridge: Cambridge University Press, 1985).

其意志的權力與能力，有位置就有權威所構成的正當性形成人們接受或遵守的道德感。隨著西風東漸，傳統儒家社會以身分倫理關係為主、三綱五倫的「法律性」，正在轉化為以自由、平等為核心的「法律性」建構。在法律繼受的社會中，舊的權威可能力量消退，而新的權威尚未建立，在過程中，法律權威成為各方社會群體競相爭奪的目標，甚至發展成霍布斯所說的，所有人跟所有人之間的戰爭。例如，傳統上，教師對學生具有上下位階的權威，當師生關係的禮教與倫常制約力量減弱，社會的道德責任感產生位移，此時，某些教師利用傳統權威遂行其意志的行為清晰可見，而學生也開始以提案或申訴等法律手段進行抵抗。因此，當代的權力爭鬥是所有人搶奪法律權威（或者法律解釋）的爭鬥。[41] 在這個脈絡下，關於法意識研究經典類型「法律逆襲」的分析，不能只是分析個案中甲群體與乙群體的糾紛細節與是非爭議，而是要鳥瞰所有相關案件中，不同群體的道德基礎與責任論辯，為了達到新的道德共識，必須相互看見與相互整合，從而建構新的「法律性」來容納不同聲音與多元價值。

為了突破傳統的威權體制，能動主體必須在人我與群體之間反思道德與責任，經由改變認知模板來重組文化圖示。因而，挑戰「法律性」、促成法文化的變遷，關鍵在於啟動能動轉向，建構新的主體（個體與群體關係）模式。舉例而言，性侵受害者的法意識經常因為「理想被害人」此一文化圖式而表現地被動消極，受害者甚至為了屈就於「共情」，而在事實建構時充滿了不一致或矛盾，這反過來也造成受害者巨大的壓力。盧穎鈺與王曉丹的文章指出，性侵受害者「能動轉向」的關鍵在於改變認同群體，也就是脫離其與加害者之間的歸屬關係，轉而看見更多其他受害者。當性暴力受害者將自己的認同從社會眼光所期待的理想被害人身分，轉移到自我歸屬於性暴力受害者群體時，她就不再受既有文化圖式認知模板的拘束，而將消極汙名轉變為不再讓他人受害的積極意義，最後，此種不同於以往的文化實踐，強化了對抗強暴文化客觀關係結構的力量。[42] 由此可見，人在意義建構、象徵符號的權力結構下並非無處可逃、難以抵抗，人們的自我認同雖受限於主流的文化圖式，但是若能啟動能動轉向，就不一定會完全複寫，而是會予以編織、剪裁與改寫主流法文化。

從能動主體的啟動到法文化變遷的達成，在此過程中，透過累積更多突破性的法文化實踐，從而改變個體與群體的關係模式。王曉丹研究家暴保護令的審理過程，指出申請人的法意識所經歷的正是「法律性」與法文化的轉變。這個研究發現，申請人在法庭上以傳統倫理的道德責任陳述自我正當性，此種話語模式在法官僅關注傷害證據的「話輪主導」[43]

41　容邵武，死刑戰爭：法律人類學中介，文化研究，十四期，頁一〇一～一三八，二〇一六年六月；林佳和，一場重新定義法律的運動，載：照破：太陽花運動的振幅、縱深與視域，頁二九七～三二〇，二〇一六年二月。

42　盧穎鈺、王曉丹，性侵受害者的能動轉向：改變認同群體的關係法意識，政大法學評論，一六九期，頁八七～一二二，二〇二二年六月。

43　此處「話輪主導」是指，常民在法庭上說話的機會、說話的內容、說話的時間、說話的停頓點等，這些都由法官審理下，是否為好太太的道德觀轉變為個人權益是否受侵害之話語，透過新的認知模板與文化圖式改變了關於事件意義的法律霸權，促成了人們看待家暴事件之法文化的轉化。[44] 在啟動能動轉向的行動中，情感扮演關鍵性的角色，王曉丹以法意識的情感平衡來描繪上述的法文化變遷過程，她在〈法意識探索：關係自我的情感衡平〉這篇文章指出，糾紛中的法意識並非個人單獨的決定，而是在社會關係中的當事者之間共同產生；她提出法意識的關係性與共同性的三個層次，分別為：無所不在的建構社會實在之衡情論理、人們對於自我身分與社會權威的衡量挑戰，以及個人利益與公共利益二者性質與關連的變動，這些關於人情、權威與公共性的層面，深刻決定了法意識的社會建構。[45] 至於要如何找到此種公共性的意義與操作模式，容邵武引用赫茲菲爾德（Michael Herzfeld）「文化親密性」的概念，以桃米里的災後重建過程為例，指出公共性的關鍵不是抽象程序或抽象主體的建立，而是人與人之間、個人與集體之間的情感與榮譽的交換過程，串聯起不同規模社會空間的連結。[46]

* * * * *

不平等結構來自於原始自然社會各種條件的不平等，以及文明形成過程中，各種規範及法律造成的不平等。法意識研究的重要目標為，希望經由法意識研究的概念地圖，揭示不平等結構的深層原因，並探尋抵抗不平等的途徑。而法意識研究的概念地圖背景為在不平等社會中，能動主體具有道德責任感來翻轉不平等。能動主體在每一個社會真實的案例中，藉由改變認知模板（「說故事」作為一種法學方法[47]）重組文化圖式，進而挑戰「法律性」，最後促成法文化變遷，在這個一連串的作用中，能動主體的法意識開啟了能動轉向，逐步突破不平等結構。

最後以圖像化的形式，呈現本章所論述的法意識概念地圖。

來主導。

44 王曉丹，當代臺灣法律文化的轉化：以家暴保護令審理庭為例，載：楊淑文、王曉丹、李治安主編，邁向科際整合的法學研究，頁三四一～四〇〇，二〇一三年六月。

45 王曉丹，法意識探索：關係自我的情感衡平，政治與社會哲學評論，六十七期，頁一〇三～一五九，二〇一八年十二月。

46 容邵武，文化親密性的社區營造：在地公共性的民族誌研究，臺灣社會學刊，五十三期，頁五五～一〇二，二〇一三年十二月。

47 Ewick & Silbey, *supra* note 2, at 241-244.

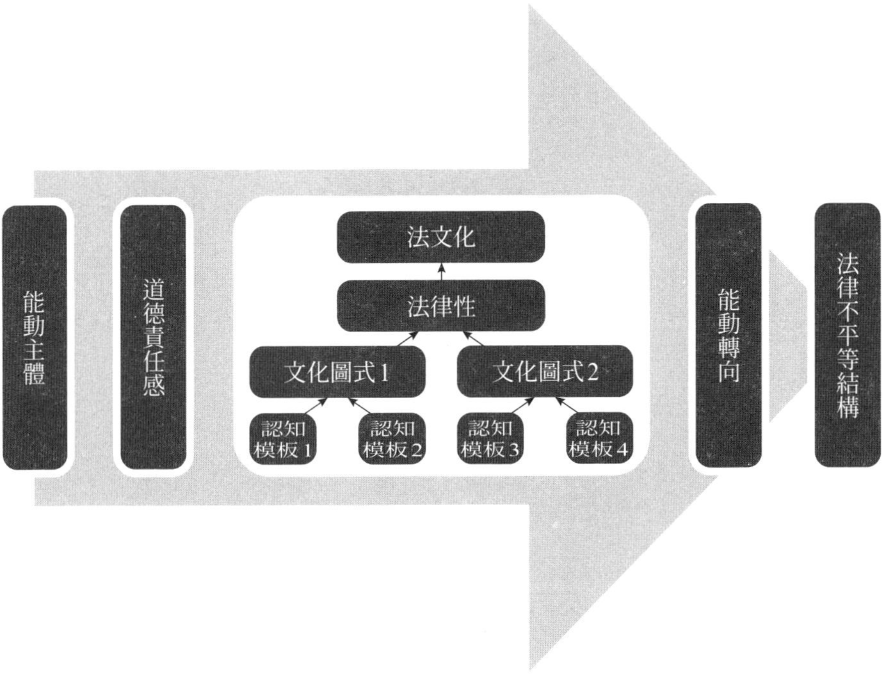
能動主體
道德責任感
法文化
法律性
文化圖式1
文化圖式2
認知模板1
認知模板2
認知模板3
認知模板4
能動轉向
法律不平等結構

製圖者：本章作者王曉丹

第六單元

法律與社會行動的可能

官曉薇

法律從來不是靜止的，如同社會一樣，它會不斷發展、演變、轉化。法律不但形塑了社會，也被社會形塑；它被社會所改變，也被用來改變社會。在法律與社會變動的過程中，人們可能採取行動形塑法律、挑戰法律，也可能採取法律行動以改變社會。台灣民主化後，社會運動蓬勃發展，市民社會的立法行動和訴訟行動方興未艾，至今不曾減緩或停歇。在這樣的脈絡之下，我們可以觀察到台灣的法律與社會兩者間正以活潑、動態的生命力相互影響。究竟人民帶著如何之理論和意識框架進行社會行動，而這些社會行動又如何地挑戰了法律？而當越來越多社會運動選擇以法律行動作為手段來改變社會時，代表了什麼意涵？這些法律與社會行動又如何地影響了台灣的法學研究？

本單元的三個篇章，回應了這些法與社會研究中具有層次及深度的重要扣問。林志潔的文章以女性主義法學為觀察對象，探究女性主義法學如何洞察法律的父權角色，但也同時指出行動和改變的可能，不但以法律改革為行動的目標，更找出法律以外的協商行動，引發人們追求性別正義的動機。林志潔進一步爬梳我國婦女運動的發展，指出來自於西方的女性主義理論具有帶動台灣婦女運動之效果，也成為性別平等修法、改革之理論基礎。施慧玲的文章則記錄其如何以法律學者與社會行動者的身分，建立議題取向的家庭法律社會學論述模型，並在台灣變動中的家庭價值和結構中，應用「法律與社會」的研究視野或方法，探求家庭與法律的價值以及社會實踐的多元樣貌。官曉薇的文章以法律動員的文獻地圖，探問以法律訴訟作為社會行動的策略，真的能改變社會嗎？她指出台灣社會運動者與團體近年來積極採取法律動員策略，且這樣的策略在法院端也受到了正面的回應，積極做成具社會改革意義的判決傾向，回頭促使社運團體更積極地採取法律動員策略。

活躍的公民社會是台灣的民主特色，台灣的法治發展和社會運動在世界的學術舞台上向來是被特別關注的對象，以法律與社會行動這個切入角度的研究，一方面回應了台灣社會民主化後的發展，另一方面也讓法律人和社會行動者能夠透過這些社會實踐的觀察和分析，回頭省思行動策略和果效的評估框架。

16

女性主義法社會學

理論、運動與法制的革新*

林志潔

國立陽明交通大學科技法律研究所特聘教授，研究領域為性別平權、白領犯罪與經濟刑法。

陳香婷

國立臺北大學應用外語系學士生。

王文妘

東海大學法律系學士生。

* 本章感謝國立陽明交通大學科技法律研究所羅家曲、國立陽明交通大學科技法律研究所范朝詠二位助理的協助。

台灣規模最大、獲利鉅額的付費色情論壇「創意私房」有近五千多名會員，於二〇二〇年開始定期販售性影像，其中包含多位未成年少女全裸自拍，擺出特定姿勢之照片和影片。[1] 此事件便如二〇一九年韓國「N號房」群組事件，該群組上傳了無數未成年性私密影片，其多以打工為藉口騙取個資，脅迫拍攝拿刀自虐、近親亂倫、危險自慰等性虐待等影片上傳，會員數共二十六萬人、受害者共七十四人，年紀最小僅十一歲。[2] 二〇二〇年台灣Youtuber小玉在網路平台提供大量合成性愛影片，套用AI的Deepfake技術將網紅的臉移植到成人色情影片上，受害者涵蓋近百名網紅藝人、政治人物及素人等。[3]

然而，我國當時就未經同意散布性私密影像行為，只有針對未成年性犯罪以《兒童及少年性剝削防制條例》規範，以及二〇二一年五月三讀修正增訂《刑法》第三三二條，但這些都無法適用於遭到Deepfake數位合成犯罪所害的已成年受害者。而實務處理數位性暴力相關案件的處理方式，對被害人性自主權層面的保護亦有不足的問題。易言之，即欠缺性隱私遭受侵害的規制手段。

以上新聞及當時實務運作，顯示了科技進步快速，但性平意識和法治改革仍未趕上腳步。於此情形下，女性主義法社會學的重要性不言而喻，其脈絡與發展概念，以及我們要如何立基於過去研究開展未來的法制革新，均值考究。

法社會學在此連結了法學與社會學理論，透過社會結構中各因素的互動關係，探討成文法規及社會習俗的脈絡與價值體系，進而質疑所謂客觀的法律萬能主義。[4]

本章將先描繪女性主義法社會學的樣貌，初步敘述其輪廓；接著就台灣女性主義法社會學的發展進行說明；再由本土化帶出相關學者、實務工作者對於女性主義理論的引入、實踐與貢獻；最後，以實際例子說明台灣性／性別意識的轉變，以及女性主義法社會學如何促進女權的提升。

女性主義法社會學的樣貌

女性主義法學方法在發展上可以產生不同的論述角度：以平等保護作為內部價值，追

1 蔣宜婷，【網路獵騙記1】多名受害者出面，揭五小時兩萬元網路性私密影像詐騙，鏡週刊，二〇二二年八月一日，https://www.mirrormedia.mg/story/20220725pol003/（最後瀏覽日：二〇二二年十二月十二日）。

2 追蹤團火花（추적단 불꽃），《您已登入N號房》：那些加害者非常清楚，大韓民國對網路性犯罪的處罰有多薄弱，關鍵評論網，https://www.thenewslens.com/article/153298（最後瀏覽日：二〇二二年十二月十二日）。

3 蔣宜婷、陳昌遠、陳洪瑾，臉被偷走之後，無法可管的數位性暴力？台灣Deepfake事件獨家調查，鏡週刊，二〇二一年五月六日，https://www.mirrormedia.mg/projects/deepfaketaiwan/（最後瀏覽日：二〇二二年十二月十二日）。

4 參見施慧玲，論我國家庭法之發展與研究——一個家庭法律社會學的觀點，政大法學評論，六十三期，頁二四一，二〇〇〇年六月。

求女性自主、自我決定、自我實現、自我發展的傳統自由主義；[5] 主張性別壓迫來自階級，根源於社經地位落差與資源分配不均的馬克思女性主義；[6] 凸顯差異並重新定位女性重視關係與結合的關懷倫理的特質；[7] 提出父權社會體制型塑了男女結構性權力不對等的基進女性主義；[8] 以及去中心化、破除主流預設、重新思考定義、尊重多元文化的後現代女性主義。[9]

我國於女性主義法社會學之學術發展，可說以學者王曉丹研究為首，其強調從法理、法治、法意識三種角度切入女性主義法學，了解女性主義法社會學如何發揮其效力。所謂法理，係檢視司法判例或行政命令，其法律解釋邏輯與建構規範過程中，是否納入法事實。例如以女性經驗的微觀層次向帶有父權思想的法律提出批判，[10] 再藉由提出女性主義的修法主張，拓深帶入性別觀點思考法理的過程。[11] 從女性生命經驗推導出父權法律的壓迫與操作，便可找出法律中隱含的性別偏差所造成的重大影響。[12] 其中，婦運倡議者揭發法律的客觀標準取決於男性，法律的抽象權利來自男性經驗，[13] 使女性主義法社會學的發展在法理層面衝撞「性別的」法律文化，拆解權力結構以重建法律價值體系。

就法治而言，則是進一步探討如何藉由法律工作者於真實社會中的實踐，在社會脈絡底下達成法之正義。以女性主義法社會學而言，不僅是要「爭取權利」，更企圖以具體的法律條文修正來改變性別結構性不平等的現狀。[14] 同時，女性主義法社會學也指出了父權社會在法制層面將性別衝突私人化（privatize），產生女性與自己的性別、基本權利異化的現象。[15] 為了檢視法律制度及落實方式是否受到父權文化影響，女性主義法社會學主張全體

---

5 顧燕翎等，女性主義理論與流派，台北：女書文化，頁九，二〇〇〇年。轉引自金孟華，從女性主義法學觀察性侵害法律改革之演進，國立交通大學科技法律研究所碩士論文，頁二五，二〇一〇年。

6 金孟華，同前註，頁二七。

7 金孟華，同註5，頁二九。

8 顧燕翎等，同註5，頁一二四。轉引自金孟華，同註5，頁三一。

9 顧燕翎等，同註5，頁二九九。轉引自金孟華，同註5，頁三三。

10 郭書琴，是「學術」或是「技術」？——從女性主義法理學之觀點談法學教育與法律專業之改革論述，律師雜誌，三二四期，頁六六，二〇〇六年九月。

11 王曉丹，從法社會的觀點論女性主義立法行動——女性主義法學在台灣的實踐及其法律多元主義的面貌，東吳法律學報，十九卷一期，頁五四、五七，二〇〇七年一月。

12 郭書琴，同註10，頁七五～七六。

13 陳昭如，國會和法院的快慢之間：從比較觀點思考臺灣婦運的法律改革策略，載：性平等論爭——麥金儂訪臺演講集，頁一七六～一七七，二〇一五年六月。

14 王曉丹，同註11，頁五九。

15 麥金儂（Catharine A. MacKinnon）提出的宰制論部分思想與馬克思主義女性主義相似，「性」定義了女性的社會關係和個人價值，卻反而成為支配者控制的手段。而韋斯特（Robin West）則進一步提出法律未能保障由性擴展出的生育權與個人價值，導致女性對於自己的產物（孩子）喪失控制權，反而強化其從屬地位。Robin West, *Women in the Legal Academy: A Brief History of Feminist Legal Theory*, 87(3) Fordham L. Rev. 977, 991 (2018).

公民有責共同思考，跳脫父權框架，親眼看見「行動中的法律」（law in action）所呈現的法事實。[16]

最後，法意識為人民對法律的認同及反應，唯有觸及法律中的權力問題，才能增進法文化之下的法意識。[17]在女性主義法社會學的角度下，隨時間演變，持續懷疑傳統客觀中立的法律規範，並以文化脈絡、政治觀點，理解法律對社會的相互影響。[18]法律不僅限制公民行為，更透過社會規範悄悄引入立法者認同的特定想像，於潛移默化中將其象徵意義強加諸於人民身上。[19]因此，為了根據現存事實思辨社會如何影響法律的正當性，以及經由法意識影響人民法律行動的有效性，女性主義法社會學藉由廣納多元觀點，邀請全體公民共同決定法律在整體社會中所呈現的價值觀，才能有溝通的機會及對話的空間，進而取代既有的性別權力框架。[20]

綜上所述，女性主義法社會學可謂以女性經驗重新界定法律的價值。[21]在譴責父權法律透過公權力損害女性利益並改革法律以落實平等之外，也關注女性在司法和社會文化中面臨的慢性壓迫。[22]於此同時，女性主義法社會學更須找出法律以外的協商行動，引發人們追求性別正義的動機，以確保婦運抗爭不僅引領社會變遷，更在倡議過程中蓄積改變的能量，增強女性主義法社會學的論述基礎。[23]有異於傳統法學僅以法律作為人類生活規範的研究對象，女性主義法社會學從文化脈絡、個人生活中，尊重每個人的立場，試圖達成整體的共識，並樂觀地對人性化的社會抱持希望。接下來將介紹女性主義法社會學如何影響當代台灣，並以修法的歷史作為討論範例。

婦權團體的發展與法制革新

多數認為台灣婦女運動源自一九七一年呂秀蓮出版的《新女性主義》：「先做人，後做女人。」然而，實質上女性主義啟蒙可追溯於一八八三年創建之淡水女學校，該校培育出全台第一位婦產科女醫師蔡阿信。而日治時期獲准發行的《臺灣民報》，儘管受「資本家─殖

16 王曉丹，台灣的性別與法律研究，法令月刊，五十八卷四期，頁一〇九，二〇〇七年四月。亦可參考王曉丹，同註11，頁五三。

17 王曉丹，同註11，頁五一～五三。

18 參見王曉丹，同註11，頁六六～六七。

19 王曉丹，同註11，頁六五。

20 王曉丹，同註16，頁一〇九。亦可參見王曉丹，同註14，頁六四～六七。

21 王曉丹，同註11，頁五七。

22 陳昭如，同註13，頁一七二～一七五。

23 王曉丹，同註11，頁六七、七二～七三。

民者—父權」三重支配，仍為一般人接觸婦女解放運動的管道。一九四五年，在國民黨以崇尚父權的孔儒思想作為治理標準，甚至頒布戒嚴法阻礙女性主義論述發展下，[24]「婦女新知雜誌社」仍在戒嚴時期以合法社團身分傳遞婦運思想。一九八二年，李元貞、曹愛蘭、鄭至慧、劉毓秀、尤美女等人發行《婦女新知》雜誌（Awakening），開始與晚晴協會、主婦聯盟、臺大婦女研究室等婦團互相支持。一九八七年，婦女新知雜誌社改組為「婦女新知基金會」，並於隔年與婦女救援基金會、台灣基督長老教會彩虹婦女事工中心成立的彩虹專案、台灣原住民族權利促進會等共同舉辦「一九八八年救援雛妓大遊行」即「華西街大遊行」。[25]婦女新知基金會成為解嚴後留學者歸國引入各國知識之際，百花齊放的能量基礎；亦提倡婦女運動，檢視婦女日常的性別迷思，包含媒體物化女體、職場不平待遇、母職托育議題等，同時也提供法普教育，呼籲自主意識，強調重視女性經驗。[26]

解嚴後，沉睡已久的人民基本權利頓時甦醒，其中言論自由、集會結社自由與平等權之保障更強烈影響女性主義的發展。不僅婦運風起雲湧，各國開放思潮透過留學歸國的女性文學者，將西方第二波與第三波的女性主義理論引進台灣。儘管台灣的婦女研究於一九八〇年代系統化，成為一新學術領域，然而婦團與學界擔憂女性主義汙名化而避免使用，造成婦研、婦運、女性主義三者本該緊密的關係反倒變為緊張，以婦女為對象的研究方法，也因一九六〇年代留美歸國的男性學者掌控解釋理論的權力，而被迫遵從父權規定。[27]例如一九八五年的國際婦研會議即標榜國家發展而抗拒女性主義，不過周顏玲仍指出以質性研究糾正男性偏見的必要性，以及李元貞呼籲應懷疑科學客觀中立的假設，並建立女性主義理論與方法，以採取主體、客體性的交叉思考辯論。[28]

一九九〇年代，除了文學作家鍾玲出版《現代中國繆司——臺灣女詩人作品析論》與張頌聖編纂戰後的台灣女性小說，[29]麥金儂（Catharine A. MacKinnon）、周顏玲、陳幼石等學者也開始訪台演講，台灣學者張小虹、黃淑玲、丁乃非、何春蕤、簡瑛瑛、蘇芊玲、林芳玫等人也學成歸國，喚醒本土婦研的重要性。[30]例如何春蕤出版《豪爽女人：女性主義與性解放》，並於一九九四年的反性騷擾大遊行中高喊「我要性高潮，不要性騷擾」，藉以倡導女

24 邱子修，台灣女性主義批評三波論，女學學誌：婦女與性別研究，二十七期，頁二五七～二五九，二〇一〇年十二月。
25 引領婦運風潮的先聲——婦女新知基金會（一九八二～），臺灣女人，https://women.nmth.gov.tw/?p=2115（最後瀏覽日：二〇二二年十二月十二日）。
26 邱子修，同註24，頁二五九～二六〇。
27 顧燕翎，台灣婦女運動：爭取性別平等的漫漫長路，台北：貓頭鷹，頁二四六～二四八，二〇二〇年一月。
28 同前註，頁二四五、二五一～二五二。
29 邱子修，同註24，頁二六〇～二六一。
30 顧燕翎，同註27，頁二四三。

性性自主；張小虹引進酷兒理論，使之成為反父權、反權威、反主流的代稱。[31]值得一提的是，台灣獨特的女性主義發展模式不同於西方，未產生針對權威女性的反彈，反而因解嚴後號召民主的前衛口號與媒體造勢引發熱烈迴響。[32]

綜合上述解嚴前後婦團之發展以及台灣整體社會脈動，有論者歸納出婦運四階段：一是由呂秀蓮於一九七〇年代提出之新女性主義為首，作為戰後婦運的初試啼聲，講求形式平等、女性「天職」並特意與西方女性主義區隔；[33]二是由一開展出許多婦女相關組織的創立，如時代女性協會、拓荒者之家、婦女新知雜誌社等；三則是解嚴後，多元化的婦運訴求與新興團體相繼出現；四即一九九〇年代係異質化之發展，議題上以公娼事件為主軸，彰顯性政治等衝突。[34]

婦運團體積極透過跨團體的討論與連署，找尋共識。[35]婦女組織的建制化，呈現出婦女運動進入政府體制，研擬性別相關計畫，設立專責組織機制，期待由上而下落實性別主流化。[36]同時，跨團體的討論與連署，亦促成其一同找尋共識、推動訴求，而此即國家女性主義（state feminism）或所謂國家性別官僚（state femocrat）的建構。[37]可見女性主義本土化的過程中，聚集了婦運與相關團體參與，各方專家和實務工作者一起投入，推動我國法制層面對女性平等地位的保障，相關法制革新之沿革歷程詳見下頁表1。

逐步修改法律固然可以作為法制革新的取徑，但台灣在民主化後，接軌國際，須以普遍通則全面審查不妥適或不平等的法律，因此國際婦女人權的標準，成為另一個法制革新的動能。雖此時已是聯合國之《消除對婦女一切形式歧視公約》（以下簡稱CEDAW）細部政策討論及發展施政工具階段，我國代表參與後的直接影響也僅限於性別施政策略中考慮「性別主流化」；[38] 然這個接軌國際的推動歷程以及施行成果斐然，參見表2。

立院通過後便請友邦提送該案至聯合國祕書處，卻遭聯合國祕書處以聯合國第二七五八號決議回絕加入書之存放。[39] 儘管如此，批准CEDAW仍代表台灣向國際社會

31 邱子修，同註24，頁二六〇～二六一。
32 邱子修，同註24，頁二六〇～二六二。
33 范雲，政治轉型過程中的婦女運動：以運動者及其生命傳記背景為核心的分析取向，台灣社會學，五期，頁一三五～一三六，二〇〇三年六月。
34 顧燕翎，同註27，頁七八～九三。
35 楊婉瑩，婦權會到性別平等委員會的轉變：一個國家女性主義的比較觀點分析，政治科學論叢，二十一期，頁一一八，二〇〇四年九月。
36 同前註，頁一一八～一一九。
37 楊婉瑩，同註35，頁一二〇。
38 官曉薇，CEDAW的台灣實踐：回顧與檢討，台灣國際法學刊，十六卷第二期，頁六二，二〇二〇年七月。
39 何碧珍，推動我國加入CEDAW的策略與努力，研考雙月刊，三十二卷四期，頁四九，二〇〇八年八月。

表1　問題意識引申法制革新

年份	1990	1993	1994	1996
問題點	有鑒於《民法親屬編》多項法律忽視婚姻家庭內的性別平權，多以父權式立法，而未臻平等。然於一九八五年部分條文修法後，仍僅調整書面上法條的抽象敘述，未能有效解決實務面的問題。			
法制革新	婦女新知、台北市晚晴婦女協會等團體暨法官、學者、律師等人共同組成「民間團體民法親屬編修正委員會」，修正《民法》中包括妻冠夫姓、妻從夫居、夫妻財產仍沿用舊制之夫權獨大條款；以及子女監護、親權行使、子女從父姓等父權優先條款。	上述「民間團體民法親屬編修正委員會」亦共同草擬出《新晴版民法親屬編》修正草案。	在羅瑩雪律師與婦運團體的協力下促成大法官作成釋字三六五號解釋。宣告《民法》第一〇八九條違憲，破除了男性對子女的無限控制權。	做成釋字四一〇號解釋，宣告《民法》親屬編施行法未因夫妻聯合財產制修正而另設規定為違憲。同時為保障家庭中性別實質平等而展開親屬法三階段修正。

1998		釋字四五二號解釋扭轉了「嫁夫隨夫」的傳統觀念。
	除了歧視女性的條文應被修正，家內暴力議題亦不容忽視，故應建立相關法律與配套。	現代婦女基金會偕同高鳳仙法官草擬《家庭暴力防治法》草案通過立法。
		現代婦女基金會成立《性侵害犯罪防治法》制定委員會及受暴婦女訴訟扶助委員會，邀請各界專家一同參與，積極草擬整合性法案，期能給予被害者全面性的保護。
1990	不僅家庭內之保護，也深入營利公司的運作體系。在一九八七年「國父紀念館事件」後，引起職場性平的意識，而婦女新知成立男女工作平等法起草委員會。	兩黨共同連署將法案送入立法院，不顧企業反彈，行政院與勞委會仍著手修訂法條保障女性工作權。
2002		《性別平等工作法》正式通過。

表2　CEDAW內國法化過程

年份	領銜者／團體	事件
2004	陳瑤華、臺灣婦女團體全國聯合會、臺灣大學婦女研究室、中華心理衛生協會主辦的「民間婦女團體參與聯合國婦女地位委員會第四十八屆大會經驗分享會」	提出內國法化CEDAW的建言，於行政院人權保障推動小組會議中提出並獲通過，決議由內政部擔任簽署、批准CEDAW之主辦單位。
2005		研究CEDAW內國法化，並與其他婦團成立「民間推動臺灣落實CEDAW聯盟」（以下簡稱推動CEDAW聯盟）。
2006	各部會與行政院婦女權益促進會委員尤美女等人	將外交部函送「我國擬加入聯合國之《消除對婦女一切形式歧視公約》案」送請立法院審議。該案在外交僑務委員會召委蕭美琴簡短報告後，無異議迅速通過。

說明：本表係參考官曉薇〈CEDAW的台灣實踐：回顧與檢討〉一文整理而成。

宣示參與及遵守的意願，並向國內人民承諾政府改善現況的意志；[40] 推動者也了解既然無法走進聯合國，則須在台建立落實CEDAW之監督機制，因此立法院在二〇一一年通過《消除對婦女一切形式歧視公約施行法》，以使CEDAW在我國具備明確的法律效力和提供定期審查的法源依據，迄今台灣已舉辦四次CEDAW定期審查並持續進行法規檢視。[41] 二〇二二年所發布的第四次國家報告除回應第三次報告中所提出之結論性意見，並建議後續改進內容，包括：一、釐清個別女性能夠於法院或行政機關直接引用CEDAW作為其行使權利之依據；二、修訂國家福利策略，著重於最不利處境與最邊緣化的女性群體；三、呼籲應強化相關教育政策，確實防止校園性騷擾、性侵害及性霸凌發生之可能，建議政府定期調查與分析，並特別著重防治對身心障礙者、非主流性取向者與外國籍者之侵害。[42]

近年來，在不斷內國法化其他聯合國核心人權公約之下，為了改善內部監督機制並更進一步促使國家整體遵守人權公約，立院於二〇一九年通過「監察院國家人權委員會組織

40 同前註，頁五〇。
41 陳瑤華，台灣CEDAW的初次國家報告與人權的監督機制——一個聯合國體系之外的獨特案例，台灣國際法季刊，八卷二期，頁六七，二〇一一年六月。轉引自官曉薇，同註38，頁六四。
42 其餘三次國家報告請參見行政院性平處「CEDAW第四次國家報告專要文件」，其餘三次國家報告請參考行政院性別平等委員會官網：https://gec.ey.gov.tw/Page/4F1236117429F91E（最後瀏覽日：二〇二三年三月十三日）。

法」，於監察院設立符合《巴黎原則》的國家人權委員會，[43]同時考慮將人權公約審查法制化，以確保持續審查並強化對政府的問責。[44]

綜上所論，CEDAW內國法化與後續追蹤之歷程雖然艱辛，卻對我國平等權之落實大有裨益，透過女性主義學者與民間婦運團體共同協力，奠定確立女性權益之國際公約作為政策指導方針，並藉由外部監督機制及在地化的審查模式體現地方主體性。[45]

國外思潮的引入與台灣女性主義法社會學的交織

CEDAW並非從天而降，實際上西方婦運源自十九世紀，以第一波女性主義思潮要求民主社會、解放壓迫。美國婦運也隨之在一九二〇年成功爭取到投票權；一九六〇年代展開第二波女性主義運動，關注法律規範與社會結構對女性的排斥，過程中爭辯形式平等與實質平等所生的產物正是女性主義法學；第三波婦運則強調社會文化及意識形態仍受父權思想沾染，僅修改法律無法根除性別歧視與偏見再現。[46]

在數波女性主義運動中，第二波婦運發展出的系統性學術理論，影響了往後許多的女性主義行動。一九七二年，美國參議院通過憲法第四修正案加入性別平等條款（Equal Rights Amendment，簡稱ERA）之請願，然至一九八二年仍未達到下限三十八州的批准許可，而「是否通過ＥＲＡ」的議題儘管沸騰一時，卻也在保守女性和反對者的主張下無疾而終。[47] 提出法學宰制論的麥金儂認為，ＥＲＡ雖不能徹底轉變男女的階級關係，卻仍是法律改革進步的象徵。[48] 法學宰制論和法學差異論形成於第二波女性主義運動中，後者認為宰制是基於性別差異的不合理區分。但麥金儂指出，差異論中的「平等」係以男性為標準，而「差異」是指與男性不同的特殊條件，此舉與我國司法院大法官釋字三六五號解釋有異曲同工之妙。[49]

---

43 監察院國家人權委員會組織法內容包含：一、接受人民申訴並調查人權侵害違失的功能（第一款）；二、透過建議、提議和報告的方式，向政府提出人權相關事項的促進和保護意見（第二、三、五、八款）；三、協助政府推動國際人權內國法化並與國際、政府及民間合作促進人權保障（第四及七款）；四、監督政府人權業務之成效（第六款）等。官曉薇，同註38，頁八一～八二。

44 陳玉潔，國際人權公約審查二・○——台灣給世界的啟示，台灣人權學刊，五卷三期，頁六○，二○二○年六月。

45 同前註，頁五一～六○。

46 陳妙芬，當代法學的女性主義運動：一個法哲學史的分析，臺大法學論叢，三十三卷一期，頁一六～一七，二○○四年一月。

47 共和黨保守主義者及反女性主義者施拉夫利（Phyllis Schlafly）曾創立「制止ＥＲＡ」組織，聲稱該法案將破壞性別秩序、剝奪女性保障、阻礙女性社會角色等。陳昭如，就是女性主義，台灣法學雜誌，二三三期，頁一○四，二○一三年十月。

48 陳昭如，同前註，頁一○四。

49 大法官釋字三六五號：「原則上不得有差別待遇，除非有生理上之差異或基於生理差異所產生之社會生活功能角色上之不同。」

因此，宰制論駁斥差異論的立場，認為性別差異是宰制關係造成的區分結果，並非原因。[50]為了斬斷從屬關係，唯有將女性經驗理論化，才能達到父權框架以外的實質平等。[51]

美國大學校園同時於第二波婦運期間開展婦女研究／女性學，台灣婦女團體也把握國內當時經濟成長、教育發達、婦女運動風氣盛的契機，著手引介西方女性主義思想入台。[52]然而陳昭如認為，以比較法檢視女性主義法社會學時，須以文化為討論重點，[53]進而發展女性主義的逆／反傳統以拒絕自我凝視，並與在地經驗一同尋求對抗歧視的機會。[54]縱然西方婦研展現的女性主義法社會學觀點值得讚揚，台灣本地婦研及其衍伸之修法運動仍不應完全仿效，否則將落於法律東方主義的窠臼；也就是視西方法律為改革目標，缺乏自我認同與忘卻過往歷史。[55]由此亦可見台灣逐漸發展出性別運動之獨特面貌。

外國思潮隨著留英美學者之引介，開始了與台灣本土理論和實務交織的過程，台灣相關的女性主義的論述於一九七〇年逐步展開。[56]一九八五年，台大創設了婦女研究機構，以刊物作為論述、或舉辦通識課程；而女性主義法學理論也從一開始的零星介紹，逐步出現《法律之前的女性——建構女性主義法理學》譯本。西方女性主義理論帶入台灣不但影響了論述與思想，也直接帶動了台灣的婦女運動，成為修法、改革的理論基礎，積極地促成我國反思本土婦運於立法上的努力。[57]

同時值得一提的是，在德州休士頓的「台灣學生社」中，一群海外留學中的女學生為響應台灣當時百花齊放的女性主義運動，於一九九五年組成了「台灣查某」（Taiwan Women）社團，希望聚集留美女學生，一同舉辦女性主義校園巡迴演講、冬令營等活動，彼此激盪知識、相互扶持；而後透過《台灣女生留學手記》第一部和第二部記錄彼此為理念維繫、打拚的過程，藉由這樣的女性出走行動，看見各式各樣的旅外感觸，體現女性主體性與能動性及性別平權之進步。而不同學術背景學者學成歸國，同樣也是喚醒本土婦研的動能。[58]

上述歷程說明了西方女性主義理論影響論述，對台灣女性主義的發展和實踐具有重大影響，大幅促進了性別平等的落實，在女性主義法社會學的觀察中，是不可或缺且重要的

50 陳昭如，同註47，頁一〇六～一〇八。

51 參見陳妙芬，同註46，頁二二一～二二五。

52 顧燕翎，同註27，頁二四三。

53 參見陳昭如，在法律中看見性別，在比較中發現權力——從比較法的性別政治談女性主義法學，律師雜誌，三一三期，頁七〇，二〇〇五年十月。

54 陳昭如，大法官解釋中的歷史與傳統——女性主義觀點的批判，中研院法學期刊，七期，頁八六，二〇一〇年九月。亦可參考陳昭如，同前註，頁七二。

55 陳昭如，同前註，頁八四。

56 陳惠馨，女性主義法學與性別主流化，律師雜誌，三一三期，頁一七，二〇〇五年十月。

57 同前註，頁二〇。

58 如張小虹、黃淑玲、丁乃非、何春蕤、簡瑛瑛、蘇芊玲、林芳玫等人。顧燕翎，同註27，頁二四八～二四九。

篇章。而解嚴後大量女性學者出國求學、返國投入學術和高教，深化不同議題的理論，對女性主義法學在法制革新上有巨大貢獻，同時嘗試解決各式性與性別的議題。以下將以議題為桿，呈現出我國學者、實務工作者的研究與貢獻。

◎婚姻平權之倡議

釋字七四八號解釋確認了同性別之二人享有婚姻自由，《司法院釋字第七四八號解釋施行法》亦於二〇一九年施行。然釋字中以「等者等之、不等者不等之」作為解釋方法，並強調異性戀婚姻不受影響，則凸顯出權利平等僅存於表面，未挑戰異性戀霸權根基。[59]該法第二十六條規定任何人或團體享有的宗教自由及其權利，不因本法受影響，即是對於反同方的妥協條文，恐變相合理化歧視同性婚姻。[60]上開法律第二十條有關同性配偶只能收養配偶的親生子女之規定，幸於二〇二三年五月修法草案初審通過，逐步完善共同收養子女之保障。而於二〇二三年一月十九日，台灣內政部透過函釋宣布擴大跨國同性婚姻適用範圍，使不同國籍之同性別二人如欲在台灣結婚，不受限於《涉外民事法律適用法》考量另一國伴侶之國籍之規定，故目前不論該伴侶來自哪個國家（然中國大陸暫時除外；另有十八個國家需要境外面談，有關配套目前仍在研擬中），縱該國不允許同性結婚，二人仍可在台灣登記結婚。[61]相關研究學者包含陳宜倩、陳昭如、王曉丹、施慧玲等人。[62]

◎性交易除罪化後管制的合法性與正當性

釋字六六六號曖昧處理性交易產業之合法性，而立法者對社會秩序維護法的修法結果未有突破性別刻板印象的效果，無助於改善性工作者之處境。雖有論者認為性工作乃對女體的物化，鞏固父權；不過，亦有認為從事性工作的女性不僅有能力自立更生，更能翻轉男性霸權，進而解放女性。[63]此外，台灣本土產業轉型亦與性別化的勞動市場流動相關，得延伸探討女性選擇職業的不同原因。[64]故探討性交易及其管制措施有其重要性，其反映社會

---

59 陳宜倩，不只是同婚?，婦研縱橫，一〇七期，頁四四～五九，二〇一七年十一月；陳昭如，十字路口上的同婚釋憲：法律與社會運動停看聽，婦研縱橫，一〇七期，頁六～九，二〇一七年十一月。轉引自王曉丹、宋靈珊，女性主義如何介入法律?，載：性別向度與臺灣社會，三版，頁一七八，二〇一八年。

60 郭怡青，婚姻平權：【投書】彩虹出現之後《釋字七四八施行法》的隱憂，婦女新知基金會，二〇二〇年五月四日，https://www.awakening.org.tw/publication-content/5419（最後瀏覽日：二〇二二年十二月十二日）。

61 浚浚，跨國同婚懶人包：港/台同性伴侶可結婚！一文了解台灣同性婚姻最新進展，關鍵評論網，二〇二三年三月七日，https://www.thenewslens.com/article/182070（最後瀏覽日：二〇二二年十二月十二日）。

62 陳宜倩、陳昭如、王曉丹，同註59；施慧玲，同性伴侶組成家庭的權利——收養敘事分析，月旦法學教室，二〇八期，頁六三，二〇二〇年二月。

63 王曉丹、宋靈珊，同註59，頁一七九。

64 林志潔。我國性交易產業之立法與管制——從女性主義探討娼妓除罪化問題，行政院國家科學委員會專題研究計

對多元性別角色的態度，亦可藉由破除迷思，達到性別正義的理想。相關研究學者包含陳美華、何春蕤、林志潔等人，[65]實務上亦有日日春關懷互助協會提出相關倡議。

◎改變受暴婦女的困境

於婚姻中的受暴婦女得按《家庭暴力防治法》聲請民事保護令，然由於保護令即象徵公權力介入家庭私領域，在法院核發保護令與否上便可能於「法不入家門」之觀念，而形成受暴婦女尋求保護的無形阻礙。首先，該法第二條雖有家暴的明確定義，然實務上並未發展出細緻的判準。[66]再者，婦女雖獲核發保護令，卻因未同時取得未成年子女暫時親權之保護令而不願脫離受虐場所，無法發揮幫助婦女脫離受暴處境的功能。此外，未成年子女亦可能因為成為兩造角力之工具，進而在身心發展上受到嚴重的負面影響。[67]從而，如何妥適因應日趨多樣、複雜的家暴形態即為女性主義法社會學的重要課題。相關研究學者包含王曉丹、潘雅惠等人；[68]實務上亦有婦女救援、現代婦女、勵馨等基金會等提出相關倡議。

◎破除性侵害的刻板印象與批判檢討被害人的文化

執法者或司法機關若未能擺脫性別盲或性別的刻板印象，容易落入完美的「理想被害人」的迷思，這些迷思包含被害者受到性攻擊的當下是否竭盡全力保護貞操、事件之後受害者的行為舉止是否符合社會道德等。[69] 此顯示出法律工作者的對於性暴力受害者的單一情境假設，將可能造成整體社會將性犯罪發生之原因歸咎於被害人，以及使被害人自我譴責等結果。[70] 不過，我國實務近期出現的代表性判決，直指「性同意權」，強調任何性行為都

畫期末報告（編號：NSC 101-2629-H-009-001-），未出版，二〇一三年。

65 陳美華，「從娼」作為生存策略——性別化的勞動市場、家庭與權力遊戲，女學學誌：婦女與性別研究，二十四期，頁四八～四九，二〇〇七年十二月；何春蕤，自我培力與專業操演：與台灣性工作者的對話，台灣社會研究季刊，四十一期，頁二，二〇〇一年三月；林志潔、莊宇真，在釋字六六六號之後——從女性主義理論看台灣性產業之立法與規範，月旦法學雜誌，一八六期，頁五～一八，二〇一〇年十一月。

66 王曉丹、宋靈珊，同註59，頁一八〇。

67 司法院研討家庭暴力防治法以因應不同家暴型態及保護需求，司法周刊，二〇一四年三月二十八日，https://www.judicial.gov.tw/tw/cp-1429-69794-82ad0-1.html（最後瀏覽日：二〇二二年十二月十二日）。

68 王曉丹、林三元，法律移植與法律適應——婚姻受暴婦女聲請民事通常保護令裁定之分析，思與言，四十七卷四期，頁一二七～一二八，二〇〇九年十二月；潘雅惠，從女性主義教育學觀點談婚暴婦女增權展能的學習策略，亞洲家庭暴力與性侵害期刊，三卷二期，頁六三～六五，二〇〇七年十二月。

69 林志潔、金孟華，「合理」的懷疑？——以女性主義法學觀點檢視性侵害審判之偏見，政大法學評論，一二七期，頁一五五～一六〇，二〇一二年六月。

70 王曉丹，聆聽「失語」的被害人：從女性主義法學的角度看熟識者強暴司法審判中的性道德，台灣社會研究季刊，八十期，頁一九八～二〇六，二〇一〇年十二月。

應建立在彼此同意的基礎上，打破以往對於性別刻板印象及普遍存在的性侵害犯罪迷思，可謂融合CEDAW於國內的落實；[71]另外，世界各地相互呼應的#METOO運動，以及本章開頭提及的新聞事件，也促成修法的討論聲浪和實際結果，使法律的規範本身，以及解釋與適用，能體現出性／性別觀念的發展。[72]本章藉以從社會整體意識的交融與法制的變革，看見女性主義法社會學的本土化發展與前進軌跡。此方面相關研究和法制革新推動者包含林志潔、王曉丹、李佳玟等。[73]

◎批判繼承與監護權法律外保障不足

儘管《民法》已透過大法官解釋而使部分父權法條獲得修正，並保障家庭財產男女平等繼承，以及親權和監護權以「子女最佳利益」原則取代「父親優先」原則，然私領域之性別平等程度仍因傳統觀念束縛而有待改善。[74]家庭關係不僅合理化兒子須養家所以得家產的理論，也強化母親須有時間陪伴孩子以取得親權的觀念。[75]法律應用與社會角色形成雙向的互動與影響，相關研究學者包含施慧玲、陳惠馨、陳昭如、王曉丹。[76]

◎探討校園性平程序之爭議

《性別平等教育法》要求學校設立性平委員會，提供被害人訴諸法律前的救濟管道，然委員會與輔導者握有相當權力影響程序進行或受害者權益，且申訴之格式化文件難以詳述完整事件。[77] 若處理案件的中立機制演變成另一延續父權的官方機構，則被害人的傷害將更

71 民國一一〇年台上第一七八一號刑事判決。

72 值得一提的亦有《跟蹤騷擾防制法》於二〇二二年六月一日施行，可見教育宣導及各方對於其成效的影響。

73 林志潔、金孟華，同註69，頁一五五～一六〇；王曉丹，同註70，頁一九八～二〇六；王曉丹，房思琪的逃逸路線：回眸凝視、性別操演、陰性書寫、個人及政治展演，巷仔口社會學，二〇一七年六月八日，https://twstreetcorner.org/2017/06/08/wanghsiaotan-3/（最後瀏覽日：二〇二二年十二月十二日）；王曉丹，女性主義為何漏接了房思琪？「自我」的生存之道與逃逸路線，巷仔口社會學，二〇一七年六月六日，https://twstreetcorner.org/2017/06/06/wanghsiaotan/（最後瀏覽日：二〇二二年十二月十二日）；李佳玟，說是才算同意（Only Yes Means Yes）——增訂刑法「未得同意性交罪」之芻議，臺北大學法學論叢，一〇三期，頁一一〇～一一二，二〇一七年九月。轉引自王曉丹、宋靈珊，同註59，頁一八一、一八二。

74 陳惠馨，法律敘事、性別與婚姻，台北：元照出版，頁二四五～二五六，二〇〇八年三月。

75 陳昭如，在棄權與爭產之間：超越被害者與行動者二元對立的女兒繼承權實踐，臺大法學論叢，三十八卷四期，頁一六九～一七一，二〇〇九年十二月。

76 施慧玲，離婚訴訟「先搶先贏」的實務經驗敘事分析——兼論幼年子女最佳利益的司法裁量基準，法令月刊，六十九卷八期，頁七六～七七，二〇一八年八月；陳惠馨，同註74，頁二四五～二五六；陳昭如，同前註，頁一六九～一七一；王曉丹，法意識與法文化研究方法論：以女兒平等繼承權為例——法律繼受下的法社會學研究取徑，月旦法學雜誌，一八九期，頁一六～一九，二〇一一年一月。轉引自王曉丹、宋靈珊，同註59，頁一八二～一八四。

77 王曉丹，「拆解」防治性別暴力的法律：文件格式化、敘事失語以及文本性現實，性別平等教育季刊，七十一期，

難以修復。[78] 相關研究學者包含羅燦煐、王曉丹、戴伯芬、彭仁郁等。[79]

◎生育自主權的形成與強化

自主決定人工流產與否的權利若受國家規範，將造就社會避而不談此現象，或試圖縮限法條適用者的權利。女性經驗體現墮胎權不僅是結束妊娠的決定，更引申至一個生理女性是否生養小孩、如何發展性關係、保持何種社經地位等後續影響。[80] 過往美國反墮胎團體提出的TRAP Laws（Targeted restrictions on abortion providers laws），即限制人工流產服務者法（陷阱法），便利用醫療論述作為藉口，提高合法墮胎之門檻，達到現實上降低墮胎率的效果。[81] 二〇二二年，美國聯邦最高法院更推翻奠基墮胎權的羅訴韋德案（Roe v. Wade）所建立的基本原則。對照台灣，近年在公投上，也有以醫療論述限制女性取得醫療資源的提案，可見生育自主權利受父權下優生與性道德等觀念箝制依然存在。[82] 我國的墮胎和加工墮胎行為雖以《優生保健法》提供刑法墮胎罪的阻卻違法事由，不過該法規定人工流產須經配偶／父母同意，使女性之生育自主服膺於帶著父權色彩之優生與性道德下。[83] 而二〇二二年國健署提出之《優生保健法》修法草案雖刪除了配偶同意規定，並增訂未成年人與法定代理人於決定意見不一時，由司法機關介入的機制，墮胎罪除罪化以達到國家解除對女性生育方面最後的箝制仍毫無動靜。相關研究學者包含成令方、雷文玫、官曉薇、陳昭如、林志潔等。84

頁三四～四三，二〇一五年六月。轉引自王曉丹、宋靈珊，同註59，頁一八四、一八五。

78 參見羅燦煐，校園性別事件調查處理之近憂與遠慮，婦研縱橫，一〇一期，頁四五～五三，二〇一四年十月。

79 羅燦煐，同前註，頁四五～五三；王曉丹，同註77，頁三四～四三；戴伯芬，我們需要什麼樣的性別平等教育？巷仔口社會學，二〇一六年十一月十五日，https://twstreetcorner.org/2016/11/15/taipofen-6/（最後瀏覽日：二〇二二年十二月十二日）；彭仁郁，誰怕性侵受害者？一段理論與創傷真實錯身的故事，芭樂人類學，二〇一六年六月二十日，https://guavanthropology.tw/article/6530（最後瀏覽日：二〇二二年十二月十二日）；轉引自王曉丹、宋靈珊，同註59，頁一八四、一八五。

80 參見陳昭如，打造墮胎權——解嚴前墮胎合法化的婦運法律動員與權利構框，中研院法學期刊，十五期，頁六四～六六，二〇一四年九月。

81 范朝詠、林志潔，生育自主的保衛戰——反墮胎論述策略與墮胎醫療化帶來的衝擊，發表於：二〇二一台灣女性學學會研討會，台北：台灣女性學學會，頁一三～一四，二〇二一年。

82 同前註，頁一三～一四。

83 參見雷文玫，解構我國胚胎保護規範體系——發現父母生育自主的地位，臺大法學論叢，三十三卷四期，頁二三，二〇〇四年七月。

84 參見成令方，人工流產的四個重要面向，台灣醫學，二十四卷三期，頁三〇二，二〇二〇年六月；雷文玫，同前註，頁二三；官曉薇，反身的凝視：台灣人工流產法制及其法社會背景的分析，思與言，四十七卷四期，頁一三五～一九〇，二〇〇九年十二月；陳昭如，同註80，頁六四～六六；林志潔、羅家曲，墮胎罪的存廢與臺灣生育自主權的挑戰——以二〇一九和二〇二〇年的兩公投提案為分析，刑事法學的浪潮與濤聲：刑法學——甘添貴教授八秩華誕祝壽論文集，頁八一六～八一七，二〇二一年四月；范朝詠、林志潔，同註81，頁一三～一四。

在國外研究女性主義及女性主義法學理論的學者們不忘初衷，透過實踐，在其中找到自己的根，並為彰顯本土化精神的議題發聲，不僅呼應性別的多樣面貌，亦綜合思想的轉變與社會觀念的演化，一步步使台灣法制規範及整體社會更為平權。

＊＊＊＊＊

女性主義法社會學係藉由法社會學觀點闡述女性主義法學，除了以女性主義理論解釋個人與社會間之互動，更檢視法制運作下的女性經驗與整體社會的關係。本章闡釋了女性主義法社會學的定義、樣貌以及台灣本土女性主義法社會學的發展，並提及比較法對於我國法治之影響。又當我們以他國之法律作為我國立法運動之借鏡時，亦不可忽略國家整體社會文化背景的差異，而必須修正偏見和避免基於性的凝視，才能認知到個體的特殊性，再藉由反身凝視，將立法嵌入社會文化脈絡中，建立起台灣本土法律研究的主體性。[85] 因此，納入台灣本土化的發展脈絡在研究中有其必要性，尤在女性主義法社會學研究中更能顯其重要。

台灣本土化脈絡之於社會觀念的演進及法規範的修正制定歷程，互為因果、相輔相成。意即，社會上對於女性性別角色之定位與刻板印象，一再體現於實務運作及政策制定之中；

至於女性自主權概念的從無到有，也是因為婦運、女性主義思潮的加入，而挑戰了法律制度忽略女性經驗的部分。法律於社會上係作為一個抗爭的場域，每一次針對具體個案的法律討論，都是一種對於法現實理解的性別實踐。[86]

本章於討論女性主義法社會學在台灣的發展後，檢視在父權體制基礎下，女性經驗如何解構男性視角下的既定認知並挑戰現有法制，弭平法律意識和人民的法意識之間的差距，進而改變社會互動關係翻新建造法律的結構。同時亦期待透過女性主義法社會學論述之運用，藉由法意識概念從日常生活的文化實踐著手，再從女性主義的視角反思目前議題現象，最後從法律邏輯與社會價值的交織性，梳理問題癥結，從理論到行動，並再次由行動反饋豐富理論基礎，深化女性主義法社會學於台灣學術研究的下一個篇章。

85 官曉薇，同前註，頁一三八～一四〇。
86 王曉丹，同註11，頁七三。

17

家庭法律社會學的在地圖像
一個讀書人的生活實踐*

施慧玲

國立中正大學法律學系教授兼台灣法律資訊中心主任、台灣家事法學會理事、台灣科技法學會常務理事、亞洲法律與社會學會（ALSA）理事，研究領域為長者人權、法律社會學、法律科際整合、人類研究倫理、家庭法、兒童人權、法律與文學、法律資訊、全球法。

* 本章改寫自施慧玲，家庭法律社會學的臺灣拼圖——分享一個行腳讀書人的攝像本，政大法學評論，2022特刊，頁137-179，2022年12月。

基於台灣特有的法律動員力量，[1]台灣自一九八六年解嚴以來，即因市民社會推動立法的多元策略應用，制定、修正、又制定、又修正……許多法律，有則以特殊個案驅動的社會人權意識，例如：一九九三年「鄧如雯殺夫案」後的法律動員成果，將殺夫加害人的角色，形塑為法律應保障之婚姻暴力受害者，市民團體並合力促成《家庭暴力防治法》三讀通過。[2]相較之：在一九九一年初發生的「呂美鳳溺子案」，五個孩子的生命，換來的是當時台灣社會對於「神棍」的譴責以及溺子母親被迷信蠱惑的不屑，[3]接踵而來的是政府主導通過《精神衛生法》，[4]當時負責輔導該家庭的社工師默默引咎辭職，《兒童福利法》卻不為所動。[5]進入本世紀的人權法全球化時代，台灣也見證多元法律動員的立法、執法、修法循環，例如：二〇〇一年通過《家事事件法》並歷經三次修正（第四次修正醞釀中），[6]二〇〇三制定《家庭教育法》並經歷五次修正，[7]以及一連串《民法親屬編》的修正（如：扶養、意定監護制度等），再到二〇一五年通過、三年後方施行[8]的《病人自主權利法》，在在重新定位家庭、法律、社會的三角拉鋸關係。本章希望藉由筆者研究「家庭法律社會學」的發現與心得，分享家庭、法律、社會的三角框架所裱褙的多元多彩在地圖像。

1 關於「法律動員」之台灣實踐，請參考官曉薇，婚姻平權與法律動員——釋字第七四八號解釋前之立法與訴訟行動，臺灣民主季刊，十六卷一期，頁一～四四，二〇一九年三月。

2 她用自由換來一部保護家庭所有人的法律——鄧如雯案，故事，二〇二一年九月六日，https://storystudio.tw/article/gushi/dengruwen-kill-husband（最後瀏覽日：二〇二二年八月十日）。致台灣家暴防治法先驅、和我們並肩作戰的神隊友——高鳳仙監察委員，現代婦女基金會，二〇二一年六月二十六日，https://pse.is/4sthjh（最後瀏覽日：二〇二二年八月十日）。

3 神壇應取締，慈光山資訊網，https://www.zgs.org.tw/indexdetail.php?pid=94&sid=183&cid=1069（最後瀏覽日：二〇二二年八月十日）。

4 政院通過精神衛生法修正草案．中央地方合作共同鞏固社會安全網，行政院，https://www.ey.gov.tw/Page/9277F759E41CCD91/d7012a01-cea9-4624-bce7-6d4938e00f99（最後瀏覽日：二〇二二年八月十日）。

5 筆者當時因該案受邀參加數次政府及市議員舉辦的研討會，在此分享個人觀察：對於五個幼子遭母親推入海中溺斃，台灣公共論壇關注的主要議題皆圍繞在精神疾病及民間信仰，針對「兒童保護」，只有「社工到底做了什麼」的討論與斥責，筆者在當時所提出之「兒童生命權」論述，並未受到關注，也沒有市民團體為該案發聲。隔年（一九九三）《兒童福利法》即作了大幅度修正，但其法律動員力量來自兒童福利聯盟以及律師公會提出整部法律的修正草案對政府施壓。

6 全國法規資料庫／立法院法律系統，https://lis.ly.gov.tw/lglawc/lawsingle?0^03030C030C600C03030C0397600C43234D030E604C33834D430C（最後瀏覽日：二〇二三年三月二十九日）。

7 全國法規資料庫／立法院法律系統，https://lis.ly.gov.tw/lglawc/lawsingle?0^03030C030C600C03030C0397600C33230D030E604C1353CD130C（最後瀏覽日：二〇二三年三月二十九日）。

8 該法第十九條第一項：「本法自公布後三年施行。」

在台灣推動家庭法律社會學的生活當下

家庭法律社會學在台灣的在地發展，多源且多元。本章以筆者作為一個讀書人及社會運動者的觀察與紀錄，分享三十多年來收集整理的家庭法律社會學在地圖像繪本。也希望藉此邀請更多人加入研究教學，讓「家庭法律社會學」成為耳熟能詳、卻具有多種面貌及內涵的教研領域。筆者自一九九〇年代撰寫博士論文期間，開始使用「Sociology of Family Law」（家庭法律社會學）相關論述，分析台灣「賣女為娼」的法社會議題。一九九四年底論文口試通過之際，正值台灣市民社會從事「雛妓防治法」立法行動，立法院並於一九九五年通過施行《兒童及少年性交易防制條例》。因此在接獲出版博士論文之邀約時，筆者改寫整本論文後方才出版。[9] 該書所指的「children」，仍以「賣女為娼」的權利主體「未成年女兒」為主，以述台灣偏鄉女兒遭受性剝削的故事，論述「賣女為娼」在台灣的法社會意涵，並批判《民法》、《刑法》、《少年事件處理法》乃至《兒童及少年性交易防制條例》在定義及處置「賣女為娼」的價值體系及法律極限。[10]

另一方面，筆者於一九九四年底返台後，受邀擔任「台灣終止童妓協會」的祕書長。基於筆者的專長以及協會的支持，我們開始聯合市民社會推動《聯合國兒童權利公約》，並成功將公約精神及內容轉化為國內法。[11] 一九九五年二月，筆者開始於國立中正大學法律學系任教，同時開設「民法親屬繼承」以及「法律社會學導論」兩門大學必修科目，並在學界行踐行一貫的軟性社會運動，[12]開始逐步引介「家庭法律社會學」。首先，基於民事法及其訴訟上「未成年子女」相對於「父母」的從屬地位，筆者嘗試建立親屬法教學研究上，以未成年人為「法律主體」的價值體系。[13]在一九九九～二〇〇〇年（承受人工生殖之苦三年後）

9 Amy Shee, Legal Protection of Children Against Sexual Exploitation in Taiwan-Sociolegal Perspective (London: Routledge, 1999).

10 施慧玲，從福利觀點論我國少年事件處理法之修正，月旦法學雜誌，四十期，頁六〇～六九，一九九八年八月；施慧玲，少年非行防治對策之新福利法制觀——以責任取向的少年發展權為中心，中正大學法學集刊，創刊號，頁一九九～二三一，一九九八年七月；施慧玲，兒童及少年性交易防制條例之立法意義與執法極限，律師雜誌，二二二期，頁三八～五〇，一九九八年三月；施慧玲，論我國兒童少年性剝削防治立法——以兒童少年福利保護為中心理念之法律社會學觀點，中正大學法學集刊，二期，頁四五～七五，一九九九年七月。

11 施慧玲，我國兒童福利法對兒童權利公約之實踐情形簡介，終止童妓，二期，頁四～一三，一九九五年；施慧玲，論我國兒童人權法制之發展——兼談落實「聯合國兒童權利公約」之社會運動，中正大學法學集刊，十四期，頁一六九～二〇四，二〇〇四年一月。

12 就是我做我想做的，不強迫任人接受，但是一直堅持做下去。

13 施慧玲，父母懲戒權之行使與兒童之教養保護——從台北地方法院檢察署八十四年偵字第二三二〇五號不起訴處分書談起，律師通訊，二〇一期，頁九～二〇，一九九六年六月；施慧玲、高亘瑩，論「個人權益模式」之身分法教學體系——大學民法親屬課程的另一種嘗試，律師雜誌，二七八期，頁六三～七四，二〇〇二年十一月；施慧玲、張旭政，論國家介入親權行使之法理基礎——以兒童人權為中心價值的論證體系，二〇〇二年人權報告，二〇〇三年。

間的懷孕期間，挺著先生與孩子給我的信心，以六萬餘字的教授升等論文[14]，論述「家庭法律社會學」的在地發展可能性。

當孩子在腹中安睡時，我接收到一股莫名的勇氣（應該說是「傻氣」），於是以「家庭法」代替教科書上的「親屬法」及「身分法」；以「法律社會學」滲透「概念法學」及「註釋法學」的學術主流，膽大包天地寫了「論我國家庭法之發展與研究——一個家庭法律社會學的觀點」[15]。在順利升等為教授之後，就自以為是地藉由「引薦家庭法律社會學的知識殿堂」[16]系列文章，建立議題取向的「家庭法律社會學」論述模型，並於此後的二十年間，信手捻來地撰寫「家庭法律社會學」大小文章：學生轉述的父母佳句、馬路上奔馳的機車一家人、超市裡吵著買玩具書的孩子、九二一大地震的孤子成長報導、疫情時代的宅老人、公園裡獨自曬太陽的長輩，都會帶動我的寫作動機。家庭中的愛情、親情關係，與社會脈動交織的每一個圖像，看在法律學者眼裡所產生的有感或無感，都是「家庭法律社會學」的教研素材。

本章所定位之「家庭法」，以我國《民法親屬編》為基礎規範，因個人權益保障的法社會發展趨勢，逐漸涉及關於男女／兩性／性別平權、兒童少年發展、身心障礙照護、老人尊嚴保障等等議題的法規。「法律社會學」在我的教學講義上，定義為：「應用社會學科相關理論與社會調查方法，觀察、分析、評論法律在制定修正或解釋適用上與政治、經濟、文化、歷史、宗教等社會結構因素間的互動關係，進而論證法律之價值、功能與極限，並展望法律進化之學。」「家庭法律社會學」則從一個人出生到可能發生的婚姻及親子關係，詮釋「子女／兒童少年最佳利益」以及「男女／兩性／性別平等」[17]原則的法制與實踐內涵，再論及支持夫妻親子核心家庭功能的監護、扶養、家、親屬會議，乃至繼承等《民法》及特別法規範，整合描繪家庭、社會、法律的互動關係，並定義「家庭法律社會學」為：應

14 施慧玲，論我國民法親屬編之修正方向與立法原則——由二十世紀的成果展望二十一世紀的藍圖，中正大學法學集刊，三期，頁一六三～二二一，二〇〇〇年七月。

15 施慧玲，論我國家庭法之發展與研究——一個家庭法律社會學的觀點，政大法學評論，六十三期，頁二三九～二六九，二〇〇〇年六月。

16 施慧玲，家庭法律社會學：第一講——引薦家庭法律社會學的知識殿堂，月旦法學教室（特別連載），七期，頁一三九～一四五，二〇〇三年五月。施慧玲，家庭法律社會學：第二講——家庭菸害防治，月旦法學教室（特別連載），九期，頁一一二～一二一，二〇〇三年七月。施慧玲，家庭法律社會學：第三講——一夫一妻制，月旦法學教室（特別連載），十一期，頁八七～九七，二〇〇三年九月。施慧玲，家庭法律社會學：第四講——婚姻暴力防治，月旦法學教室（特別連載），十三期，頁九四～一〇四，二〇〇三年十一月。施慧玲，家庭法律社會學：第五講——子女本位之親子法，月旦法學教室（特別連載），十六期，頁一〇五～一一三，二〇〇四年二月。

17 《民法親屬編》在民國七十四年第一次修正時，將實質的「男女平等原則」列為主要法制原則；八〇年代蓬勃發展的兩性平權運動，將「先做人、再做男人或女人」的「性別平等」落實在法律中（如：性別工作平等法）；近年的同志運動則挑戰「一個人必定是男或女」以及「異性戀才正常」的傳統觀念，並帶動大法官解釋及相關法律的制定、修正。

用法律社會學之理論或實證方法，觀察或評論家庭法之價值體系、法制內涵以及執行效果的法學方法與學門。[18]

家庭法律社會學之定義與研究範圍

我國植基於大陸法系之親屬法及《家事事件法》：由婚姻、親子、監護、扶養，乃至家庭及親屬會議，規範親族關係之成立、變動及終止與紛爭解決機制。相較之，源於英美的「家庭法」（Family Law），乃以現代核心家庭之夫妻及親子關係為規範領域，依本性質各異之家庭議題而各別訂立法律，至於身心障礙者或年長者之個人權益保障議題，則是與家庭法平行各立的法制範疇。[19]二者相較之，在我國法作為《民法親屬編》基本規範的夫妻財產制，在英國即由一部《已婚婦女財產法》（Married Women's Act）規範；而作為英美家庭法主要內涵的婚姻暴力（domestic violence）及兒童虐待（child abuse）規範，在我國則另訂特別法，包括《家庭暴力防治法》、《兒童少年福利及權益保障法》、《性侵害犯罪防治法》中相關規定。

本章論述之家庭法，以「父母及未成年子女」組成的核心家庭[20]為中心概念，從《民法親屬編》關於親子關係成立的「婚生性」及「收養」規範開始，到親權行使，向外擴展到支持核心家庭功能的監護、扶養、家、親屬會議；再輔以針對特定議題規範的特別法部分規定，例如：《人工生殖法》或《優生保健法》對於成立親子關係的規定；《兒童及少年權益及福利保障法》、《少年事件處理法》、《家事事件法》、《教育基本法》、《強制入學條例》、《兒童及少年性交易防制條例》、《性別工作平等法》有關兒童少年享有家庭保護教養權益的規定及執行。所謂法律，除法律條文外，尚包括大法官解釋、法院裁判、福利行政，乃至市民團體及社福機構執行法定權責的效果。

「法律社會學」定義為：應用社會學科相關理論與社會調查方法，觀察、分析、評論法律在制定修正或解釋適用上，與政治、經濟、文化、歷史、宗教等社會結構因素間的互動關係，進而論證法律之價值、功能與極限，並展望法律進化之學。「家庭法律社會學」則是應用「法律與社會」的研究視野或方法，觀察、評析法律對於家庭中個人權益與身分關係的規範與執行，並探究、批判立法價值或社會實踐的多元樣貌。

18 施慧玲，家庭法律社會學論文集，台北：元照出版，二〇〇四年九月。

19 Attorney A.J. Eddy, How to Address Family Conflicts Concerning Caregiving for Aging Parents, July 15, 2019, https://www.andlaw.com/how-to-address-family-conflicts-concerning-caregiving-for-aging-parents/, 20211220; Find Law, Caring for Ageing Parents, 2021, https://www.findlaw.com/elder/elder-care-law/caring-for-aging-parents.html, 20211223; Families Europe, The Family Dimension of the United Nations Convention on the Rights of Disabled Persons, 2022, https://coface-eu.org/wp-content/uploads/2016/12/Factsheet-UNCRPD.pdf, 20211205.

20 此指家庭，請依《司法院釋字第七四八號解釋施行法》施行意旨理解之。

隨著「家庭」法社會概念的演變，應用「法律與社會」論證模式描繪家庭成立、變動與解消之圖像，也出現多元面貌。例如：從法律與社會互動論[21]，觀察「法律作為改變社會的工具」（如：《民法》建置法定夫妻財產制度）以及「法律反映社會現實」（如：《民法》監護制度因應高齡社會的發展而修正）的雙向發展，藉以論述法律的功能[22]與極限[23]。

從立法目的之更迭也可以觀察法律與社會的互動關係。一九九八年《家庭暴力防治法》甫通過之際，第一條明示：「促進家庭和諧」的施行意旨，但在實務上造成核發保護令可能妨礙家庭和諧之疑慮，因此在施行八年後的第一次修正，刪除該立法目的。[24]二〇〇〇年制訂的《緩和醫療條例》，從臨床經驗窺見家庭倫理中對於死亡與孝道的拉扯；[25]《病人自主權利法》從二〇一六年制定到二〇一九年施行，花費三年的時間讓人民對於「尊嚴善終權利又向前邁一大步」，[26]惟在施行上，家庭關係不僅在「預立醫療照護諮商」面對重大挑戰，[27]在病人自主決定的執行上更滋生家庭親情與醫療專業的對抗。[28]在這樣的社會氛圍下，《尊嚴善終法》的一讀通過，[29]將會是值得家庭法律社會學研究的重要議題。

關於長者權益的法律保障，也在在影響家庭關係。從《民法》成年監護制度的發展，到《老人福利法》、《長期照顧服務法》之修正或增訂，皆以「維護人格／人性尊嚴」及「反映社會需求」為主要立法理由。《民法親屬編》（意定監護）部分條文修正草案總說明明示：「鑑於我國目前已屬高齡化社會，……須有更完善的成年監護制度，惟現行成年人監護制度……無法充分符合受監護人意願；而意定監護制度，……使本人於意思能力喪失後，仍然可依其先前之意思自行決定未來的監護人，較符合人性尊嚴及本人利益……」此與二〇一五年《老人

21 June Louin Tapp & Felice J. Levine, *Legal Socialization: Strategies for an Ethical Legality*, 27 Stan. L. Rev. 1, 1-72 (1974).

22 M. S. Hamilton & George W. Spiro, The Dynamics Of Law (London: Routledge, 2008).

23 A. Allott, The Limit Of Law (London: Butterworths, 1980).

24 其刪除理由謂：「本法主要目的在於防治家庭暴力行為、保護遭受家庭暴力之被害人人身安全及保障其自由選擇安全生活方式與環境之尊嚴，至於促進家庭和諧並非本法主要目的，爰予修正刪除。」引自《家庭暴力防治法》修正草案三讀通過條文對照表（九十六年三月五日），資料來源：https://jirs.judicial.gov.tw/GNNWS/NNWSS002.asp?id=7079（最後瀏覽日：二〇二二年五月十日）。

25 陳秀丹，從「安寧緩和醫療條例」修法 看呼吸器的撤除或不給予，台灣安寧照顧基金會，https://www.hospice.org.tw/content/2055（最後瀏覽日：二〇二二年五月一日）。

26 病人自主權利法明年上路，衛福部公布配套辦法，衛生福利部，https://www.mohw.gov.tw/cp-16-44221-1.html（最後瀏覽日：二〇二二年五月二十二日）。

27 預立醫療照護諮商／去年試辦共收兩百四十件．與家屬溝通最不易，台灣安寧照顧基金會，https://www.hospice.org.tw/content/1861（最後瀏覽日：二〇二二年四月二十五日）。

28 常佑康，病人自主．發生爭議怎麼辦？，康健雜誌，https://www.commonhealth.com.tw/blog/3094（最後瀏覽日：二〇二二年四月二十八日）。

29 立法院第九屆第八會期第七次會議議案關係文書：院總第一一五五號委員提案第二三六一五號，資料來源：https://lci.ly.gov.tw/LyLCEW/agenda1/02/pdf/09/08/07/LCEWA01_090807_00021.pdf；王志誠、周貞伶，尊嚴善終法立委力促三讀，台灣新生報，https://pse.is/4tlk79（最後瀏覽日：二〇二二年五月二十二日）。

福利法》修正第一條之立法目的一氣呵成：「維護老人尊嚴與健康，延緩老人失能，安定老人生活，保障老人權益，增進老人福利。」而二〇一九年《長期照顧服務法》第一條也明訂該法乃為：「保障接受服務者與照顧者之尊嚴及權益。」若考慮台灣社會針對長者照護的家庭價值變動，對應《民法》對於長年子女扶養義務的減免以及《老人福利法》第四十條之一以及第四十一條的增修，對照實務上年長父母對於子女表達孝心的殷殷期盼，應可透過實證研究或敘事分析，了解法律的社會實境。

在法律與社會間的家庭價值變動

現代家庭法的基本法制原則，自《民法親屬編》制定初，即以男女平等及子女利益為兩大指標。經過一個世紀的法律與社會互動，男女平等原則對於家庭關係的影響，從《民法親屬編》的修正，到《兒童及少年福利及權益保障法》、《少年事件處理法》及《兒童及少年性剝削防制條例》等強化親職之規定，以及《家庭暴力防治法》、《性侵害犯罪防治法》、《性別工作平等法》，乃至《大法官釋字七四八號解釋施行法》等保障兩性平等及性別正義的規定，在在展現台灣家庭價值的變動與法律間的互動關係。[30]

社會問題立法研究，從一個事實的存在、發現、意識、道德危機、承認、定義、傳播、公共辯論、問題解決方案，直到立法與執法的過程，觀察一個現象（如：毆妻）如何因特定事件而產生社會道德危機意識（如：鄧如雯殺夫案），在傳媒透過意見領袖散播多樣資訊後，經由專家意見的彙整做出問題定義（婚姻暴力），進而通過並執行法律（《家庭暴力防治法》）。[31] 同樣的方法可用以觀察分析梁秋如案對於刪除《民法》第一〇八九條父權條款的影響。相較於一九九一年呂美鳳溺子案[32] 以制定《精神衛生法》收尾，二〇一六年的小燈泡事件[33] 則引發台灣社會對於母職的強烈關切。[34]

---

30 陳昭如，寧靜的家庭革命，或隱身的父權轉型？論法律上婚家體制的變遷，近代中國婦女史研究，三十四期，頁二五五～二六八，二〇一九年十二月；Hsiao-Tan Wang, What Can Legal Feminism Do?—The Theoretical Reflections on Gender, Law and Social Transformation（英美女性主義法學之回顧與展望——性別、法律與社會變遷），歐美研究，三十四卷四期，頁六二七～六七三，二〇〇四年；施慧玲，民法親屬編之理想家庭圖像——從建構制度保障到寬容多元價值，月旦民商法雜誌，十七期，頁一九～三八，二〇〇七年九月。

31 台灣法實證研究資料庫，鄧如雯案，資料來源：https://pse.is/4tre74（最後瀏覽日：二〇二二年五月十三日）。

32 請參考：一九九一年八月二十七日，台灣中國時報第七版，有一則標題為「媽媽，妳怎麼忍心淹死我們？」，引自https://www.zgs.org.tw/indexdetail.php?pid=152&sid=183&cid=1069（最後瀏覽日：二〇二二年四月二十八日）。

33 相關新聞請參考https://pse.is/4tae6h，最後瀏覽日：二〇二二年四月二十八日。

34 陳盈螢，【專業媽媽參政3】小燈泡媽媽王婉諭：藉倡議行動，與悲傷一起生活，親子天下，https://www.parenting.com.tw/article/5081023（最後瀏覽日：二〇二二年五月四日）。

偏差行為入刑之社會學研究[35]結合懷疑主義（skepticism），質疑一個入刑（criminalization）的偏差行為（如：通姦），究竟對誰而言是偏差（配偶？執法者？）、就何而言是偏差（風化？公共利益？）、對誰造成問題（家人？公眾？）、誰決定（民意？立法者？），以及為什麼（違法有責？刑罰正當性？），從而析述該行為除罪的可行性與正當性（如：通姦除罪化[36]）。近年來研究者、市民組織與司法界共同推動的「修復式正義」（Restorative Justice，或譯：修復式司法），主張處理犯罪的重心不只是懲處或矯治，而應強調「社會關係」的修復，兼顧當事者的權利及尊嚴，促使個人、團體與社區已損壞的關係得以在溝通與補償之間逐漸修復，並減少專業主義的介入。[37]同樣的思維，也影響家庭紛擾的司法爭訟本質，使訴外爭端解決（alternative dispute resolution, ADR）機制漸被家事程序採用、進而重用，不論是婚姻暴力、兒童虐待，或是離婚爭執、親權搶奪，都從對立訴訟漸而轉化為非訟、調解、商談，以「修復」作為法律程序的驅動目標。[38]

系統分析論[39]觀察法律修正的社會結構循環系統，從一個「無法接受的情境（如：大陸人民來台重婚）開始，梳理其所引發的專業評論、社會公眾反應、司法裁判與解釋（如：釋字二四二號解釋），探究其所導致之法律制定或修正（如：《民法》、《兩岸人民關係條例》），以及為執行新法而配合增修的政府結構，亦因而產生新的權利與義務。新法在執行一段時間後，除將改變社會價值（及家庭觀念），也將逐漸累積產生另一個「無法接受的情境」（如：無效／得撤銷之兩願離婚／裁判離婚後的重婚），回到系統原點並再次循環。如此的循環一方面顯示社會婚姻家庭觀念的轉變，另一方面也反映家庭法的價值變動。

大法官為維護人民權益而做成的釋字三六五號（維護男女平等兼顧子女利益），釋字二四二、三六二、五五二號（一夫一妻制度），釋字五五四、七九一號（通姦除罪），以及釋

---

35 D. Downes & P. Rock, Understanding Deviance: A Guide To The Sociology Of Crime And Rule-Breaking (Oxford: Oxford University Press, 1982); H. Becker, Outsiders: Studies In The Sociology Of Deviance (New York: Free Press, 1973).

36 參見大法官釋字七九一號解釋文及理由書。並請參考 Tiffany Hsiao, The One Not Loved Is the Other Man/Woman? A Perspective on the Decriminalization of Adultery Based on Judicial Interpretation No. 791 (Taiwan), LEXOLOGY, 2020, https://pse.is/4tcnu4（最後瀏覽日：二〇二一年十二月十二日）。

37 謝如媛，修復式司法的現狀與未來，月旦法學雜誌，一一八期，頁四一～五一，二〇〇五年二月；J. Braithwaite, *Restorative Justice and De-Professionalization*, 13(1) The Good Society 28, 28–31 (2004)。

38 Heather Strang & J. Braithwaite, Restorative Justice And Family Violence (Cambridge: Cambridge University Press, 2002); Center for Justice and Reconciliation, Restorative Practices Are Being Used to Address Family Conflict and Dysfunction, 2011, http://restorativejustice.org/restorative-practices-and-families/#sthash.xaGcROiA.dpbs（最後瀏覽日：二〇二二年一月十日）；鄧學仁，家事調解現制及實務運作——從涉及未成年子女事件中合作律師之重要性，全國律師，二十五卷八期，頁一〇七～一一九，二〇二一年八月；謝如媛，少年修復式司法的批判性考察——從少年的最佳利益到利益衡平？，政大法學評論，一五二期，頁一二五～一八六，二〇一八年三月。

39 J.P. Vanyo, *Dynamics of the Legal Process and Environmental Law*, 10 California Trial Lawyers Journal 44, 44-50 (1971).

字五八七號（兒童為親子法權利主體）和釋字七四八號及施行法（性別平等及同性婚姻自由）等等司法解釋，進而成就法律的增修與相關法社會機制的建立。近年來，《民法》及其特別法或程序法針對家事事件處理、夫妻分居、減免扶養義務、成年（意定）監護、強制親職教育等議題式修正的理念辯論，更彰顯「家庭」圖像在台灣法社會的多元更迭。

從大法官釋字二四二、三六二號到五五四號解釋開宗明義：「婚姻與家庭為社會形成與發展之基礎，受憲法制度性保障」，尤其可見基於合法婚姻所建立之父母與未成年子女的「家庭」，是我國法律必須合憲保障的社會制度。[40] 兩性平等權促使大法官就同性婚姻做出釋字七四八號解釋，立法院並回應市民運動訴求，創設新的立法體制，針對該號解釋制定施行法。

本土社會的家庭法演變實像

從一九八六年解嚴後第一波社會運動開始，台灣婦女人權的推進就深受國際人權思維影響，在台灣社會日漸正視女性權益的同時，妻的家庭地位也從與夫抗衡到平等分工。[41] 在社會立法行動中帶領發聲的女性學者（如：馮燕、陳惠馨、陳若璋、王麗容、周月清）及實務家（如：尤美女、王清峰、高鳳仙、羅瑩雪、王如玄），[42] 從主導以核心家庭之男女平等及子女利益為法制原則的修正開始，歷經《兒童福利法》修正及《兒童及少年性交易防制條例》、《家庭暴力防治法》、《性侵害犯罪防治法》、《性別工作平等法》、《性別平等教育法》的制定，到二〇〇〇年修正因應九二一大地震而修正《民法》未成年子女監護規定等等，為台灣邁向人權立法的家庭規範，立下穩固的根基。其間，家事事件中的子女利益，也從爭取母權的主要籌碼，逐漸轉化為子女本位的兒童少年權益。[43]

基於台灣的特殊國際政治經濟地位，全球人權法對於台灣家庭規訓的影響也不容小覷。[44]

40 Li-Ju Lee, *The Constitutionalization of Taiwanese Family Law*, 11 NTU L. Rev. 273, 273-332 (2016).

41 陳昭如，改寫男人的憲法：從平等條款、婦女憲章到釋憲運動的婦運憲法動員，政治科學論叢，五十二期，頁四三～八八，二〇一二年六月。

42 顧燕翎，台灣婦女運動：爭取性別平等的漫漫長路，台北：貓頭鷹，二〇二〇年一月。

43 施慧玲，家庭法律社會學：第五講——子女本位之親子法，月旦法學教室，十六期，頁一〇五～一一三，二〇〇四年二月。

44 Amy H.L. Shee, *Impact of Globalisation on Family Law and Human Rights in Taiwan*, 2(2) NTU L. Rev. 21, 21-69 (2007)。本文從國內立法行動者接受國際人權法制的薰陶，再到相關立法運動引進國際人權法，有詳細的描述。

當兩公約[45]、CEDAW[46]、《兒童權利公約》[47]、《身心障礙者權利公約》[48]等國際人權法，因制定施行法而得以「全球在地化」（global localization, glocalization）[49]之後，全球人權法便由上而下，從政策、法律到社會，制約家庭關係、維護個人在家庭中的權益，如弱勢配偶的實質平等、未成年子女的最佳利益、高齡長者的人格尊嚴等；反之也由下而上，引發個人權利意識的覺醒，從而改變家庭權力結構，翻新家庭的法社會圖像，如同性伴侶婚姻權[50]、由親權到親職的子女保護教養[51]、老人照護的國家責任[52]等。《消除對婦女一切形式歧視公約》（CEDAW, 1979）和《兒童權利公約》（CRC, 1989）等重要國際人權法的內國法化，也促使性別平等以及兒童少年本位的人權保障立法。《兒童權利公約》更為釋字五八七號解釋理由書開場，宣示子女權益本位的法律原則。從一九八五年《民法親屬編》的整體修正即見端倪，一九九三年修正的《兒童福利法》建立早期療育、保護安置等確立親職責任的制度，一九九五年施行的《兒童及少年性交易防制條例》、一九九六年《民法親屬編》親權部分條文修正、一九九七年《少年事件處理法》修正等等，在在強化國家對於現代核心家庭中父母親職的責任本質。

在「聯合國永續發展目標」（Sustainable Development Goals 2030）成為國家主導的政策推動[53]後，其所列十七個永續發展目標，也在由中央到地方的確實執行下，影響家庭生存及維護所需資源，並牽動弱勢家庭及個人的地位、生活、教育、勞動等權益保障，影響配偶及親

子關係。[54]目標十六強調由強而有力的機制維護和平且正義的社會，目標十七則強調多方關

---

45 參考國家人權委員會網站：https://nhrc.cy.gov.tw/News.aspx?n=366&sms=8992（最後瀏覽日：二〇二二年一月十日）。

46 參考行政院性別平等會網站：https://gec.ey.gov.tw/Page/FA82C6392A3914ED（最後瀏覽日：二〇二二年一月十日）。

47 參考ＣＲＣ資訊網：https://crc.sfaa.gov.tw/?AspxAutoDetectCookieSupport=1（最後瀏覽日：二〇二二年一月十日）。

48 參考身心障礙者權利公約專網：https://crpd.sfaa.gov.tw/（最後瀏覽日：二〇二二年一月十日）。

49 H.H. Khondker, *Glocalization as Globalization: Evolution of a Sociological Concept*, 1(2) Bangl J Sociol (2004); V. Roudometof, Glocalization: A Critical Introduction (London: Routledge, 2016).

50 官曉薇、陳宜倩、蘇彥圖、秦季芳、陳竹上、劉靜怡、涂予尹、吳豪人、翁燕菁、孫迺翊，憲法上婚姻家庭之制度性保障不應排除同性伴侶及其家庭，拒絕同性伴侶締結婚姻有害同性家庭子女之權益——法律學者法庭之友意見書，月旦法學雜誌，二六四期，頁一二三～一三九，二〇一七年四月。

51 沈瓊桃，離婚過後、親職仍在：建構判決離婚親職教育方案的模式初探，臺大社會工作學刊，三十五期，頁九三～一三六，二〇一七年六月；鄧學仁，家事調解現制及實務運作——從涉及未成年子女事件中合作律師之重要性，全國律師，二十五卷八期，頁一〇七～一一九，二〇二一年八月。

52 孫迺翊，民法扶養義務與老人福利法第四十一條保護安置費用償還之適用問題——簡評最高行政法院一〇一年度判字第五六二號判決，月旦裁判時報，六十六期，頁五～一六，二〇一七年十二月。

53 參考行政院國家永續發展委員會全球資訊網：https://nsdn.iweb6.com/（最後瀏覽日：二〇二二年一月十日）。

54 陳奕安，SDGs是什麼？SDGs懶人包一次掌握十七項永續發展目標，親子天下，https://www.parenting.com.tw/article/5091099（最後瀏覽日：二〇二二年一月十日）。

係人的跨域合作以及公私共營的夥伴關係，兩者交互實踐上，國家維護家庭的制約力，也漸漸脫離公權力介入私領域的身分法規範，[55]個人家庭權的法律保障，有了更多社會契約的正當性基礎。

本世紀全球對於高齡化社會的關注，從聯合國制定的相關綱領、宣言，[56]乃至針對「老人權利公約」的熱烈討論，[57]到跨國學界與實務界對於家庭法社會議題的關注，[58]都為台灣社會急速高齡化的長者人權法制浪潮推波助瀾。[59]台灣學者不論在國內著作或國際發表上，多以《身心障礙者權利公約》（施行法）論述台灣高齡社會的立法與實踐。[60]二〇一五年修正的《老人福利法》，將「維護老人尊嚴」、「保障老人權益」新增為立法目的（第一條），並回應市民團體的訴求，確立「老人照顧服務應依全人照顧、在地老化、健康促進、延緩失能、社會參與及多元連續服務原則」（第十六條）。依「民法親屬編（意定監護）部分條文修正草案總說明」，二〇一九年五月二十四日立法建置的意定監護制度，乃為尊重「受監護人意願」，以「符合人性尊嚴及本人利益」。[61]再觀從二〇〇〇年施行的《安寧緩和醫療條例》，歷經二〇一六年初公布的《病人自主權利法》（公布後三年施行），[62]再到二〇一九年十一月一日完成一讀的《尊嚴善終法》草案，雖權利主體雖不僅為老人，卻也明顯反映高齡社會對於生命「最後一哩路」，對於法律保障人格尊嚴的期待。[63]

55 施慧玲，家庭、法律、福利國家——現代親屬身分法的主要研究課題，載：家庭・法律・福利國家——現代親屬身分法論文集，頁一～三四，二〇〇一年二月。

56 重要者有：老人綱領（Principles for Older Persons, 1991）、老化宣言（Proclamation on Ageing, 1992）；老齡權利宣言（Declaration of the Rights of the Elderly, 1992）等。

57 HelpAge International, Strengthening Older People's Rights: Towards a UN Convention, https://social.un.org/ageing-working-group/documents/Coalition%20to%20Strengthen%20the%20Rights%20of%20Older%20People.pdf（最後瀏覽日：二〇二二年一月十日）。

58 M.W. Riley, *The Family in an Aging Society: A Matrix of Latent Relationships*, 4(3) J. Fam. Issues 439, 439-454 (1983); H. Vinarski-Peretz, & D. Halperin, *Family Care in our Aging Society: Policy, Legislation and Intergenerational Relations*, J. Fam-Econ. Issues 1, 1-17 (2021).

59 施慧玲，從「交易安全」到「尊嚴老化」的成年監護法——台灣法社會的人權挑戰，載：蘇永欽教授祝壽論文集（第三卷），二〇二二年一月。

60 黃詩淳，從身心障礙者權利公約之觀點評析台灣之成年監護制度，月旦法學雜誌，二三三期，頁一三六～一五二，二〇一四年十月；戴瑀如，由聯合國身心障礙者權利公約——論我國成年監護制度之改革，載：高齡化社會法律之新挑戰：以財產管理為中心，頁一〇一～一二一，二〇一四年二月；Sieh-Chuen Huang, *Adult Guardianship in Taiwan: A Focus on Guardian Financial Decision-making and the Family's Role*, 9 J. Inter. Aging-L. & Pol.127, 127-150 (2016).

61 「民法親屬編（監護）部分條文修正草案總說明」以及「民法親屬編（意定監護）部分條文修正草案總說明」。

62 張麗卿，病人自主權利法——善終的抉擇，東海大學法學研究，五十期，頁一～四七，二〇一六年十二月。

63 江玉琳，人性尊嚴與人格尊嚴——大法官解釋中有關尊嚴論述的分析，月旦法學教室，二十期，頁一一六～一二三，二〇〇四年六月；陳鈺雄，尊嚴死的權利：論病人自主權利法，東海大學法學研究，五十五期，頁一～三六，二〇一八年七月；關於人性尊嚴請參照：江玉琳，人性尊嚴的移植與混生——臺灣憲政秩序的價值格局，月旦法學雜誌，二五五期，頁六四～七四，二〇一六年七月。

家庭、社會、法律間的生命經驗——以「長者人權門診」為例

國立中正大學與大林慈濟醫院失智症中心（以下稱「中心」）基於合作協議，結合醫療與法律專業，組織「長者人權門診」跨領域團隊，服務向中心提出需求之家庭，以人權保障為基本理念，維護長者尊嚴並提升其生命存在價值。「長者人權門診」採雙軌模式：一是由醫療團隊轉介個案給中正大學團隊，由筆者負責邀集個案需要之專業者（如律師、社會工作者、地方政府行政人員、保險師等），定期於大林慈濟醫院進行「長者人權門診」，醫療與法律團隊於門診前後召開個案討論會議，共同研商個案之可行處理方式。另一是由法律團隊派員參加醫療團隊之社區服務，於服務中接受長者及其照顧者之個案諮詢，由醫療與法律專業者一起回應個案需求，提供法律、社會福利、照顧資源等綜合建議，同時由個案管理師協助整理個案的失智症狀、家庭照顧資源、諮詢問題與專業團隊回應。

長者人權門診於二〇一九年開辦，綜合服務經驗發掘與失智者有關的人權議題。以下為兩則統整了個案需求與專業團隊諮詢意見之具體個案分享。

【案例一】

個案概況：茂伯是位八十九歲的輕度失智症長輩，平常與兒子媳婦及外籍看護同住照

顧。媳婦表示阿公會懷疑她偷錢、在食物中下毒要害他，也會抱怨外籍看護不煮飯給他吃，與同住家人子女關係不睦，但與非同住的乾女兒關係良好。據媳婦描述，乾女兒時常於探望阿公時向他拿錢，因此擔心個案因失智症導致處理金錢判斷能力下降，會被乾女兒持續騙財。

諮詢議題：家屬欲詢問是否有方法介入處理茂伯的財務問題？避免因失智被詐取錢財。

人權門診服務過程：本案諮詢問題由長者媳婦提出，且門診當天個案媳婦表示個案不願出門，僅由她出席諮詢。本團隊先聽取個管師就長者身心健康及照顧狀況之報告，交換意見。開診當天僅媳婦出席，表達茂伯子女希望阻止茂伯浪費金錢甚或遭其乾女兒詐騙的問題。團隊做成紀錄後，召開個案討論會決定做法，隨即由醫師帶領進行家訪（居家醫療）。團隊發現茂伯獨居，有位街坊鄰居都認識的乾女兒，她每天都來陪茂伯數小時，還常常共餐，偶而茂伯會帶乾女兒去逛街買個幾萬元的包包。茂伯很驕傲地拿了七位數字的存款簿給團隊看，還說兒子媳婦平日都不回來探望他，每三個月茂伯要到醫院回診拿藥才回家，去醫院看診時就會試圖「騙走」他的存款簿，說是怕他的乾女兒把錢都騙走。

經醫師診斷，茂伯尚處於輕度失智階段，日常生活都可以自理，因此決定尊重他自己的財務規畫，再利用醫院回診的機會關心他的金錢支出狀況。另一方面，團隊也訪談茂伯的乾女兒，明示但客氣地讓她知道：茂伯的財務狀況已有法律團隊協助處理，並先協助促使茂伯回收先前借給乾女兒的十萬元。在回覆兒子與媳婦的諮詢上，團隊以專業背景勸說其打消上法院聲請輔助宣告的打算，並要求自此以後每個月到醫院回診都帶著茂伯，團隊並會透過定期居家醫療提供必要專業諮商。

由此個案可知，「長者人權門診」與一般法律服務全然不同。在茂伯的失智症達到法律上應聲請輔助或監護宣告之時，團隊持續以茂伯之尊嚴及人權維護為核心理念，協助處理醫療與法律問題。

【案例二】

個案概況：張婆婆七十九歲，本案由其小女兒陪同到醫院要求安排失智檢查。據小女兒所述，張婆婆的二女婿曾帶她到外縣市醫院就診，並引導張婆婆「佯裝」嚴重失智，以取得巴氏量表進而獲得聘請外籍看護的資格。其後外籍看護雖與張婆婆同住，但其工作為照顧孫子女，張婆婆為此與二女兒及女婿關係日漸不睦。近日張婆婆小女兒得知該二女婿打算以先前至外縣市就醫的失智診斷證明，向法院聲請張婆婆的輔助／監護宣告。小女兒告訴團隊張婆婆為此嚴重焦慮，沒想過會「假失智成真失智」，因此藉由就醫之便請求醫師開診斷證明，確定張婆婆並未失智。

諮詢議題：一、個案小女兒欲詢問意定監護的辦理方式；二、若其他子女向法院聲請輔助／監護宣告，該如何保護張婆婆的權利？

人權門診服務過程：「長者人權門診」以維護長者尊嚴與人權為基本理念，在有如上一案長者未出席門診之經驗，本團隊嚴格要求諮詢家屬必須偕同長者出席。本案在開診前，個管師已協助張婆婆於身心醫學科看診，經醫師偕同心理師評估張婆婆確實沒有失智症，由團隊先行討論諮詢意見後，除告訴張婆婆身心健康的好消息之外，並提供聘用外籍看護的相關法律資訊，由張婆婆自行決定後協助其停止二女兒濫用外籍看護之情況。

隔月本案團隊由醫師帶領家訪張婆婆，同時進行居家醫療，將醫療與法律門診融為一體，透過與長者的聊天室訪談，理解其需求與想法，並以最簡單的方式向長者解釋其健康與法律相關問題。家訪間得知，小女兒以保障張婆婆的權益為由，勸說張婆婆與其簽定意定監護契約，並指定小女兒為監護人。團隊於是向張婆婆解說議定監護之法律效果，並訪談其小女兒，客氣告訴她本團隊將努力協助張婆婆維護其最佳利益。

長者從記憶退化，到輕度、中度、重度失智，其認知功能與表現出的症狀各有不同。有些失智者是記憶退化、有些是時間定向不佳、有些判斷能力開始出現問題，這些症狀漸漸地影響失智者解決日常生活問題的能力。而在醫院端，失智症個案管理師提供諮詢服務，許多時候都是在與「家屬」溝通，家屬也會擔心失智長輩的判斷力、自主能力日漸低落，因此必須在失智者病程尚未惡化之前，盡可能「防止被騙、被利用」。此時失智長者本身的意思與家庭照顧者的期待常是相互衝突的。長者人權門診的服務經驗，讓我們從長者與家屬的生命故事中，探索法律保障個人權益在台灣家庭與社會間的自在與自不在。

展望

家庭法律社會學，原本是外國人的東西。讀讀書、拿學位、教門課、寫計畫、升教授，也就罷了——一九九四年我在英國取得博士學位的時候，是這麼想的。二〇〇一年教授升等通過之後，開始閒閒在超市看著孩子哭鬧著要媽媽買一本書，偶而冷冷看著一個父親對孩子炫耀小時候多麼會讀書，便開始發想「家庭法律社會學」的在地圖像。隨即，我經歷了整整三年折磨身心的「人工生殖」，成為一個典型自閉兒的母親，因緣際會開始在社群網站分享我的育兒經，也因此出版人生中最暢銷的一本書《施慧玲的媽媽經》。兒子慢慢長大了，從《兒童權利公約》升等為《身心障礙者權利公約》的規範主體，我的研究領域也跟著擴展了。其間面臨七十歲的父親從司法界「優遇」不久後就「失智」的驚慌失措，我又開設了「長者人權門診」課程和社區服務，找跨域專家來學習照顧長者、一起討論如何優雅變老……然後我發現「家庭法律社會學」有多元多彩的在地圖像，在每個人的生命中都展現不同的精彩。所以透過這篇文章，希望「家庭法律社會學」可以更接近你我的生活。

18

法律動員

法律真的能帶來改變嗎？*

官曉薇

國立台北大學法律學系副教授，研究領域為法律與社會運動、法律動員、國際人權規範之法社會學、性別與法律。

* 本章改寫自官曉薇，法律動員研究，政大法學評論，2022特刊，頁97-136，2022年12月。

關心台灣婚姻平權的朋友一定知道，台灣同婚合法化的達成，大法官在二〇一七年五月二十四日做成的司法院解釋第七四八號（以下簡稱釋字七四八號）功不可沒；大家也對於提出釋字七四八號聲請的同婚倡議者祁家威並不陌生，尤其釋字七四八號在解釋理由書中，花了不小的篇幅記錄聲請人祁家威一路從一九八六年以來爭取同婚的篳路藍縷。然而，祁家威以自己的司法個案挑戰《民法》的成功案例，並不是一個人的成果，而是婚姻平權團體採取訴訟方式，挑戰禁止同婚法規的運動結果。婚姻平權團體在婚姻平權法案於立法院受阻後，於二〇一四年開始採取訴訟方式，徵集同性伴侶向法院提出訴訟，要求准予登記結婚，並由婚姻平權團體的律師團開始協助同性伴侶進行訴訟的攻防。[1] 二〇一四年十二月二十四日，伴侶盟律師團及祁家威在司法院前宣告將向大法官提出釋憲請求，記者會上祁家威哽咽提及，第一次自己寫狀提出釋憲遭大法官不受理，「那時我是孤軍奮戰，今天很高興在十五年後，有這麼多律師願意站出來幫我進行實踐。」他並當場向律師團下跪感謝，場面令人動容。[2] 受到台灣婚姻平權訴訟成果的鼓舞，日本婚姻平權運動近年來也採取相近的方式，在札幌、東京、名古屋與大阪各地法院，控告國家禁止同性伴侶結婚侵害其憲法保障的權利，主張國家應對同性伴侶負賠償責任。[3] 儘管部分法院已駁回了當事人的訴求，但比起困難重重的國會遊說，訴訟路徑仍為日本婚姻平權運動目前的主要策略。[4]

這種以司法訴訟嘗試改變社會現狀的法律動員策略，最早開始於美國，其他國家的社會運動之後起而效尤。自一九五〇年代以來，美國許多社會重大變遷乃經過訴訟和判決達成，諸如布朗訴托皮卡教育局案（Brown v. Board of Education）及羅訴韋德案（Roe v. Wade）判決所帶來的成功，使得以公益訴訟為主要手段的團體，有意識地以訴訟策略促成社會改革，致使許多社會運動和利益團體將訴訟和權利倡議作為核心的策略性資源。[5]這讓人民像關注選舉一樣，對於法庭投入高度政治關注，這樣的關注促使許多社會學者、政治學者以及法與社會學者開始發展理論架構，並大量投入觀察、分析和理解這些訴訟和權利倡議的實踐。[6]這樣的學術風潮也擴散到了世界其他角落，成為很重要的法與社會研究之一環。

1 詳細的過程，請參見官曉薇，婚姻平權與法律動員——釋字第七四八號解釋前之立法與訴訟行動，臺灣民主季刊，十六卷一期，頁一～四四，二〇一九年三月。

2 宋小海、陳逸婷，爭同婚二十九年．祁家威二提釋憲，苦勞網，二〇一四年十二月二十四日，http://www.coolloud.org.tw/node/81195（最後瀏覽日：二〇二二年七月二十四日）。

3 張郁婕，大阪法院裁定禁止同婚不違憲，日本版婚姻平權訴訟有哪些爭點值得關注？關鍵評論網，二〇二二年六月二十二日，https://www.thenewslens.com/article/168588（最後瀏覽日：二〇二二年七月二十四日）。

4 鈴木賢『台湾同性婚法の誕生　アジアLGBTQ+燈台への歴程』日本評論社（二〇二二年三月）。

5 Michael McCann, Litigation and Legal Mobilization, in The Oxford Handbook of Law and Politics, 522-23 (Keith Whittington et al. eds., 2008).

6 *Id* at 523.

什麼是法律動員

法律動員這個概念，在不同學者間有著不同的定義，他們對法律動員的概念範圍、手段或運用的場域各有不同的界定。在越來越多法律動員研究和文獻產出的同時，卻也呈現對於法律動員的不同理解。

本章探查美國學界法律動員概念最早出現在布萊克（Donald Black）所著〈法律的動員〉（The Mobilization of Law）[7]，他將法律動員連結至耶林（Rudolph von Ihering）的《為法律爭鬥》（*The Struggle for Law*, 1879）[8]以及龐德（Roscoe Pound）的《有果效的法律行動之限制》（*The Limits of Effective Legal Action*, 1969）[9]，定義法律動員為一個法律體系取得具體個案的過程，主要是要強調法律行動的「啟動」（set into motion）來自於公民，而非國家。因此，布萊克使用動員一詞，比較接近中文「啟動」、「開啟」的意思，而非一般社會科學中意指集體行動的動員。[10]其後蘭伯特（Richard Lempert）將法律動員定義為「法規範被引用來規制行為的程序」，[11]他認為法律動員指涉兩個面向，一個是民間既有的糾紛開始與法律體系有所接觸，另一方面是引用法律規範並期望政府機關有所作為。本章認為，不論是布萊克或蘭伯特，他們所指涉的法律動員都是指私人間的糾紛進入法律體制進行解決的過程，因此他們所稱的legal mobilization更接近「法的啟動」的意涵，也就是在法體制內啟動法律程序的過程。然而，法律動員最廣為引用的定義為澤曼斯（Frances Zemans）一九八三年的〈法律動員：在政治體系中被忽略的法律角色〉這篇文章，[12] 她指出「當欲望和期望被轉化為以一項個人權利主張的要求時，法律就被動員了」。[13] 這段日後廣為法律動員學者所引述的定義，置入了「權利主張」的要素，企圖透過這樣的定義，將法律動員的範疇擴張至法律程序開啟以前的程序，甚至包括在言語上訴諸法律的行動。[14] 澤曼斯全文強調法律／司法系統作為政府權力之一環，不應忽略法律／司法系統在民主政治中所扮演的角色。她在這篇文章企圖指出，法律程序的啟動來自於個別公民，透過自主啟動法的程序，公民也參與了司法作為政府一部分的民主程

---

7 Donald Black, *The Mobilization of Law*, 2 J. Legal Stud. 125 (1973).

8 Rudolph von Ihering, The Struggle of Law (1879).

9 Roscoe Pound, The Limits of Effective Legal Action (1969).

10 布萊克自己在文章註解中提及，他所指涉的動員是指一般人民提起法律行動的過程，因此有評論者提醒他使用動員一詞太濃烈了，但他指出，他想過使用「提起」（invocation）這個詞但又不覺得夠貼切。Black, *supra* note 7.

11 Richard Lempert, *Mobilizing Private Law: An Introductory Essay*, 11 Law Soc. Rev. 173(1976).

12 Frances Kahn Zemans, *Legal Mobilization: The Neglected Role of the Law in the Political System*, 77 Am. Polit. Sci. Rev. 690, 700 (1983).

13 *Id.*

14 Zeman, *supra* note 12.

序。[15]她認為，光是人民在個人行動中主張法律，就已經讓人民真正參與在政府架構之中，不須透過專業中介者或代表，直接成為法律的執行者。[16]這篇對法律動員論具有里程碑意義的文章，將人民個人的「法的啟動」視為積極的公共參與行動，並可能進而形塑社會的改變，這使得法律動員跨越出了私人糾紛領域，進入了公共政治領域。澤曼斯之後有更多的學者將法律動員研究的重心放在社會的集體行動，[17]他們觀察不同的社會運動或社會改革如何將法律訴訟當作社會運動的策略或資源，[18]以及分析法律權利在社會運動中的構成性角色，如何作為一種資源或限制、如何成為賦權或剝奪權力的來源，以及如何轉化和重新構成權力和社會關係。[19]

自此，其後的法律動員研究同時擴及了個人私人間的糾紛解決過程、也包括團體或個人為了進行社會改革所進行的訴訟策略，尚格德（Stuart A. Scheingold）在其名著《權利的政治》二〇〇四年新版前言即將法律動員的研究分成兩種，一種為「個人的法律動員」，意指個人在日常生活中的權利意識，另一種為「集體的法律動員」，意指權利被當作一種平等待遇爭取的資源。[20]新近的文獻也承襲這樣的看法，將法律動員同時包含個人的行動和集體的行動，例如范哈拉（Lisa Vanhala）即定義法律動員是「任何個人或是集體行動者引用法律規範、法律論述或符號以影響政策或行為的程序」。[21]

對法律動員研究有著推廣熱情的麥肯（Michael McCann）則採取了廣泛的定義。首先，他有意地排除將法律動員僅限於訴訟或正式的國家體制管道，他認為來自法律動員研究的傳統是有意地將人民所啟動的各種法律或權利行動納入研究，並認為將研究重點從國家行動

---

15 Zeman, *supra* note 12, at 692-93.

16 Zeman, *supra* note 12, at 694.

17 E.g. Joel Handler, Social Movements and The Legal System: A Theory of Law Reform and Social Change (Cambridge: Academic Press, 1978); Stuart A. Scheingold, The Politics of Rights: Lawyers, Public Policy, and Political Change (Ann Arbor: University of Michigan Press, 1974); Gerald Rosenberg, The Hollow Hope: Can Courts Bring about Social Change? (Chicago: University of Chicago Press, 1991); Neal Milner, *The Dilemmas of Legal Mobilization: Ideologies and Strategies of Mental Patient Liberation Groups*, 8 Law Policy 951(1986)。尚格德和羅森堡的作品並不特別著重法律動員的概念，一般文獻回顧都將他們歸類為研究集體法律動員的研究者。

18 Paul Burstein, *Legal Mobilization as a Social Movement Tactic: The Struggle for Equal Employment Opportunity*, 96 Am. J. Sociol. 1201 (1991).

19 Michael McCann, *Law and Social Movements, in* The Blackwell Companion to Law and Society,508 (Austin Sarat ed., 2004); Michael Mccann, Rights at Work: Pay Equity Reform and the Politics of Legal Mobilization 7 (Chicago: University of Chicago Press, 1994).

20 Stuart A. Scheingold, The Politics of Rights: Lawyers, Public Policy, and Political Change xiv-xxxii (Ann Arbor: University of Michigan Press, 2004).

21 Lisa Vanhala, *Legal Mobilization, in* Oxford Bibliographies. 轉引自Emilio Lehoucq & Whitney K. Taylor, *Conceptualizing Legal Mobilization: How Should We Understand the Deployment of Legal Strategies?* 45 Law Soc. Inq. 166 (2020).

者移至在日常生活中掙扎的人民正是法律動員研究的標章，[22] 因此麥肯強調法律動員研究是以糾紛為核心（disputes oriented），而非以訴訟為核心。[23] 其次，他強調法律具有多元詮釋的可能，法律傳統也僅構成我們對於事務或行動的複雜且交互作用的理解之其中一部分，而正是法意識這種多元且受情境影響（contingent）的特性，使得為法律動員所使用的法律本身呈現動態，而難以捉摸。[24] 最後，麥肯對於因果推論的研究方法和重要性採取比較質疑的態度，比起釐清到底採取訴訟策略是否真的帶來真正的社會改變的因果關係，[25] 麥肯嘗試建立的法律動員研究特別強調詮釋性（interpretive）方法以及探求構成性（constitutive）的因素，而非實證上的因果關係。[26]

法律動員真的帶來進步嗎？

法律動員文獻大致分為兩種不同的取徑，如前所述，一種著重在個人所採取的法律動員行動，屬於個人間的微觀研究，另一種著重團體為主的法律動員行動，著重在鉅觀的社會改革和團體抗爭等。[27] 由於微觀的法律動員研究與本書的法意識研究有很大的重疊性，本章即不贅述。

社會團體爭取社會改革的鉅觀法律動員研究，多為政治學者所青睞。[28] 與微觀法律動員研究比較起來，鉅觀法律動員研究更加聚焦在訴訟（而非避免訴訟），因為社會改革訴訟幾乎都會上法院；其次，鉅觀法律動員研究在美國幾乎集中在州或聯邦上訴和最高法院，而非第一級的事實審法院。在這一支的法律動員研究中，學者不見得會標示自己為法律動員研究，而常會使用「法與社會運動」這樣的概念，將法與社會運動兩者之間諸如「法律在社會運動扮演何種角色？」、「法律如何影響社會運動？」、「社會運動如何影響對法律的理解？」，以及「法律動員真的帶來進步嗎？」這樣的理論提問作為研究的核心問題。[29]

最早開始提出「法律動員真的帶來進步嗎？」的是一九七四年尚格德所著的《權利的政

22 McCann, *supra* note 19, Rights at Work, at 8。關於這點，在近二十年後的論文，麥肯仍舊強調法律動員研究的法律主體是人民。See McCann, *supra* note 5, at 524.

23 McCann, *supra* note 5, at 523-524.

24 McCann, *supra* note 19, Rights at Work, at 8-9.

25 麥肯也強調法律動員在傳統上清楚了解，使用法律本身會受制於法律行動者的能力、地位、社會資源、政治或媒體關係等，因而法律動員是高度不平等的。McCann, *supra* note 5, at 525.

26 McCann, *supra* note 19, *Law and Social Movements*, at 508-509.

27 McCann, *supra* note 5, at 527-535.

28 McCann, *supra* note 5, at 532.

29 Levitsky, *supra* note 5, at 382-398.

治》一書。[30]他指出，儘管這些採取訴訟取得勝利的法院判決，但從實證觀察來看並不見得必然帶來社會改變，也就是說，美國主流社會當時因為各種權利訴訟的勝利，一度以為權利訴訟是促成社會進步萬靈丹的這種信念，其實是一種「權利的迷思」。然而，尚格德仍認為權利訴訟不失為一種政治動員的工具，他仍舊看到法律語言對於社會實踐的影響，以及政治動員中法律對於抗爭意義的形塑具有重要的地位——不但能夠活化沉睡的公民，也有助於將團體組織為有效率的政治單位。[31]

然而隨著時間推移，對於訴訟是否帶來社會改變的質疑日漸增加，羅森堡（Gerald Rosenberg）就在一九九一年出版的《失落的期望》（*The Hollow Hope: Can Court Bring About Social Change?*）一書中，以民權運動、墮胎權運動和其他運動作為觀察的對象，舉出龐大的實證資料證明，前述之判決都不是真正造成社會改革的里程碑。他認為這些運動將資源投注於訴訟當中，反而減少實質上對於社會改革倡議或其他作為的資源，其次，社會的改變是來自於社會運動由下向上的扎根與長期耕耘，而非單次的判決。[32]本書對於法律動員的嚴厲批判，引發了大量的爭論。

最受注目的一個後續對話研究，咸認是麥肯的代表著作《工作權利》（*Rights at Work: Pay Equity Reform and the Politics of Legal Mobilization*），他承認，光是啟動法律訴訟本身，並不會帶來社會改變，[33]但是他也認為訴訟代表著各種意義，應該以過程來論斷，而非以結果計成敗，法律的社會影響不應該只發生在體制層次。在訴訟的過程中，不論是贏是輸，都有助於人民權利意識的覺醒及對於個人的動員，這些判決在潛在的訴訟行動者眼裡傳達了某些意義，進而影響了個人行動者的決定。[34]這部重要的經驗性研究，不但重視法意識、個人行動，也討論了法律在各個動員階段中不同的意義，啟發了後續雨後春筍的經驗性研究，在法律動員研究中占有舉足輕重的地位。正是這樣的詮釋性研究，將重點放在法律建構社會意義的力量，轉移了法律在社會改變是否具效用性的核心爭議，學者不再專注於訴訟策略的工具價值，而聚焦在更複雜且受情境影響的「法律如何影響社會運動」的問題。[35]這樣的詮釋性轉向因而產生了許多精彩而細緻的研究。[36]研究者發現法律讓行動者提高了期望、產生義憤

30 Scheingold, *supra* note 20.
31 Scheingold, *supra* note 20, at 131.
32 McCann, *supra* note 19, Rights at Work.
33 McCann, *supra* note 19, *Law and Social Movements*, at 4.
34 Rosenberg, *supra* note 17.
35 Sandra R. Levitsky, *Law and Social Movements: Old Debates and New Directions*, *in* The Handbook of Law and Society, 382, 385-386 (Austin Sarat & Patricia Ewick eds., 2015); Mark Galanter, *Reading the Landscape of Disputes: What We Know and Don't Know(and Think We Know) About Our Allegedly Contentious and Litigious Society*, 31 UCLA Law Rev. 4 (1983).
36 E.g. see David Engel & Frank Munger, Rights of Inclusion: Law and Identity in the Life Stories of Americans with

和希望、引起權利意識，並且有助於正當化社會運動的價值和目標。[37] 在麥肯作品中，以及許多後續法律動員研究者所觀察到的法律行動者，對法律有著超越訴訟行動的理解，法可能被看作知識或是溝通工具，在特定的文化系統當中具有象徵性的意義，可作為社會主體間建構意義的力量，[38] 法律因而成為一種具有可塑性的、多重意涵的資源，[39] 同時是社會抗爭行為中的規範性原則以及策略資源。

以美國婚姻平權運動為例，有許多文獻針對美國婚權運動大量採取訴訟策略進行評價，羅森堡也在二〇〇八年新版的《失落的期望》中增加了對於婚姻平權法律動員的分析，同樣對於此種訴訟策略感到悲觀。[40] 有學者甚至認為訴訟策略對同婚進展其實弊多於利，例如一九九六年夏威夷最高法院的合法化判決反而帶來州的修憲，限制婚姻為異性婚，[41] 還有學者認為採取訴訟策略造成自由派的選舉失利，讓婚權立法更加困難。[42] 然而，也有許多研究者透過更細緻的分析觀察婚權運動，發現在受到反挫（backlash）的過程中，反而為同志權益帶來法律和文化上的轉變，[43] 或是發現勝訴結果會對其他州帶來激勵作用，進而採取訴訟策略，或是使得支持者更願意投入地方草根工作。[44] 埃斯克里奇（William Eskridge）則提出證據指出，在訴訟上成功卻於政治上遭到反挫的例子，可能是訴訟提出的時機過早，或是在草根組織還沒有階段性進展時就提出訴訟，如果草根組織有一定的基礎，團體在仔細評估之後提出訴訟，如此得到的勝訴就可帶來運動所欲的成果。[45] 官曉薇二〇一九年的〈婚姻平權與法律動員——釋字第七四八號解釋前之立法與訴訟行動〉一文，即是以台灣婚姻平權法律動員為例，與前述的理論進行對話，發現台灣的婚權訴訟並不是在完全沒有草根組織或立法策略的情況下所提出，在提出訴訟的過程中，婚權團體其實了解不能完全依靠法律動員，因為他們預測在台灣的憲法訴訟結果仍須回歸立法，最終還是得打一場立法戰，而正

DISABILITIES (Chicago: University of Chicago Press, 2003); Sandra Levitsky, *To Lead With Law: Reassessing the Influence of Legal Advocacy Organizations in Social Movements, in* CAUSE LAWYERS AND SOCIAL MOVEMENTS (Sarat & Scheingold eds., 2006).

37 Levitsky, *supra* note 35, at 386.

38 McCann, *supra* note 19, *Law and Social Movements*, at 507-509.

39 See Lynette J. Chua, *Legal Mobilization and Authoritarianism*, 15 ANNU. REV. LAW. SOC. SCI 360 (2019).

40 GERALD ROSENBERG, THE HOLLOW HOPE: CAN COURTS BRING ABOUT SOCIAL CHANGE? (Chicago: University of Chicago Press, 2008).

41 Michael J Klarman, *Brown and Lawrence (and Goodridge)*, 104 MICHIGAN LAW. REV. 431.(2005).

42 MICHAEL J KLARMAN, FROM THE CLOSET TO THE ALTAR: COURTS, BACKLASH, AND THE STRUGGLE FOR SAME-SEX MARRIAGE. (OXFORD: OXFORD UNIVERSITY PRESS, 2013).

43 ELLEN ANN ANDERSEN, OUT OF THE CLOSET AND INTO THE COURTS: LEGAL OPPORTUNITY STRUCTURE AND GAY RIGHTS LITIGATION (Ann Arbor: University of Michigan Press, 2005).

44 DANIEL PINELLO, AMERICA'S STRUGGLE FOR SAME-SEX MARRIAGE (Cambridge: Cambridge University Press, 2006).

45 William N Eskridge Jr., *Backlash Politics: How Constitutional Litigation Has Advanced Marriage Equality in the United States*, 93 BOSTON U. LAW REV. 275 (2013).

向的大法官解釋結果則可作為立法遊說時的政治槓桿。[46]上述研究亦可看出此種晚近較細緻分析法律動員過程的研究很具有啟發性，不過法律動員研究中這個核心的議題——法律究竟帶來社會改革還是反挫——恐怕還是要觀察不同社運的脈絡和過程來進行分析，很難一概而論。

台灣的社運權利構框及訴訟研究

這些外國的法律動員研究為台灣帶來什麼樣影響呢？台灣有自己的經驗研究嗎？法律動員在台灣最早的討論，是本書主編王曉丹於二〇〇〇年所發表的〈初探台灣的法律與社會研究——議題與觀點〉一文，她當時即將「法律的社會動員」視為台灣未來法律與社會研究的重要主題之一。文中指出台灣正在進行一種後威權的法律與社會動員關連模式，在這樣的模式之下，藉由法律提起的爭論往往可以解釋為對既有威權的挑戰，是嘗試以法律權利的概念訴說現實的不公平。[47]台灣法律動員的經驗性研究一直到近十年才出現，從現有文獻來看，大多是探討社會運動運用法律作為運動策略的研究，不論是將法律用於運動構框、或是討論訴訟策略或是釋憲策略作為達到運動目標的途徑。

官曉薇在二〇一一年發表的〈反墮胎運動與人工流產法論述：從法律與社會運動的關

連性談起〉一文（以下簡稱官文二），首次在中文文獻中使用「法律動員」這個詞，儘管官文對於法律動員採取了澤曼斯的定義，該文所關心的法律動員屬於鉅觀的層次，主要指出法律對於社會運動不但有資源動員的功能，並對運動論述和運動構框起了重要的功用。[48]

陳昭如在其二〇一二年發表的〈改寫男人的憲法：從平等條款、婦女憲章到釋憲運動的婦運憲法動員〉中（以下稱陳文一），也採取了澤曼斯的定義，然與官文相同，陳文也主要探究法律動員作為集體行動的策略之一，探求法律動員與社會運動之間的關係。[49] 她以婦女運動參與修憲並於其後提起釋憲挑戰《民法》的釋憲運動為研究對象，運用法律動員論中的法律機會結構作為核心的分析概念，指出機會結構會影響動員選擇，但運動也參與了結構的塑造。[50] 陳昭如繼而在二〇一四年發表〈父姓的常規，母姓的權利：子女姓氏修法改

46 官曉薇，同註1。

47 王曉丹，初探台灣的法律與社會研究——議題與觀點，政大法學評論，一一七期，頁八〇，二〇〇〇年十月。

48 官曉薇，反墮胎運動與人工流產法論述：從法律與社會運動的關連性談起，載：社會運動的年代：晚近二十年來的台灣行動主義，頁二一五～二五六，二〇一一年。

49 陳昭如，改寫男人的憲法：從平等條款、婦女憲章到釋憲運動的婦運憲法動員，政治科學論叢，五十二期，頁四三～八八，二〇一二年六月。

50 同前註，頁七八。

革的法社會學考察〉[51]，則將法律動員集體行動及個人行動進行兩種層次的討論，同時考察個人行動與集體行動如何建構法律的意義、參與法律的塑造，不將人們只是視為被法律所管制的對象，也不假定集體行動才能創造法律的改變。該文同時將觀察法律動員的場域分為四種：立法遊說、司法訴訟、行政遊說與救濟，以及非正式法律場欲的法律動員。[52]將在立法遊說過程中使用權利語言的權利構框行為，視為一種法律動員。陳昭如於同年發表的〈打造墮胎權——解嚴前墮胎合法化的婦運法律動員與權利構框〉（以下稱陳文二），也採取了同樣的觀點，探討台灣婦運將墮胎形塑成選擇權，作為墮胎合法化的運動構框，亦是使用權利構框作為法律動員的形態之一。

官文一與陳文一及陳文二，都將社會運動中「權利主張」及「權利構框」的運用當作法律動員研究的對象，這與前述美國鉅觀法律動員研究通常將訴訟作為研究核心的取徑較不相同。究其原因有二：一、官文與陳文都受到麥肯理論中「詮釋性」轉向的影響，將法律做了較廣義的詮釋，法及權利被視為一種語言論述資源，在這些運動中成了社會運動構框的資源。在這樣的理解之下，官文及陳文因而對法律動員的研究對象，亦即哪種行動落入法律動員的範疇，採取了比較廣泛的認定。二、台灣經歷了五十年的威權統治，在威權統治之下，訴訟行動在台灣社會運動中受到種種限制，[53]除婦女運動曾數次以大法官解釋的方式達成不平等民法的變更，其他社會運動一直到近幾年才開始將訴訟視為一種手段，這和前述其他威權體制下的法律動員研究常將非正式的法律行動當作研究對象的結論符合。

台灣的法律動員研究一直要到王金壽於二〇一四年發表對於環保運動以訴訟作為運動策略的經驗性研究：〈司法作為社會改革動力的侷限：從三件環境相關判決談起〉一文（以下稱王金壽文），才開始有了專以訴訟作為觀察對象的研究。[54] 王金壽文指出，台灣的司法體制尚未完善，企圖依賴司法訴訟進行社會改革，對環境運動團體而言並不是一個順暢的過程，結果也難以預測，他認為單靠法院或訴訟來達到改革，恐怕是一種過度樂觀的想法。[55] 其後，官曉薇於二〇一九年發表的〈婚姻平權與法律動員——釋字第七四八號解釋前之立法與訴訟行動〉（以下稱官文二），也是以訴訟行動為法律動員的觀察對象。官文二觀

51 陳昭如，父姓的常規，母姓的權利：子女姓氏修法改革的法社會學考察，臺大法學論叢，四三卷二期，頁二七一～三八〇，二〇一四年六月。

52 同前註，頁二八八。

53 蘇上雅，傷害之後，法律如何動起來：臺灣油症公害的法律與社會研究（一九七九～一九九〇），科技、醫療與社會期刊，二十九期，頁一四〇～一四五，二〇一九年十月。

54 王金壽，司法作為社會改革動力的侷限：從三件環境相關判決談起，台灣政治學刊，十八期，頁一～七二，二〇一四年六月。

55 王金壽教授指導學生：宋昱嫺，台灣環境運動與勞工運動的司法化：法律策略的使用，國立中山大學政治學研究所碩士論文，二〇一三年。該論文在環境運動之外，更舉出勞工運動也有以訴訟為運動策略的趨勢。

察台灣婚姻平權運動採取訴訟策略並獲得司法院釋字七四八號的勝利，這個法律動員成功達成婚姻平權的目標，並回顧台灣婚姻平權運動的過程，分析同婚團體同時採取立法行動和訴訟行動兩者之於運動進程的關係。[56]

台灣釋憲行動研究

台灣許多法律動員研究著重在個人或團體的釋憲行動。台灣民間發起的釋憲行動，最早源自於婦女運動所提起的《民法》不平等親權條款釋憲，[57] 該次釋憲行動獲得司法院釋字三六五號宣告民法父親親權優先的民法條文違憲，此一成功案例開啟了民間團體以釋憲行動作為運動策略的路徑，也讓後續其他社會運動開始採取這樣的手段。大多數團體所進行的訴訟行動是以一般法院為場域，例如人本教育基金會的性侵或性騷擾訴訟、環保團體的環境訴訟、司改團體的冤案救援或是死刑救援等，[58] 不見得都以提起司法院大法官審理為目標。但有部分團體因為已知法規範本身對其不利，不可能取得勝訴，因此訴訟本身的目的就是將法規提給大法官進行違憲審查。透過憲法所提供的人權保障機制，來達成法規範被宣告違憲無效、或獲得定期失效的結果。對於社運團體而言，這是為了在政治上取得遊說的槓桿，以法律不得違背大法官解釋的原則作為基礎，以利立法機關的遊說。[59] 例如前述官文二即指出，婚姻平權之所以採取訴訟行動，是因為立法行動遇到阻礙，婚姻平權團體認為從人權保障來看，大法官幾乎可能宣告《民法》完全合憲，或至少得到大法官做成從憲法人權保障同性伴侶的檢討指示，因而決定採取訴訟行動。而大法官釋字七四八號的結果，雖然受到二〇一八年反同婚公投的影響，而減損了槓桿效果，然由於解釋存在於公投之前，公投效力仍無法脫離憲法解釋的框架，最後仍舊通過了婚姻平權的專法。[60]

陳美華於二〇一九年發表的〈性交易的罪與罰——釋字第六六六號解釋對性交易案件的法律效果〉（以下稱陳美華文）也討論釋憲行動，[61]但這個與性工作者權益相關的釋憲行動，並不是由妓權團體主導的。台灣的憲法實務允許法官在審理案件中若認為相關法規有

56 官曉薇，同註1。

57 陳昭如，同註49。但張文貞認為台灣民主化過程中，人民第一次使用釋憲為改革策略的行動，是營救馬小濱等人的死刑釋憲案司法院釋字二六三號解釋。See Wen-Chen Chang, *Public Interest Litigation in Taiwan: Strategy for Law and Policy Changes in the Course of Democratization*, *in* Public Interest Litigation in Asia 140-142 (PoJen Yap & Holning Lau eds., 2011).

58 Chang, *Id.* at 140, 149 &154.

59 官曉薇，同註1，頁三三～三四。

60 官曉薇，同註1，頁三四。

61 陳美華，性交易的罪與罰——釋字第六六六號解釋對性交易案件的法律效果，臺灣民主季刊，十六卷一期，頁四五～八八，二〇一九年三月。

違憲疑慮時，在一定條件之下可以停止審理，由法官提起釋憲，因而發展出一種以法官作為釋憲主體的特殊途徑。這讓台灣的法律動員實踐上多了一種特殊的類型，也就是以法官作為行動主體的法律動員。陳美華文剖析台灣妓權法律動員匱乏的原因，在於性工作者在文化資本或經濟資本上都顯得較為匱乏，大多數性工作者因為需高強度投入工作而無暇參與運動，即便因為違法而被處罰鍰，也寧可繳付罰款，而不願參與更結構性的改革運動。[62]儘管妓權團體推動除罪化的倡議，但立法機關及政黨並沒有正面回應，使得法院不停收到各種警察選擇性執法的不公平案件。法官基於公平正義的感情，為被告的性工作者「不平則鳴」。聲請釋憲的法官選擇年老、收費低廉之性工作者的案件作為釋憲的基案，並且一再強調從事性交易者是經濟弱勢的女性。這與妓權運動所採取的「階級構框」不謀而合。[63]果然，最後這樣的階級構框也出現在釋字六六六號解釋的理由書當中，反而不是以性工作者的工作權作為積極論證。

＊ ＊ ＊ ＊ ＊

台灣的法律動員研究在這些研究的前導下，啟發了越來越多的研究者投入。法律動員論近年來可說相當受到年輕學子的青睞，法律研究所的碩士論文越來越多採取法律動員論作為理論基礎與分析框架的經驗性以及個案研究，範圍遍及愛滋防治運動[64]、環境運動[65]、勞工運動[66]、職場不平等、原住民運動[67]、公衛公害[68]、婚姻平權運動[69]，以及性別平等教育運動[70]等。另一方面，由於法律動員論很大程度結合了社會運動理論的分析架構，對於原本即進行社會運動研究的學者很有吸引力，近年也吸引許多社會運動學者投入，[71]儘

---

62 同前註，頁五〇。

63 陳美華，同註61，頁五五～六〇。

64 羅士翔，反AIDS歧視與法律動員——以台灣AIDS防治法制為中心（一九八一～二〇〇九），國立台灣大學法律學院法律學系碩士論文，二〇一〇年。

65 宋昱嫺，同註55。

66 宋昱嫺，同註55。

67 莊嘉強，在法律的獵場中競逐：臺灣原住民族社會運動與法律動員（一九八三～二〇一六），國立臺灣大學法律學院科技整合法律學研究所碩士論文，頁五三～五四，二〇二一年。

68 蘇上雅，傷害之後，法律如何動起來？——臺灣油症公害的法律與社會研究（一九七六～二〇一六），國立臺灣大學法律學院科技整合法律研究所碩士論文，二〇一八年。

69 鐘逸帆，邁向同性婚姻平權社會：立法模式與司法模式之比較分析，中原大學財經法律學系碩士論文，二〇一五年。

70 林為國，競逐性別平等的法律動員：教育現場的常識型道德悲劇困境，國立政治大學法學院碩士在職專班碩士論文，二〇二〇年。

71 原本台灣法律動員研究以法律學者為主，但王金壽號召原本即熟悉社會運動理論的社會科學研究者投入其召集的科技部整合型研究計畫「臺灣轉型社會的法律動員」，使得其他領域學者也開始以法律動員論來分析台灣環境訴

管尚在萌芽階段，未來相信將有很豐碩的研究成果。

台灣社會運動者與團體積極採取法律動員策略，而且這樣的策略在法院端也受到了正面的回應，加上近年來法院和大法官有打破守舊的態度，積極做成具社會改革意義的判決傾向，回頭促使社運團體更積極地採取法律動員策略。尤其二〇二二年上路的憲法訴訟制度，將使憲法案件的審理全面司法化、裁判化及法庭化，[72]憲法審查客體從法規範擴及於法院之確定終局裁判，預料將帶來憲法法庭案件量大增。此外，隨著憲法訴訟法參考美國法庭之友制度，納入人民遞送法庭之友書狀的管道，使憲法審查程序更加公開透明，制度上的變革也讓公民團體對於採取法律動員策略更加躍躍欲試。

從台灣目前社運發展幾個成功的法律動員來看，法律動員似乎真的改變了社會，帶來社會的進步。然而，正如許多研究的提醒，有時法律動員的時機太早、或是草根動員還很薄弱，訴訟成果將輕易被反制力量的政治動員所推翻。要能夠成功運用法律動員帶來社會改革，其參與的團體和法律人都必須要了解，如果法律動員只停留在法律菁英之間（律師和法官）的對話，走不出法院，訴訟成果就僅僅會停留在離人民很遙遠的空洞論述，無法翻轉權力和結構，帶來改變。因此，作為社會改革運動策略之一的法律動員，仍舊有賴社會團體和律師合作，在政治動員和法律動員之間，做出時機、運動構框等各種判斷，也持續向民眾溝通和組織化其作為。

作為一個民主轉型、公民社會蓬勃發展的華人社會，且被認為是亞洲人權保障最進步的國家，台灣的法治發展和社會運動在世界的學術舞台上向來是被特別關注的對象，法律動員在社會改革推進的道路上，又特別具有願意在體制內進行改革的特點，與台灣法治是否穩定發展息息相關。這些學術發展的條件俱已成熟，相信在未來的十年、二十年，台灣法律動員研究在法與社會研究當中會成為很閃亮的一顆新星。

訟、公衛訴訟、婚姻平權訴訟、勞動訴訟，以及障礙者權利運動。

72 司法院，憲法訴訟制度概述，https://cons.judicial.gov.tw/docdata.aspx?fid=14（最後瀏覽日：二〇二二年一月二十二日）。

左岸｜社會議題355

法律有關係How Does Law Matter
法律是什麼？怎麼變？如何影響我們生活？

主　　編　王曉丹
作　　者　陳維曾、李柏翰、劉靜怡、王曉丹、莊士倫、林佳和、蔡博方、許菁芳、簡士淳、沈伯洋、陳韻如、黃琴唐、陳柏良、郭書琴、容邵武、林志潔、陳香婷、王文妘、施慧玲、官曉薇
總 編 輯　黃秀如
責任編輯　孫德齡
企畫行銷　蔡竣宇
封面設計　日央設計
電腦排版　宸遠彩藝

社　　長　郭重興
發 行 人　曾大福
出　　版　左岸文化／遠足文化事業有限公司
發　　行　遠足文化事業有限公司
　　　　　231新北市新店區民權路108-2號9樓
電　　話　02-2218-1417
傳　　真　02-2218-8057
客服專線　0800-221-029
E-Mail　rivegauche2002@gmail.com
左岸臉書　https://www.facebook.com/RiveGauchePublishingHouse/
團購專線　讀書共和國業務部　02-22181417分機1124、1135

法律顧問　華洋法律事務所　蘇文生律師
印　　刷　成陽印刷股份有限公司
初　　版　2023年5月
定　　價　680元
ISBN　9786267209325（平裝）
　　　　　9786267209387（EPUB）
　　　　　9786267209370（PDF）

國家圖書館出版品預行編目資料

法律有關係：法律是什麼？怎麼變？如何影響我們生活？= How does law matter / 陳維曾、李柏翰、劉靜怡、王曉丹、莊士倫、林佳和、蔡博方、許菁芳、簡士淳、沈伯洋、陳韻如、黃琴唐、陳柏良、郭書琴、容邵武、林志潔、陳香婷、王文妘、施慧玲、官曉薇著；王曉丹主編.
-- 初版. -- 新北市：左岸文化出版：遠足文化事業有限公司發行, 2023.05
600面；14.8×21公分. -- (左岸社會議題；355)
ISBN 978-626-7209-32-5(平裝)

1. CST: 法學　2. CST: 文集

580.7　112005213